8 R.9868

LE

SOCIALISME INTÉGRAL

PAR

B. MALON

PARIS

FÉLIX ALCAN
Libraire-éditeur
108, Boulevard St-Germain

LIBRAIRIE
de la « Revue Socialiste »
8, Rue des Martyrs, 8

1890

LE

SOCIALISME INTÉGRAL

————— (*) —————

LE
SOCIALISME INTÉGRAL

PAR

B. MALON

Prix : 6 francs.

PARIS

FÉLIX ALCAN

Libraire-éditeur

108, Boulevard St-Germain

LIBRAIRIE

de la « Revue Socialiste »

8, Rue des Martyrs

A RODOLPHE SIMON

Administrateur de la Revue Socialiste

~~~~~~~~~~

Mon cher Ami,

Les anciens avaient une coutume touchante, ils aimaient à élever des monuments à l'amitié et à la reconnaissance. Pour marquer leur pieuse intention, ils gravaient sur le fronton de marbre ou de granit les trois lettres B. M. P. — Le passant habitué à voir de semblables témoignages lisait : Bene merito posuit, *à celui qui l'a bien mérité.*

Ne pouvant élever de monuments que ceux bien imparfaits que je puis tirer de mon cerveau, laissez-moi au moins vous dédier, à vous le plus dévoué de mes amis, ce travail de bonne volonté sur le Socialisme intégral.

Ce n'est d'ailleurs que justice ; l'idée première vous appartient ; ce n'est, vous le savez, qu'en acquiesçant à vos amicales instances, que j'ai osé me prendre à un sujet si vaste et que ces pages ont été écrites.

Puis, il me sera doux de vous donner publiquement le témoignage — si bien mérité — de ma profonde, de mon impérissable amitié et de pouvoir me dire, une fois de plus,

D'esprit et de cœur, votre fraternellement et parfaitement affectionné

B. MALON.

Le Cannet, le 27 février 1890.

SOMMAIRE

INTRODUCTION
Les confluents du Socialisme

I. Apologie de la libre recherche. — II. Avantages des élaborations parallèles. — III. Caractère et limitations nécessaires de la condensation réaliste dans le Socialisme. — IV. Énoncé des principales directions de la pensée socialiste. — V. Évolution des quatre institutions cardinales de la Société humaine. — VI. Le Sentiment dans le Socialisme. — VII. Efficacité novatrice des forces morales.

CHAPITRE PREMIER
La Société actuelle et ses aboutissants

I. La Crise philosophique. — II. L'État mental contemporain et ses perspectives. — III. La Crise politique. — IV. La Folie guerrière. — Régression et impasse. — VI. La Crise économique. — Le Mystère capitaliste.

CHAPITRE DEUX
La Protestation communiste dans le passé

I. Le Communisme sacerdotal. — Le Communisme platonicien. — III. Le Communisme chrétien. — IV. La Réalisation catholique. — V. Thomas More. — VI. Campanella et divers. — VII. Morelly et divers.

INTRODUCTION

Les confluents du Socialisme

Définissez tout d'abord les termes, disait Voltaire. Ainsi procéderons-nous.

Nous entendons par *socialisme intégral*, le socialisme envisagé sous tous ses aspects, dans tous ses éléments de formation, avec toutes ses manifestations possibles.

Ainsi compris, le socialisme est l'aboutissant synthétique de toutes les activités progressives de l'humanité présente. En cette qualité, il doit bénéficier, non-seulement des progrès politiques et économiques, mais encore, et dans toutes les directions sociales, de tous les efforts de science, de philoso-

1

phie, d'amélioration sociale, d'application pratique. Cela, sans perdre de vue que parmi ses facteurs, ses plus importants et les plus agissants, il convient de noter en première ligne :

1° Les nécessités nouvelles de la production et de l'échange.

2° L'entrée dans la lice du prolétariat moderne pour la refonte de l'État, la socialisation du capital et l'organisation du travail.

Mais cette réserve faite, le socialisme peut-il être raisonnablement envisagé autrement que sous la forme intégraliste ?

Nous ne le pensons pas.

Comme le christianisme des temps de Tertullien, il pénètre irrésistible les cerveaux et les institutions ; aux partisans du vieil ordre, il ne laisse pas même « leurs temples » qui retentissent souvent, tout comme les parlements, et même tout comme les académies, des hérésies humanitaires de prophètes du passé qui — obéissant malgré eux, aux inspirations d'un invisible esprit de progrès — bénissent, quand ils voulaient la maudire, la pensée novatrice du siècle, et s'écrient, nouveaux Balaam, devant les tentes d'un nouveau peuple : « Que je vive de la vie des justes et que ma vie soit semblable à la leur : » (1).

Une situation si brûlante et si haute impose aux socialistes de suprêmes devoirs : sortir des brumeuses régions de l'utopie, débarrasser leur cerveau des intolérances de sectes, des étroitesses de coteries, se défaire de tout exclusivisme d'école, se dépêtrer des misérables intrigues qui stérilisent et déshonorent les partis, et, cela fait, ouvrir leur pensée à toutes les investigations, à toutes les lumières, leur cœur à toutes les justices, à toutes les bienveillances ; leur volonté à l'entente au concours avec toutes les bonnes activités libératrices ; tout cela d'une volonté ferme, sans

---

(1) Le texte biblique porte : « que je meure de la mort des justes, que ma mort soit semblable à la leur ».

jamais s'arrêter sur la voie du progrès, sans jamais fermer
la porte à la vérité supérieure de demain.

Le poëte a dit :

> Marchez, l'humanité ne vit pas d'une idée.
> Elle en allume une autre à l'éternel flambeau.

I. Apologie de la libre recherche

Cependant tout le monde ne comprend pas ainsi le socialisme; depuis surtout qu'aux anciennes écoles utopiques,
justement délaissées, parce que, dans leur subjectivisme
étroit, elles furent trop dédaigneuses des réalités sociales,
trop ignorantes des lois qui procèdent à l'évolution socialiste,
ont succédé des partis socialistes distincts, dans lesquels,
surtout préoccupé de se particulariser, on semble exclusivement tendre à matérialiser, à délimiter, en les restreignant, les fins socialistes (1).

Cette matérialisation et cette délimitation constrictive des
buts est, je le sais, une nécessité des partis politiques en
lutte pour des réalisations immédiates ou prochaines.

---

(1) De ce chef il y a incontestablement régression : « Dans ces
« premiers congrès, l'*Internationale* abordait de front toute une
« série d'immenses problèmes qui se dressent devant l'humanité,
« inspirée d'un souffle nouveau; l'*Internationale* posait en face des
« bourgeois engourdis dans la routine, le problème de rénovation
« de la société dans toute sa grandeur, et elle donnait son attention
« jusqu'à la langue universelle, à l'instruction intégrale, aux bases
« de la moralité, au même titre qu'aux grandes questions d'abolition
« de la propriété individuelle, de l'héritage.

« Elle plantait les jalons de la future révolution, elle soulevait
« toutes les grandes questions qui agitent l'humanité.

« Mais depuis lors — et il faut bien reconnaître que le socialisme
« marxiste y a été pour beaucoup — on a tout fait pour rétrécir les
« idées du socialisme moderne. On a voulu réduire le grand mouve-
« ment socialiste et communiste à une simple question de plus-
« value. » (Journal la *Révolte*, décembre 1888).

J'ajoute même qu'une telle tactique a ses bons résultats. En effet, elle pousse à sérier logiquement les revendications politiques et économiques et elle permet les applications partielles qui sont, abstraction faite de leur efficacité incontestable, des écoles d'expérience. Mais au moins pourrait-on y mettre moins d'intolérance.

Aucun parti socialiste ne peut, en son particulier, élever la prétention d'être tout le socialisme, ni faire que son fanion de groupe soit l'étendard général de l'avant-garde humaine. Cependant cette prétention existe, l'exclusivisme étant la loi des groupes comme le fanatisme celle des chapelles (1). Puis, il faut bien le dire, la servilité paresseuse de l'esprit est la règle, la plupart des hommes aimant mieux s'en tenir à un *Credo* philosophique politique ou économique et anathématiser quiconque ne l'admet pas dans tous ses points et virgules, que de chercher, « à la sueur de leur front», comme conseillait le bon Jouffroy, toujours plus de vérité, toujours plus de certitude. Condamnable et funeste cette nonchalance de l'esprit : la recherche sincère, est avant toute chose, en ce temps d'ardents conflits d'hommes et d'idées, le devoir de tous les émancipés. Chacun doit se plier à ce commandement de la destinée : « Tu seras le perpétuel travailleur de ton propre mérite (2) » et pouvoir se dire, avec un des plus nobles esprits de ce temps :

---

(1) Elle ne s'applique pas seulement à la haute philosophie, cette observation de Kant : « Notre tentation perpétuelle, notre incorrigible illusion est de transformer nos idées régulatrices, les formes de notre entendement en substance, en êtres. La raison obéit dans l'homme à la tendance presque irrésistible qui l'entraîne à l'unité. De là cette fureur de dogmatiser sur Dieu, sur l'âme et le monde, en créant au-delà des données de nos facultés expérimentales des unités artificielles des centres de réalité indépendants de la pensée des objets absolus. Tout cela est l'œuvre de la raison qui devient la dupe de ses propres créations, étant donné l'impossibilité de rien saisir au-delà du *phénomène* ou chose manifestée et l'impossibilité de rien connaître du *noumène* ou chose en soi. »

Nos prétendues vérités ne sont que des interprétations toujours plus ou moins subjectives, c'est-à-dire plus ou moins fondées. Ayons donc la modestie qui convient à l'incertitude de nos recherches.

(2) Eugène Pelletan : *Profession de foi du XIXme siècle.*

« Nous aurons ces grandes vertus du philosophe : l'amour
de la vérité absolue, la croyance à sa réalité et l'espérance
de nous en rapprocher sans cesse. » (1)

Un grand écrivain, qui a obscuré sa gloire par un injuste
éreintement de la Révolution française (2) a proféré cette
parole impie : « Je n'ai jamais pensé qu'une vérité puisse
être utile à quelque chose ». Aussi faussement pensé que
spirituellement exprimé. Une vérité nouvelle dérange tout
d'abord, il est vrai, un tas de petits intérêts; mais finalement elle est toujours utile, car elle est un acheminement
à l'harmonie entre les faits réalisés et la nature intime est
supérieure des choses. C'est pourquoi, quelqu'amer qu'en
puisse être l'avant goût, nous devons toucher de nos lèvres
le calice où fermente le vin âpre du vrai, afin de pouvoir
constamment imprégner du relativisme qui toujours
cherche, de toutes les parcelles de vérités arrachées, atôme
par atôme, à l'inépuisable gouffre de l'inconnu, nos incom-
plètes systématisations et nos passagères justices de
combattants.

« Les hommes ne se trompent pas tant parce qu'ils raisonnent mal que parce qu'ils raisonnent en partant de
principes faux », a fort bien vu Pascal. Ne nous lassons
donc pas de remonter aux principes généraux, de nous
vouer à l'étude des causes que voile presque toujours la
passion particulariste, et nos efforts ne seront pas vains.

« Qu'est-ce que la vérité? » dit Pilate, et il se repose.
« Qu'est-ce que la vérité? » disons-nous, et nous cher-
chons (3); voilà le programme, en le suivant lentement,
mais sûrement, nous trouverons.

Hâtons-nous d'ajouter que ce devoir de libre recherche,
de sincère examen ne saurait aller jusqu'à la dispersion des
activités. *L'association pour la lutte* est la rectification
sociale de *la lutte pour la vie*, cette loi universelle du monde

---

(1) Alfred Fouillée : *Systèmes de morale contemporains.*
(2) M. Taine : *Les Origines de la Démocratie.*
(3) Georges Caumont : *Notes morales sur l'Homme et sur la
Société.*

zoologique (mais non du monde social, quoique prétendent certains darwinistes). Nous ne saurions donc, sans manquer gravement, refuser notre participation aux actions collectives pour l'amélioration morale et la transformation sociale, voire même pour des résultats politiques communs. Mais nous pouvons être des fédérés pour l'action dans un but déterminé, tout en continuant à chercher le mieux, à supporter courageusement la fatigue de l'idée vivante, cette infatigable ennemie de toutes les servilités d'esprits, de tous les préjugés, cette mère féconde de tous les progrès humains.

Puis que voulez-vous ? Socialement parlant l'humanité n'a que deux moyens de s'améliorer, l'expérience ou la discussion ; les expériences sont souvent des catastrophes, Lamennais l'a dit et les faits le démontrent : que la discussion soit donc toujours la bienvenue parmi nous! (1).

Le libre essor intellectuel a des avantages d'un ordre plus immédiat. Vous n'éteindrez jamais la *combativité* dans le cœur de l'homme. Si vous prétendez lui fermer les tournois de l'idée, elle s'exerce contre les individus. De là, les médisances, les calomnies, les perfidies, les hostilités basses, les intrigues, qui, non seulement rapetissent et dissolvent les partis, mais encore transforment les compétitions politiques en combats de sangliers, font dévier les énergies et les dévouements, stérilisent la vie sociale et, ce qui n'est pas moins déplorable, empoisonnent toutes les relations humaines.

Faites au contraire, que cette combativité puisse trouver son dérivatif dans les nobles luttes de la pensée, elle élévera les cœurs, au lieu de les abaisser ; elle purifiera les consciences, au lieu de les corrompre et de les racornir,

---

(1) Combien anti-humaine, combien rétrograde est, par suite, cette sauvage recommandation biblique ! « Quand ton frère, ou ton fils, ou ta fille, ou ta femme bien aimée, ou ton ami, qui est comme ton âme, te diront en secret : *Allons à d'autres dieux*, tu les lapideras : d'abord ta main sera sur eux, ensuite celle de tout le peuple. (*Deutéronome*. Ch. XIIIV. 6, 7),

car il est toujours vrai le vieil axiôme : *de la discussion naît la lumière ;* il ne s'agit que d'être de part et d'autre modeste et de bonne foi, ce qui est à la portée de toutes les intelligences.

En résumé, d'après ce qui précède, on peut avancer que si les partis sont, plus ou moins imparfaitement, l'idée en acte, ils ne sauraient être toute l'idée en puissance ; encore moins son incarnation totale.

Au-dessus de tout parti, doit toujours flotter indisciplinée, irréductible, vivante, agissante, progressive, la flamboyante *libre recherche,* en quête de lumière plus vives et de plus larges justices. Tous les combats que livre l'invincible déesse sont féconds, tous les chocs qui retentissent sur son bouclier lumineux et sonore, font jaillir des étincelles de vérité : elle vivifie là où les dogmes tuent.

II. Avantages des élaborations parallèles

Nombreux seraient les exemples que nous pourrions citer, nous nous en tiendrons à un seul pris dans le cercle de l'évolution socialiste, sujet de ce livre.

Il semblera étrange que la multiplicité babélique des innombrables écoles socialistes — ordinairement rivales — de la première moitié du XIXᵉ siècle, ait eu pour résultat, non pas, comme on pourrait le croire, la déconsidération de l'idée, mais sa rapide et éclatante progression (1).

---

(1) Autre exemple plus ancien et plus illustre. Sans la rivalité de Paul qui voulut éclipser la petite église judaïque de Jérusalem, le christianisme n'aurait peut-être pas conquis le monde, et il l'aurait conquis moins rapidement, sans le vivace et renaissant bourgeonnement des hérésies et des schismes. Pour fortifier l'exemple, ajoutons que le christianisme serait mort de la *Renaissance* artistique et révolutionnaire des pays latins, si la *Réforme* protestante, venue d'Allemagne, n'avait surgi à temps pour le revivifier et le sauver ; d'une part, en lui donnant un peu d'air ; d'autre part, en le retrempant dans la fournaise des guerres de religion.

Cela s'explique pourtant.

L'exposition directe échoue souvent ne pouvant percer la carapace de l'indifférence qui protège les préjugés du plus grand nombre et la panurgerie intellectuelle contre toute novation idéelle; la polémique plus incisive, frappant plus fort et plus longtemps, sur un point donné, est autrement pénétrante : elle finit toujours par forcer l'attention.

Il en fut ainsi alors. C'est aux polémiques d'écoles, souvent injustes et violentes, aux rivalités prosélytiques, aux entre-excommunications généralement injustifiables qu'elles suscitèrent, que le socialisme naissant dût sa brillante et inoubliable affirmation d'avant 1848. Certes, une seule école, un seul parti socialiste n'aurait jamais pu aboutir à l'explosion du socialisme populaire, que la révolution de Février projeta de la France sur le Monde civilisé.

Ajoutons vite que la diversité des élaborations initiales a encore d'autres avantages : elle contraint l'idée nouvelle à se purifier au creuset de la controverse et de l'expérimentation, à s'armer de science et de logique, à s'enrichir de découvertes faites dans toutes les directions de la pensée, bref, à cheminer et à moissonner sans cesse le long de l'interminable et difficile route de la fuyante vérité.

Et que précieuses ont été à ce point de vue les éclosions multiples du socialisme d'après 1830 !

La philosophie historique et industrielle de Saint-Simon, l'intégralisme associationniste de Fourier, le communisme scientifique et rationnel d'Owen et le communisme héroïque de la tradition babouviste que Buonarotti transmit à Blanqui, à Barbès et aux plus énergiques républicains révolutionnaires de 1830-1840, furent les quatre principales sources où puisa d'abord la pensée sociale nouvelle; ses premiers et plus féconds dérivés furent le collectivisme industriel de Pecqueur, de Vidal et de Louis Blanc, contemporains du communisme icarien de Cabet et du communisme fouriériste de Weitling.

Si peu contributif pour l'investigation, par contre, inappréciable, au point de vue de la propagande, fut le démocratisme aux aspects multiples des littérateurs comme Lamennais, Georges Sand, Eugène Sue et des vulgarisateurs comme Raspail, Jottrand, Barthels, Jacob Kats, etc.

Pendant ce temps, Auguste Comte en faisant de l'altruisme le couronnement de sa *Philosophie positive*, Karl Grün et les « hégéliens de l'extrême gauche » en révolutionnant la philosophie de l'histoire ; Feuerbach en élevant un temple à l'*Humanisme* avec les débris des religions passées ; Renouvier, en appliquant à la morale sociale, le criticisme néo-kantien ; Herzen avec son pessimisme si profond, si amer et pourtant si espérant ; Joseph Ferrari par sa théorie des cycles de l'histoire, apportèrent au socialisme les éléments d'une puissante philosophie scientifique, historique et morale.

Il est parfaitement vrai qu'il n'y parut pas d'abord et que le mysticisme se donna carrière avec le catholicisme jacobino-socialiste de Buchez et Roux, le fusionisme de Toureil, et même avec le vague solidarisme — que fécondait toutefois un évolutionisme de bon aloi — de Pierre Leroux, de Guépin, de Fauvety et de Pauline Rolland. Mais il est vrai aussi que rien ne fut perdu cependant et que nous moissonnons maintenant ce qui fut semé alors.

D'ailleurs, pendant qu'il errait ainsi dans l'idéal et dans les mille sentiers de la libre recherche, le socialisme ne perdait pas de vue le réel ; il créait le collectivisme pratique avec Pecqueur, Louis Blanc, Vidal ; puis par le mutuellisme de Proudhon et de Bray, il pénétrait dans les domaines de l'économie politique qu'il devait si magistralement bouleverser plus tard, avec Marx, Tchernichewesky, Rodbertus, Carlo Marlo, Lassalle, César de Paepe. Autre échappée féconde fut le collectivisme agraire dont Rivadavia, dans l'Amérique du Sud ; Devyr, peu après, dans l'Amérique du Nord ; enfin plus tard Colins, en France ; Louis de Potter, en Belgique, Ramon de la Sagra, en Espagne, furent les premiers théoriciens et propagateurs.

De ces conceptions et coordinations si diverses dont nous pourrions allonger la liste, le socialisme se formait, profitant de toutes les acquisitions, de toutes les expériences humaines, pour les unifier, ainsi que se forme le blanc, couleur souveraine, des sept couleurs du prisme.

La philosophie hégélienne a formulé un aphorisme profond qui renferme en lui toute la *Logique supérieure* et toute la *Phénoménologie de l'esprit* du maître d'Iéna; c'est celui-ci: *Il faut que l'Unité domine la Diversité des éléments.* Mazzini et Bismarck (1) s'en sont servi pour concevoir et réaliser l'unification de l'Italie et de l'Allemagne, et c'est en s'en inspirant qu'ils ont pu se faire un instrument de toutes les intellectualités, si particularistes avant eux, de leur patrie respectives.

C'est qu'en effet le principe est saisissant : toutes les activités, toutes les forces dans une voie donnée concourent fatalement à un but suprême qui les contiendra et les couronnera dans leur essence. Il ne faut donc pas craindre les diversités : elles se résolvent toujours dans l'unité, si la conception mère est assez vaste. C'est à ce dernier point seulement qu'il faut veiller, et telle est notre préoccupation en demandant l'élargissement des horizons socialistes.

Cette condition fut remplie par le socialisme initial; il y eut acheminement à l'unité dans le déploiement des théories diverses qui remplirent la première moitié du XIXe siècle, puisque toutes partaient d'un principe commun et avaient un but commun : la régénération morale et la transformation sociale, en vue du mieux-être du Genre Humain.

---

(1) Je ne prétends pas mettre les deux hommes sur le même plan. Bismarck ne fut qu'un homme de force il ne laissera en somme qu'une trace sanglante. Mazzini, en même temps qu'homme d'action, fut homme de pensée et de progrès. Son esprit vivant encore dans ses disciples, inspire le noble parti républicain italien, qui, tout en préparant l'Italie politique et sociale nouvelle, rend de si grands services à l'humanité, en combattant la Triple Alliance, ce qui est faire œuvre de paix et de justice. Voir l'*Emancipazione*, de Rome. que dirige le vaillant et infatigable Felice Albani, aidé d'hommes comme Fratti, Giannelli, Maffi, Turchi, Mormina Penna, de Marinis, Parra, etc.

III. Caractère et limitations nécessaires de la condensation

réaliste dans le socialisme

S'il est vrai que la plupart des premières écoles socialistes laissèrent la vie dans la mêlée ; il est vrai aussi que ce qu'il y avait de bon dans chacune d'elles, est resté dans l'idée générale en formation, un élément disponible pour la synthèse future. C'est d'ailleurs une loi cruelle de la triste nature des choses que chaque genèse est le produit d'éliminations successives.

Seulement ici l'élimination — transitoire et non définitive — fut trop forte. Par réaction contre un idéalisme spiritualiste confinant au mysticisme religieux, on amputa le socialisme de toutes les impulsions sentimentales, de toutes les aspirations philosophiques et fraternitaires qui étaient la moitié de sa force ; on lui coupa les ailes, pour qu'il ne pût plus, en s'élevant, risquer de se perdre dans le ciel nuageux de l'utopie. En un mot, il fut, par la savante et puissante école socialiste de Marx, qui depuis dix ans inspire presque toutes les organisations prolétariennes et révolutionnaires des Deux-Mondes, ramené à une question économique, à une guerre de classes dirigée contre la bourgeoisie capitaliste par le prolétariat industriel, marchant à la conquête du pouvoir politique, de l'égalité sociale et de la justice économique.

On a dit en substance :

« Le fond tragique de l'histoire est rempli par les mouvements manifestes ou latents, mais incessants de la lutte des classes.

« Les organisations politiques n'étant que le reflet des organisations économiques, c'est toujours pour la modification de ces derniers, sous la poussée des besoins matériels et des nécessités nouvelles de la production, qu'éclatent les conflits. Il en résulte que les vicissitudes des classes en lutte, pour la conquête du pouvoir et des priviléges écono-miques, sont les mobiles internes et dominants de tous les conflits, de toutes les réalisations du passé, l'intérêt étant le point de départ réel de toutes les actions humaines.

« La guerre des classes n'a pas pris fin à la Révolution française, elle n'a fait que se simplifier.

« La Bourgeoisie, traitre au Prolétariat qui lui avait donné la victoire, s'est tournée contre lui, est devenue conservatrice à son tour et a pris l'hégémonie des forces rétrogrades (noblesse, clergé, privilégiés de tous genres). C'est donc entre cette bourgeoisie et l'immense peuple des salariés, que se creusent en ce moment les antago-nismes et que se livrera le grand combat pour la direction économique et politique. Le résultat final ne saurait être douteux ; le Prolétariat, classe ascendante et poussé à la victoire par toutes les forces de l'histoire et par les nécessités économiques de la reproduction et de la circulation moderne des richesses.

« Les unes et les autres exigent la socialisation des forces productives et l'organisation communiste de la production.

« Or, tels sont justement les *desiderata* du Prolétariat, ne poursuivant pas la conquête de quelques droits abstraits, sous l'impulsion d'une idée préconçue et vaine de justice, mais allant, conscient de sa force et de ses intérêts de classe, à la conquête du pouvoir politique et d'une nouvelle organi-sation économique.

« Dans cette situation, le devoir des prolétaires militants et des socialistes, avant-garde de tous les salariés, est tout tracé : faire appel à l'intérêt matériel immédiat, aux colères des exploités, aux antagonismes des situations, puis s'or-ganiser en partis de classes, en partis ouvriers socialistes distincts, d'abord pour le combat au jour le jour contre l'exploitation capitaliste ; ensuite pour la conquête des pouvoirs publics, soit graduelle, par une série de réformes imposées ; soit violente, par une révolution victorieuse ».

Telles sont les données générales du matérialisme économique de Marx qui constituent une puissante toutefois incomplète structure historique. Nous avons dit « incomplète » parce qu'en effet les racines du socialisme plongent dans toutes les douleurs humaines dans tous les progrès intellectuels et moraux, (1) dans toutes les maturations de l'histoire ; le conflit est donc moins déterminé et plus large que ne l'admettent les partisans exclusifs de la lutte des classes. Le prolétariat industriel est l'avant-garde du socialisme ; il n'est pas toute l'armée socialiste ; celle-ci est composée logiquement de tous les souffrants, de tous les militants, de tous les espérants. Si la conquête de la justice économique et de la refonte de l'Etat sont les plus grandes promesses du socialisme, elles n'en sont pas les seules. Il n'est pas vrai non plus que l'intérêt individuel ou même l'intérêt de classe, aussi magnifiquement idéalisé qu'il ait pu l'être par Lassalle (2), soit un motif suffisant pour pousser les masses à l'assaut des vieilles oppressions, des vieilles iniquités (3).

Précisons bien pour que la discussion ne puisse dévier sur ce point capital et pour prévenir peut-être une calomnie.

Le socialisme est d'abord la revendication prolétarienne

---

(1) Guillaume De Greeff : *Introduction à la Sociologie*, Bruxelles-Paris 1887.

(2) Ferdinand Lassalle : *Le Programme des Travailleurs*.

(3) « L'intérêt de classe, seul invoqué par le socialisme de Marx, repose sur un fait social, mais relatif, et qu'on ne saurait transporter rigoureusement du domaine de la théorie dans celui des faits où il est subordonné, chez les individus, à une foule de circonstances secondaires capables de le neutraliser. La solidarité économique, à laquelle on ne donne pas d'autre base, vient se heurter dans la vie ouvrière, à des rapports plus directs, d'un intérêt plus immédiat que l'ouvrier ne saurait sacrifier à l'intérêt de sa classe, s'il n'est pas mû par un mobile supérieur de devoir que le marxisme méprise en théorie, parce que ce mobile ne puise pas exclusivement, comme le prétendent les marxistes, sa source dans « l'intérêt du ventre ».

« Le dévouement, l'esprit d'abnégation et de sacrifice, les hautes vertus morales, facteurs indéniables du progrès humain que le socialisme est appelé à faire entrer dans un cycle nouveau, telle est donc la lacune du socialisme marxiste contemporain » (Gustave Rouanet : *Le Matérialisme économique de Marx, Revue Socialiste*, 15 décembre 1887.)

du temps présent. Mener à bien cette partie de la tâche sociale contemporaine est pour ses champions le plus urgent, le plus impérieux des devoirs. En ces sombres jours de servitude économique et de misère croissante, qui pourrait être sourd à la grande plainte de ceux qui peinent dans les enfers du salariat et de ceux, toujours plus nombreux, que le capitalisme repousse même de ses bagnes et jette, pour y mourir de la faim et du froid, dans le sombre gouffre de l'abandon complet et du dénuement absolu ? (1).

Oui le premier devoir de la société est de mettre fin à cet abominable état de choses, en vertu duquel on voit des foules affamées et déguenillées, se désespérant devant les amoncellements de richesses produites par elle et accumulées par des oisifs, au nom d'une chose morte (le capital) qui dévore des êtres vivants (les travailleurs).

> ...La faim, c'est le crime public,
> C'est l'immense assassin qui sort de nos ténèbres ;

En conséquence, le premier objectif du socialisme est de donner satisfaction aux revendications justicières des prolétariats, en atténuant d'abord le mal de l'iniquité capitaliste, en l'extirpant ensuite ; le socialisme doit par suite viser à transformer au plus tôt en réalité :

1° *Le droit à l'existence pour tous, dans la mesure des ressources communes ;*

2° *Le droit, pour les valides, à un travail rémunéra-*

---

(1) Les conservateurs éclairés eux-mêmes reconnaissent l'urgente nécessité, au nom de la justice, au nom du salut social, d'une transformation économique immédiate. En exemple cette citation de l'auteur spiritualiste et chrétien de la *Philosophie de la liberté* :
« La prolongation du régime actuel est impossible. Pour s'en convaincre, il suffit de mettre en présence quelques-uns des éléments qui le constituent : les produits du travail dévolus exclusivement à l'entrepreneur capitaliste, l'immense majorité des ouvriers dépourvus de toute garantie d'existence, de toute sécurité pour l'avenir, vivant au jour le jour d'un salaire juste suffisant pour ne pas mourir de faim ; puis, en face de ce contraste économique, le suffrage universel chargé d'en assurer l'observation, enfin le salariat condamné dans la conscience des salariés, et la guerre sociale en permanence », (Charles Secrétan : *La Civilisation et la Croyance*.)

*teur, réglé législativement et socialement, d'après les
prescriptions de l'hygiène et les exigences de la dignité
humaine;*

3° *Le droit à un entretien suffisant, à l'instruction générale et professionnelle pour tous les enfants.*

À ce plus pressé, s'ajoute de suite le programme de
transformation économique qu'on peut ainsi résumer,
d'après les les *desiderata* collectivistes :

*Réalisation graduelle d'un état social dans lequel la
terre, les instruments de travail et les forces du crédit et
de l'échange relevant de l'administration sociale, le travailleur reçoive (la part des charges sociales étant pré-
levée) l'équivalent du produit de son travail.*

IV. Énoncé des principales directions de la pensée socialiste

Telle est l'œuvre immédiate à poursuivre; la plus criante
iniquité est l'iniquité capitaliste, la plus lourde souffrance
est la souffrance prolétarienne ; de cette iniquité et de
cette souffrance il faut tout d'abord avoir raison et c'est
pourquoi, en tête de leurs programmes, tous les socialistes
dignes de ce nom ont placé la transformation économique.

Mais, — et nous ne devons pas négliger d'insister sur
ce point, — il ne faut pas prendre la partie pour le tout,
ne pas oublier qu'il est pour le socialisme d'autres objectifs, que la crise cyclique actuelle dont les tempêtes soufflent
de tous les points cardinaux de l'horizon social, ébranlant
toutes les vieilles fondations humaines, n'est pas seulement *économique* mais encore *philosophique, politique* et
sociale.

Philosophique, peut-elle ne pas l'être? Tous les dogmes
religieux sont en décomposition, toutes les philosophies en
contradiction et en lutte, tous les systèmes de morale en
discussion. Résultat, absence de principes dirigeants, et

en leur lieu et place, le conflit universel dans les idées, aussi bien que dans les faits.

Comment en sortir?

Par l'adoption d'une conception synthétique du monde, conforme à l'état de nos connaissances scientifiques et d'une éthique ou règle de conduite conforme à notre développement moral et social.

De la science agrandie et humanisée nous viendra le premier de ces bienfaits; du sentiment croissant de la justice et de la bonté nous viendra le second qui ne pourra être qu'une sorte de Décalogue socialiste, de l'élaboration duquel il convient d'autant moins de se désintéresser que l'œuvre est plus urgente.

Politique de même est la crise contemporaine. La monarchie, ce dernier vestige de la servitude politique, est partout battue en brèche par les meilleurs, par les plus dignes de toutes les nations; chez les peuples d'avant-garde, elle a même fait place à la République, république transitoire, il est vrai, tout empirique et peu différente de la forme politique inférieure qu'elle a remplacée; mais contenant néanmoins les éléments de l'organisation politique de l'avenir qui attendent leur coordination rationnelle.

Et il y a urgence de coordonner; les nations entre elles en sont encore au droit brigand et avilissant du plus fort, tandis que dans les nations même, l'État, la Commune, l'Association, la Corporation, l'Individu attendent encore une délimitation rationnelle des droits et des devoirs, conforme à la justice, conforme aux grands intérêts de l'Humanité progressive.

Que l'on en est loin encore! Sous l'action déprimante et délétère de l'égoïsme bourgeois et du déchaînement des antagonismes sociaux, la politique n'est plus qu'un champ clos de compétitions haineuses, où selon la forte expression d'un grand socialiste russe, l'honnête homme se sent étranger (1).

---

(1) Alexandre Herzen : *De l'Autre Rive.*

Qu'en advient-il ? on s'agite stérilement dans les ténèbres, dans l'entre-heurtement des traditions mutilées
ou faussées et des revendications confuses, souvent contradictoires des partis en lutte.

Le conflit est partout à l'état aigu, en cette belle efflorescence de concurrence universelle, si chère à l'économie
politique orthodoxe, et l'égoïsme rapace des ambitions et
des partis fait plier toutes les prescriptions de justice. C'est
devant un tel spectacle que le plus célèbre des critiques
socialistes français a été autorisé à dire : « L'égoïsme
déguisé sous le faux nom de liberté, nous a infestés et
désorganisés dans tout notre être (1). »

Il n'est que temps d'aviser et ce n'est pas le moment
pour les socialistes de s'enfermer dans la revendication
économique seule et de s'abstenir de coopérer à l'élaboration politique contemporaine.

Sociale est aussi la revendication populaire. Longue
serait l'énumération que nous pourrions entreprendre sous
cette rubrique, en commençant par la famille et en continuant par une analyse de toutes les grandes institutions
sociales, mais ce serait faire double emploi avec ce qui
suivra dans le cours du présent ouvrage.

Nous nous bornerons, ci-dessous, à une indication
sommaire.

V. Évolution des quatre institutions cardinales

de la Société humaine

Les conservateurs ne se trompent pas, eux, sur le caractère
intégraliste du socialisme; ils savent bien que presque rien
du vieux monde ne restera dans sa forme en ce moment
régnante, quand le socialisme sera entré dans les faits.

---

(1) Proudhon : *De la Capacité politique des classes ouvrières.*

Aussi traduisent-ils sophistiquement socialiste par : ennemi de la Religion, de la Famille, de la Propriété et de l'État.

Ennemis de la Religion, de la Famille, de la Propriété, de l'État, nous ne le sommes pas dans le sens philosophique et élevé du mot; ce serait d'ailleurs absurde. Mais adversaires de l'actuelle conception religieuse, de l'actuelle conception familiale, de l'actuelle organisation propriétaire, de l'actuelle organisation politique, nous le sommes partiellement, et voici nos raisons, qu'il est toujours bon de faire connaître, pour ne plus laisser à certains détracteurs du socialisme le refuge de l'ignorance.

La Religion, la Famille, la Propriété et l'État revêtent successivement des formes diverses; elles se modifient simultanément à chaque développement important de civilisation; voilà le vrai que nous crie l'histoire.

Pour ce qui est de la religion, un certain panthéisme (qui n'a pas dit son dernier mot) a succédé au fétichisme, le polythéisme au panthéisme, le monothéisme au polythéisme. A son tour, le monothéisme est maintenant combattu et sera inévitablement remplacé par un naturisme monistique et humanitaire qui se cherche. Or, laquelle de ces formes est plus spécialement *la Religion*? Aucune; chaque grand stade de civilisation ayant sa forme religieuse passagère, reflet d'un état mental et social particulier.

La forme religieuse de l'avenir nous est inconnue; nous pouvons pourtant présumer qu'elle ne saurait être surnaturelle en l'état actuel du savoir humain. Comme pâlissent les étoiles devant l'aurore annonciatrice d'un jour éclatant de lumière et de gloire, ainsi le mysticisme surnaturaliste, vaincu par les sciences naturelles et par la philosophie historique, recule constamment devant les progrès scientifiques et moraux, préparateurs d'une Humanité plus éclairée, plus juste, plue solidaire et meilleure (1).

_____

(1) C'est un spiritualiste de grand souffle, François Huet, auteur du *Christianisme social*, qui a dit que le jour où elles ont accepté d'être passées au crible de la philosophie, de l'histoire, les religions

Nous pouvons donc penser que le lien moral nouveau devra s'appliquer exclusivement à une conception rationnelle de l'univers et aux *desiderata* collectifs du genre humain amélioré par la science, par le concept et l'acceptation de devoirs sociaux, éclairant et dominant les égoïsmes, presque souverains en ce moment.

« Le but du progrès », a dit l'un des plus grands et des plus sympathiques philosophes français contemporains, que la mort vient de nous cruellement ravir à sa trente-troisième année, « le but du progrès dans les sociétés modernes est
« de ramener la paix au dedans comme au dehors, de sup-
« primer du même coup le mysticisme, de concentrer dans
« l'univers réel présent et à venir, toutes nos affections,
« d'unir les cœurs en un si étroit faisceau qu'ils se suffisent
« à eux-mêmes et que le monde humain, agrandi par
« l'amour, ramène à soi tous les sentiments » (1).

La Famille n'est pas moins soumise à la loi universelle d'évolution qui régit les êtres et les choses, et à la loi de solidarité qui commande les institutions humaines.

Pendant le lourd et vague communisme des sociétés naissantes, la famille revêtit naturellement le caractère promiscuitaire (2).

Cette forme familiale embryonnaire se modifia avec les conditions sociales qui l'avaient déterminée, elle fit donc place à la famille patriarcale qui, à son tour, fut remplacée par un polygamisme presque général. Bientôt, sous la pression de certaines circonstances d'ordre multiple, l'Occident se fit légalement monogame, mais en maintenant la subordination presque absolue de la femme. Cela nous a donné la famille actuelle, si insuffisante que, notamment dans les

---

révélées ont signé leur arrêt de mort. Or, dans l'ordre purement intellectuel, le XIXᵉ siècle sera le siècle de la science historique. Des trésors de vérités sont, par cette dernière, réservés à nos descendants; autre incitation à ne pas se cantonner dans les doctrines absolues et dans les conceptions simplistes.

(1) J. M. Guyau : *l'Irréligion de l'avenir, étude sociologique.*
(2) Ce point n'est pas contestable. Voir la démonstration qu'en donne notamment Giraud-Teulon dans ses *Origines de la famille.*

pays où une longue pratique de facile divorce n'a pas adouci les mœurs, elle est avilie par la prostitution, désorganisée par l'adultère, déshonorée à toute heure par l'assassinat qui est presque passé à l'état de droit acquis dans les relations sexuelles, au moins en France, grâce aux acquittements scandaleux de jurés absolument dénués de sens moral en ces choses.

Dans cette situation, la femme est opprimée, l'enfant est sans droits; l'homme est souvent victime à son tour, et la moralité, tant prônée, sur ce point, par le pharisianisme bourgeois, est chassée de la famille, aussi souvent que le bonheur.

Pour empirer toutes choses, le mariage n'est en général, et presque sans exception dans la bourgeoisie, qu'une juxtaposition de fortunes, c'est-à-dire une sorte de prostitution qui, pour être légalisée et acceptée, n'en est pas moins avilissante et honteuse, n'en est pas moins un agent actif de dégénérescence morale et physique de la race.

Insistons là-dessus; qui, dans ce monde de l'argent, se préoccupe du parallélisme des développements intellectuels, de la conformité des opinions, des convenances physiques, de la correspondance des caractères et des tempéraments, ou même, ce qui domine tout cela, des attractions de l'amour? La femme bourgeoise croirait sa fille impure, si elle s'était permis d'aimer, avant la légalisation, le mari qu'on lui destine; en revanche, elle trouve tout naturel que son fils débauche et trompe les filles du peuple « pour jeter sa gourme, » en attendant qu'il soit « en situation » de s'approprier une dot.

Le moralisme familial, férocement égoïste et stupidement étroit de Joseph Prudhomme et de la sévère et revêche Eudoxie, est — ceci paraîtra vrai à qui voudra sincèrement réfléchir — l'agent le plus actif de l'immoralité contemporaine et de la dépression des caractères.

Les socialistes, que ne satisfait pas cette profanation perpétuelle de l'être humain, osent déclarer que l'amour seul doit décider des unions, que l'amour ou le devoir librement consenti doivent seuls en garantir la durée; que les enfants ont droit à une enfance heureuse et à un bon développement intellectuel et physique, et que, pour cela, la société doit, le cas échéant, se substituer aux parents manquants, impuissants ou indignes.

Cette conception familiale s'est condensée dans le système, dit des *unions libres*, que pratiquent actuellement, dans plusieurs pays, les socialistes les plus connus et les plus estimables, et qu'il ne faut pas confondre avec les partisans de ce qu'on est convenu d'appeler l'*amour libre*. Sont-ils pour cela ennemis de la *famille ?* Non, ils sont simplement pour une forme familiale qu'ils jugent supérieure.

La *Propriété* n'a rien non plus d'immuable; les formes propriétaires ont autant varié, dans le cours des temps, que les formes familiales; les recherches d'Emile de Laveleye (1) ne laissent pas subsister le moindre doute à ce sujet.

Sans remonter au communisme promisque de l'origine des sociétés, nous voyons la propriété longtemps dépendante du droit social; elle ne devient entièrement individuelle (droit d'user et d'abuser) que sous l'odieux droit romain qui, pour notre malheur, nous régit encore. Mais, de plus en plus, les mauvais résultats du système se font sentir. La forme capitaliste de la production, en régime de propriété individuelle et d'intérêt de l'argent, aboutit à la spoliation de la masse au profit exclusif de quelques parasites malfaisants. On peut dire de toutes les accumulations individuelles de capitaux, qu'elles sont le produit du travail d'autrui. En cette occurence, les socialistes posent en fait qu'il faut revenir au droit social de propriété, en lui donnant une forme nouvelle; inaliénabilité du sol et des instruments de travail; appropriation individuelle par chaque travailleur de l'équivalent de sa production, les charges sociales étant remplies. Est-ce là vouloir la destruction de la propriété?

N'est-ce pas plus simplement vouloir une forme propriétaire plus conforme au concept moderne de la justice, et

---

(1) Emile de Laveleye: *De la propriété et de ses formes primitives.*

plus en harmonie avec le développement historique et les conditions économiques de la société contemporaine ?

L'Etat actuel, en Europe et en Amérique, est certainement supérieur aux agglomérations anciennes, basées sur le rapt, le pillage, le meurtre à l'extérieur, l'esclavage à l'intérieur; mais il n'en est pas moins compresseur, démoralisant, parasitaire, c'est-à-dire fort incomplet encore. Nous voulons donc substituer de plus en plus à cet Etat dominateur et spoliateur, et tout empêtré de militarisme et de parasitisme, un Etat presque exclusivement administrateur et garant de la chose et de la paix publiques. Nous ne voulons pas pour cela la destruction de l'Etat, mais simplement sa transformation.

Sommes-nous des criminels pour vouloir, comme Ferdinand Lassalle, par exemple, que l'Etat ait pour but d'assurer à tous une large vie humaine en retour d'un travail rendu attrayant ou envisager comme un devoir social ?

Sommes nous des bêtes féroces, parceque, répudiant la guerre, cette honte, ce crime, ce fléau moderne, nous combattons le militarisme, ce résidu des barbaries passées, qui menace notre civilisation? Sommes nous des monstres, parce que nous voulons l'abolition des frontières et la constitution, en notre Occident si tourmenté, d'une ne Fédération européenne s'épanouissant dans la paix, le travail et la justice?

Qui pourrait l'admettre sincèrement?

La Patrie fut d'abord contenue dans la *Tribu*; son premier progrès fut de se déployer dans la *Cité*; son second, dans la *Province* ou *Région;* son troisième dans la *Nation*; pourquoi ne deviendrait-elle pas *Continentale*, puis *Inter-continentale* (européo-américaine) et finalement *Planétaire*?

La philosophie antique a dit : *Dignité, Modération, Vertu;* le christianisme : *Foi, Espérance, Charité*; le XVIIIᵉ siècle : *Recherche, Tolérance, Sensibilité;* la *Révolution française : Liberté, Égalité, Fraternité*; le socialisme utopique : *Dévouement, Solidarité, Harmonie;* le

socialisme intégral de l'avenir trouvera une devise signifiant : *Justice, Fraternité, Solidarité,* dans l'ordre
humain ; *compatissance universelle,* dans l'ordre planétaire (1). Tels seront les principes de l'État social de l'avenir.

VI. Le Sentiment et le Socialisme

Beaucoup d'appelés, peu d'élus, dit l'ancienne formule
chrétienne. *Tous appelés, tous élus,* dit le socialisme qui a
des bienfaits pour tous, même pour ses ennemis.

Mais pour un objet si vaste, ce n'est pas trop d'ajouter
aux forces révolutionnaires, qui débordent dans les prolétariats des Deux-Mondes, toutes les forces intellectuelles
et morales acquises par l'Humanité consciente, c'est-à-dire
toutes les bonnes volontés.

C'est Kant, le plus grand moraliste moderne, qui a dit :
« De toutes les choses qu'il est possible de concevoir dans
« ce monde, il n'y a qu'une seule chose qu'on puisse
« tenir pour bonne, sans restriction : c'est une bonne
« volonté. »

Gardons-nous bien de dédaigner ou d'effaroucher ces
bonnes volontés. Il y aura toujours, confirme Albert Regnard
dans sa forte et substantielle étude sur *l'État,* il y aura
toujours des cœurs d'élite, pour qui la gloire d'avoir servi

---

(1) Ce dernier point, point de vue, qui est celui des pessimistes
modernes : Schopenhauer, de Hartmann, Edmond Thiaudière, etc.,
avait été touché par Fourier dans son ordre d'*Harmonie*. Ce grand
socialiste voulait « rendre heureux tout le monde, même les bêtes ».
Charles Gide, qui est aussi un de ceux qui veulent compléter la justice sociale par la pitié universelle, l'en a chaleureusement loué.
Un jour viendra où les « compatissants » seront moins rares.
« Depuis que l'humanité marche, a dit Edmond de Goncourt, ses
« progrès, ses acquisitions sont toutes de sensibilité. » Observation
profonde et consolante, pour qui regarde au fond des choses.

la bonne cause, quoique vaincue, sera le *bonheur* le plus réel et le plus sublime, et bien que le dévouement soit un démenti à la théorie de l'intérêt bien entendu, il en est, au contraire, la plus éclatante confirmation (1).

L'historien matérialiste Buckle a exprimé une pensée du même genre, lorsqu'il a dit que les progrès de la connaissance et ceux de la conscience sont stériles, s'ils ne sont pas complétés les uns par les autres (2).

Leur réunion seule peut, en effet, faire éclater les crises incompressibles de transformation, et produire ces éclosions palingénésiques qui marquent d'un signet glorieux le livre de l'histoire. Un passé récent en témoigne éloquemment.

Si le philosophisme du XVIIIe siècle fut irrésistible et aboutit à l'incomparable libération civile et politique de 1789, c'est qu'il cultiva les sentiments du cœur, en même temps que l'âpre domaine de la connaissance. On ne le dira jamais assez, ce siècle puisa sa force moins dans ses terribles négations que dans ses admirables générosités. Il développa, créa presque, la sensibilité, inventa le mot *bienfaisance* pour la glorifier, et sa contre-partie, le mot *égoïsme*, pour lui donner une acception flétrissante (3).

Voyez-vous Voltaire, sans ses belles campagnes contre les juges-bourreaux qui condamnèrent Calas, Sirven, La Barre, et contre toutes les iniquités de son temps? Que serait Rousseau, sans les sanglots de la *Nouvelle Héloïse*, sans les amplifications sentimentales de l'*Émile* ? Le *Contrat social* n'aurait pas été le livre de la Révolution française, si son auteur n'avait produit que cette brochure politique, de valeur plus que contestable. Qu'auraient laissé

---

(1) Albert Regnard : *L'Etat, son origine, sa nature, son but.* (Paris 1884.)

(2) Buckle : *Histoire de la Civilisation en Angleterre.*

(3) Pour ce dernier mot le fait semblera extraordinaire ; il n'en est pas moins exact. On ne trouve le mot *égoïsme* dans aucun auteur du XVIIe siècle. La Rochefoucauld, qui sur l'idée d'égoïsme basa son livre des *Maximes*, se sert constamment du terme *amour-propre*, qui a pris maintenant une autre acception.

Diderot, sans son génie si ouvert, si expressif et si bon (1);
d'Alembert, sans son affectivité si contenue, mais si vivace;
d'Holbach et Helvétius, sans leur générosité; le bon abbé
de Saint-Pierre, sans sa compatissance infinie ?

Tous ces grands hommes et leurs éminents contemporains, vous les figurez-vous étroits, égoïstes, secs et durs
comme certaines sommités scientifiques et littéraires
contemporaines? Pensez-vous qu'ils auraient pu révolutionner le monde par de simples démonstrations critiques
ou de savantes dissertations philosophico-historiques?

« Il est défendu à l'homme bassement intéressé d'être
habile » a dit Ernest Renan; c'est malheureusement contestable, au moins au sens vulgaire du mot; mais, ce qui ne
l'est pas, c'est que jamais on n'entraînera les foules aux
luttes héroïques pour un but social, en ne leur parlant que
d'intérêt matériel. Pas d'entreprises viriles sans idéalisme;
le réel et l'idéal sont deux frères jumeaux qui paraissent
ennemis et n'en sont pas moins inséparables (2). »

Oui, trois fois oui, la passion surexcitée pour le bien
public, la vision d'un idéal accepté et caressé, le sentiment

---

(1) La tradition d'une nécessaire solidarité communiste entre phylo-
sophes ou supérieurs et de bienfaisance autour d'eux, est le grand
lien des philosophes au XVIIIᵉ siècle, comme en témoigne, en
dehors de la bienfaisance pratique d'Helvétius, et de sa digne
femme, de d'Holbach, de Mᵐᵉ Geoffrin, etc., cette lettre de Diderot
à Voltaire :   Paris, 29 septembre 1762.
      Cher et illustre frère,
.,...Ce qui me plait des frères (les philosophes) c'est de les voir
presque tous unis moins encore par la haine et le mépris de celle que
vous avez appelé l'infâme (la religion chrétienne) que par l'amour
de la vérité, le sentiment de la bienfaisance, le goût du vrai, du beau,
du bon, espèce de trinité qui vaut mieux que la leur. Ce n'est pas
assez d'en savoir plus qu'eux, il faut montrer que nous sommes
meilleurs et que la philosophie fait plus de gens de bien que «la grâce
suffisante et efficace». L'ami Damilaville vous dira que ma porte et
ma bourse sont ouvertes à toute heure et à tous les malheureux que
mon bon destin m'envoie, qu'ils disposent de mon temps et de mon
talent et que je les secours de mes conseils et de mon argent; c'est
ainsi que je sers la cause commune .....Adieu, grand frère, conservez-
vous pour vos amis, pour la philosophie, pour les lettres, pour la
nation qui n'a plus que vous et que pour le bien de l'humanité à
qui vous êtes plus essentiel que cinq cents monarques fondus
ensemble... (Publiée dans *la Vie de Voltaire*, par E. de Pompery.)
(2). Georges Renard : *Etudes sur la France contemporaine.*

profond qu'on se dévoue pour quelque chose de haut et de bon, sont (abstraction faite du fanatisme religieux) les seuls grands entraîneurs des foules. C'est par eux que le dix-huitième siècle aboutit; c'est par les irrésistibles enthou-siasmes qu'ils allumèrent dans les âmes, que le monde vit les merveilles de l'An II et le triomphe partiel de la Révo-lution française.

« On fait injure à l'homme grandement, quand on dit
« qu'il peut être séduit par la facilité (ou le seul intérêt).
« Difficulté, abnégation, martyre, mort, voilà les appas qui
« agissent sur le cœur de l'homme. Allumez sa généreuse
« vie intérieure et vous avez une flamme qui consume
« toutes les basses considérations (1) ».

L'expression de Carlyle est peut-être excessive, mais le fond est vrai.

Il est dans la nature de l'homme de ne pas se laisser se-vrer d'idéal et de pouvoir accomplir de grandes actions que sans l'impulsion toute-puissante des sentiments altruistes; la poétisation de la lutte, la conviction que l'on se voue à quelque chose de supérieur (patrie, liberté, justice sociale), a toujours été la source de l'héroïsme et le chemin de la victoire. Ce n'est qu'en s'inspirant d'une foi nouvelle, qu'en remplaçant l'atavisme religieux qui est au fond de chacun de nous (aussi matérialistes que nous prétendions être (2),

---

(1) Thomas Carlyle : *les Héros, le culte des Héros et de l'héroïque dans l'histoire*, traduction française d'Izaulet-Loubatières.

(2) Tel qui se croit émancipé n'est qu'un « vieil homme » retourné, je n'en veux pour preuve que ce fait : que beaucoup de ceux qui se croient affranchis du christianisme et devenus de parfaits matéria-listes, ont justement conservé de la religion répudiée ce qu'elle eut de plus mauvais, l'étroitesse sectaire et l'intolérance haineuse vis-à-vis de qui ne pense pas comme le croyant. Ils ne sont que des anti-chrétiens, leur foi nouvelle est aussi absolue que leur foi an-cienne. Nullement pénétrés de la relativité de toute chose, dans l'éternelle et universelle évolution, ils ne savent pas qu'il y a du bon dans toute investigation ; que, plus qu'on ne croit, il entre de bonne foi, de bonne volonté dans les croyances et opinions humaines et qu'on ne peut arriver à la justice que par la modestie qui n'exclut pas la fidélité à ses convictions, ni la constante recherche du mieux et qui a pour corollaire la bienveillance envers tous les hommes, au sens large, la bonté,

par un vaste idéal humain, par une conception de la vie et du devoir propre à ouvrir nos pensées et nos cœurs à toutes les justices nouvelles, propre à nous faire consentir à tous les dévouements, tous les sacrifices qu'elles commandent, que nous deviendrons assez nombreux, assez résolus pour vaincre la formidable coalition des forces du passé, pour écarter l'amoncellement d'iniquités et de servitudes qui obstruent et tiennent fermées les portes d'or des Edens sociaux de l'avenir.

VII. Efficacité novatrice des forces morales

Nous insisterons pour répéter qu'il ne suffit pas, dans le conflit contemporain, de faire appel aux intérêts économiques et aux haines de classes pour passionner le combattant et ennoblir la lutte. Le combattant socialiste a besoin de savoir qu'il travaille, souffre et lutte pour un complet renouveau du genre humain. Laissez l'idée de justice, de solidarité, d'amour des hommes (sa religion humaine à lui), laissez-la lui inspirer la passion du devoir social, les joies du dévouement à la cause commune. Laissez, qu'aux premières lueurs de l'aurore des rénovations sociales elle lui fasse entrevoir, dans les brumes du proche avenir, une humanité majeure s'élevant par la science, la solidarité et la liberté, à un plan splendide d'excellence morale, de puissance sur la nature, de bonheur individuel et collectif.

Laissez, cet homme de demain, qui porte au cœur la blessure des douleurs infinies de la terre, qui sait que le grand œuvre est de diminuer la souffrance universelle et d'augmenter la conscience et la justice sociales, laissez-le, comme le poète des *Contemplations* :

Embrasser les lointains splendides de la vie.

Laissez-le voir, en esprit, les hommes futurs, non seulement plus heureux matériellement, mais encore ayant une conception plus élevée de la vie universelle, une notion plus précise des devoirs envers autrui; en un mot, plus grands par la pensée et meilleurs par le cœur; infiniment moins égoïstes, moins cruels que les hommes de ce temps. Ainsi armé dans son âme, le militant socialiste ira d'un cœur ardent au-devant de tous les sacrifices, au-devant de la mort même, sachant que, le moment venu, il pourra dire, comme l'*Intégral* si magnifiquement campé par Fournière, dans un drame philosophique qui restera : « *Mourons en joie, notre tâche est faite!* »

Qu'est-ce, au surplus, que l'idéal?

« L'idéal, a très bien dit Elie Reclus (1), n'est que le développement de la réalité; tout idéal, fleur d'une réalité, sera son fruit dans un avenir plus ou moins éloigné. »

Ils pensaient de la sorte, les combattants et les martyrs héroïques de l'épopée républicaine française. Ainsi dans le procès des *Accusés d'avril* (1834), Trélat, parlant au nom de ses co-accusés, prononça fièrement ces magnanimes paroles devant les pairs de Louis-Philippe, réunis en Haute-Cour de justice pour juger des hommes qui les écrasaient de leur supériorité morale : « Il faudra voir, s'écria le vaillant conjuré, il vaudra voir à qui restera la victoire non demain, non après-demain, que nous importe? Non pour nous, que nous importe encore? *C'est l'espèce humaine qui nous occupe.* »

Avec de tels mobiles, on finit toujours par être victorieux, « non pour soi, mais pour l'espèce humaine », suivant la noble expression du Républicain de 1834 et sans eux on ne saurait vaincre durablement, car ce n'est pas trop, encore une fois, que la réunion de toutes les forces morales et de toutes les forces révolutionnaires d'une génération, pour lever la pierre sépulcrale qui pèse sur le paria collectif des civilisations passées; ce qui revient à dire, en nous appuyant

---

(1) *Revue philosophique et religieuse,* de Ch. Fauvety, 1855.

sur des témoignages significatifs, que dans toute grande œuvre humaine, comme c'est le cas lorsque nous parlons du socialisme, « les éléments idéaux, les forces morales, doivent être reconnus dans une large mesure » (1). Nous ne pourrions d'ailleurs faire autrement, car : « Le sentiment n'abdiquera jamais; il sera toujours le premier moteur des actes humains (2). »

Il sera toujours aussi une grande force, que nous aurions grand tort de dédaigner, et c'est pourquoi pour nous, ainsi que nous l'avons dit ailleurs (3), il fait du socialisme, le savant, le penseur qui trouve au fond de ses recherches, de ses méditations sur la nature des choses, le mystère de l'évolution universelle, cette éternelle formation et transformation des êtres et des choses, car, ce faisant, non-seulement il lève un coin du voile d'Isis et de l'impénétrable vérité absolue, mais il donne encore sa démonstration scientifique à la *loi de la solidarité* qui est à l'ordre moral et social ce que la loi d'*attraction* est à l'ordre physique.

Il fait du socialisme, l'inventeur savant ou praticien, qui soumet les forces productives de l'homme, favorisant par suite la multiplication des produits, tout en diminuant la

---

(1) Alexandre de Humboldt : *Cosmos.*
(2) Claude Bernard : *La Philosophie expérimentale.* Cet aveu de deux illustres savants qu'on ne saurait accuser de sensiblerie, l'un d'eux ayant obscurci sa gloire (toutefois avec une conscience et une modération que n'ont pas ses indignes successeurs) dans les cruautés inutiles et condamnables de la vivisection, nous est précieux à enregistrer.
Est-il besoin d'ajouter que nous parlons ici de sentiments éclairés relevant de la conscience, en tous cas, et, si possible, du savoir, de sentiments contrôlés en quelque sorte, non d'impulsions aveugles ne revelant que de l'instinct. Nous voulons l'enthousiasme nous repoussons le fanatisme (politique ou religieux, peu importe) force d'ordre inférieur. Si le fanatique est quelquefois honnête, littéralement parlant, il est aussi incapables de justice que d'intelligence; défions-nous de cet être incomplet, haïssable, même lorsqu'il se dévoue, et toujours funeste aux causes qu'il embrasse, quand même il les aide momentanément à réussir, car il les rétrécit, préparant ainsi les chutes ou les déviations prochaines.
(3) *Revue socialiste* du 15 octobre 1887.

durée et la peine du travail, ce qui est du socialisme au premier chef.

Il fait du socialisme, l'écrivain qui, dans le livre, le drame ou le journal, apothéose les sentiments de justice envers les hommes, de pitié envers les animaux, de compatissance envers tout ce qui souffre, car tout ce qui développe la bonté — la bonté, ce diamant scintillant de l'âme humaine — est socialisme.

Il fait du socialisme, le progressiste qui travaille et combat pour la liberté, sous quelque forme politique ou sociale qu'elle se présente; car le socialisme tend à délivrer l'être humain, noblement soumis au devoir moral et social, de toute servitude, de tout arbitraire.

Il fait encore du socialisme, l'altruiste pratique qui passe en faisant le bien, là secourant, ici consolant, plus loin fortifiant, partout luttant contre l'égoïsme rapace, ce père de toutes les iniquités; partout faisant aimer la bonté, cette source féconde des dévouements socialistes.

Saluons ces collaborateurs qui trop souvent nous méconnaissent, que trop souvent nous méconnaissons de même, amenons-les plus avant dans les voies de la lumière et de la justice; ce sera d'abord mettre dans notre jeu l'opinion, ce facteur impondérable mais si puissant des grandes réalisations humaines; ce sera unir l'idée et la force et les rendre invincibles en les multipliant l'une par l'autre. Toutes les forces vives nous appartiennent. Si Guizot a pu dire de la démocratie que « c'est le déchaînement de la nature humaine tout entière, sur toute la ligne, et à toutes les profondeurs de la société » (1), à plus forte raison pouvons-nous dire que le socialisme contient en lui, et doit combiner, tous les efforts, toutes les aspirations ayant pour objet un accroissement de force, de bonheur et de justice.

Ceci nous amène à ajouter que si l'idéal fortifie, en les poétisant, les revendications populaires, la science qui

_____

(1) Guizot : *De la démocratie en France.*

éclaire n'est pas moins indispensable à leur durable triomphe.

Le socialisme théorique n'a actuellement que des écononomistes et des politiciens; il lui faut des philosophes, des savants, des historiens, des littérateurs, des artistes, en un mot des représentants dans toutes les directions de la science et de l'art. Le triomphe est à ce prix.

Pour en revenir, à ce si attrayant dix-huitième siècle; c'est parce que, en même temps que l'enthousiasme populaire, elle eut avec elle l'élite de la science et de la philosophie que la bourgeoisie française de la Révolution put atterrer le despotisme monarchique et les privilèges féodaux. Elle n'eut pas, en effet, dans l'ordre intellectuel que des démolisseurs comme Voltaire, ennemi de l'autel, comme Rousseau, ennemi du trône ; elle sut s'adjoindre un incomparable groupe d'investigateurs et de reconstructeurs. Ce furent d'abord les *Cosmologistes* : d'Alembert, Monge, Lagrange, Laplace, Lavoisier, Clairaut, Guyton de Morveau, Berthollet, Vicq-d'Azyr, Buffon, Lamarck, Helvétius, Bailly, Fourcroy, etc. Vinrent ensuite les *Sociologistes* : Montesquieu, Turgot, Condorcet, Gournay, Quesnay, Mirabeau père, Letrosné, Mercier de la Rivière, Beaudeau, d'Argens, Lamettrie, Linguet, Mably, Morelly, etc., et enfin les *Moralistes* : Diderot, d'Holbach, Georges Leroy, de Brosses, Chamfort, Vauvenargues, Beaumarchais, etc.

Avec une telle élite, la Bourgeoisie française occupait toutes les avenues de l'intellectualité humaine, elle pouvait tout entreprendre; elle ne s'en fit pas faute.

Les savants et les philosophes européens du XIXe siècle, n'ont ni la clairvoyance, ni la générosité de leurs immortels prédécesseurs du XVIIIe siècle; ils n'ont pas su, sauf de très rares exceptions, venir au peuple. Le douloureux problème social ne leur a pas paru mériter leurs veilles, et un éminent et sympathique philosophe allemand a été amené à dire avec vérité :

» La négligence de la question sociale vient de la stérile » division du travail qui fait que les uns (les prolétaires)

» ont l'ardeur et la générosité, les autres (les savants), un
» savoir d'égoïstes et l'indifférence coupable pour tout ce
» qui n'est pas leur science spéciale (1) ».

Tel est en effet le grand méfait de la plupart de nos savants : La science sociale se forme en dehors d'eux, et
jamais ils ne descendent sur le terrain des nécessités économiques de notre temps et des justes revendications
ouvrières, que pour, adultérant leur science, étayer de leurs
sophismes, barbelés de termes savants, le despotisme politique et l'exploitation capitaliste (2).

Qu'ils y songent toutefois !

Qui ne veut pas la solidarité dans le bien, a la solidarité
dans le mal ; qui s'abstient, abdique en des temps si graves.
Le vieux système est à bout, l'ordre nouveau naîtra
quand même ; et ce sera, au choix des dirigeants, ou la
Némésis sociale, opérant au préalable une violente liquidation, ou bien l'acheminement glorieux vers « cet état
idéal où l'Humanité construira sa propre histoire avec

---

(1) F. A. Lange : *Die Arbeiterfrage* (La Question ouvrière).

(2) Le professeur Schmidt déclare que « le darwinisme est la base
scientifique de l'inégalité » ; Hæckel, que « dans la vie de l'humanité,
comme dans celle des plantes et des animaux, une faible minorité
parvient seule à vivre et à se développer » ; Herbert Spencer, que
« tous arrangements qui tendent à supprimer la différence entre le
supérieur et l'inférieur sont des arrangements diamétralement opposés aux degrés de l'organisation et à l'avènement d'une vie plus
haute. » (Charles Gide : *Principes d'économie politique*). Le grand
artiste, à la conscience trouble et au cœur contracté, qui a nom Ernest
Renan, se contente, lui, de planer dans une suprême et égoïste indifférence. Ses contemporains peuvent saigner et pleurer, il n'est pas
préoccupé de si peu. Il affecte de croire à un antagonisme irréductible entre une civilisation brillante et une civilisation juste. « Quel
» est le but de l'Humanité ? se demande-t-il dans son *Histoire du*
» *peuple d'Israël*. Est-ce l'obtention de certains buts abstraits,
» objectifs comme on dit, exigeant des hécatombes d'individus sa
» crifiés ? Est-ce le bien-être des individus ? Chacun répond selon
» son tempérament moral. » « Et cela suffit, » ajoute-t-il avec un
détachement parfait. A notre humble avis, le bien-être des individus
et les brillantes réalisations de la science et de l'art, n'ont rien
d'incompatible, au contraire, et le devoir est de travailler à l'avènement d'une civilisation ayant cette justice à sa base et cette gloire
à son sommet.

pleine conscience (1) » et où toute souveraineté sera dévolue à la science et à la justice.

Inéluctable est le dilemme.

Permis à ces conservateurs épuisés et dévoyés, que le catholique Drumont lui-même a si terriblement crayonnés, dans sa *Fin d'un monde;* il plait à ces indolents convives des derniers festins de Balthazar de ne pas voir la main flamboyante qui déjà trace, sur les parois dorés, la trilogie fatidique, de croire que la grandissante plainte des prolétaires sera toujours étouffée par des répressions périodiques ; ils pensent que c'est le moment de chanter le *nunc est bibendum* de l'impériale servitude romaine quand il faudrait se lever, travailler et combattre pour réconcilier le passé, adoucir le présent et préparer l'avenir ; ils sont dans leur rôle (2).

Mais une telle ignorance et un pareil aveuglement ne se peuvent comprendre chez les favorisés de la science et de l'intelligence. Aussi égoïstement, aussi douillettement retirés qu'ils soient dans les fromages académiques ou officiels, ils ne peuvent pas croire, eux, que la crise actuelle, à la fois crise de fin de siècle (3) et crise de fin de

---

(1) Edouard de Hartmann : *Philosophie de l'Inconscient.*

(2) Tous les conservateurs ne méritent pas ce reproche. Il est parmi eux des âmes généreuses que le conflit économique contemporain épouvante, qui se jettent dans la mêlée, flétrissent éloquemment l'égoïsme bourgeois et la spoliation capitaliste, demandent plus de sécurité et plus de bien-être pour les travailleurs. Mais elles mêlent à ce demi-socialisme économique, un conservatisme religieux et politique intraitables, opposant l'ancien dogme à la science, les traditions monarchistes à la Révolution. M. de Mun et ses amis n'arriveront pas de la sorte à l'âme du peuple, en dépit d'une imparfaite, mais incontestable bonne volonté et d'un louable sentiment de justice ; le socialisme, en même temps que des cœurs généreux, veut des penseurs libres, capables de sacrifier à l'amour de la vérité, et sans crainte de l'inconnu qui doit apparaître. Les hommes de l'*Association catholique* n'iront jamais jusque-là. Nous avons tenu néanmoins à noter leur bonne volonté qui contraste généreusement avec l'aveugle égoisme, les pusillanimes incompréhensions et la coupable hostilité du conservatisme bourgeois en général.

(3) Les crises séculaires ne peuvent rien avoir de fatal, ne peuvent reposer sur aucune loi historique démontrée, sur aucune sélection

3

cycle (1), crise que rien n'atténue, que tout aggrave, puisse avoir une autre issue qu'une transformation sociale graduelle ou violente, selon qu'elle sera acceptée ou combattue.

Ils savent que les phénomènes politiques et économiques se compliquent de plus en plus, que de plus en plus les questions sociales deviennent des dépendances de la sociologie, que touchant, par suite, à tous les domaines de la connaissance et de l'action humaine, elles sont les manifestations évaluables, dirigeables, de lois sociales, connues ou pressenties. La connaissance des lois d'un ordre déterminé de phénomènes a un nom : elle s'appelle *science*; la connaissance des lois du développement social a pour nom et prénom *science sociale*. Cette connaissance est encore en formation, mais elle est déjà assez riche pour permettre d'adoucir les transitions par un interventionnisme prévoyant et éclairé.

« Pour le savant, dit un écrivain socialiste trop tôt enlevé

---

rationnelle. Il faut convenir pourtant que les derniers siècles ont été marqués par un certain balancement rythmique d'événements analogues, sans doute par pure coïncidence.

D'Alembert, le premier, s'est arrêté sur ce fait, en signalant que chaque milieu de siècle est marqué par une révolution intellectuelle; d'autres ont ajouté que chaque fin de siècle est caractérisée, à son tour, par un grand événement politique ou social. On a ainsi l'énumération suivante que nous ne donnons qu'à titre de curiosité :

MILIEUX DE SIÈCLES
La Renaissance au milieu du XVe siècle.
La Réforme, au milieu du XVIe siècle.
Le Cartésianisme, au milieu du XVIIe siècle.
Le Philosophisme, au milieu du XVIIIe siècle.
Le Transformisme, au milieu du XIXe siècle.

FINS DE SIÈCLES
Découverte de l'Amérique, fin du XVe siècle.
Reconstitution politique de l'Europe, fin du XVIe siècle.
Apogée de la Monarchie française, fin du XVIIe siècle.
Révolution française, fin du XVIIIe siècle.
Pouvons-nous ajouter:
Triomphe du socialisme, fin du XIXe siècle :

(1) Pour les cycles aussi, l'arithmétique historique a été mise à contribution et l'on a signalé les suivantes similitudes de durée :
Cycle babylonien, 15 siècles.
Cycle greco-romain, 15 siècles.
Cycle chrétien, 15 siècles.
Grammatici certant.

à la cause du progrès social, pour le savant, les bruits
souterrains, les perturbations géologiques, l'élévation de la
température des sources, sont les signes avant-coureurs
d'un tremblement de terre ou d'une éruption volcanique ;
c'est par des symptômes non moins certains, que l'observation attentive des phénomènes sociaux perçoit l'approche
de cette explosion ultime d'un malaise économique ou
politique, que l'on appelle une révolution » (1). Or, cette
connaissance entraîne la nécessité d'agir.

Savoir pour prévoir, afin de pouvoir, a maximé impec-
cablement Auguste Comte ; c'est là pour les savants et les
penseurs la théorique parfaite du devoir social. Ceux qui s'y
soustraient et refusent de participer au labeur social contemporain, pour éclairer les voies de la minorité militante qui
peine et saigne dans les sentiers ténébreux et pleins de
fondrières de l'empirisme et des impulsions instinctives,
ceux-là manquent gravement, car, selon la juste remarque
de notre illustre Claude Bernard, « il ne suffit pas de
rester spectateur inerte du bien et du mal, en jouissant de
l'un et en se préservant de l'autre. La morale moderne
aspire à un rôle plus grand ; elle cherche les causes, veut
les expliquer et agir sur elles ; elle veut, en un mot, dominer
le bien et le mal, faire naître l'un et le développer, lutter
avec l'autre pour l'extirper et le détruire » (2).

Nous finirons sur ce précepte d'un maître de la science
moderne.

---

(1) Barbe Gendre (Mme Nikitine) : *Études sociales philosophiques
et morales.*
(2) Claude Bernard, cité approbativement par Emile Zola, dans
Une Campagne (1880-1881).

CHAPITRE PREMIER

La Société actuelle et ses aboutissants

Dans l'éloquente objurgation, qu'il y a bientôt un demi-siècle, le jeune et déjà illustre auteur de l'*Histoire de Dix Ans* adressait à la bourgeoisie française, il était dit :

« Une révolution sociale doit être tentée :

« 1º Parce que l'ordre social actuel est trop rempli d'iniquités, de misères et de servitudes pour pouvoir durer longtemps;

« 2º Parce qu'il n'est personne qui n'ait intérêt, quelle que soit sa position, son rang, sa fortune, à l'inauguration d'un nouvel ordre social.

« Parce qu'enfin, cette révolution si nécessaire, il est possible, facile même de l'établir pacifiquement (1). »

Tous ces motifs existent encore et sont même rendus plus urgents par l'aggravation des antagonismes sociaux ; mais ainsi présentés, ils ne constituent qu'un appel d'une efficacité douteuse à la prudence et à la générosité de la classe dominante, peu sensible ordinairement — l'histoire en témoigne — à ce genre d'arguments. Aussi les socialistes modernes se servent-ils volontiers d'arguments moins sentimentaux et préfèrent-ils démontrer, non plus seulement l'*opportunité* et la *possibilité*, mais encore et surtout l'*inévitabilité* d'une transformation sociale. Selon eux, cette inévitabilité gît notamment dans le fait, qu'en suivant la série de ses développements, le capitalisme ne pourra qu'exaspérer l'immense et formidable prolétariat qu'il a créé, qu'il développe et dont il prépare ainsi le triomphe. Or, le triomphe du prolétariat, c'est l'avènement du socialisme par là rendu inévitable.

On espère, en combinant les deux ordres d'arguments susindiqués et en les éclairant par une excursion rapide dans les trois domaines du monde social, pouvoir démontrer qu'il y a lieu de conclure à la nécessité et à l'inéluctabilité, à la fois philosophique, politique, et économique, d'une prochaine et intégrale transformation sociale.

Philosophique, politique, économique, tel est bien, nous l'avons dit, le triple caractère de la poussée révolutionnaire contemporaine.

On s'efforcera de l'établir, non pas en analysant toutes les manifestations de la vie sociale actuelle, ce qui dépasserait les limites assignées à ce travail, mais en faisant ressortir les trois faits principaux, qui caractérisent et dominent cette dernière, c'est-à-dire, dans l'ordre philosophique, *l'absence de synthèse et de morale communes ;* dans l'ordre politique, le *militarisme renaissant ;* dans l'ordre économique, l'*exploitation capitaliste.*

---

(1) Louis Blanc : *Organisation du Travail*, Paris, 1844.

I. — La Crise philosophique

Il est permis de commencer par cette constatation, que la protestation contre ce qui est, ne vient pas exclusivement des exploités, mais qu'elle enveloppe aussi dans son tourbillon tous ceux qui cherchent vainement dans le désert individualiste de la société bourgeoise, ces deux sources de toute vie collective, digne de ce nom : une conception générale du monde et des principes communs de morale individuelle et socia'e (1).

Les temps sont-ils venus d'une conception synthétique? Cette recherche des esprits et des cœurs d'élite persuadés eux aussi que la stabilité sociale ne s'obtient qu'au prix d'une doctrine commune est-elle fondée (2)? Oui, peut-il être répondu, puisque la possibilité scientifique n'est pas douteuse.

« Le monde, nous enseigne un savant de premier ordre, le monde est aujourd'hui sans mystères, la conception rationnelle prétend tout éclairer et tout comprendre ; elle s'efforce de donner de toute chose une explication positive et logique, et elle étend son déterminisme fatal jusqu'au monde moral (3).

A ce point puissante, la science moderne, nous dit à son tour Renan (4), a pour objet « de dire à l'homme, le mot

---

(1) E. Littré : *Conservation Révolution, Positivisme.*
(2) Il faut toujours à l'homme une solution quelconque sur le problème de sa destination ; il souffre quand il ne la possède, ou bien quand il ne croit plus à celle qui lui a été donnée », disait très bien Jouffroy en 1830, et il ajoutait : « L'humanité souffre, l'anarchie est dans la société, le désordre intellectuel et moral dans les classes supérieures. Les plus grands malheurs éclateraient, si ce désordre pénétrait plus avant, il n'est donc que temps d'aviser, par la science pour la justice. »
(3) Berthelot : *Science et Philosophie.*
(4) **Ernest Renan** : *L'Avenir de la Science.*

« des choses, de l'expliquer à lui-même, de lui donner au
« nom de la seule autorité légitime, qui est la nature
humaine tout entière, le symbole que les religions lui
donnaient tout fait et qu'il ne peut plus accepter » ; car,
ajoute avec raison le subtil philosophe, mieux inspiré dans
ce livre de jeunesse que dans les chef-d'œuvres littéraires
qui ont suivi, « car vivre sans un système sur les choses,
« c'est ne pas vivre une vie d'hommes. »

Cette connaissance commune de la nature des choses ne
serait pas seulement une grande puissance intellectuelle,
elle serait encore un bien moral, effectivement : « une croissante domination de la pensée sur la nature entraîne une
croissante union des volontés aujourd'hui aveuglément
divisées (1) ».

L'éminent philosophe, qu'on est toujours heureux d'appeler en témoignage philosophique, ajoute avec un rare
bonheur d'expression : « Le problème universel apparaît
comme analogue du grand problème d'économie politique,
l'*association*, la question cosmologique est au fond la
même que la question sociale, le pur idéeal, ce serait que
la totalité universelle des êtres, devînt une société consciente, unie, heureuse (2). »

Prétendra-t-on qu'en voulant trop systématiser, même
au nom de la science, on pourrait favoriser l'éclosion d'un
mysticisme d'un nouveau genre, non moins intolérant que
l'ancien mysticisme religieux? Crainte puérile; la science
n'est pas le bloc d'airain sur lequel s'assied le dogme
immobile; elle est le champ immense, toujours ouvert à
toutes les recherches orientées vers l'inaccessible vérité
absolue, cette assymptote suprême, dont l'esprit humain se
rapproche toujours sans l'atteindre jamais.

Il pourra d'autant moins s'agir de dogmatique obstruc-
tive, que la synthèse scientifique, jamais terminée d'ailleurs,

(1) Alfred Fouillée : *Critique des systèmes de morale contemporaine.*
(2) A Fouillée : Op. citata.

se basera sur les lois désormais incontestées de l'évolution universelle, ainsi caractérisée par Haeckel : « Il y a dans la nature un vaste *processus* de développement, un continuel éternel. Tous les phénomènes naturels sans exception, depuis le mouvement des corps célestes et la chute de la pierre qui roule jusqu'à la croissance des plantes et la concience de l'homme sont soumis à la même grande loi de causalité, qu'ils doivent en fin de compte être réduits à la mécanique atomique, conception mécanique ou mécaniste, unitaire ou moniste, ou d'un seul mot monisme (1) ».

Où trouver place pour la pétrification mortifère dans la soumission raisonnée en une systématisation de l'universel et éternel devenir ?

Par voie de conséquence, la morale sociale, qui découlera de la nouvelle conception des choses, sera, elle aussi, essentiellement évoluante, comme la société elle-même, qu'elle éclairera et humanisera dans tous ses progrès.

Les possibilités ainsi constatées, la réalisation d'un état moral adéquat s'impose, semble-t-il.

Pourquoi en sommes-nous si loin cependant ?

Parce que la constitution d'une foi scientifique et d'une morale humaniste, aurait pour conséquence forcée l'établissement d'un ordre politique plus rationnel, d'un ordre économique plus juste.

De là l'opposition des possédants et des dirigeants.

A un régime d'oppression, d'exploitation, d'iniquité et de misère, il faut pour principe moral ou la théorie individualiste et chrétienne du renoncement en vue d'une récompense après la mort, ou bien, ce qui est plus platement égoïste encore, les desséchants préceptes *du chacun pour soi* ; glorification meurtrière de la *concurrence universelle* et barbare application à l'état social du principe exclusivement zoologique de la lutte pour l'existence, qu'on ose nous présenter comme la grande loi sociale.

---

(1) Haeckel : *Freie Wissenschaft und freie Lehre.*

Aux plus simples donc, on prêche encore que les misères terrestres auront des compensations célestes, aux mécontents, on oppose la fatalité de la lutte pour la vie. Tout est préféré à l'enseignement d'une éthique basée — conformément aux connaissances et aux progrès modernes — sur la *sympathie universelle* de Schopenhauer et l'*altruisme* d'Auguste Comte.

Nombreux et illustres, pourtant sont, en dehors des deux philosophes précités, les annonciateurs de la morale humaniste; ils ont nom : Diderot, Kant, Fichte, Krause, Herder, Beccaria, Bentham, Condorcet, Saint-Simon, Fourier, Robert Owen, J.-S. Mill, Channing, Feuerbach, Renouvier, Fouillée, Guyau, Michelet; pour ne citer que les premiers qui se présentent à la mémoire. Et les mines d'or de l'éthique nouvelle sont inépuisables; seulement, encore une fois, le précieux métal ne peut s'allier à l'argile des égoïsmes déchaînés qui sont les principaux composants de la société bourgeoise. En régime de concurrence généralisée, il n'y a qu'une élite restreinte pour comprendre que l'altruisme est le point culminant de la vie humaine. La persistance de l'anarchie morale a d'ailleurs d'autres causes. Nous l'avons indiqué ailleurs (1) et nous demandons la permission de le répéter, car il importe ici d'insister :

« Il ne peut y avoir moralité sociale, que lorsque cette moralité découle logiquement de la synthèse intellectuelle d'une époque. Or, ce n'est pas notre cas. Intellectuellement nous sortons de l'électisme sceptique pour entrer dans la science, tandis que moralement, nous en sommes encore aux insuffisants préceptes de la théologie, aggravés par le chacun pour soi de la bourgeoisie triomphante et jouissante. Aussi la science moderne, contre toute logique historique, n'a pas produit une moralité correspondante; la pensée humaine, comprimée dans le moule capitaliste, est débordée par ses propres œuvres. Semblable au Samson biblique, elle est écrasée sous le poids des éléments qu'elle

_____

(1) Voir notre *Morale sociale*, Paris, 1886.

a remués, parce qu'elle manque, dans l'ensemble de ses représentants, de la virilité et de l'altruisme nécessaires pour sortir dignement du vieil et croulant édifice de l'ancienne religion. »

II. L'État mental contemporain et ses perspectives.

Nous pataugeons ainsi dans la situation présente qu'un philosophe anglais a peinte d'un seul coup de pinceau d'une étrange puissance : « Un monde détraqué, ballotté et penchant comme le vieux monde romain, quand la mesure des iniquités fut comblée ; les abîmes, les déluges supérieurs et souterrains crevant de toutes parts et, dans ce furieux chaos de clartés blafardes, toutes les étoiles du ciel effacées. A peine une étoile du ciel qu'un œil humain puisse maintenant apercevoir ; les brouillards pestilentiels, les impures exhalaisons devenues incessantes, excepté sur les plus hauts sommets, ont effacé toutes les étoiles du ciel. Deux feux follets qui çà et là tournent ont pris la place des étoiles. Sur la lande sauvage du chaos, dans l'air de plomb, il n'y a que des flamboiements brusques d'éclairs révolutionnaires ; puis rien que les ténèbres avec les phosphorescences de la philanthropie — ce vain météore. »

Il n'en pouvait être autrement. Les réalités politiques et économiques ont, dans les consciences, leurs effets moraux ou immoraux, selon le cas. Le reflet de l'oppression et de l'exploitation de l'homme par l'homme généralisées au point de justifier le mot de Byron : « Le monde est une caverne de voleurs », un tel état social est essentiellement immoral, en ce qu'il a pour dominante la soif d'acquérir et de jouir aux dépens d'autrui. Cela n'a pas échappé à des psychologues nullement socialistes : « L'extrême passion de la richesse, dit le célèbre aliéniste Maudsley, alors qu'elle absorbe toutes les forces de la vie, prédispose à une décadence morale et intellectuelle, et la descendance de l'homme qui a beaucoup travaillé à s'enrichir, est presque toujours dégénérée physiquement et moralement, égoïste, sans probité et instinctivement fourbe (1). »

Ainsi pour les plus mauvais ; presque tous sont d'ailleurs atteints, et combien sont peu nombreux ceux qui disent avec le poëte de la *Justice* :

> Mais nous du monde entier, la peine nous harcèle.
> Nous souffrons chaque jour la peine universelle,

Car les faits commandent ; les nécessités de la lutte, les incertitudes de la vie développent la peur de manquer, conseillère de tous les égoïsmes, et un *moi féroce* qui rend l'homme agressivement avide et lui ôte tout respect des droits d'autrui. « Une sourde irritation, qui parfois n'apparaît que sous la forme d'un vague et inquiet mécontentement, entretient chaque homme dans un état fiévreux, et donne à la lutte pour l'existence dans la société moderne des formes sauvages et infernales qu'elle n'avait pas aux époques antérieures. Cette lutte n'est plus une rencontre d'adversaires, polis, qui se saluent avant de tirer l'épée, comme les Français et les Anglais avant la bataille de Fontenoy, mais l'horrible mêlée d'égorgeurs ivres de sang et de vin, frappant bestialement sans pitié » (2).

Sur les marchés du travail, comme sur les marchés du commerce, les scrupules de l'humanité sont méconnus ; il ne s'agit que de *gagner* au détriment d'autrui. Cela s'appelle l'habileté. Qu'importe ensuite que l'âpre *struggle for lifer*, qui s'enrichit de toute main, ait quelques vertus d'abstinence, de sobriété ou de chasteté, soit, comme prêche le faux bonhomme Franklin, en vue de s'éviter des dépenses et des ennuis, soit pour se réserver sa part du paradis chrétien ou musulman ; il n'en est pas moins *l'homo homini lupus* de Hobbes, c'est-à-dire immoral et anti-social au

---

(1) Maudsley : *De la responsabilité dans les maladies mentales*.
(2) Max Nordeau : *Les Mensonges conventionnels*.

premier chef. Inutile d'ajouter que l'application étendue
de ses principes ne peut produire que désordre, abus et
ruines de choses et d'idées; il n'en saurait être autrement,
toute l'éthique bourgeoise étant contenue dans ces paroles
fustigeantes d'un philosophe socialiste allemand : « Accu-
muler à la hâte des moyens de jouissance, pour les employer
en majeure partie, non à la jouissance mais à l'agrandissement de la fortune déjà acquise, voilà le trait caractéristique de notre époque. » (1)

En une telle situation, c'est en vain que l'esprit humain
armé de science et d'une sensibilité accrue veut marcher en
avant pour la vérité, pour la justice; le passé jette devant lui le
formidable bloc de l'exploitation de l'homme par l'homme,
de la haine entre nations, de tous les vestiges de l'esclavage familial, politique, économique…, et l'esprit vaincu
s'arrête dans l'impasse que seule pourra trouer la révolution sociale, devenue une nécessité humaine à ce moment
de l'histoire.

En attendant, et tel est bien l'état actuel, on étouffe dans
cette nuit, sur ces ruines, tous s'y démoralisent, tous y souffrent, les antagonismes y deviennent toujours plus âpres,
les iniquités toujours plus intolérables, étant plus vivement
ressenties. Chacun y est mécontent de soi et des autres (2).

---

(1) Lange : *Histoire du Matérialisme.*
(2) « La situation actuelle a un nom : *Fin de cycle.* Au delà de la
crise cataclysmique, sachons voir la transformation qui s'annonce et
dont les éléments fermentent au-dessus de ces troubles conflits et de
toute cette décomposition sociale.
 « Un grand destin s'achève, un grand destin commence », dirons-
nous, adaptant un magnifique vers de Corneille. Pendant que tout
s'effondre, religions, empires, traditions, formes sociales vieillies……
le socialisme s'affirme et grandit.
La civilisation chrétienne n'est plus qu'un souvenir, elle rejoint
dans la fosse commune de l'histoire la civilisation gréco-romaine
qu'elle avait remplacée, la civilisation bourgeoise, qui n'est que la
codification de l'égoïsme et le champ clos des capacités individuelles,
est visiblement mort-née. Surgie d'hier dans la magnifique aurore
de la Révolution française, elle devrait être à son âge d'or ; elle est
déjà maudite et décadente, semblable à ces perversités précoces
d'enfants vicieux qui ne peuvent pas même arriver à l'adolescence.
Il faut une autre civilisation pour que l'humanité vive. (B. Malon :
Fin d'année, Revue socialiste du 15 décembre 1888.)

« Ceux même qu'on appelle les heureux du monde, sont
« pris de je ne sais quelle tristesse..... atteints au cœur
« d'un mal mystérieux (1). »

Le « mal mystérieux », c'est le sentiment de leur inutilité ; que dis-je, la vague conscience de l'immoralité de leur
situation, basée sur l'opposition de leur intérêt personnel
(tel qu'il est compris dans la société bourgeoise) avec les
grands intérêts de l'humanité laborieuse qui, elle, dans ses
meilleurs représentants, travaille, combat et peine noblement
pour qu'il y ait de la fraternité, de l'excellence morale, du
bonheur pour tous dans les cités de l'avenir.

Elle ne désespère pas, cette élite active et militante,
elle sait que le travail et la lutte sont le père et la mère des
civilisations supérieures. Aussi, pendant que la minorité
oisive, jouisseuse et ennuyée, s'endort sceptique et triste,
sous le mancenillier de la décadence (2), elle conquiert
l'avenir, car, enseignent les philosophes, le succès de
toute pensée, dépend du parti que prend la *vile multitude.* « C'est la *vile multitude* qui, dans les pays aujourd'hui protestants, a imposé le protestantisme. C'est
la *vile multitude* qui, à l'encontre des puissants et des sages
du sénat et du prétoire, a fait le monde chrétien. C'est elle
encore qui, devenue complètement socialiste, formera
comme toujours ses chefs à son image. Pour savoir ce qui
doit arriver, pour juger de l'efficacité réelle des mesures, il
faut voir ce qui se passe, non pas dans les *hautes régions,*
mais dans les basses. Depuis longtemps on n'est occupé
qu'à réglementer tant bien que mal la situation que les
basses ont créée. Les *basses régions* ont inauguré la
grande Révolution de 89 ; les *hautes* ont eu fort à faire pour
comprendre et accepter. En 1830, nouveau thème donné
par les *basses,* et les hautes étaient encore à méditer là-

---

(1) Georges Renard : *La France contemporaine.*
(2) « Les propos stéréotypés de ces enrichis me rappellent une
pensée du comte de Cavour : *Les puissants et les riches sont dépourvus d'une moitié des idées et des sentiments du genre humain.*
Il leur manque la meilleure moitié. » (Giovanni Bovio : la *France*)

dessus quand, une plus efficace élaboration s'étant opérée dans les *basses*, une nouvelle révolution éclat oilà maintenant les *hautes* qui n'ont plus d'autre affai . Ainsi tout se décide en bas (1) ».

III. La Crise politique

La nécessité d'une réforme socialiste s'affirmera plus urgente encore, si on descend sur le terrain politique.

« ... La démolition graduelle de toutes les maximes sociales et en même temps l'amoindrissement continu de l'action politique, tendant de plus en plus, chez les divers partis actuels, à écarter d'une telle carrière les âmes élevées et les intelligences supérieures, pour livrer surtout le monde politique à la domination spontanée du charlatanisme et de la médiocrité.

«L'absence de toute conception nette et large de l'avenir social ne permet guère d'essor aujourd'hui qu'à l'ambition la plus vulgaire, à celle qui, dépourvue de toute destination vraiment politique, recherche ses vues générales, mais uniquement comme moyen de satisfaire, le plus souvent, une ignoble avidité, et quelquefois, dans les cas les moins défavorables, un besoin puéril de commandement (2). »

Très malheureusement, il n'y a rien à retrancher à cette forte critique des politiciens par le fondateur du positivisme; les fruits amers de l'arbre épineux sont là. Abstraction faite des petitesses, des misères, du peu de bonne foi de la politique des partis dans chaque nation respective, que voyons-nous au point de vue général?

Nulle idée d'une politique planétaire ayant pour but,

(1) E. Littré : *Conservation, Révolution, Positivisme*, 1850.
(2) Auguste Comte : *Système de philosophie positive*.

selon le vœu d'un homme politique français (1), de faire
converger toutes les sciences, tous les efforts vers la découverte et l'application des procédés à mettre en usage pour
améliorer l'homme et rendre son état social aussi parfait
que possible.

Nulle compréhension même d'une Europe initiatrice,
libératrice et civilisatrice. Est-ce qu'il y a une Europe, sur
ce continent découpé par l'épée en compartiments inégaux, aux bordures hérissées de fer. On objectera, pour
justifier, le droit des nationalités, aux âges historiques, aux
degrés différents de développement ; raisons pitoyables.
Est-ce qu'un conseil amphictyonique européen gênerait
les manifestations ethologiques des nations fédérées ?

Quant au *Droit*, il s'agit bien de cela dans le siècle des
Moltke et des Bismarck. Demandez aux Polonais, aux Irlandais, aux Alsaciens-Lorrains, aux Schlewig-holsteinois,
aux Triestins, aux Trentinois, aux Crétois, aux Arméniens,
si c'est le *Droit* ou la *Force* qui parque les peuples !

Comme toujours en pareille circonstance, l'Europe, morcelée par l'épée, applique aussi, hors de chez elle, son droit
brigand du plus fort contre les peuples et peuplades dont
elle devrait être la bienfaitrice et l'éducatrice. Sous prétexte d'expansion coloniale, elle opprime, asservit et pille
trois continents : Asie, Afrique, Australie (2).

Pourtant il y a dans la politique contemporaine quelque
chose de plus monstrueux, de plus affligeant encore ; le péril

---

(1) De Lanessan : *Le Transformisme*.
(2) L'Amérique avec ses immigrés européens, notamment anglo-
saxons, se charge de la besogne chez elle, par la destruction systématique des derniers autochtones et la mise au pillage de leurs
terres, et n'était la propagande socialiste irlando-franco-alle-
mande, qui prépare aussi là-bas les transformations sociales pacifi-
catrices et justicières, l'entreprenant et féroce égoïsme yankee,
devenu le maître du monde, grâce au monarchisme déprimant et
au militarisme insensé, qui divisent et affaiblissent les principales
nations de l'Europe, préparerait de tristes surprises à la civilisation
qu'il ferait rétrograder en tuant le sentiment social, seule lumière
qu'il nous reste (et combien faible !) en ces jours sombres et si chargés de contradictions et de menaces.

croissant d'une guerre d'extermination entre les civilisés du vieux monde.

L'avenir refusera de le croire; ces nations justement fières de leur science, de leurs arts, de leurs richesses, n'ont garde de se fédérer pour assurer la paix, pour répandre la justice dans le monde, après l'avoir instaurée chez elle, pour se donner en exemple à l'humanité dont elles sont l'avant-garde. Au lieu de faire cela, elles se barricadent derrière leur vaniteux particularisme, s'arment épouvantablement les unes contre les autres, prêtes, — au premier signal que donnera un empereur à l'âme inquiète, un ministre nerveux ou un parlement d'incapables, — à déchaîner une tempête guerrière qui emportera des millions d'hommes et fera oublier, par une plus que mongolique destruction, les traînées de sang que les Alexandre, les César, les Omar, les Gengis-Kan, les Tamerlan, les Charles-Quint, les Napoléon, ont laissées dans l'histoire (1).

Une légende antique bien touchante rapporte qu'un jour, du haut de l'Olympe, Zeus, pris de pitié pour les peuples qu'opprimaient et pressuraient les rois et leurs soutenants de la caste guerrière, suscita la guerre de Troie pour que ces héros trop coûteux à entretenir et « fardeau inutile de la terre » comme dit le viel Homère, s'entretuassent bravement sur les bords du Scamandre et délivrassent ainsi les peuples de leurs exigences et de leur tyrannie.

Le fougueux Pierre l'Ermite, parcourant la France, pour prêcher la guerre sainte et pousser vers Jérusalem des hordes innombrables de seigneurs cruels, avides et pillards, qui pour les trois quarts y trouvèrent la mort, fut certainement, sans le vouloir, un des bienfaiteurs de l'humanité.

En effet la naissante civilisation occidentale aurait peut-être péri, si les Turcs et les maladies pestilentielles n'avaient

_____

(1) Bien entendu, nous faisons la différence entre les républiques provoquées qui doivent armer pour se défendre et les monarchies provocatrices; entre un peuple libre qui veille et les chancelleries scélérates qui conspirent.

fauché par myriades les aventureux et rapaces féodaux,
pour qui le pillage et le massacre des serfs de la glèbe,
livrés sans défense à leurs brigandages, était vie ordinaire
et jeu agréable.

Autres sont maintenant les situations; la conflagration
porterait la mort, non pas dans les rangs des monarques
ou des chanceliers, non pas même dans les rangs de la
minorité dirigeante et capitaliste; elle faucherait presque
exclusivement dans les masses profondes du prolétariat qui
justement proteste contre la guerre, veut la paix et la
justice.

Telle est l'ironie, telle est la tristesse de la situation
présente qu'on ne saurait assez déplorer, assez flétrir.

« Pendant qu'une crise philosophique et religieuse intense
tourmente toutes les pensées, assombrit, endolorit la vie et
abaisse visiblement le niveau moral, la société contemporaine est prise à la gorge par le spectre sanglant de la
guerre étrangère, qui peut d'un moment à l'autre, déchaîner
sur elle une rafale exterminatrice. Ce n'était pas assez que
la prédominance des éléments conservateurs dans l'ordre
religieux, de l'antagonisme des intérêts dans l'ordre économique, s'opposassent à l'établissement d'une paix sociale
basée sur la raison et l'équité. Il faut encore qu'un bandi-
tisme chauvinique se soit créé et développé, qui menace
constamment de noyer tous les progrès acquis dans le
sang de millions d'hommes. Et nous assistons atterrés et
impuissants, à ce phénomène contradictoire : la barbarie
militaire renaissant d'une grande et grandissante efflorescence industrielle. Nous nous vantons d'être civilisés et les
peuples entre eux en sont revenus de notre temps au droit
brigand du plus fort. »

IV. Folie guerrière

Ces lignes que nous écrivions, il y a deux ans, dans la
Revue socialiste, ne sont que trop restées de permanente et
poignante actualité. Le danger est toujours là, et en atten-

dant que se réalise la sinistre prédiction de Montesquieu (1), c'est la ruine, la ruine absurde, voulue follement, en plein développement d'une science puissante et d'une richesse inouïe.

Laissons la place aux chiffres.

L'effectif des armées que les puissances européennes entretiennent sur le pied de paix, s'élève en tout à 3,600,000 hommes.

L'effectif de guerre prévu dans les rôles atteint des proportions folles.

Pour les cinq grandes puissances continentales, il s'élève à près de 21,000,000 d'hommes, dont plus de cinq millions inscrits dans l'armée de première ligne. C'est à donner le vertige.

Voyons maintenant la carte à payer :

Les préparatifs militaires coûtent chaque année aux mêmes nations 4,055,440,616 francs, dont 3,189,000,000 pour les armées de terre et 866 millions pour la marine. En ajoutant à ces chiffres les crédits supplémentaires grandissants, on arrive à près de cinq milliards, si l'on fait entrer en ligne de compte tous les États européens.

Le présent ne pouvant suffire à de pareilles charges, vous allez voir les conséquences.

M. Reden a calculé qu'en 1850, les dettes gouvernementales, quadruplées depuis la Révolution s'élevaient à 40 milliards. La progression continua si bien, qu'en 1868, les Etats devaient 64 milliards. Depuis lors, c'est bien autre chose, la dette des Etats européens s'est élevée, en 1882, à 120 milliards, *cinquante-six milliards* d'augmentation en dix-neuf ans! (2)

---

(1) « L'Europe périra par ces gens de guerre ».
(2) Ceci paraît monstrueux. Voici quelques chiffres portant la date de 1876 :

La France, dette nationale et communale..	34,000,000,000
L'Angleterre	19,000,000,000
La Russie. . , . :	6,000,000,000
L'Italie.	10,000,000,000
L'Espagne.	14,200,000,000
La Hollande.	1,996,000,000
La Belgique.	4,000,000,000

Et ce n'est pas fini; la totalisation actuelle, avouée ou non, des déficits est près de deux milliards par an. Où tout cela conduira-t-il? Ne croirait-on pas que l'Europe parlementarisée est gouvernée par des fous? (1).

Comme cela continue de plus belle, et que la prochaine guerre peut coûter à elle seule 30 milliards, nous allons à des dettes de *Mille et une nuit*. Seulement les États modernes n'ont pas la Lampe merveilleuse d'Aladin pour découvrir des trésors inépuisables; c'est le travailleur qui paie tout.

Si depuis quarante ans seulement les dépenses de la guerre avaient été employées en améliorations sociales, le formidable et douloureux problème social serait bien près d'être résolu (2).

Les dommages moraux causés par l'état de guerre de l'Europe individualiste et nationaliste ne sont pas moins déplorables que les dommages matériels. Mentionnons d'abord la déprimante influence de l'obéissance passive et de la vie de caserne qui sévit, sur tous les valides de chaque génération; vient ensuite la prime sanglante sur la fleur de la jeunesse que, véritable Moloch des temps modernes, la guerre prélève périodiquement en grand par les sauvages

---

(1) B. Malon : *Manuel d'économie sociale.*

(2) Le célèbre staticien allemand Engel, dont on ne saurait méconnaître la sagacité et la compétence, donne, pour les six grandes guerres qui ont désolé l'Europe depuis vingt-huit ans, les chiffres de pertes en hommes et de dépenses en argent. Il arrive à un total de 2.253.000 hommes et 50 milliards, 708.000.000 de marks, soit 70.885.000.000 francs, (le mark valant 1 fr. 25).

Quel immense quantité de bien on eût pu accomplir en Europe et dans le monde avec les hommes et les richesses aussi terriblement anéantis, dans ces vingt-huit années. Que de communautés agricoles, que d'ateliers coopératifs, que de grands travaux d'embellissement et d'amélioration du globe, que de vastes et utiles constructions, de maisons ouvrières, de réfugés, d'hôpitaux, de musées, d'écoles, d'asiles, de bibliothèques populaires, d'institutions philanthropiques ou socialistes de tout genre eussent pu voir le jour! Un dixième seulement de la somme ci-dessus eût révolutionné le monde dans la voie du bien social. Et qu'aurait-ce pu être, si, aux 70 milliards énumérés plus haut nous ajoutons les 80 milliards et plus auxquels s'est montée pour le moins la totalisation des budgets de la guerre depuis cette époque!

destructions des batailles, constamment, en petit, par les maladies qu'engendre la triste, démoralisante et meurtrière vie des camps.

Il y a plus : comme ce sont les hommes les mieux constitués que prend le monstre, nous avons là une cause mortelle de dégénérescence de la race, une véritable sélection à rebours.

A un point de vue général, toute la mentalité moderne est atteinte. Peut-on, en effet, penser que le continuel et affligeant spectacle du principe moral violé par la force, mise à la place du droit moderne et du libre consentement des hommes, que le carnage substitué à un équitable arbitrage ne rétrécisse pas les pensées, n'endurcisse pas les cœurs ?

Conséquences naturelles : un chauvinisme étroit, égoïste et haineux détourne les esprits des nobles préoccupations de la politique planétaire qui parle encore parmi les hommes d'Etat d'aménagement, d'embellissement du Globe, d'amélioration et de bonheur des hommes de toutes ces idées qui commençaient à s'emparer des esprits, quand la période guerrière se rouvrit, sur la question des nationalités, il y a quarante ans.

Fourrier reprochait à la civilisation bourgeoise, de favoriser neuf fléaux qu'il énumérait comme suit : « Indigence. — Fourberie. — Oppression. — Carnage. — Maladies provoquées. — Intempéries outrées. — Cercle vicieux. — Obscurités dogmatiques. — Egoïsme général. — Duplicité d'actions ».

Puis le grand socialiste proposait une série de réformes qui auraient réalisé les neuf biens opposés suivants : « Richesse graduée. — Vérités pratiques. — Garanties « effectuées. — Paix constante. — Hygiène générale. — « Equilibre de température. — Doctrines expérimentales. « — Philanthropie. — Solidarité générale. — Unité d'ac- « tion ».

Y pense-t-on maintenant, et voyez-vous d'ici le sourire de Joseph Prudhomme, à l'énoncé de cette critique profonde et de ce programme d'une ampleur inégalable? Pour

Joseph Prudhomme la question est bien plus simple. Dans la société dont il est l'ornement, il n'y a, pour les peuples comme pour les individus, qu'une grande question, qu'un grand souci : être plus fort et plus riche que le voisin, dût-on pour en arriver là, dépouiller le dit voisin, lorsque possibilité il y a.

Et c'est Joseph Prudhomme qui est prophète dans son pays.

Il n'en est pas moins vrai qu'un tel état de mœurs ne peut que surexciter les antagonismes, détourner l'activité humaine des œuvres de paix et de progrès.

C'est bien ce qui a lieu; même dans les branches les plus hautes du savoir, la néfaste influence se fait sentir. La science déjà dispersée, dans des spécialités nomenclaturistes souvent stériles, est trop souvent détournée de ses voies, réquisitionnée qu'elle est, pour l'invention et la confection d'engins toujours plus destructeurs, toujours plus terrifiants.

Il semble que dans la société actuelle le grand but soit d'arriver à pouvoir tuer le plus d'hommes possible, à une plus grande distance et le plus rapidement possible. En effet, la lutte scientifique la plus active est entre les inventions destructives, entre le Chassepot et le Dreyse, le Gras et le Mauser, le Werder et le Rubin-Schmidt, le Vitali et le Guédas, le Martiny-Henry et le Sée-Burton, l'Owen-Jones et le Korston, le Lebel ou le Giffard et le Münlicher, le Weterli et le Krapotcheck, etc., etc.

Naturellement, les canons entrent aussi dans le branle infernal du perfectionnement, canons rayés et canons Krupp, les Amstrong, les Gruson, les Bange, les Tronson, les Hirondart, les Canet, etc., etc., auxquels il faut ajouter les « pneumatiques » et les « coupoles cuirassées », de toutes formes et de toutes dimensions, se disputent la faveur des chefs des futurs massacres, en même temps que les mitrailleuses Gattling et Gardner, Nordenfeld, Maxim et autres.

Vous pensez bien que les poudres ne sauraient se laisser

distancer et la poudre Vieille-Lebel sans fumée, ayant damé le pion à la poudre Rothweil, tous les inventeurs sont sur les dents et la récente découverte des poudres Nobel, prismatique, aveuglante, Schulkoff, ne sont qu'un commencement.

Quant aux explosibles, on n'en pouvait rester à la dynamite, même perfectionnée par Zalinski, et nous avons la mélinite, la crésilite, la plancastite (1), la roburite, la bellite, la silovoter, la ségurite, la ramite, la méganite et autres *ites*, et autres *ter*, nitrifiés et picratés, capables de faire éclater le globe et de pulvériser ses quatorze cents millions d'habitants, selon le vœu charitable des pessimistes transcendants.

La marine aurait eu honte de rester en retard et la lutte continue entre les cuirassés monstres et les torpilleurs Whitehead ou Schwarzkopf, tête blanche anglaise ou tête noire allemande (1) noms barbares de choses barbares. On prétend même lancer la mort des profondeurs de l'Océan par des *Gymnotes* et des *Goubet* (le Nautilus de Jules Verne employé à des buts de destruction !) et du haut des airs par les ballons dirigeables; triomphes du génie changé en triomphes de la mort, comme ces fruits des bords de la Mer Morte dont l'écorce est brillante et dont l'intérieur n'est que cendre.

Nous laissons pour mémoire les progrès non moins rapides dans l'industrie des projectiles, progrès à la hauteur des précédents, cela va sans dire, la description des balles conique ou explosibles, des obus ramés, O'Hara, Schrapnels, Sirène et autres ne devant pas intéresser outre mesure nos lecteurs. D'ailleurs, la sinistre nomenclature

(1) La plancastite, mélange de mélinite et de crésilite, inventée par un nommé Turpin, aurait été vendue à l'étranger par cet individu que le gouvernement français avait déjà décoré et récompensé. Le sens moral est tellement dévoyé, que la presse a laissé passer cette turpitude sans protester avec indignation; il est vrai que d'autres que le Turpin ont commis des actes semblables et n'en siègent pas moins dans le Parlement français.

(2) White head en anglais, tête blanche; Schwarz-Kopf en allemand, tête noire.

qui vient d'être faite, suffit bien, tout incomplète qu'elle est, à démontrer qu'à son arrivée au majorat scientifique, l'Europe, prise de folie, consacre tout son savoir et tous ses efforts aux instruments de dévastation et de mort (1).

V. Regression lamentable

La civilisation bourgeoise peut être fière de son œuvre. Elle est, c'est entendu, la systématisation de la lutte économique, du déchaînement des égoïsmes et des intérêts antagoniques, de l'agiotage spoliateur, de l'exploitation de l'homme par l'homme, avec toutes ses conséquences de misères, de servitude, de dégénérescence morale et physique. Mais elle devait au moins nous donner avec la liberté politique, la paix internationale et le remplacement de la prédominance militaire par la prédominance industrielle, si magnifiquement annoncée par Saint-Simon, à l'aube du XIXe siècle.

Tout l'avait fait espérer, dans la deuxième moitié du dix-huitième siècle.

L'économie politique naissante par la voix de Quesnay, Dupont de Nemours, Letronne, Baudeau, Lecerf, Mercier La Rivière, Gournay, Turgot en France; par celle d'Adam

---

(1) « La science a armé les peuples de moyens de destruction, dont le moindre effet est de coûter 5000 ou 6000 francs pour tirer un seul coup de leur épouvantable boulet ou obus, et l'on peut dire qu'on ne sait, si dans une rencontre de leurs énormes masses jetées les unes contre les autres; on ne verrait pas les armées fauchées, comme des épis fauchés par la tempête et la grêle! et que nul ne pourrait dire ce qui resterait du monde civilisé, des arts, des bibliothèques, de l'industrie et de la population elle-même, et que les générations à venir pourraient plus tard étudier ces ruines et dire comme sur celles de Babylone : « Ici fut l'Europe! ici est un désert! » (F. Passy, Conférence à Nimes).

Smith, de Hume, de James Mill, en Angleterre ; par celle de Filangieri, Vasco, Beccaria, Verri, Genovesi, Gioia, Romagnosi en Italie ; par celle de leurs émules en Espagne, en Hollande, en Suisse..... s'efforçait de déshonorer la guerre et de glorifier le travail.

Ils avaient pour approbateur et pour appui le noble public cosmopolite qui suivait les Fontenelle, les Montesquieu, les Voltaire, les Diderot, les Rousseau, les Buffon, les d'Alembert, les d'Holbach, les Helvétius, les Condorcet, les Wieland, les Gessner, les Franklin, les Richardson, les Grimm, les Pope, les Gœthe, les Schiller, les Galvini, les Mably, les Raynal, les Morelly....

Ce dernier traduisait le sentiment général en vaticinant dans sa *Basiliade :* « ...Et toi, Humanité ! sois maintenant « libre et paisible, ne forme qu'un grand corps organisé par « les accords d'une unanimité parfaite ; que la variété infinie « de désirs, de sentiments et d'inclinations se réunisse en « une seule volonté, qu'elle ne meuve les hommes que vers « un unique but : le bonheur commun ; que semblable à la « lumière, cette félicité s'étende également à tous. Sois la « mère commune d'une famille heureuse !... »

Tous applaudissaient, tant les jours de la paix et du désarmement universel, de la Fédération européenne, en un mot, semblaient proches ! A tous il semblait qu'enfin, ce beau rêve, déjà vieux, des meilleurs souverains et des plus généreux esprits allait devenir une réalité (1).

---

(1) Nous empruntons à la *Philosophie de l'histoire en Allemagne,* de Robert Flint une sommaire énumération, qui est ici à sa place, des projets de pacification européenne dans des derniers siècles. La première idée remonte à Georges Podiebrad, roi de Bohême, qui exposa devant Louis XI, roi de France, en 1464, un plan de pacification et d'organisation de la nouvelle Europe. Henri IV et son ministre Sully, vers la fin du XVᵉ siècle, avaient conçu un projet semblable, mais plus approfondi : il s'agissait de fonder une République chrétienne d'Etats indépendants, où les guerres eussent été rendues impossibles par une sorte de conseil amphictyonnique. En 1623, Emeric Lacroix publia à Paris le nouveau *Cynée, Discours des occasions et moyens d'établir une paix générale et la liberté du commerce pour tout le monde* ; il y plaidait en faveur de l'établissement d'une Diète internationale permanente, qui serait

Trois quarts de siécle plus tard, et bien que la sinistre épopée napoléonienne, qui succéda si malheureusement à l'héroïque défense républicaine de la France révolutionnée, eut réveillé tant de mauvais instincts, la prédiction de Saint-Simon et de Comte que la civilisation industrielle allait succéder à la civilisation militaire, parut sur le point de se réaliser. Encore au moment où la guerre de Crimé battait son plein, l'illustre auteur de l'*Histoire de la civilisation en Angleterre,* Henri-Thomas Buckle, trop tôt enlevé aux sciences historiques, annonçait fièrement la fin des guerres. La guerre actuelle, disait-il, a été suscitée par les deux peuples les plus arriérés de l'Europe (Russie et Turquie), ce sera probablement la dernière : la civilisation ne tolèrera plus des conflits de ce genre.

Pendant que parlait ainsi le savant historien, le chauvi-

---

investie du pouvoir d'arranger toutes les querelles entre les nations. Leibnitz soutenait, en 1670, que ce but serait atteint par les nations de l'Europe, quand elles se formeraient en confédération. En 1693, le grand et vertueux William Penn, dans un *Essai sur la paix présente et future de l'Europe*, tenta également de prouver que par l'établissement d'une Diète ou Confédération, l'Europe pourrait, si elle le voulait, s'affranchir entièrement de la guerre. Vingt ans plus tard, la théorie de la paix universelle et perpétuelle trouva dans l'abbé de Saint-Pierre l'un de ses plus enthousiastes défenseurs. Le premier de ses ouvrages sur ce sujet fut publié en 1712, le dernier en 1736. Rousseau donna en 1761 une éloquente exposition des vues de l'ingénieux abbé Goudard, dans son livre la *Paix de l'Europe* (1764) et dans son *Espoir chinois* (1764), et Mayer dans son *Tableau politique et littéraire de l'Europe en 1875* (1777), ont proposé pour assurer et maintenir la paix des plans de congrès européen qui sont en substance les mêmes que celui de l'abbé de Saint-Pierre.
Kant donna aussi son projet de paix perpétuelle par l'arbitrage.
Au XIXe siècle tous les socialistes moins Proudhon, qui a osé glorifier la guerre, ont posé à la base de leurs systèmes la fédération des peuples; l'*Internationale* fut de la réalisation de cet idéal une tentative pratique.
Actuellement l'Europe compte une douzaines de sociétés ou ligues de la paix ou de la fédération des peuples, fondées ou dirigées par des hommes qui ont nom : John Bright, Ch. Lemonnier, H. Destrem, Hodgson Pratt, Godin, Frédéric Passy, Cremer, Th. Moneta, Amilcar Cipriani, Gœgg, etc.; mais que peuvent toutes ces bonnes volontés contre la stupéfiante déviation de toute une société piquée de la tarentule du carnage au point d'applaudir un Moltke abominable lui, signifiant insolemment que la « guerre est sainte, qu'elle est un élément de l'ordre du monde établi par Dieu ? »

nisme nationaliste aiguisait ses poignards et préparait les effroyables boucheries des deux décades suivantes. Et maintenant, l'Europe, non guérie encore des récentes blessures, ploie sous le poids des armes, dans l'attente de quelque chose d'épouvantable.

Tant il y a loin de la coupe aux lèvres!

La regression est d'ailleurs explicable. Lorsque la Révolution française déchira, de sa foudre et de ses éclairs, le ciel de plomb du vieux régime, emportant dans sa tourmente émancipatrice, le despotisme royal avec ses privilèges de caste; lorsqu'elle eut ouvert tous les horizons de l'avenir aux progrès de l'esprit humain, elle se borna malheureusement aux libérations politiques, laissant subsister les antagonismes et les privilèges économiques.

C'était s'arrêter à moitié œuvre, c'était fatalement livrer le pouvoir politique à la nouvelle classe dominante devenue souveraine sur les marchés du travail et de l'échange.

Immédiats, furent les résultats.

Que si, en effet, la grande bénéficiaire, la classe bourgeoise avait besoin, tout d'abord, du marché universel pour l'écolement de ses marchandises, c'est-à-dire de paix internationale, elle avait, dans sa situation particulière, plus besoin encore de maintenir, par la force, dans l'ordre le prolétariat grandissant, et de réprimer, en même temps que les tentatives républicaines, le socialisme naissant. Or, *pour réprimer, il faut des armées,* et c'est pourquoi le militarisme, en dépit des promesses des rois, survécut aux traités de 1815.

Tacitement, il fut entendu que ce serait là, désormais, le rôle principal des armées, qui s'en acquittèrent trop bien contre toutes les tentatives insurrectionnelles (1).

Quant au principe, un des généraux bourgeois les mieux

---

(1) Insurrection ouvrière de Lyon, 1831; insurrection républicaine socialiste de Paris, Lyon, Saint-Etienne, Grenoble, etc, 1832, 1834, 1836, 1839,; soulèvement chartiste de 1840-1848; insurrection de Juin 1848; massacre des mineurs-grévistes à l'Epine et à Frameries (1867-1869); à la Ricamarie (1868); à Aubin (1869); Commune de Paris (1871); insurrection cantonale de Carthagène (1873); etc., etc

réussi, le formula sans ambages, dans une proclamation fameuse (1).

Les choses ne sont pourtant pas allées aussi loin, que l'aurait voulu Changarnier. Les armées répriment bien encore, mais elles ont d'autres perpectives. L'organe crée la fonction; il n'est donc pas étonnant que la constitution de formidables armées nationales ait surexcité le nationalisme qui follement favorisé, comme diversion, par les gouvernements menacés, a bouleversé l'Europe par le « fer et le feu », rouvert sinistrement le temple de Janus et créé la terrifiante situation internationale actuelle.

Maintenant, nous vivons accablés sous la perpétuelle menace d'une conflagration qui mettrait aux prises vingt millions d'hommes armés d'engins foudroyants et nous ramenerait aux funestes destructions, des Barbares du Ve siècle, avec cette différence que c'est sur leurs propres terres que les nouveaux Barbares, — les prétendus civilisés de nos jours — porteraient la désolation et la mort. On n'a pas idée d'une pareille aberration.

Telle sera pourtant l'horrible réalité de demain, tel l'aboutissant de la civilisation bourgeoise, si le socialisme n'y met ordre.

Si *vis pacem, para justiciam*, si tu veux la paix entre les peuples, organise la justice sociale, crient les événements à l'homme contemporain, perdu dans les sentiers sanglants du militarisme homicide et déprimant.

A ce point de vue, l'avènement du socialisme n'est pas seulement une question de meilleure organisation politique et économique, c'est une question de vie ou de mort sociale.

---

(1) Le général Changarnier, proclamation à l'armée des Alpes, datée de Lyon (1849): « Les armées modernes, dit-il en substance, » ont pour fonction, moins la défense des frontières, que la défense » de l'ordre contre les émeutiers de l'intérieur. »

VI. La crise économique

« En comparaison de nos étonnants progrès dans les sciences physiques et dans leur application pratique, nos systèmes de gouvernements, de justice administrative, d'éducation nationale, de toute notre organisation morale et sociale, sont à l'état de barbarie. » (1)

On se rappelle tristement ces paroles du célèbre professeur d'Iéna, dès qu'on entre dans le monde do'ent du salariat.

Le machinisme, qui aurait dû affranchir les prolétaires du travail exténuant, n'a fait que river leur chaîne de misère, de servitude et d'insécurité.

C'est vainement que, relevant le défi ironique d'Aristote, la science moderne a fait « marcher la navette toute seule » et fait du fer un docile et puissant travailleur aux millions de bras; l'homme n'a pas bénéficié de ces merveilles ; le travail est plus pénible et plus long; de plus, la fabrique, qui auparavant ne réclamait que des hommes valides, a pris aussi la femme et l'enfant pour les soumettre, eux aussi, sans considération d'âge ou de sexe, à un travail rendu toujours plus servile, plus torturant, plus épuisant.

La fabrique moderne est devenue une véritable maison de terreur. Travail intensifié, brutalité et insolence des chefs, puis la série des vexations, défense de parler, de chanter, obligation d'arriver à la minute précise, journées inégales, allant quelquefois jusqu'à 18 heures par jour, pour chômer le lendemain, amendes arbitraires, ruineuses, humiliantes (2), en un mot, le bon plaisir du maître ou de ses commis ; nul égard, nulle garantie pour l'ouvrier ou l'ou-

---

(1) Hœckel : *Preuves du transformisme.*
(2) Malheureusement, ce n'est pas là une exagération. Voici, pour la France, où le travailleur n'est pas le plus mal mené, tant s'en faut, quelques chiffres d'un observateur consciencieux et compétent :
  « Dans nombre de départements, des journées de 13 heures à

vrière. Telle est la règle de ce qu'on a si bien nommé *les bagnes capitalistes*. « Si vous n'êtes pas content, partez, d'autres attendent à la porte » ; telle est la parole que l'on entend le plus souvent. Et pour un geste, pour un mot, pour un oubli, on est jeté sur le pavé, réduit à chercher longtemps, sans le trouver parfois, le travail exténuant, humliant et mal payé qui, au moins, empêchait de mourir totalement de faim (1).

Ainsi, à l'intérieur de l'atelier, c'est pour l'ouvrier l'abaissante servitude, l'exténuation sans trêve et sans espérance ; au dehors c'est le paupérisme avec toutes ses douleurs.

Et l'économie politique orthodoxe, au lieu de se laisser attendrir, a dépouillé son caractère contemplatif pour se transformer en un plaidoyer justificatif de cet état de choses (2).

Étonnez-vous de la tristesse contemporaine et que ce ne soit pas le chant joyeux d'Antiparos (3) qu'aient entonné les

---

15 heures sont habituelles, des journées de 18, de 20, de 24 heures ne sont pas sans exemple.

- « Dans les tissages mécaniques de l'Ain et de Saône-et-Loire, la journée est de 13 heures ; dans les tissages de coton des Vosges elle est de 14 heures ; dans plusieurs départements du Midi la durée du t avail est souvent, dans les périodes de grande activité, de 15 ou même 16 heures. Les ouvriers, ajoute le rapport de l'inspecteur auquel nous empruntons ces détails, les ouvriers ne peuvent s'y soustraire, sous peine d'expulsion pendant la morte saison. Parfois même, l'ouvrier passe la nuit complète du samedi. Il se retire le dimanche matin, après avoir travaillé 24 heures consécutives. Dans les petits ateliers de Lyon, dont le nombre est fort élevé (25,000 environ), on travaille jusqu'à 16 et 17 heures par jour. Dans le moulinage de l'Ardèche, de malheureux enfants de 9 à 12 ans travaillent depuis 4 heures du matin jusqu'à 7 heures et demie du soir. Dans les filatures de laine de Fourmies, Anor et Trélon, le travail a été porté à 14 et même 18 heures. (J. Lesewitz : La législation du travail, publié dans l'*Association catholique*.) »

(1) « La misère du chasseur sauvage qui périt si souvent de faim, disait déjà en 1819 de Sismondi, n'égale point celle de ces milliers de familles que renvoie quelquefois une manufacture. »

(2) Ch. Secrétan : *Études sociales*.

(3) Lorsqu'au troisième siècle, le moulin à vent fut introduit d'Orient dans le monde occidental, le poète Antiparos immortalisa la joie publique dans la strophe suivante d'une inspiration si haute, si généreuse et d'une facture si brillante :

« Esclaves, qui faites tourner la meule, épargnez vos mains et « dormez en paix. C'est en vain que la voix retentissante du coq

poètes de la première moitié du XIXᵉ siècle. Leurs chants,
échos de la grande plainte des prolétaires, furent des chants
de désolation ou de flétrissure. Le grand poème du siècle
fut, en Angleterre, le *Chant de la chemise* de Thomas Hood,
expression immortelle de la désolation infinie, de la funèbre
désespérance, de l'ouvrière broyée dans les engrenages de
l'exploitation bourgeoise. Les poètes français ne furent pas
non plus insensibles à la grande douleur du prolétariat (1).

Pour avoir ainsi son écho dans la poésie classique ou
romantique du temps, peu encline à déplorer les misères
ouvrières et à se soucier d'économie sociale, il faut que
l'exploitation capitaliste se soit montrée, dès l'abord, sous
des aspects bien terrifiants.

VII. Le Mystère capitaliste

Comment maintenant expliquer la meurtrière contradiction qui fit et qui fait que la misère individuelle des producteurs s'aggrave en raison même du perfectionnement
des moyens de production et de l'accroissement de la
richesse générale ?

« annonce le matin. Dormez! D'après l'ordre de Dameter, la besogne
« des jeunes filles est faite par les Naïades et maintenant celles-ci
« bondissent, brillantes et légères, sur la roue qui tourne. Elles en-
« traînent l'axe avec ses rayons et mettent en mouvement la lourde
« meule qui tourne en rond. Vivons de la vie joyeuse de nos pères et
» jouissons sans travailler, des bienfaits dont la déesse nous
« comble ».
   Le poète antique avait compris que l'appropriation des forces naturelles doit se faire au profit de tous.
   On ne l'entend pas ainsi dans la société bourgeoise.
   (1) Voir notamment dans Alfred de Vigny, *Chatterton*, *La Maison
du Berger*. Mais surtout les *Iambes* de Barbier et la *Némésis* de
Barthélemy. Au même titre se recommandent divers morceaux des
Contemplations, de Victor Hugo.

C'est là le grand mystère de la production capitaliste entrevu par Fourier, Rodbertus, Pecqueur, François Vidal et définitivement dévoilé par Marx (1).

La production capitaliste exige la concentration des capitaux, le perfectionnement incessant de l'outillage mécanique et, pour l'emploi de la division et de la socialisation du travail de nombreuses agglomérations de travailleurs; elle est, en un mot, sociale dans ses moyens, tout en restant individuelle dans sa forme, c'est-à-dire la chose exclusive de quelques seigneurs de l'industrie qui commandent arbitrairement le travail, exploitent les travailleurs, sans devoirs reconnus, sans autres préoccupations que de gagner le plus possible sur les salaires de leurs subordonnés.

Par ce système, le travail étant réduit à l'état de marchandise, il est clair que tous les perfectionnements mécaniques qui accroissent la production de l'effort humain, diminuent, par cela même, la demande de bras sur le marché de travail, rompent l'équilibre et, par suite, contraignent les prolétaires, sous peine de mourir de faim, à subir toutes les conditions des capitalistes. Toutes choses donc restant en l'état, les progrès industriels se tournent fatalement contre les travailleurs destinés ainsi à devenir de plus en plus misérables, pendant qu'en vertu de nos progrès, les capitalistes, de moins en moins nombreux, deviennent de plus en plus riches (1).

Le fait est là, les travailleurs de moins en moins payés,

---

(1) Fourier : *Le Nouveau monde industriel.* Rodbertus : *Sozialbriefe.* Pecqueur : *Economie sociale.* F. Vidal : *Vivre en travaillant.* Karl Marx : *Le Capital.* K. Marx et Engels : *Le Manifeste des Communistes.*

(1) « Plus l'outillage se perfectionne, plus le travail devient productif, plus les bénéfices des parasites du capitalisme augmentent; mais en revanche, plus les travailleurs perdent en indépendance, en sécurité, et plus ils voient s'aggraver leur misère, car plus grossit le capital social, plus leurs tyrans économiques sont armés contre eux, et moins il y a de travail, c'est-à-dire de salaire pour eux.

Le prolétaire moderne, comme l'homme de la tragédie antique, est le jouet de la fatalité, et la *Moïra* qui l'écrase et le sacrifie sans pitié, c'est le grand industrialisme capitaliste. (B. Malon : *Le Nouveau Parti.* »)

payés, peuvent de moins en moins racheter leurs produits ; il y a surproduction, *engorgement du marché*, pendant qu'ils manquent de tout, et alors éclatent ces crises (1) et s'étendent ces chômages générateurs de souffrances et de mortels dénuements qui font frémir.

Le roi phrygien Midas avait reçu de Bacchus le don dangereux de changer en or tout ce qu'il touchait, le capitaliste change en facteurs d'oppression et de misère tous les progrès scientifiques et industriels.

Rien à répondre, par conséquent, à cette constatation de l'un des maîtres du socialisme scientifique.

« Le travail antérieur, *le capital, écrase le travail vivant,*
» dans une société qui produit dans les conditions de la
» division du travail, de la loi de la *concurrence* et de
» *l'aide-toi.* Les propres produits de son travail étranglant
» le travailleur : son travail d'hier se soulève contre lui,
» le terrasse et le dépouille de son produit de travail
» d'aujourd'hui.

» Et plus le travailleur produit depuis 1789, plus il accu-
» mule de capitaux au service de la bourgeoisie, dont il
» augmente la propriété, plus il facilite par là les progrès
» ultérieurs de la division du travail, plus il augmente le
» poids de sa chaîne, plus il rend déplorable la situation de
» sa classe » (2).

Si exacte est la funèbre constatation, que l'un des plus durs représentants de l'économie politique orthodoxe, a, lui-même, reconnu l'action spoliatrice et les tendances homicides du système capitaliste de production, comme l'attestent ces lignes souvent citées :

---

(1) Depuis le commencement du siècle, on compte douze grandes crises qui ont laissé de funèbres souvenirs, dans les villes industrielles, notamment d'Angleterre, de France, de Belgique, d'Allemagne et de l'Amérique du Nord. En voici les dates : 1804, 1810, 1818, 1826, 1830-31, 1836, 1839, 1846-49, 1857, 1860-63, 1871-73, 1885-86.

Quant aux chômages, ils sont périodiques dans plus de la moitié des industries.

(2) Lassalle : *Capital et Travail.*

« Il est affligeant de penser, mais il est vrai de dire que
» même chez les peuples les plus prospères, une partie de
» la population périt tous les ans de besoin. Ce n'est pas
» que tous ceux qui périssent de besoin meurent positive-
» ment du défaut de nourriture, quoique ce malheur soit
» beaucoup plus fréquent qu'on ne le suppose ; je veux
» dire seulement qu'ils n'ont pas à leur disposition tout ce
» qui est nécessaire pour vivre, et que c'est parce qu'ils
» manquent de quelque chose qui leur était nécessaire,
» qu'ils périssent » (1)..

Qu'en conclut l'évangéliste du nouveau dogme bourgeois ?
qu'il n'y a rien à faire, *les lois naturelles* voulant que les
choses se passent ainsi. Et il ajoute pour qu'on ne se
méprenne pas sur sa pensée, que, « à parler rigoureuse-
» ment, la société ne doit aucun secours, aucun moyen
» d'existence à ses membres » qu'elle spolie et affame elle-
même.

Tous les pères de la nouvelle église, les Ricardo, les
Mac-Culloch, les Dunoyer, les Malthus, etc., ne parlent pas
autrement, ce dernier renchérit même dans une phrase
odieuse qu'il ne faut pas se lasser de reproduire :
« L'homme qui naît dans un monde déjà occupé, si sa
» famille n'a pas les moyens de le nourrir ou si la société
» n'a pas besoin de son travail, cet homme n'a pas le
» moindre droit à réclamer une partie quelconque de nour-
» riture et il est réellement de trop sur la terre. Au grand
» banquet de la nature, il n'y a point de couvert mis pour
» lui. La nature lui commande de s'en aller et elle ne
» tardera pas à mettre elle-même cet ordre à exécution ».

« On peut dire ici avec Joseph de Maistre, fait observer
Letourneau (2) : « La nature, quelle est cette femme ? »,
et constater que cette personnalité anthropomorphique est,
malgré son sexe fort, brouillée avec la pitié. » Elle est fort
brouillée aussi avec la logique, la dite Nature.

---

(1) J.-B. Say : *Cours d'économie politique.*
(2) Ch. Letourneau : *L'Evolution de la morale.*

L'abominable langage de Malthus serait peut-être de mise sur le radeau de la Méduse, entre anthropophages, il est monstrueux dans une civilisation qui laisse encore en friche ou à peu près, les deux tiers du globe et qui dans ses centres progressifs est affligée du mal de *surproduction* continue et d'*engorgements* périodiques du marché.

Reste, il est vrai, l'explication philosophique du sinistre vainqueur de la Commune de Paris (1), que « la misère est « la condition inévitable de l'homme dans le plan général « de la Providence, et que la société actuelle, reposant sur « les bases les plus justes, ne saurait être améliorée. »

Améliorée, elle le sera, par amour ou par force, le jour prochain où les affamés se fâcheront sérieusement.

Pour être juste toutefois, il faut dire, à la décharge de l'économie politique, que la pléiade économiste que, pour la distinguer de l'implacable *école anglaise* nous avons nommée *l'école française* et dans laquelle nous trouverons Sismondi, Adolphe Blanqui, Eugène Buret, Villermé, de Villeneuve, Bargemont, Droz, Michel Chevalier, etc. (2), protesta dignement au nom de la Raison et de l'Humanité.

Buret notamment s'éleva jusqu'au plus généreux socialisme :

« Chacun le répète, chacun en a le pressentiment, nous « assistons à un monde nouveau, cela ne peut plus durer, « le *laisser-faire* achète la richesse au prix de la misère, il « ne sait augmenter la production qu'aux dépens de ceux « qui la produisent; il n'a pas de meilleur moyen d'accroître « le capital que de réduire de plus en plus la part qui « revient au travail... Enfin, l'état misérable des populations « industrielles est incompatible, non seu'ement avec les « espérances de la civilisation, mais encore avec son « existence.

« Il est arrivé un moment, dans l'histoire, où l'esclavage « est devenu un crime personnel, justement imputable à la

---

(1) Adolphe Thiers : *Rapport sur l'Assistance publique* (1850).
(2) Voir notre *Manuel d'économie sociale.*

« classe qui en profitait... De même le fait de la misère
« nous sera sévèrement imputé, du moment où les véritables
« causes étant connues, nous ne travaillons pas à les
« combattre » (1).

Depuis, le processus capitaliste n'a fait que creuser
l'enfer du salariat et F. Engels (2) a été autorisé à dire du
capitalisme : « C'est la concurrence vitale darwinienne
« transplantée de la nature dans la société avec une violence
« puissanciée. La sauvagerie animale se présente comme
« dernier terme du développement humain (en système
« capitaliste). L'antagonisme entre *production sociale et*
« *appropriation individuelle capitaliste* a pris la forme
« d'antagonisme dans l'organisation de la production dans
« chaque fabrique particulière et d'anarchie de la production
« dans la Soctété tout entière. »

Toutefois la protestation grandissante du prolétariat
contre un tel état de choses est devenue si menaçante depuis la fondation de l'*Association internationale des travailleurs* et des *Partis ouvriers* qui l'ont remplacée, que les
dirigeants se sont émus ; dans les Parlements on s'occupe
de lois protectrices du travail; mais le mal est trop profond pour que les masses ouvrières puissent se contenter de palliatifs insuffisants ; le capitalisme générera de
la servitude et de la misère, tant qu'il n'aura pas cédé la
place à un ordre économique nouveau, consacrant l'application de ce principe de justice que *la production des
richesses étant sociale dans ses moyens, sociale en doit être
aussi la répartition.*

Cette mise à point des choses économiques s'appelle *collectivisme,* un nom avec lequel il convient de se familiariser.

Ajoutons vite que la transformation propriétaire espérée
sera une restitution ; Marx l'a établi irréfragablement, dans
les magistrales conclusions que nous résumons :

---

(1) Eugène Buret : *De la misère des classes laborieuses en France
et en Angleterre.*
(2) F. Engels : *Le Socialisme utopique et le socialisme scientifique.*

« Grâce à la concentration continue des moyens de production dans les grandes industries, un capitaliste en tue
beaucoup d'autres ; mais en même temps, dans le domaine
du grand capital privé, se développe également et simultanément la forme coopérative sociale du travail, sur une
échelle toujours croissante, l'application consciente de la
technologie, l'exploitation en grand et méthodique du globe,
la transformation des moyens privés de travail en moyens
de travail qui ne peuvent plus être appliqués que socialement, et l'économie dans les moyens de production, par
leur emploi comme moyens communs de travail social
combiné.

« Mais avec la diminution du nombre des magnats du
capital qui usurpent et monopolisent tous les avantages de
ce procédé de transformation, s'accroissent aussi la misère,
l'oppression, le servage, la dégradation et l'exploitation, et
tandis que parallèlement la classe grossissante des prolétaires, unis et organisés par le mécanisme même de la production capitaliste, se montre plus exigeante et plus puissante dans ses résultats.

« Le monopole du capital deviendra enfin lui-même une
entrave au mode de production qui a fleuri sans lui et avec
lui. Alors aura sonné l'heure de la propriété privée capitaliste : *les expropriateurs seront expropriés.*

« Le mode de production et d'appropriation capitaliste a
été la première négation de la propriété privée et basée sur
le propre travail de son possesseur. Maintenant, cette négation s'annihile elle-même et elle pousse au rétablissement
de la propriété *individuelle*, mais sur la base de l'acquisition
de l'ère capitaliste, notamment sur la base de la coopération
des travailleurs libres possédant la terre et les moyens de
production en commun.

« La transformation précédente de la propriété privée,
morcelée et reposant sur le travail de son possesseur, était
infiniment plus longue et plus difficile que la transformation
du capital privé, mais déjà basé, en fait, sur un mode social
de travail collectiviste.

« Autrefois, il s'agissait de l'expropriation des masses populaires par quelques usurpateurs ; il s'agit maintenant de l'expropriation de quelques usurpateurs par la masse du peuple. »

Nous sommes moins fatalistes, moins optimistes que l'illustre auteur du *Capital* ; l'histoire nous apprend que les probabilités historiques ont souvent été démenties par des régressions soudaines aux incalculables désastres ; mais dans le cas présent, le doute ne nous paraît pas possible. La détresse morale, les épouvantes de l'état de guerre, le mal agricole et commercial, non moins profonds, non moins intolérables que le mal industriel, les absurdités de tout genre, les iniquités et les spoliations du monde économique, les servitudes et les douleurs du monde familial, poussent irrésistiblement l'humanité dans une voie nouvelle que seul le collectivisme peut lui offrir.

La transformation sociale, dont la nécessité économique vient d'être démontrée, ressort aussi de l'étude générale de l'évolution humaine. Un de nos anthropologistes les plus consciencieux et les plus compétents, le Dr Letourneau, qui est, en outre, un des représentants les plus qualifiés du matérialisme, conclut comme suit dans son beau livre l'*Évolution de la morale* :

« Étudiées au point de vue transformiste, les sciences naturelles nous enseignent que l'homme a été engendré par la bête, l'humanité par l'animalité. Interrogée suivant la même méthode, l'histoire de l'évolution morale répond que l'homme a été d'abord bestial, puis sauvage, puis barbare, enfin civilisé, mais fort imparfaitement, qu'il doit s'amender encore, que sa destinée est de grandir et gravir toujours.

« Cette perspective d'un progrès indéfini, c'est la foi moderne, et cette croyance nouvelle remplace avantageusement le mirage des paradis évanouis ; elle nous soutient et nous console au milieu des épreuves publiques et privées. Encouragées par elle, nous nous regarderons comme les ouvriers d'une œuvre toujours inachevée, mais à laquelle tous les hommes petits et grands, obscurs et célèbres, peuvent et doivent mettre la main. Si cruelles que puissent être les misères, les injustices, les calomnies du présent, nous les pouvons tenir pour des accidents du long voyage de l'Humanité à la recherche du mieux, et, tout en nous efforçant d'y remédier, les prendre en patience. Nos devanciers, nous le savons, ont été plus malheureux que nous, mais un avenir supérieur à notre présent attend nos descendants, puisque tant que les conditions cosmiques permettront au genre humain de durer, il lui faudra acquérir et conquérir une somme toujours plus grande de justice et de lumière, par suite de bonheur. »

En un mot, philosophie, histoire, économie sociale, anthropologie s'accordent pour marquer l'orientation progressiste de l'évolution humaine ; c'est là le fait considérable qu'a magnifiquement célébré, et à juste titre, en une page vibrante, un de nos philosophes de grand souffle (1) :

Naturalistes et historiens, dit-il en substance, sans s'être entendus et en travaillant séparément sont arrivés aux mêmes conclusions novatrices.

A quel plus solide rocher pourrions-nons attacher nos espérances ?

Tout annonce l'avènement prochain du socialisme, et incontestablement nous sommes à l'un de ces tournants cycliques de l'histoire, où « ce qui était, n'étant plus et ce qui sera n'étant pas encore » (2), la minorité pensante et la majorité souffrante marchent, dans les ténèbres de la lutte, à la conquête de nouveaux cieux et d'une terre nouvelle.

De « nouveaux cieux », c'est-à-dire d'une conception philosophique et éthique en harmonie avec les découvertes scientifiques et les progrès moraux du siècle. D'une « terre nouvelle, » c'est-à-dire d'institutions politiques et d'une organisation économique conformes aux besoins plus élevés et plus ardemment ressentis des travailleurs de tous genres ou, — ce qui revient au même, — aux nécessités moder-

(1) Edgar Quinet : *La Création.*
(2) A. de Musset : *Confession d'un enfant du siècle.*

nes de la production, de la circulation et de la répartition des richesses, enfin humanisées.

A chaque époque palingenésique, l'ensemble des aspirations se précise dans une idée appelée à marquer de son sceau diamanté le nouveau stade de civilisation qui commence et à lui donner l'impulsion pour des siècles.

Il y a seize cents ans, lorsque les nautonniers antiques eurent entendu, dans le silence de la mer immense, retentir par trois fois le cri d'épouvantement et de détresse qui annonçait la mort des anciens Dieux, l'idée messianique apparut, lumière rédemptrice, éclairant soudain le ciel noir du paganisme épuisé et la terre désolée du romanisme odieux : une heure nouvelle avait sonné au cadran des siècles, et le christianisme méprisé et persécuté, jusque là, allait prendre l'empire du monde.

Notre époque, que trois siècles de philosophie ont affranchie dans son élite intellectuelle qu'un siècle de conquêtes scientifiques, de révolutions politiques et de transformations économiques, a rendu apte aux plus audacieuses, aux plus splendides réalisations sociales, attend, elle, son salut de l'idée socialiste qui fermente dans toutes les profondeurs, dans toutes les douleurs, dans toutes les espérances contemporaines.

C'est pourquoi, malgré les tristesses, les troubles conflits, les obscurités et les menaces de l'heure présente, le socialisme est devenu l'étoile conductrice des peuples.

Voyez plutôt :

Son irrésistible puissance éclate si brillante que même ses ennemis confessent sa force et lui prédisent l'empire, tandis que dans la minorité lettrée et dans les masses profondes des prolétariats, ses partisans, « plus nombreux que le sable de la mer », abaissent les frontières des Etats rivaux, arrachent les bornes des vieux partis politiques et des écoles sectaires, pour lui ouvrir, plus vite, la voie souveraine du triomphe.

Que ce soit notre consolation !

Sans doute, nous ne moissonnerons ni ne cueillerons

dans cette terre promise du bien moral et social universel ; mais elle est là devant nous, la félicité humaine rayonnante à l'horizon bleu d'un lendemain qui se rapproche rapidement.

Comme le grand Hébreux de la légende biblique, nous mourrons tout proche du but, en Moab, sur le mont Nébo d'Abarim. Avant d'être clos par la dispensatrice du grand repos, nos yeux auront vu les Chanaans socialistes de l'avenir, où, plus heureux que nous, profitant de nos travaux de nos souffrance et de nos combats, entreront les fils de notre peuple.

CHAPITRE II

La protestation communiste dans le passé

I. Le Communisme sacerdotal. — II. Le Communisme platonicien. — III. Le Communisme chrétien. — IV. La Réalisation catholique. — V. Thomas More. — VI. Campanella et divers. — VII. Morelly et divers.

Après avoir signalé l'attenance du socialisme avec les principales manifestations de l'esprit humain, et montré que le triple problème moral, politique et économique contemporain, ne peut être convenablement résolu que par une rénovation sociale de caractère intégral, on voudrait, avant de rechercher les conditions d'établissement d'un ordre nouveau, donner une idée exacte du socialisme lui-même. Pour ce faire, il convient de caractériser avant tout ses diverses phases de formation.

Subissant, comme toutes choses, la loi universelle de l'*éternel devenir*, de Parménide, d'Héraclite, de Pythagore (1),

---

(1) Pythagore n'est pas habituellement compté parmi les ancêtres de l'évolutionnisme. Il en eut pourtant un sens très net, à preuve ces paroles de son disciple immédiat Occelus Lucanus, si bien dans la donnée évolutionniste moderne qu'on pourrait, sans anachronisme apparent, les attribuer à Hœckel, Herbert Spencer ou Letourneau : « Les sociétés naissent, croissent et meurent comme les » hommes pour être remplacées par d'autres générations de socié- » tés, comme nous serons, nous autres, remplacés par d'autres géné- » rations d'hommes. »

de Hégel et des évolutionnistes modernes, une doctrine ne peut être bien comprise et bien interprétée, que si tout d'abord a été dévoilé le mystère de son évolution, dans les différents milieux historiques et sociaux qu'elle a déjà traversés.

On nous objectera, il est vrai, que pour le socialisme il ne s'agit pas de remonter bien haut, ce fils de la Révolution française et du développement économique, dont le nom même est récent (1), n'étant compté que depuis un siècle parmi les facteurs de la politique européo-américaine. Ceci n'est vrai que pour la forme actuelle du socialisme, car ainsi que l'enseigne de Laveleye (2) : « Les aspirations « socialistes, tantôt sous forme de protestation contre le « mal existant, tantôt sous celle de plans utopiques de « reconstruction sociale, se firent jour dès que l'homme eu « assez de culture pour ressentir les iniquités sociales. »

La très incomplète esquisse qui va suivre aura pour but de suivre dans son évolution, la protestation communiste dans le passé, de montrer qu'elle remonte aux premiers jours de la civilisation et qu'avec les caractères divers, elle s'est affirmée, théoriquement ou pratiquement, à tous les moments décisifs de l'histoire.

I. L'Age d'Or et le Communisme Sacerdotal

Il était de croyance générale dans l'antiquité gréco-romaine et même, — avec des variantes de forme — chez tous les peuples, qu'une longue période d'égalité complète,

---

(1) Le mot *socialisme* fut créé, en 1838, par Pierre Leroux, pour être opposé (ainsi que cet écrivain nous l'apprend lui-même dans *La Grève de Samarez*) à *individualisme* qui commençait à avoir cours. L. Reybaud, dans son ouvrage fameux : *Les Réformateurs contemporains*, adopta le néologisme de Pierre Leroux et le popularisa si vite et si bien, qu'on l'en crut l'auteur.
(2) Emile de Laveleye : *Le Socialisme contemporain.*

de liberté joyeuse, de justice idéale, de communisme universel avait fleuri autour du berceau de tous les peuples. Tous auraient été primitivement innocents et heureux; auraient ignoré les fléaux de la guerre, de la servitude, de la misère et des iniquités de tout genre que, véritable boîte de Pandore, l'individualisme subséquent laissa tomber sur la pauvre espèce humaine.

Cette croyance, si longtemps rappelée par les *Saturnales*, est trop universelle pour ne pas avoir un fondement historique (1); elle donne en tous cas un brevet de haute et antique noblesse au communisme qui fut ainsi tenu pour une forme sociale supérieure, que rendait seule impraticable la méchanceté des hommes (2). On le prenait tellement ainsi, que les prêtres de tous les temples initiatiques, les

---

(1) Les récents travaux des ethnologues, des anthropologistes et des historiens ne permettent plus de mettre en doute l'existence d'une période confuse de communisme promisque, ayant précédé l'individualisme familial et propriétaire. Les sanglantes explosions et les excès de l'individualisme naissant, qui allait être obscur point de départ d'un état supérieur, mais qui ne fit d'abord qu'apporter plus de douleurs, en intensifiant la lutte, — purent donner du passé le vague regret qui, s'idéalisant plus tard, grâce aux poètes devint la belle *Légende de l'Age d'Or*. Il y a aussi à tenir compte du fait affirmé ou relaté par les prêtres de Saïs, par Homère, Hésiode, Euripide, Platon, Pline l'Ancien, Diodore de Sicile, Strabon, Elien, Tertullien, d'un grand continent abritant un peuple de civilisation avancée et qui aurait disparu dans un effroyable cataclysme géologique.

Divers auteurs modernes et notamment, Orviedo, Rudbeck, Latreille, de Boër, Bailly, Mac Culloch, Fabre d'Olivet, Bory de Saint-Vincent, Tournefort, Rienzi, Mme Clémence Royer ont conclu à la réalité d'une Atlandide ensevelie dans les flots et ils la placent le plus généralement entre l'Europe et l'Amérique. Le nom d'Océan Atlantique n'aurait pas une autre origine.

Ajoutons que, si nous en croyons les Théosophes ou néo-bouddhistes, bien autrement affirmatifs, l'Atlantide aurait été engloutie il y a seulement 11500 ans; mais cet affaissement aurait été précédé, bien des milliers d'années avant, de l'affaissement d'un continent plus vaste encore appelé *Lémuria*, dont l'*Atlantide* n'était qu'un prolongement. A la science, par des fouilles sous-marines, de nous donner le dernier mot là-dessus. Quoi qu'on puisse penser là-dessus, ce sont évidemment ces traditions confuses et complexes qui ont donné naissance à la légende de l'*Age d'Or*, et nous devions les rappeler.

(2) Voir Hésiode : *Les Travaux et les Jours*; Ovide : *Les Métamorphoses*: Lucien de Samosate : *Dialogues* et particulièrement les *Epîtres saturnales*.

adeptes de toutes les grandes écoles philosophiques, vécurent toujours en commun, pour bien marquer leur supériorité intellectuelle et morale. Il en fut ainsi notamment des prêtres initiés de Thèbes, de Memphis, de Saïs, d'Héliopolis, de Neith, en Egypte ; de Delphes, d'Eleusis, de Samothrace, dans le monde hellénique. Les gymnosophistes de l'Inde, les druides gaulois, les prophètes juifs de Jéricho, de Galgala, de Béthel et de Rama avaient aussi adopté le régime de la communauté.

Parmi les écoles philosophiques qui se soumirent aux nobles règles de la vie commune, il convient de noter particulièrement l'école pythagoricienne dont l'*Institut* communiste de Crotone, — que détruisit une démocratie soupçonneuse conduite par le démagogue Cyclôn, — a marqué profondément son empreinte sur les tables d'airain de l'histoire.

« La devise pythagoricienne mise en pratique à Crotone
» était ainsi formulée : « La justice est le commencement
» de l'égalité, l'amitié en est l'acheminement; l'amitié est
» une communauté, tous les biens doivent être communs,
» entre amis. » C'était toujours le communisme aristocra-
» tique (1).

Ainsi, considéré comme le privilège des « supérieurs »,
le communisme ne pouvait être d'abord envisagé comme
un *desideratum social*, les philosophes réformateurs (2)

___

(1) Chez ce peuple héllène qui, au dire de Gœthe, « conçut le mieux le songe de la vie », et au dire de Varon, compta un moment plus de deux cents sectes ayant pour but la recherche du bonheur, il n'est pas jusqu'aux épicuriens qui, pendant la vie du mattre, n'aient pratiqué une sorte de communisme volontaire :
» Épicure ne voulut point imiter Pythagore, qui disait qu'entre amis tout doit être commun; il trouvait qu'un tel établissement marquait de la défiance, il aimait mieux que les choses fussent sur un pied tel que chacun contribuait volontairement aux besoins des autres, quand cela était nécessaire. Il est sûr que cette idée approche plus de la perfection que ne le fait la communauté des biens et qu'on ne saurait assez admirer l'union des disciples d'Epicure et l'honnêteté avec laquelle ils s'aidaient, chacun demeurant maitre de son patrimoine. » (Bayle : *Dictionnaire historique et critique*.)
(2) Thalès et Hippodome de Millet, Charondas de la Grande-Grèce, Zaleucus, Solon et Clisthène d'Athènes, Philéas de Chalcédoine, etc.

qui proposèrent ou accomplirent la démocratisation des cités helléniques n'allèrent jamais au-delà des revendications plébéiennes et n'eurent pour argument traditionnel que l'évocation du souvenir d'anciennes libertés, d'anciens domaines communaux confisqués par les riches.

Disons entre parenthèse, que dans la démocratie athénienne cet égalitarisme alla très loin. « Non seulement, dit Albert Regnard, dans sa belle étude *Aryens et Sémites*, non seulement on prenait soin d'élever les enfants des guerriers morts pour la patrie, non seulement des secours étaient distribués à ceux que leurs infirmités rendaient incapables de travailler, mais, ce qui valait encore infiniment mieux, en dépit des critiques intéressés du réactionnaire Aristophane, tous les citoyens recevaient le triobole, en dédommagement du temps qu'ils passeraient chaque jour à l'Ecclesia. Et lorsque Périclès eut établi, par une inspiration de génie, les dikastéries si niaisement plaisantées par le même Aristophane et qui ne sont pas autre chose que cette institution du jury, dont les modernes s'attribuent à tort l'invention, les trois oboles données aux citoyens appelés à siéger en si grand nombre, furent encore une de ces mesures sociales excellentes, de nature à prévenir de la façon la plus efficace, le développement du paupérisme. Cela est si vrai, que plus tard Isocrate put dire : « Il n'y a personne qui soit assez pauvre pour faire honte à l'État par la mendicité. » Un auteur qui n'est pas suspect de partialité pour nos ancêtres Aryens, a calculé que les citoyens d'Athènes recevaient en moyenne plus de 250 francs par tête et par an, ce qui correspond à 1,000 francs de la valeur actuelle (1).

Rien d'étonnant après cela qu'Aristote ait pu écrire : « Le moyen d'arriver à la tyrannie, c'est de gagner la confiance

---

(1) Très exact ; nous refusons cependant d'admirer sans réserves devant l'iniquité et la douleur de l'esclavage qui donnaient à tout ceci un fondement d'injustice. Ces citoyens d'Athènes n'étaient en somme qu'une minorité, vivant au dépends d'une majorité esclave, dépouillée de tout droit humain et pressurée jusqu'au sang.

de la foule. Or on gagne la confiance de la foule en se déclarant l'ennemi des riches.

Ainsi firent Pisistrate à Athènes, Théagène à Mégare,
Denys à Syracuse » (1).

II. Le Communisme platonicien

Cependant malgré la dérivation de l'égalitarisme démocratique, la protestation communiste ne resta pas toujours
enveloppée de mystères dans les sanctuaires initiatiques et
dans les instituts philosophiques; elle trouva dans un
philosophe illustre d'un génie littéraire si grand, que son
éloquence fut qualifiée de divine, un interprète glorieux (2).

---

(1) Aristote : *Politique, V.*
(2) Platon, dont le vrai nom est Aristoklès, descend d'une très
illustre famille athénienne. Il se rattachait par son père, le philosophe
Ariston, à la descendance de Codrus, et par sa mère, Périktione, à
la descendance de Solon. Il naquit l'an 428 ou 429 avant l'ère
vulgaire, l'année même de la mort de Périclès et deux ans après le
commencement de la guerre dite du Péloponèse, entre Athènes
représentant la démocratie et Sparte représentant l'aristocratie. Sa
jeunesse se passa au milieu des horreurs de cette guerre civile qui
dura un quart de siècle et se termina, comme on sait, par la défaite
de la démocratie athénienne, le règne exécrable des *Trente Tyrans*
et la domination de l'odieuse Sparte, préface de l'asservissement de
la Grèce.
L'éducation de Platon, dit Kirchmann, dans sa *Plato's Leben*,
fut très soignée et confiée par son père aux meilleurs maîtres. Il
excella de bonne heure dans la poésie, la gymnastique et la musique.
Il avait trente ans quand il fut présenté à Socrate qui, la nuit
précédente, nous dit encore Kirckmann, avait rêvé qu'après s'être
posé sur ses genoux un cygne, dont les ailes avaient poussé subite-
ment, s'était envolé d'un trait jusqu'au ciel, en poussant un harmo-
nieux chant d'amour.
Après la mort de Socrate, Platon se retira à Mégare, chez un
admirateur de Socrate, mais il n'y resta pas longtemps. Il parcourut
la Cyrénaïque, l'Asie-Mineure, l'Egypte. A Cyrène, il étudia les
mathématiques sous Théodore; en Egypte, il se fit initier par les
prêtes égyptiens. Il revint à Athènes pour partir de nouveau, cette
fois, pour la Grande-Grèce (où il s'initia à la doctrine pythagoricienne
sous Architas de Tarente) et en Sicile (où il convertit Dion, le

A l'encontre de ses contemporains, Platon crut que le régime communautaire ne devait pas être seulement réservé aux supérieurs, qu'il pouvait être progressivement appliqué dans la Cité même. Et, d'une cité, ainsi régie, il traça dans sa *République*, une description souvent fautive par l'idée, mais que la magie du style a immortalisée.

Dans la *République*, la Cité est divisé en quatre classes : 1º *Les magistrats et les sages;* 2º *Les guerriers;* 3º *Les artisans, les laboureurs et les commerçants;* 4º *Les esclaves.* Les deux premières classes pratiquent la communauté complète, et, même chez les guerriers, les femmes sont communes. Pour les travailleurs, il y a égalité seulement, non communauté absolue; les terres sont inaliénables, mais partagées périodiquement entre les familles des laboureurs qui doivent les cultiver au profit de l'État.

Pour tout le monde, repas communs, éducation commune, vêtements uniformes, habitations semblables. Les enfants appartiennent à la société. Dans la troisième classe le mariage est réglé fort rudimentairement. Chaque année, on tire au sort et chaque homme a la femme qui lui est attribuée; il la garde un an, après quoi le sort est de nouveau consulté. Un homme peut avoir ainsi (car la monogamie est de rigueur), quinze ou vingt femmes successives; de même, la femme quinze ou vingt maris successifs.

Comme il importe cependant que les mariages soient assortis, « les magistrats usent de fraudes pieuses pour faire que le sort se prononce conformément à leurs vues ».

Malgré cette singulière organisation matrimoniale

---

beau-frère de Denys l'ancien et le futur chef réformateur de la cité de Syracuse).

Pour avoir voulu tenter de réconcilier les deux beaux-frères Platon fut enlevé par les agents de Denys et vendu comme esclave. Anikéris le racheta, et, comme, dans ce même but, des citoyens d'Athènes avaient fait une souscription, le produit en fut employé à l'achat de ces jardins d'Akadémos, que Platon allait rendre si célèbres (on sait que c'est d'eux qu'est venu le mot *Académie*). Alors commença cet enseignement philosophique par la parole et par la plume qui valut à Platon le titre de *divin* et une gloire que vingt-trois siècles n'ont pas obscurcie. Platon mourut chargé de gloire, à l'âge de quatre-vingts et un an. (B. Malon : *Histoire du Socialisme*, tome Ier.)

qui marque un singulier mépris de la personne humaine, les femmes ne sont nullement asservies; elles sont appelées aux mêmes emplois que les hommes; elles sont même guerrières : elles sont préparées à tout cela par l'éducation qui est commune pour les deux sexes.

Dès leur naissance, les enfants sont portés dans un bâtiment spécial que nous appellerions maintenant *Nourricerie*, où tous sont élevés comme *Enfants de la Patrie*, sans connaître ni leur père, ni leur mère, et obligés, par conséquent, de se considérer tous comme frères.

Le nombre des familles de la Cité est fixé à 5.400; on encourage ou l'on arrête la population, selon la nécessité par les honneurs, la honte et les avertissements des vieillards. Dans certains cas, l'avortement est permis; il est obligatoire pour les femmes de plus de quarante ans; les enfants trop faibles ou disgraciés sont sacrifiés. Ces lois spartiates s'appliquent à toutes les classes. Du reste il ne s'agit pas de castes, dans l'utopie platonicienne, on peut passer d'une classe à l'autre, « car, dit Platon, vous êtes frères; mais le Dieu qui vous a formés a fait entrer de l'or dans la composition de ceux qui sont propres à gouverner; aussi sont-ils plus précieux.

« Il a mêlé de l'argent dans la formation des guerriers; le fer et l'airain dans celle des laboureurs et artisans; mais il pourra se faire qu'un citoyen de la race d'or ait un fils de la race d'argent, et qu'un citoyen de la race d'argent engendre un fils de la race d'or; et que la même chose ait lieu à l'égard de la troisième race ».

La quatrième race (les esclaves) était progressivement supprimée, ce qui est fort louable. Malheureusement, la louange doit être limitée, comme on le voit déjà; seulement il convient d'ajouter que Platon ne fut inférieur que lorsqu'il s'inclina devant les coutumes de son temps (sacrifices des faibles à la naissance (1), proscription des attractions per-

_____

(1) Singulière sélection que cette sélection purement physique! Ainsi Victor Hugo qui ne paraissait pas né viable, et Byron qui avait un pied bot auraient été sacrifiés et jetés dans le barathre !

sonnelles dans la formation des couples, maintien des classes, etc.). « On a remarqué, avertit un historien philo- « sophe, trop peu connu, que partout où Platon est au- « dessous de lui-même, c'est lorsque, grâce aux idées « aristocratiques que lui avait données son maître Socrate, « il voulait prendre Sparte pour modèle » (1).

Ce que, à l'auteur de la *République* — et par une extension quelques peu excessive aux socialistes, — on a le plus re- proché, c'est la théorie platonicienne de la « communauté des femmes ».

Nous en dirons quelques mots.

Tout d'abord, le mot « communauté des femmes » qui signifie la femme réduite à l'état de chose, est impropre, en cette circonstance, Platon est, en réalité, le premier partisan de l'égalité des femmes. « Tant vaut la femme, tant vaut l'homme, » enseignait-il, et il recommandait que les deux sexes eussent la même éducation (2).

Il alla même jusqu'à reconnaître des droits politiques aux femmes. Il n'en fut pas moins blâmable de recommander la promiscuité que les pythagoriciens avaient écartée. Mais il faut bien dire que cette promiscuité, dont l'idée nous révolte justement et qui est incompatible avec le sentiment assez moderne de l'amour et du respect de la personne humaine, n'inspirait pas alors la même horreur, comme le prouve, entre autres faits, la considération dont jouissait l'hétaïrisme (3).

(1) J. Denis : *Histoire des idées morales dans l'antiquité*.
(2) On lit dans les *Lois* : « En général nos lois auront une égale « action sur un sexe et sur l'autre. Les femmes ont une si grande « influence sur les hommes que ce sont elles qui déterminent leur « caractère. Partout où elles sont accoutumées à une vie molle et « somptueuse, vous pouvez dire que les hommes sont corrompus « et amollis. ».
Combien de démocrates de nos jours n'en sont pas encore là?
(3) Les seuls noms de femmes qui restent dans l'histoire de la période vivante de l'Hellénie sont des noms d'hétaïre, on n'a que l'embarras du choix: Laïs, Phryné, Thaïs, Myrrhina, Théodcie, Lacena, Lamia, etc. Ce n'est pas à ses poésies lyriques que la grande poétesse Sapho doit l'immortalité qui s'attache à son nom. Des femmes légitimes, on ne connaît que les exploits de harengères que nous ont contés Aristophone et Euripide. Les Athéniens ne pardonnèrent pas au

La théorie promiscuitaire était en outre aussi un legs traditionnel de cette légende de l'*Age d'or*, souvenir confus et idéalisé d'un passé disparu, de communisme promisque (1).

Tout cela excuse bien un peu Platon,

Géniales, en revanche et encore d'actualité sont les idées de l'auteur de la *République* sur l'éducation à laquelle il donne pour but « la perfection du corps et de l'âme, et sur le système pénal qu'il veut moraliser. En cela il fut de plus de vingt-trois siècles en avant, puisque nous n'avions pas encore entièrement réalisé sur ces deux points, son idéal qui reste celui des progressistes contemporains (2).

Louables aussi sans restriction, les idées de Platon sur la guerre qu'il interdit entre Hellènes et qui, selon lui,

---

glorieux Périclès lui-même d'avoir voulu faire exception à la règle. Sa légitime épouse, Aspasie, épousée il est vrai contre la coutume interdisant aux patriciens d'épouser des étrangères, fut calomnieusement qualifiée d'hétaïre, parce que, au lieu de rester au Gynécée, elle recevait et éblouissait de son esprit les philosophes, les orateurs et les poètes de son temps.

Une seule épouse régulière a laissé son nom dans l'histoire, c'est Xantippe et le privilège n'est pas enviable, la femme de Socrate étant restée le type de l'épouse acariâtre. Que sait-on d'elle d'ailleurs, sinon qu'au moment de prendre la ciguë, Socrate se félicita de mourir disant qu'au moins, de la sorte, il échappait à Xantippe. On voit par là que les Hellènes n'avaient guère le culte de la religion conjugale. Du reste, ils n'y mettaient pas d'hypocrisie. « Nous avons, disait Démosthène dans un plaidoyer célèbre, nous avons des amies (hétaïres) pour les voluptés de l'âme, des courtisanes (pallakas) pour la satisfaction des sens ; des femmes légitimes pour nous donner des enfants et garder la maison. » Les modernes ont généralement supprimé les *hétaïres* ; pour le reste, on sait ce qu'il en est.

(1) Que le communisme primitif se soit étendu aux relations sexuelles, cela ne peut plus être mis en doute. Voir à ce sujet Giraud-Teulon : *Les origines de la famille ;* Bachofen ; *Das Mutterrecht ;* Mac Lennan : *Primitive Mariage ;* Morgan : *Consanguinity and affinity of the human family ;* F. Engels : *L'origine della famiglia, della proprietà privata dello stato, in relazione alle ricerche di Luigi Morgan,* traduction italienne de Pasquale Martignetti. Voir du reste pour plus d'éclaircissement sur ce sujet, le chapitre VI du présent ouvrage.

(2) André Lefèvre : *Histoire de la Philosophie,* qui est très défavorable à Platon le loue aussi sur ce point : « Platon, dit-il, émet « des idées justes sur le pouvoir civilisateur de l'instruction et sur « l'application corrective du châtiment dérivé de la justice, non de « vengeance. »

même contre les Barbares, doit être faite sans brigandages et sans massacres.

De vues de ce genre, la *République* abonde, et c'est pourquoi, malgré les taches qui l'obscurcissent, elle a traversé les siècles, rayonnante des atours immortels que lui ont prodigué les muses divines. Elle a encore des admirateurs (1).

Est-il besoin de le dire, la très vaillante et très individualiste démocratie hellénique ne pouvait accepter de s'enfermer dans un communisme si étroit. Platon le comprit et, à l'usage de ses contemporains, il écrivit les *Lois* (2) dont la renommée dépassa celle pourtant si grande de la *République*.

En ce nouvel ouvrage, le grand ancêtre héllénique du communisme eut bien soin de marquer que les réformes égalitaires ne pouvaient être qu'un acheminement à la République communautaire.

« L'État le plus parfait, est-il dit dans le préambule des *Lois*, l'État le plus parfait est celui dans lequel on pratique à la lettre l'antique adage (pythagoricien) *que tout est réelle-*

---

(1) Le modèle le plus parfait de ces utopies (antiques) est cet œuvre merveilleuse du spiritualisme hellénique : la *République* de Platon. (E. de Laveleye : *Le Socialisme contemporain*.) « Platon reste toujours un modèle comme élaborateur d'un état idéal et ses principes fondamentaux appèlent encore la réflexion surtout étant donnée la période de crise que nous traversons. » (Mohl : *Geschichte und Litteratur der Staatswissenschaft*).

(2) D'après les *Lois* le territoire devait être partagé en lots et tiré au sort entre cultivateurs qui gardaient leur lot (sans pouvoir l'augmenter) jusqu'au jour où un nouveau partage était nécessaire. Les métaux précieux étaient prohibés, le commerce durement réglementé. Les familles pouvaient acquérir des richesses mobilières jusqu'à concurrence d'une valeur quadruple de leur lot de terre. Les trois magistrats suprèmes étaient annuels et élus au suffrage universel. Les filles ne devaient point avoir de dots et chaque homme pouvait choisir sa femme dans toutes les classes. La population entière était divisée en trois *chœurs* : 1° chœur des enfants, 2° chœur des jeunes gens de moins de trente ans; 3° chœur des individus de plus de trente ans. La République devait envoyer des observateurs chez les autres peuples, pour rechercher quelles étaient leurs meilleures lois. Les poètes étaient tolérés mais il leur était interdit de corrompre la population par des chants licencieux. La pêche et la chasse aux oiseaux qui habitent à une lâche cruauté étaient interdites.

ment commun entre amis. Quelque jour que cela arrive ou doit arriver, que les femmes, les enfants et les biens soient communs; qu'on mette tout le soin imagininable à faire disparaître d'entre les hommes jusqu'au nom de la propriété, afin que soient communes autant que cela sera possible, même les choses que la nature a données à l'homme en propriété comme les yeux, les mains, les oreilles, au point que tous les citoyens croient voir, travailler, entendre en commun et approuvent ou blâment toutes les mêmes choses et que leurs peines ou leurs plaisirs soient tout à fait partagés. En un mot, partout où les lois se proposent de faire l'État parfaitement *Un*, là est le commun de la vertu politique et les lois ne peuvent avoir une meilleure direction. Cet État est la demeure des dieux ou des fils des dieux (les initiés) et le séjour du plus parfait bonheur. Le sage ne consentira jamais à engouverner d'autres (1). »

Riche en admirateurs, Platon n'eut pas d'imitateurs, et il reste le seul représentant théorique du communisme dans l'antiquité. Il nous faut franchir cinq siècles pour saluer Apollonius de Tyane, qui, en même temps qu'une morale supérieure, prêchait aux foules suspendues à ses lèvres éloquentes, la communauté des biens, comme l'avaient autrefois commandée les deux grands maîtres, Pythagore et Platon.

Un siècle après, le grand thaumaturge pythagoricien, le néo-platonicien Plotin, ayant gagné à sa cause l'impératrice Solinine, femme de l'empereur Gallien, voulut réaliser la *République* du divin maître dans une ville de Campanie. Une intrigue de cour fit échouer le projet.

A ce moment, l'idée hellénique était épuisée, les stoïciens dont les nobles enseignements étaient le refuge des grandes âmes, dérivaient d'une inspiration ascétique. De là la théorie

---

(1) C'est un peu excessif, mais sincère. En effet, éblouis par la lecture des *Lois*, sept peuples : les Arcadiens, les Thébains, les Crétois, les Phyrréens et les Syracusains demandèrent une constitution à Platon. Le philosophe répondit : *Voulez-vous établir l'égalité? Ces peuples ayant refusé, il ajouta :* « *Cherchez un autre législateur et bâtissez vos villes que des despotes viendront asservir ou détruire* »,

de *l'aprœgmène* et de *l'apoprœgmène,* la distinction entre le *bien* et la *vertu,* et l'abandon, en somme de la revendication de réformes sociales profondes, même pendant la splendide *époque antonine* qui vit sur le trône impérial des Antonins et des Marc-Aurèle, auxquels, en franchissant les temps, il convient de rattacher Julien, « l'homme le plus digne de gouverner les hommes », selon Montesquieu. Le vieux monde s'abandonnait lui-même. Contrairement à l'antique et belle prescription de l'oracle célèbre de Cos : *Il est divin de travailler à vaincre la douleur.* Lucien, moitié ironique, moitié sérieux, faisait répondre par son Saturne gérontisé, à une réclamation des pauvres : « *Il est trop difficile de rectifier les destins filés par Clotho et les autres Parques.* Résignez-vous, je dirai aux riches de ne pas trop abuser. »

C'était l'abdication, l'épuisement, malgré l'efflorescence d'une splendide élite philosophique, malheureusement plus soucieuse de perfection individuelle que de propagande et de réalisation, de morale introspective que de morale sociale.

Le grand Pan était bien mort, le christianisme pouvait venir.

III. Le Communisme chrétien

Avec les premiers chrétiens, le communisme perdit sa tradition de noblesse et son aristocratisme ; il devint une simple forme de renoncement pour les riches. Il ne s'agissait plus ici, comme chez les philosophes du monde hellénique, de réformer de trop criants abus, de trouver un système d'organisation sociale basé sur la justice et devant aboutir au bonheur universel ; on se dépouillait de ses biens, exclusivement pour plaire au nouveau Dieu qui avait voulu, croyait-on, que la vie ne fut qu'une épreuve douloureuse, ayant pour enjeu terrible ou une éternité de bonheur égoïste avec quelques élus, ou bien, — avec la presque totalité de l'espèce humaine, — une éternité de supplices à faire reculer l'imagination d'un Caligula et d'un Néron.

Pourtant les commencements, en la petite église de Jérusalem, sous la direction de Pierre, furent touchants :

« La multitude de ceux qui croyaient n'avait qu'un cœur et qu'une âme, et nul ne disait des choses qu'il possédait qu'elles fussent à lui en particulier, mais toutes choses étaient communes entre eux. Il n'y avait personne parmi eux qui fut dans l'indigence, parce que tous ceux qui possédaient des champs ou des maisons les vendaient, et ils en apportaient le prix et ils le mettaient aux pieds des apôtres, et il était distribué à chacun, selon qu'il en avait besoin » (1).

C'était à la lettre l'application du précepte évangélique : « Allez, vendez ce que vous avez et donnez-en le prix aux pauvres. »

Seulement, cela ne pouvait durer; les ressources de la communauté ne provenant que des dons volontaires des riches, car de travail chez ces fervents il n'en était guère question. L'Évangile n'avait-il pas condamné le travail comme une préoccupation trop terrestre? Les textes abondent :

Les lys ne filent point et sont mieux vêtus que Salomon dans toute sa gloire. — Marthe, vous vous donnez trop de mal, Marie a choisi la meilleure part. — Vous aurez toujours des pauvres parmi vous. — Les derniers venus seront les premiers, etc. »

Toute à l'humilité et au renoncement, fermée au travail et à la justice, la communauté chrétienne ne pouvait donc prétendre à la généralisation de son principe ; aussi fut-elle facilement battue en brèche par la propagande individualiste et opportuniste de Paul, le néfaste et trop habile ambitieux qui a fondé, sur les ruines de l'évangélisme, le

---

(1) Saint-Luc : *Actes des Apôtres*, IV, 32.

christianisme que devaient encore achever de corrompre les
Césars byzantins, et l'odieux Augustin, l'homme du *credo
quia absurdum*, de la révoltante prédestination, de l'étouffement de toute science et de la glorification de la haine (1).

Toutefois le communisme resta dans les traditions
chrétiennes, qui remontaient elles-mêmes aux communautés esséniennes et ébionites dont le souvenir était
vivace chez les meilleurs de la nouvelle religion et les plus
illustres écrivains des premiers siècles. Les Chrysostome,
les Jérôme, les Basile, les Grégoire, les Clément, les Lac-
tance, les Ambroise, etc., tonnèrent constamment contre les
riches et contre la propriété individuelle. La violence de
leur objurgations subversives n'a pas été dépassée par les
plus ardents révolutionnaires de nos jours.

« Ce n'est pas sans raison, s'écrie saint Jérôme, que
l'Evangile appelle les biens de la terre *des richesses injustes car ils n'ont point d'autres sources que l'injustice
des hommes, les uns ne pouvant les posséder que par
la ruine des autres.*

« Aussi dit-on communément, ce qui me paraît très véritable, que ceux qui possèdent de grands biens *ne sont
riches que par leur propre injustice ou par celle de ceux
dont ils sont les héritiers.* »

Saint Jean Chrysostome nous a laissé, des accapareurs
et des agioteurs de son temps, ce portrait qui mérite bien

---

(1) « Personne, dit Draper dans ses *Conflits de la science et de la
Religion,* personne n'a plus contribué que ce père à créer l'antagonisme de la science et de la religion... Il a donné à la Bible le dangereux office d'arbitre de la vérité scientifique et de tyran de l'esprit
humain. » Pour cette belle œuvre, pour l'anéantissement de la personne et de la moralité humaine devant un arbitraire divin férocisé à
son image, le sinistre Carthaginois faisait appel aux plus mauvais
sentiments.

Nul plus que lui ne poussa à la torture et à l'extermination des
hérétiques. A toute page il s'adresse à son Dieu dans ce style : « Tes
« ennemis sont l'objet de ma haine. Oh ! qu'il te plaise de les faire
» mourir avec l'épée à deux tranchants, afin qu'ils ne soient plus les
» ennemis de ta parole ? »

De ce monstre de sophistique et de cruauté l'Eglise a fait un de
ses plus grands saints et son inspirateur le plus influent ! Quel progrès social en aurait-on pu, dès lors, attendre ?

d'être conservé. L'éclat du style, l'émotion communicative rivalisent avec la sûreté de la pensée.

« Le territoire de notre ville fut frappé d'une grande
» sécheresse, les grains ensemencés ne parvenaient pas à
» germer.., et, suivant l'antique prédiction de Moïse, un
» ciel d'airain était suspendu immobile sur nos têtes. La
» famine approchait, on la voyait, on l'attendait, et avec
» elle la plus cruelle des morts... Tout à coup, le ciel d'ai-
» rain s'amollit, des nuages s'amoncelèrent, et s'entr'ou-
» vrant soudain, laissèrent tomber la pluie avec tant
» d'abondance, qu'à sa vue toutes les poitrines haletaient
» de joie. Ivres de bonheur, les citoyens se mirent à courir
» les rues comme des échappés à la mort. C'était une fête
» générale, des transports d'allégresse inexprimable. Au
» milieu de toutes ces joies, un homme cheminait triste et
» comme exténué sous le poids de quelque grande dou-
» leur. C'était un riche, un des opulents de la cité, et
» comme on lui demandait pourquoi il était triste dans le
» délire commun, il ne put garder au fond de son cœur le
» sujet de sa peine, et de même qu'une maladie intérieure
» déborde et éclate dans le paroxysme de sa violence, la
» maladie de cet homme éclata hideuse à tous les yeux.

» — J'avais amassé, dit-il, dix mille mesures de blé et
» je ne sais ce que j'en ferai à cette heure. » Voilà quel
» était le sujet de ses angoisses. Dites-moi, je vous prie,
» ne méritait-il pas d'être lapidé comme un ennemi
» public? (1) »

Le grand prédicateur chrétien n'est pas moins radical quand il parle de la propriété en général. Elles sont aussi de lui, ces paroles : « N'user de son bien que pour son seul usage, c'est en dépouiller le pauvre, *c'est être le ravisseur du bien d'autrui* et s'exposer à tous les châtiments dont est menacé le *spoliateur*. Ce que vous pouvez vous réserver à vous-même, *c'est le pur nécessaire*, tout le reste est au pauvre, *sa propriété*, non la vôtre. »

---

(1) Cité par Paul Lafargue : *Revue socialiste,* 1re série, 1880.

Saint Grégoire-le-Grand renchérit : « *La terre est commune à tous les hommes*, c'est donc en vain que ceux-là se croient innocents *qui s'approprient à eux seuls les biens que Dieu a rendus communs*, puisqu'en ne partageant pas avec les autres ce qu'ils ont reçu, *ils deviennent homicides*. »

L'illustre pape ne faisait que suivre les traditions; avant lui, saint Basile-le-Grand avait dit dans le même esprit :

» *N'êtes-vous pas un voleur*, vous qui rendez propre à
» vous seul ce que vous avez reçu pour le répandre et le
» distribuer? Si l'on appelle voleur celui qui dérobe un
» habillement, doit-on donner un autre nom à celui qui,
» pouvant habiller un homme et le voyant tout nu, le laisse
» pourtant tout nu?

» Vous me direz : « A qui ai-je fait tort si je retiens et
» conserve ce qui est à moi. » Et moi je vous demande
» quelles sont les choses que vous dites être à vous... Vous
» faites comme un homme qui étant dans l'amphithéâtre
» et s'étant hâté de prendre les places que les autres pou-
» vaient prendre, les voudrait tous empêcher d'entrer,
» appliquant à son seul usage ce qui est là pour l'usage de
» tous. C'est ainsi que font les riches, et s'étant mis les
» premiers en possession des choses communes, s'en
» étant emparés, ils les transforment en propriétés parti-
» culières. »

Quant aux conclusions, elles sont délibérément communistes :

« Il eût été meilleur et plus juste », lit-on dans une homélie de saint Grégoire de Nysse, «il eût été meilleur et
» plus juste, puisque nous sommes tous frères et unis par
» les liens du sang et de la nature, que nous *parta-
» geassions tous également cette hérédité;* mais, puisque
» cela n'a point été fait, et qu'un plus ou moins grand nom-
» bre se *sont emparés* de la plus grande partie de cette *suc-
» cession*, il est raisonnable qu'il en reste au moins une part
» aux autres, et qu'elle leur soit distribuée. Que si un seul
» veut se rendre maître de tout le bien, le posséder tout en-
» tier, exclure ses frères de la cinquième ou de la sixième

» partie, celui-là n'est pas un frère, mais un *tyran* inhu-
» main, un barbare cruel ou plutôt une bête farouche, dont
» la gueule est toujours ouverte pour dévorer, elle seule,
» toute la nouriture des autres. »

Saint Clément va plus loin, il fait du communisme un article de foi : « *La vie commune est obligatoire pour tous les
hommes.* C'est l'iniquité qui a fait dire à l'un : Ceci est à
moi ; à l'autre : cela m'appartient. De là est venus la discorde entre les hommes. »

Pour ne pas tomber dans des répétitions, nous finirons
par cette citation de saint Ambroise : « Dieu a créé toutes
» choses afin que la jouissance en fût commune à tous et
» que la terre devînt la possession commune de tous. La
» nature a donc engendré le *droit de communauté, et c'est
» l'usurpation qui a produit le droit de propriété !* La terre
» ayant été donnée en commun à tous les hommes, person-
» sonne ne peut se dire propriétaire de ce qui dépasse ses
» besoins naturels dans les choses qu'il a détournées au
» fonds commun et que la violence seule lui conserve. »

IV. La Révolution catholique

Ainsi parlèrent les fondateurs du christianisme ; on sait
ce que fut la réalisation : le funèbre moyen-âge, « cette Terreur de mille ans », a dit notre Michelet (1).

« Le moyen-âge, noires années d'abominations et de bar-
» barie, avilissait les esprits par la recrudescence des plus

---

(1) « Quelle distance énorme entre l'idée antique de vertu et l'idée
chrétienne. Repoussez l'injustice, supporter l'injustice ; révérer la
beauté, mépriser la beauté ; servir la société, fuir la société, ne
sont pas seulement des traits accidentels de tendances d'esprit divergentes, malgré l'identité des principes moraux, mais des contrastes
qui naissent de l'opposition très profonde des principes de la morale.
Au point de vue du monde antique, le christianisme tout entier
était notoirement immoral ». (Lange : *Histoire du Matérialisme*).

» ineptes superstitions, par l'atrocité des mœurs et la
» tyrannie sanglante du fanatisme religieux », a confirmé
Leconte de Lisle (1).

Les grandes iniquités du monde antique, la tyranie gouvernementale et l'esclavage (ce dernier, modifié en servage,
par ce que les nécessités économiques nouvelles le voulaient ainsi) furent observés par le christianisme tout puissant, et tout naturellement aussi la propriété individuelle,
le tout avec l'aggravation apportée par les invasions barbares et des spoliations féodales qui s'entèrent sur les
vielles injustices propriétaires et fiscales (2).

La révolution chrétienne, nulle au point de vue social, ne
pécha pas, pourtant, par timidité ou par considération pour
l'ancien ordre qu'elle bouleversa de fond en comble, dans
sa foi et dans ses mœurs.

Sur ce point, par exemple, les faits furent conformes
aux principes. Nulle destruction barbare n'égale en ruines
et en horreur la destruction chrétienne des incomparables
merveilles de l'art hellénique. Les temples furent atterrés,
leurs richesses confisquées, la bibliothèque d'Alexandre,
cet immense et inappréciable réservoir de toutes les traditions, de toutes les connaissances humaines fut criminelle-
ment incendiée par l'évêque Théophile et les bandes de
moines de la Thébaïde qu'il mobilisa pour la circonstance (3). Les statues ne furent pas plus épargnées que les
temples et que les manuscrits. C'est par centaines de mille
que le marteau chrétien les pulvérisa. Tous les édifices pu-

(1) Discours de réception à l'Académie française, 31 mars 1887.
(2) Le serf germanique était plus proche encore de l'esclavage que
le colon du Bas-Empire, qui graduellement avait fini par obtenir
quelque protection légale. L'invasion germanique appesantit donc
notablement le joug qui pesait sur la classe servile. (Ch. Letourneau :
L'Evolution politique.)
(3) « Quels sont les destructeurs de nos temples? dit Libanius. Ce
sont des hommes vêtus de robes noires qui mangent plus que des
éléphants. » « Il y a une race appelée moines, dit pareillement Eunape; ces moines, hommes par la forme, pourceaux par la vie, font
et se permettent d'abominables choses... Quiconque porte une robe
noire et présente au public une sale figure, a le droit d'exercer
une autorité tyrannique. » (Eunape, *Apud* Goblet d'Alviela : *l'Œuvre
du Catholicisme.*)

blics eurent le même sort. Pour nous résumer en une ligne, toute la pensée antique fut étouffée, tous les arts furent détruits par le christianisme (1); on ne respecta que les institutions de tyrannie et de servitude.

Maintenant, où trouver la cause de cette destruction sauvage de ce qu'était bien et beau dans l'ordre ancien, aggravée par la conservation de ce qui était mal (2)?

Dans la doctrine catholique elle-même, telle que Paul la fit malheureusement prévaloir et comportant le mépris de la vie humaine, la méconnaissance et même le rejet des devoirs purement sociaux, la recherche du salut individuel, non pas en faisant le bien autour de soi, mais en fuyant le monde et en se macérant follement. Tout cela ne pouvait produire que cette réaction effroyable, réaction pessimiste, ultra-spiritualiste, fanatique (3) et anti-humaine qui faillit

---

(1) Voir sur ces faits historiques, trop peu connus, le témoignage éloquent du grand écrivain catholique Châteaubriand ; *(Etudes historique*, 2ᵐᵉ volume). Voir aussi une saisissante et savante étude publiée par Goblet d'Alviela dans la *Revue de Belgique*, sous ce titre : *l'Œuvre du Catholicisme.*

(2) « Le christianisme, ou plutôt le catholicisme, qui en fut la réalisation pratique et sociale, coïncide, en réalité, avec la décadence du commerce, de l'industrie, de l'agriculture, des arts, des sciences, de la morale, du droit et spécialement de la science politique. Le progrès se refit sans lui, malgré lui et contre lui. » (Guillaume Degreef : *Discours d'ouverture à la Faculté des Sciences sociale de l'Université de Bruxelles.)*

(3) Voici le témoignage d'un historien peu suspect d'hostilité vis-à-vis du catholicisme : « Parcourez l'histoire du cinquième au sei-« zième siècle, c'est la théologie qui possède et dirige l'esprit « humain ; toutes les opinions sont empreintes de théologie ; les « questions philosophiques, politiques, historiques sont toujours « considérées sous un point de vue théologique. L'Église est telle-« ment souveraine dans l'ordre intellectuel, que même les sciences « mathématiques et physiques sont tenues de se soumettre à ses « doctrines. » (Guizot : *La Civilisation en Europe.)*
Joseph de Maistre regrettait vivement ces temps où le dogme tout-puissant étouffait la science, en brûlant le savant, au besoin.
« Autrefois, dit-il dans ses *Considérations sur la Révolution française,* autrefois il y avait très peu de *savants,* et un très petit nombre de ce petit nombre était *impie*, aujourd'hui, on ne voit que *savants ;* c'est un métier, c'est une foule, *c'est un peuple ;* et, parmi eux, l'exception déjà si triste est devenue règle. De toutes parts ils ont usurpé une influence sans bornes ; et cependant, s'il y a une chose sûre dans ce monde, c'est, à mon avis, que ce *n'est point à la science qu'il appartient de conduire les hommes.* Rien de ce qui est nécessaire ne

empêcher l'éclosion de la civilisation occidentale (1). Je vois bien que pour certains c'est au contraire le christianisme qui a sauvé la civilisation. Ces gens-là ressemblent au mousse de Dickens qui, ayant reçu cinquante coups de corde, s'écriait: «Quelle chance j'ai tout de même de ne pas en avoir reçu deux cents!» Pour eux tout ce qui a été était indispensable et c'est au mieux. C'est peu digne. Mais reprenons.

Le bel élan communiste de l'église de Jérusalem et des Pères de l'Eglise ne pouvait après cela que dévier en moinerie, ce qui eut lieu. La protestation communiste se réfugia chez les hérétiques (Gnostiques, Carpocratiens, Manichéens, Epiphaniens, Valentiniens, etc.), que le catholicisme (comme il faisait en même temps pour les Ariens philosophistes) poursuivit avec acharnement par le fer et par le feu, jusqu'à destruction complète.

Ce premier communisme hérésiaque, bientôt détruit par l'orthodoxie catholique, eut quelques avatars chez les *Patharins* du Midi de la France, les *Vaudois* du Lyonnais et des deux versants des Alpes, les *Libres-Esprits* de Bel-

---

lui est confié. Il faudrait avoir perdu l'esprit pour croire que Dieu ait chargé les académiciens de nous apprendre ce qu'il en est et ce que nous lui devons. *Il appartient aux prélats, aux nobles, aux grands officiers de l'État, d'être les dépositaires et les gardiens des vérités conservatrices, d'apprendre aux nations ce qui est mal et ce qui est bien, ce qui est vrai et ce qui est faux dans l'ordre spirituel.*

« Les *autres* (les savants), continue de Maistre, n'ont pas *le droit* de raisonner sur ces sortes de matières.

« Ils ont les sciences naturelles pour s'amuser, de quoi pourraient-ils se plaindre? Quant à celui qui *parle* ou *écrit* pour oter un dogme national au peuple, *il doit être pendu comme voleur domestique.* Rousseau même en a convenu, sans songer à ce qu'il demandait pour lui.

« Pourquoi a-t-on commis l'imprudence, insiste de Maistre en terminant, d'accorder la parole à tout le monde? C'est ce qui nous a perdus. »

(1) « Puisque l'inégalité est dans le ciel, comment ne serait-elle pas sur la terre? Pourquoi les uns ne seraient-ils pas immuablement prédestinés à jouir de la vie présente, puisque d'autres sont immuablement prédestinés à jouir de la vie future? Un petit nombre d'élus dans le ciel, un petit nombre d'élus sur la terre. Ne doutez plus que ces idées ne se soient liées souvent dans les esprits, et que ce ne soit une des raisons pour lesquelles le principe de l'inégalité sociale a si longtemps persisté, sans contradiction, au milieu même des révolutions religieuses. » (Edgard Quinet : *Le Christianisme et la Révolution française.*)

gique, les *Sénégaréliens* d'Italie, les *Mazdakéens* et les
Hephtalites de Perse (1), les *Nestoriens* d'Arménie (2),
chez certains partisans de Wickleff, en Angleterre, de Jean
Huss, de Jean Ziska, de Thomas Munzer (3), de Jean de

---

(1) En 498, Cobad régnant en Perse, Mazdak, né à Persépolis,
selon les uns, à Nissabour selon les autres, annonça qu'il était le
Paraclet attendu par les chrétiens et formula une religion, mélange
de bouddhisme, de parsisme et de christianisme, dont la manifestation terrestre devait être le communisme.

Le roi avait adhéré à la nouvelle doctrine, mais les riches persans
s'insurgèrent emprisonnèrent le roi, massacrèrent et supplicièrent
par milliers les communistes. Ceux-ci résistèrent et d'abord avec
succès. En 502 une armée d'héphtalistes et de communistes vainquit
les riches, délivra le roi et établit le communisme en Perse. Cela
dura une quarantaine d'années. Mais Cobad mourut; son fils Chos-
roès, vendu au parti des riches, fit massacrer en un seul jour, cent
mille communistes et redonna pour toujours le pouvoir aux riches.

(2) Les Nestoriens tirèrent du catholicisme persécuteur une vengeance terrible en éduquant, dans le couvent de Bosrah, le jeune
Arabe qui devait être Mahomet, allait arracher tout l'Orient au
christianisme, et imposer une foi nouvelle dans plus de la moitié de
la terre habitée, dans l'immense espace s'étendant des montagnes
d'Altaï, aux rivages de l'Océan Atlantique, du centre de l'Asie aux
confins de l'Afrique occidentale. (Voir Draper : *Les Conflits de la
Science et de la Religion.*

(3) Paroles de Munzer aux paysans révoltés :

... Point d'ambage ! tous les seigneurs qui dictent des ordres par
leur bon plaisir, parce que cela leur passe par la tête, fût-ce un
ordre tout à fait insignifiant, à plus forte raison quand il s'agit de
tarif, de péages, de corruption, de favoritisme, de malversation, de
gaspillage, sont des brigands, des ennemis du peuple qu'il faut
étrangler le plus tôt possible, comme autant de Moab, d'Agag, d'A-
chab, de Phalaris et de Néron. L'Écriture ne les nomme pas serviteurs de Dieu, mais serpents, dragons et loups !

... Paysans! ne craignez rien, soyez unis et ne reculez jamais!
Dès que vous reculez, vous êtes perdus, vous, vos femmes, vos
enfants. Que ceux qui craignent la mort restent chez eux. Mille
hommee résolus à mourir sont plus forts que cinquante mille indécis.
Si vous ne sortez pas victorieux de la lutte, malheur à vous et à vos
descendants!

Si *avant* la guerre, vous avez la corvée, avec vos chevaux et vos
bœufs, *après* on vous attellera vous-mêmes à la herse et à la charrue; si *avant* vous avez fait une haie autour de vos champs pour les
préserver du gibier, après on vous obligera à nourrit le gibier vous-
mêmes; si *avant* on vous a aveuglés, *prèas*, on aveuglera même ceux
qui vous conduisent; si *avant* vous avez été *serfs*, *après* vous serez
esclaves. On vous vendra comme on vend un cheval ou une vache.
Au moindre souffle vous serez appréhendés au corps comme re-
belles, privés d'air et de nourriture, mis à la question et enfin empa-
lés. Vos filles seront les courtisanes de nos seigneurs, et vos fils,
leurs laquais, tiendront les mains à leurs sœurs pour qu'elles soient
violées et jetées après comme une pelure de citron dont on a

Leyde, en Bohême, en Allemagne, en Hollande. Mais toutes ces sectes, qui furent quelquefois très militantes et dont quelques-unes allèrent très loin dans la réhabilitation de la chair, furent, exception faite des *Frères Moraves* (1),

---

exprimé le jus... *Vous voyez bien que vous ne pouvez pas ne pas être vainqueurs !*

Une telle vie est mille fois pire que la mort, la mort préférable à la vie. N'écoutez jamais la voix de ces hommes qui vous prouvent de par l'Evangile que vous avez le droit d'être libres et finissent par vous exhorter à courber la tête sous l'esclavage. Ce sont des demi-hommes qui, de peur de mourir, préfèrent se rendre indignes de vivre.

Un peuple qui n'est pas libre n'est pas digne de l'être.

Soyons d'abord libres, puis nous serons chrétiens selon la loi de Dieu.

Par *vivre selon la loi de Dieu*, Münzer entendait le communisme, qu'il définissait ainsi : *De la possibilité commune à chacun selon ses besoins.* L'essai du communisme que, sous le nom de *Régime chrétien*, il fit, à Mulhausen, donna un si touchant spectacle de vertu et de fraternité, que les écrivains les plus ennemis du peuple n'ont pas osé le flétrir. (Voyez *Histoire du socialisme*, t. I, pages 120-134, par B. Malon).

Ce que fut la communauté de Mulhausen qui aurait peut-être fait boule de neige si les paysans avaient vaincu et qui, en tous cas, aurait déteint sur les rapports économiques nouveaux, les lignes suivantes nous en donneront une idée :

« Mulhausen offrit alors un spectacle qui vaut qu'on le rappelle dans l'histoire des triomphes de la pensée. Sans qu'une goutte de sang eut été répandue, sans l'intervention de la force, et par l'unique effet de l'entraînement général, tous se mirent en famille, comme au temps des apôtres. Aux moins forts, les moins durs travaux, et à chacun dans la hiérarchie sociale des fonctions conformes à ses aptitudes. Toutes les fonctions étant également honorées et n'aboutissant à d'autre différence que celle des devoirs, absence d'orgueil dans le commandant et obéissance volontaire. Dès lors, aussi, nulle prise pour les brigues, pour la cupidité, pour les rivalités haineuses, pour les sordides ambitions. C'était la famille agrandie. (*Histoire de la Révolution, — note finale du premier volume, —* par Louis Blanc.)

(1) Etablis en Allemagne vers l'année 1630, sous le gouvernement de Hutter et de Gabriel, leur nombre ne s'est pas élevé à moins de soixante-dix mille, formant une même famille.

Pour donner une idée de cette association extraordinaire, nous nous bornerons à citer le plus violent des détracteurs de l'anabaptisme :

« La demeure des frères rebaptisés ou *Frères Moraves*, était toujours à la campagne dans les terres de gentilshommes de Moravie qui trouvait leur intérêt à les donner à ferme à une colonie d'anabaptistes. Ceux-ci rendaient toujours aux seigneurs dont ils cultivaient les campagnes, au moins le double de ce qu'on en aurait tiré d'un fermier ordinaire. Dès là qu'un domaine leur avait été confié, les

très pauvres d'idées sociales, n'apportèrent rien ni en théorie ni en pratique au communisme auquel l'inspiration chrétienne, même hétérodoxe, n'avait décidément pas porté bonheur.

Mais voilà que pour la protestation communiste, la vie s'annonce ailleurs.

Par Thomas More et ses successeurs elle reprend force et renouant la chaîne des temps, après avoir, elle aussi,

---

bonnes gens venaient y demeurer tous ensemble, dans un emplacement séparé.

« Chaque ménage particulier y avait sa hutte bâtie sans ornement, mais, au dedans, elle était d'une propreté à faire plaisir. Au milieu de la colonie, on avait érigé des appartements publics destinés aux fonctions de la communauté. On y voyait un réfectoire où tous s'assemblaient au temps des repas. On y avait construit des salles pour y travailler à ces sortes de métiers qu'on ne peut exercer qu'à l'ombre et sous un toit. On y avait érigé un lieu où on nourrissait les petits enfants de la colonie... Dans un autre lieu séparé, on avait dressé une école publique où la jeunesse était instruite des principes de la secte et des sciences qui conviennent à cet âge...

« Comme les biens étaient en commun, un économe, qu'on changeait tous les ans, percevait seul les revenus de la colonie et les fruits du travail. Aussi c'était à lui de fournir aux nécessités de la communauté. Le prédicant et l'archimandrite avaient une espèce d'intendance sur la distribution des biens et sur le bon ordre de la discipline.

« La première règle était de ne point souffrir de gens oisifs parmi les frères. Dès le matin, après une prière que chacun faisait en secret, les uns se répandaient à la campagne pour la cultiver ; d'autres exerçaient en des ateliers publics les divers métiers qu'on leur avait appris : personne n'était exempt du travail.

« Le vivre était frugal parmi les frères de Moravie. D'autre part, le travail y était grand et assidu... De là les richesses que les économies de chaque colonie accumulaient en secret. On n'en rendait compte qu'au premier chef de la secte ; on employait le superflu des colonies au profit de toute la secte. Souvent il arrivait qu'on achetait en propre les terres qu'on n'avait tenues qu'à ferme.

« On peut dire que dans les colonies tous les vices étaient bannis de la société. Leurs femmes étaient d'une modestie et d'une fidélité au-dessus du soupçon... On n'employait guère que les armes spirituelles pour punir ou pour prévenir les désordres. La pénitence publique et le retranchement de la cène étaient parmi eux des châtiments qu'on appréhendait. Il est vrai qu'on redoublait quelquefois les travaux et qu'on exigeait une tâche plus pénible de ceux qu'on avait surpris en de fautes légères. Au regard des plus coupables, « on les rendait au siècle » et, pour me servir de leurs termes, on les exilait du paradis de délices dont ils s'étaient rendus indignes par leur désobéissance... »

inauguré sa Renaissance, elle entre définitivement dans le grand courant philosophique, politique et économique moderne.

V. Thomas More

Au moment où, d'un horizon chargé de tempêtes, émergea blafarde et voilée l'aube de ce seizième siècle, justement appelé par un historien socialiste « le siècle de l'intelligence en révolte » (1), mais qu'allait désoler et déshonorer les fureurs chrétiennes, l'ère moderne était commencée.

L'anarchisme féodal, définitivement vaincu par les royautés et par les communes bourgeoises, avait fait place, — par suite d'une usurpation commise au détriment des communes — aux monarchies nationales d'où allait sortir une nouvelle évolution politique.

. Pendant ce temps, l'imprimerie grandissant, malgré les prêtres, les parlements et les rois, préparait l'affranchissement prochain de la pensée, tandis que la découverte du Nouveau Monde, complétée par les voyages de circumnavigation, en ouvrant de nouveaux marchés à l'échange de nouvelles carrières à la recherche du gain, préludait à une révolution économique. La période manufacturière — intermédiaire entre les anciens métiers et la production capitaliste — allait s'ouvrir.

Tout annonçait, tout proclamait la solennité de l'heure historique qui sonnait alors au cadran des âges.

Au firmament de la pensée, de la science et de l'art, brillaient Michel Ange et Léonard de Vinci, ces génies encyclopédiques ; Rabelais ce railleur titanique, dont le rire ébranlait l'Église, comme autrefois le froncement des sourcils de Jupiter avait ébranlé l'Olympe; Etienne Dolet, le puis-

---

(1) Louis Blanc : *Histoire de la Révolution.*

sant travailleur, le martyr de la libre pensée, Erasme le réhabiliteur de la vie, l'apôtre de la tolérance. Puis à côté de ces très grands, Raphaël, Pic de la Mirandole, l'Arioste, Bembo, Luther, Calvin et tant d'autres parmi lesquels Thomas More, qui fut grand par son savoir, par ses actes, par ses amitiés (1), et qui sut mourir sous la hache d'un tyran « avec la dignité d'un philosophe et la foi d'un martyr. »

Toutefois, ce n'est pas de l'illustre représentant anglais de la Renaissante militante, ni du grand ministre victime du cruel Henri VIII, que l'on veut rappeler le souvenir, mais du réformateur de haute pensée qui sut reprendre la protestation communiste au point où l'avaient laissée Platon, Apollonius de Tyrane, les Pères de l'Eglise, et les meilleurs Hérésiarques, pour la montrer à son siècle, après l'avoir enveloppée et parée de forces et de formes nouvelles.

L'Utopie (2) de More *fit époque*, pour employer l'expression allemande. Avant ce livre les chercheurs de théories sociales fondaient idéalement des *Républiques* conformément à la tradition platonicienne ; depuis, les chercheurs du mieux n'ont pu que tracer les plans.

> De ce qu'en Utopie on se plait à bâtir,
> Pour assigner le but prescrit à l'âme humaine (3)

Ce n'est que justice.

---

(1) Les amis du grand chancelier d'Angleterre furent, en premier lieu, Erasme, l'immortel auteur de l'*Eloge de la folie*. Pic de la Mirandole, le jeune prodige qui, cependant, donna plus de fleurs que de fruits, Jean Paludan, Cornelius, Graphée, Tonstall, Busleiden, Egidiius (ou Gilles) auquel il dédia l'*Utopie*, J. Clément. tous penseurs libres et écrivains méritoires.

(2) Utopie mot forgé par More de deux mots grecs *au-toupos*, non lieu, pays imaginaire. L'*Utopie*, dont le titre exact est *De optimæ respublicæ statu, deque nova insula Utopia.* (La meilleure république retrouvée dans le gouvernement de l'île nouvelle d'Utopie), fut publié à Louvain en 1516. Voici le sujet du livre : Un voyageur intrépide, le Portugais Hytholdée a découvert l'île d'Utopie et il raconte à Pierre Gilles, à J. Clément et à More lui même les merveilles qu'il a vues chez ce peuple « digne de servir de modèle à tous les autres. »

(3) Byron : *Childe Harold.*

Incomparablement supérieure aux compartiments platoniciens, aux violences stériles des Pères de l'Eglise, l'*Utopie* ouvrit veritablement de nouvelles routes aux généreux qui vont à la recherche d'un avenir social meilleur, et sur beaucoup de points elle est restée le premier monument du socialisme moderne. Lorsqu'on tient compte de l'époque de la publication, on est, à toute page, frappé d'admiration.

More commence par une critique sociale d'une fidélité et d'une ampleur non dépassée encore, et les aperçus en découlant sont tels que, après plus de trois siècles et demi, ils sont encore pleins d'enseignements précieux et de novations irréprochables. Partout l'homme d'État se revèle et jusque dans cette excellente justification du communisme :

Pour répartir les choses avec égalité et justice et ne pas troubler la félicité des hommes, il faut, au préalable, abolir la propriété. car tant qu'elle subsistera, la classe la plus nombreuse et la plus estimable n'aura en partage que disette, tourment et désespoir.

La communauté du grand chancelier d'Angleterre comprend une sagace organisation du travail; on y a grand souci de la justice et du progrès social; c'est tout un système aux vues nouvelles, dénotant l'homme politique qui avait beaucoup observé.

En *Utopie*, l'emplacement des villes est réglé de manière que chaque cité ait sa campagne environnante où tous les habitants viendront à tour de rôle, travailler la terre, *car l'agriculture est la grande ressource, et même les ouvriers de ville doivent aller aux champs dans les temps de presse.* Les villes sont régulières et bien bâties et tous les membres de la communauté ont un logement aéré, commode et agréable. Les paysans sont logés dans de spacieuses maisons champêtres, ou sont déposés les instruments agricoles.

La terre étant commune, les produits agricoles sont emmagasinés par les soins des magistrats élus, qui les distribuent *selon les besoins de chacun, dans la mesure des ressources communes.* Il en est de même des produits industriels.

Comme tout le monde travaille et que la production est mieux ordonnée, six heures de travail par jour suffisent pour assurer l'abondance à la Communauté.

Le gouvernement utopien est électif et composé ainsi qu'il suit : chaque trentaine de familles élit annuellement son magistrat, appelé *syphogrante* ou *philarque*. On nomme au dessus des dix *philarques* un magistrat supérieur, appelé *protophilarque*. La réunion des philarques choisit le prince (nommé à vie, mais révocable) entre les candidats désignés par le peuple (c'est en somme la république).

Toutes les lois, avant d'être exécutives, sont discutées et adoptées dans l'assemblée du peuple (le référendum).

L'agriculture étant l'art commun aux Utopiens des deux sexes, tous l'apprennent dès leur bas âge, enfance, tant à l'école, où l'on enseigne les préceptes, que dans les champs voisins, où l'on conduit les enfants travailler, en jouant, dans le double but de leur apprendre l'agriculture et de les développer corporellement.

Outre l'agriculture, chaque Utopien apprend un métier. Les garçons choisissent d'être maçons, menuisiers, forgerons, ferblantiers, tisseurs, etc.; les femmes apprennent surtout les métiers relatifs à l'industrie des vêtements, filage, blanchissage, couture, etc. Si quelqu'un veut changer de métier où s'il veut apprendre plusieurs métiers, on le lui accorde tout de suite. Mais tous doivent travailler six heures par jour, en retour de l'abondance dont ils jouissent. Trois heures avant midi, repos de deux heures, et autre repos trois heures après midi. *On va au travail comme à une fête et on en revient de même au son des instruments.* Huit heures sont accordées au sommeil et chacun emploie comme il entend les heures de loisir. Les salles d'études sont toujours ouvertes à tous. L'été dans les jardins, l'hiver dans les salles, en fait de la musique, on s'exerce au chant, aux échecs et aux jeux innocents et agréables de tous genres.

Tout le monde (hormis les enfants, les malades et les vieillards) travaille manuellement ; les *syphograntes* eux-mêmes, bien que légalement dispensés, travaillent pour donner le bon exemple.

Au centre de chaque quartier se trouve le marché ou magasin des choses nécessaires. Chaque père de famille va chercher et emporte ce qu'il demande pour lui et les siens, sans qu'on exige de lui ni argent ni échange.

L'abondance étant extrême en toutes choses, on ne craint pas que quelqu'un demande au-delà de ses besoins. En effet, pourquoi celui qui est sûr de ne manquer de rien, chercherait-il à posséder au-delà de ses besoins ?

En *Utopie*, il n'existe point de commerce intérieur. S'il y a surabondance dans quelques localités et pénurie dans quelques autres, on compense le déficit des premières par l'excès des secondes, et cela gratuitement. Ainsi l'Ile tout entière est comme une seule famille. Les produits superflus sont exportés à l'extérieur et échangés contre des produits exotiques, car l'usage de la monnaie est interdite en Utopie.

La famille est maintenue et tempérée par le divorce, c'est l'amour seul qui fait les mariages, l'adultère et les relations irrégulières sont proscrites. Les jeunes gens se voient nus avant de se choisir, pour eclairer leur choix.

Les mères nourrissent leurs enfants, elles se réunissent dans des salles disposées et meublées, pour que les nourrices, les nouveaux-nées et les enfants de moins de cinq ans y trouvent tout ce que réclament la propreté et l'hygiène.

Naturellement, l'instruction et l'éducation sont communes.

Les animaux sont tués, lavés et préparés par les serviteurs (qui sont les condamnés), afin que les *Utopiens* ne se fassent pas un spectacle du sang, *chose qui pousse à la dureté et à la cruauté.*

« L'*Utopie* est un de ces rêves des hommes de bien et dont toutes les idées ne sont point impraticables, » dit Condorcet (1).

Il y a mieux à dire : L'Utopie est la vision sociale d'un

---

(1) Condorcet ; *Bibliothèque d'un homme public*

homme de génie; elle éclaire singulièrement l'avenir de l'humanité. Vous voyez là, en germe, le travail attrayant, une organisation sociale et scientifique de la production, un admirable système d'éducation et le respect de la liberté individuelle, limitée seulement par les devoirs sociaux équitablement répartis, incombant à chacun.

Ce sont là plus que les rêves d'un homme de bien. A-t-on besoin d'ajouter que des préoccupations si nouvelles durent paraître bien irréalisables aux contemporains de l'*Utopie?* C'est pour cela sans doute que le mot *utopiste* reçut la signification qu'il a encore et qui ne doit pas être appliqué à More, resté l'un des plus féconds novateurs de l'ère moderne.

Cependant l'*Utopie*, écrite en latin, n'était pas, semble-t-il, destinée au grand public. La première traduction fut faite en italien par le florentin Francesco Doni, bien digne d'un tel honneur, puisque lui-même avait déjà publié les étincelants dialogues connus sous le nom de *I mondi celesti, terrestri ed infernali*, dans lesquels se trouve la description du *Monde des Sages.*

Les sages habitent à *Cittanuova* et se sont soumis à des institutions égalitaires; ils ont maintenu la famille et aboli la propriété individuelle; ils sont tous égaux et, en retour d'un travail réparti entre tous, ils vivent dans l'égalité, l'abondance, la paix et le bonheur.

Peu après *I mondi*, parut aussi à Florence la *Repubblica delle api.* Par la description de la république des abeilles, l'auteur, Giovanni Bonifacio, voulut prouver que le communisme est le régime le plus parfait et que les hommes devraient, en fait de société, imiter les abeilles (1).

_____

(1) L'affirmation de Bonifacio est maintenant confirmée par l'observation. Voici, entre autres, deux témoignages non suspects :
« Au point de vue sociologique, ce qui est particulièrement intéressant dans les républiques des fourmis et des abeilles, c'est le parfait maintien de l'ordre social avec une complète anarchie. Nul gouvernement; personne n'obéit à personne, et cependant tout le monde s'acquitte de ses devoirs civiques avec un zèle infatigable; l'égoïsme semble inconnu.

VI. Campanella et divers

Pour Doni et Bonifacio, le communisme n'était évidemment qu'un bel idéal dont il ne fallait même pas tenter la réalisation; pour Campanella qui, près d'un siècle plus tard, écrivit la *Cité du Soleil,* il n'en était pas ainsi, car on devait non seulement élaborer des plans d'organisation communautaires, mais aussi tenter de les appliquer.

Et de fait, avant de dogmatiser, le moine révolutionnaire, avait voulu réaliser. Servi par une âme haute et vaste, une volonté de fer et une grande habileté dans le maniement des hommes, ce révolté étonnant ourdit, vers 1600, une formidable conjuration révolutionnaire ayant à sa tête, dit Pietro Giannone, trois cents moines napolitains gagnés au communisme et ayant des ramifications dans un grand nombre de villes voisines : Stilo, Pizzoli, Catanzaro, Nicastro, Gerace, Melito, Oppido.

Le but était de renverser la domination espagnole et d'établir une république communautaire. Averti par un traître, le vice-roi espagnol, comte de Lemos, arrêta les conjurés, qui furent condamnés sans pitié, et il fit subir au réformateur les plus cruelles tortures; la dernière dura quarante heures, sans qu'on put arracher une parole à l'héroïque moine.

Enfin, après avoir, pendant vingt-sept ans, habité cinquante-deux prisons et avoir été enfermé plusieurs fois dans des culs de basse-fosse, Campanella fut relâché à la

---

Il est remplacé par un large amour social. (Letourneau · *l'Evolution politique*).

Ce qui suit est plus péremptoire : « C'est de l'abeille, de la guêpe, de la fourmi, de l'oiseau, de toute cette création animale inférieure qu'il regarde avec mépris, que l'homme doit apprendre un jour à connaître ce qu'il est lui-même. » (Draper : *le Développement intellectuel de l'Europe.*)

prière du pape Urbain VIII (1), et il vint à Paris où, bien accueilli par le Mécène français, Peyrex, il finit paisiblement ses jours.

Indompté après tant d'épreuves, le disciple du philosophe novateur Télésius employa ses dernières années à écrire une sorte d'encyclopédie philosophique, où Pierre Leroux a vu l'édifice d'une philosophie complète. *La Cité du Soleil (Civitas solis)* est un des chapitres de ce grand ouvrage.

Comment l'héroïque conspirateur napolitain entendait-il le communisme ?

La grande Cité du Soleil est régie communautairement. Elle a pour chef suprême un prêtre, que, dans leur langue, ils nomment Sol (Soleil) et que dans la nôtre nous appellerions le grand *Métaphysicien*.

Il jouit d'un pouvoir absolu ; il est assisté de trois chefs, *Pon, Sin* et *Mar* (Puissance, Sagesse, Amour).

Puissance est chargée de ce qui concerne la paix et la guerre ; *Sagesse* a la direction des arts libéraux et mécaniques, de l'instruction et des sciences ; *Amour* a pour principale fonction de veiller à ce qui regarde la génération et de régler les unions sexuelles, de telle sorte qu'il en résulte la plus belle race possible. Mais rien ne se fait que sous la présidence du grand *Métaphysicien*. Les magistrats répartissent les biens consommables avec égalité, les repas sont d'ailleurs pris en commun.

Le travail est distribué aux deux sexes selon les aptitudes et les forces de chacun. L'instruction et le travail sont rendus le plus attrayants possible. Les unions ne sont pas libres ; les magistrats choisissent les conjoints ; on accouplera par exemple un brun avec une blonde, un maigre avec une grasse ; on assortira les beautés et on fixera la date et la fréquence des cohabitations.

Si deux jeunes gens s'aiment, ils ne seront libres de cohabiter (à moins que les magistrats ne les aient unis) que dans le cas où la femme serait enceinte ou reconnue stérile.

---

(1) Urbain VIII en fut remercié publiquement, au nom de la science, par Guillaume Budé, au Collège de France.

Dans la *Cité du Soleil,* autant de magistratures que de vertus. ^ si, les magistrats s'appellent *Magnanimité, Courage, Chasteté, Libéralité, Justice, Équité, Adresse, Vérité, Bienfaisance, Reconnaissance, Gaîté, Activité, Modération,* etc.

Le mensonge est particulièrement puni ; les coupables sont privés temporairement des repas en commun, du commerce des femmes, de leurs dignités, etc.

La femme qui se farderait serait punie de mort. Les peines corporelles sont d'usages dans certains cas, quand il y a crime, la loi du talion existe, œil pour œil, dent pour dent, la direction des consciences appartient aux magistrats qui sont tous prêtres.

Toutes les études pratiques et spéculatives sont communes aux deux sexes. On s'efforcera de rendre l'étude divertissante et, pour cela on enseignera par les yeux plus que par les oreilles ; on développera le corps en même temps que l'esprit, et cela par les exercices de gymnastique communs aux deux sexes, et qui se font dans un état de nudité complète et par l'apprentissage graduel de plusieurs professions. Le travail est si bien distribué à tout le monde, que quatre heures par jour suffisent pour entretenir l'abondance dans la communauté. Le reste du temps se passe dans d'agréables exercices intellectuels, études et jeux de toute sorte. L'âge des unions est fixé à vingt et un ans pour les hommes et dix-neuf pour les femmes ; les vêtements des deux sexes sont analogues ; seulement la tunique des femmes est un peu plus longue. Chaque Solarien habite le logement et a le lit qui lui est attribué par les magistrats.

C'est un peu strict.

Les repas communs, toujours hygiéniques et excellents, ont lieu au son de la musique ; les adolescents servent à table. Les femmes vont à la guerre aussi bien que les hommes. La propreté et l'usage des parfums sont ordonnés.

L'excellent Villegardelle (1) avance que la *Cité du Soleil*

_____

(1) *Histoire des idées sociales avant la Révolution.*

moins connue que *l'Utopie*, lui est pourtant supérieure. »
Tel n'est pas notre avis. Campanella (sa qualité de moine
est son excuse) est tout à fait rétrograde sur la question
familiale, puisqu'il revient purement et simplement aux
idées platoniciennes.

Que dire aussi de cette cléricalisation des magistratures,
aggravée par la résurrection de la loi du talion ?

En un seul point Campanella l'emporte ; c'est par son
cosmopolitisme qui devançait les temps. Elles sont de lui
ces paroles prononcées au commencement du XVIIᵉ siècle :
« Puissent les peuples s'unir dans une communion pacifique.
La science se multipliera et les échanges et les voyages
augmenteront le bien-être et les lumières de tous ! ».

Un siècle sépare Campanella de More, près d'un siècle et
demi sépare Morelly, le quatrième grand communiste, de
Campanella. Le XVIIᵉ siècle, tout à la réaction monarchique ne produisit que des systèmes d'élever les princes.
Dans un seul de ces traités ou romans delphiniens, nous
trouvons une utopie communiste telle quelle.

Le *Télémaque* est trop connu pour que nous ne nous
bornions pas à signaler simplement la monarchie communiste de *Salente* que Fénelon voulut donner en modèle,
sans s'élever, tant s'en faut, à la hauteur de More et sans
même avoir les échappées lumineuses de Campanella.

L'Océana d'Harrington, instructive à plus d'un titre n'est
pas communiste, et ne peut pas entrer par conséquent dans
notre cadre.

Nous en dirons autant de la *Nova Atlandis* de Bacon, de
l'Arjenis de Barclay et de quelques autres travaux analogues.

Pourtant nous ne quitterons pas ainsi le XVIIᵉ siècle.

En ces *Nuits*, d'une poétique tristesse si profondément
humaine, le poète élégiaque anglais, Edouard Young, s'écrie
devant un cimetière du village : « Combien, parmi les
inconnus qui dorment ici pour toujours dans la couche
glacée de la mort, combien de Milton, de Corneille, de
Molière, dont le génie fut étouffé, dans son germe, sous le
rocher insoulevable de l'ignorance et de la pauvreté ? »

Un sentiment pareil nous saisit devant ce dix-septième siècle qui aurait pu être si grand par la science et la pensée, puisque malgré la double pression cléricale et royale il put produire des Gassendi, des Pascal, des Spinosa, des Leibnitz, des Descartes, des Bayle, mais que le despotisme monarchique à la Louis XIV stérilisa pour l'idée, au moins en France.

Parmi ces étouffés de la tyrannie politique et sacerdotale, il en est un qui, méconnu en son temps, se leva de son tombeau pour participer à la grande lutte émancipatrice du philosophisme au XVIIIe siècle ; il devint de suite célèbre et pourtant il n'était révélé qu'à moitié.

En effet, le curé Meslier qui écrivit en 1690 le fameux *Testament*, retrouvé par Voltaire et les Encyclopédistes, en 1760, ne nous fut donné d'abord que comme un prêtre incroyant, mort en demandant pardon à ses ouailles de leur avoir enseigné le mensonge chrétien.

En ne le présentant que sous cet aspect, Voltaire, d'Alembert, d'Holbach, Sylvain Maréchal ont, en quelque sorte, calomnié le modeste curé champenois, qui fut et restera l'un des plus sagaces représentants du communisme dans les siècles qui précédèrent la Révolution.

Jean Meslier n'était pas seulement antichrétien, athée et matérialiste comme Hobbes, comme Bayle et Gassendi ; républicain comme Jurien, métaphysicien rationaliste comme Locke, il était aussi critique social, comme Vauban, comme La Bruyère. De plus, et c'est là la plus étonnante originalité, il était communiste, comme l'avait été More et mieux certainement que Campanella. Ce Jean Meslier supérieur nous a été révélé par un publiciste étranger, M. Charles Rudolf qui, ayant été assez heureux pour découvrir un autre manuscrit authentique du *Testament*, a eu le bon esprit et l'honnêteté de le publier intégralement(1).

_____

(1) *Le Testament de Jean Meslier*, curé d'Etrepigny et de But en Champagne, décédé en 1723 ; ouvrage inédit, précédé d'une préface et d'une étude bibliographique par Charles Rudolf, Amsterdam, à la librairie étrangère. R.-C. Meijer, 1864, 3 vol.
Voir aussi sur le même sujet : *La Revue d'économie politique*,

Après une éloquente et saisissante critique des maux qu'a engendrés la propriété individuelle et qui dévorent l'humanité, Meslier conclut, avec une précision parfaite :

« Si les hommes, dit-il, possédaient et jouissaient en commun des richesses, des biens et des commodités de la vie ; s'ils s'occupaient unanimement tous, à quelque honnête et utile travail ou au moins à quelque honnête exercice, et s'ils ménageaient sagement entre eux les biens de la terre et les fruits de leurs travaux et de leur industrie, ils auraient suffisamment bien tous de quoi vivre heureux et contents ; car la terre produit toujours assez suffisamment et même assez abondamment de quoi les nourrir et les entretenir, s'ils faisaient toujours bon usage de ces biens, et c'est fort rarement quand la terre manque à produire le nécessaire à la vie, et aussi chacun aurait suffisamment de quoi vivre paisiblement, personne ne manquerait de ce qui lui est nécessaire ».

Sujet de Louis XIV, le modeste curé se défie du centralisme gouvernemental, et pour la réalisation de son idéal il fait appel a des *Communautés économiques* qui « doivent « faire une alliance entre elles pour garder inviolablement « la paix et se secourir en cas de besoin » (1).

---

article du D'' Carl Gruenberg ayant pour titre : *Jean Meslier précurseur du socialisme contemporain*, et dans *la Revue socialiste* d'août 1888, un article de l'auteur de ce livre, sous la rubrique : *Jean Meslier communiste et révolutionnaire.*

(1) Meslier définit ses *Communautés* comme suit :

« J'entends par là tous ceux d'un même endroit ou d'un même territoire en sorte que tous ceux et celles qui seraient d'une même ville, d'un même faubourg, d'un même village et d'une même paroisse, ne composeraient tous ensemble qu'une même famille, se regardant et se considérant tous les uns et les autres comme frères et sœurs... et qui, pour cette raison, devraient tous s'aimer les uns et les autres comme frères et comme sœurs, et par conséquent devraient vivre paisiblement et communément ensemble, n'ayant tous qu'une même et semblable nourriture et étant tous également bien vêtus, également bien logés et bien couchés et également bien chaussés, *mais s'appliquant aussi tous à la besogne, c'est-à-dire au travail,* ou quelque autre honnête et utile emploi, chacun suivant sa profession ou suivant ce qui serait plus nécessaire ou plus convenable de faire, suivant les temps ou les saisons et suivant les besoins que l'on pourrait avoir de certaines choses. »

Communiste en socialisme, fédéraliste en politique, Meslier est libertaire sur la question familiale qu'il résout de la sorte : « Liberté de former des alliances chacun suivant ses inclinations, les dites alliances pouvant être librement dissoutes, lorsque les conjoints ne se trouvent pas bien ensemble. »

Sur ce point, il est logique jusqu'au bout, pour lui les enfants, sans être privés de l'amour des parents, doivent être mis à la charge de la communauté.

Ajoutons que, contrairement à toutes les opinions de son temps, Meslier, ne croyait pas du tout à la possibilité de réformes sérieuses par la monarchie. Révolutionnaire isolé, dans le silence de sa conscience, il disait au peuple que son seul moyen de salut était de se soulever contre ses oppresseurs religieux, ses tyrans politiques et ses spoliateurs sociaux. Cet incroyant croyait à une chose : la prochaine révolution libératrice.

VII. Morelly et divers

De Meslier, qui devança son temps, au fécond XVIII siècle, la transition est facile malgré l'agression obscurantiste de la magistrature janséniste — cruellement rétrograde et sauvagement répressive, comme l'attestent entre autres crimes judiciaires la roue et le bûcher de Labarre, de Calais, de Sirven et le supplice atroce de Damiens, abominations suffisantes à elles seules pour déshonorer la classe dirigeante de ce temps et justifier au-delà, toutes les colères de la Révolution française ; — malgré cette noire et sanglante offensive du roi, du prêtre et du magistrat, l'esprit humain, avait enfin vaincu et la protestation communiste éclatait, elle aussi, dans toutes les sections du philosophisme triomphant. Les utopies égalitaires ou communautaires sont innombrables, on ne peut plus qu'énumérer : Fontenelle : *la République des Ajaojins ou des philosophes ;* Varaisse d'Alais : *la République des Sévérambes ;* Van der Neck : *la République de Cessarès ;* Pechmeja : *le Téléphe ;* J. et V. d'H... : *Projet de communauté philosophe* ; Gaudence de Lucques : *Mémoires ;* Terrasson : *Sethos l'antropophile ;* Wielland : *le Miroir d'or ;* Mably : *les Entretiens de Phocion,* etc.

Nous pourrions continuer par Mercier, Tiros de Besplas, Cumberland, André Brun, Rétif de la Bretonne, Bernardin de Saint Pierre, Florian... Mais la liste serait interminable. Notre grand Diderot lui-même a sacrifié sur l'autel de l'Utopie communiste par sa *République des Galligènes* et *son Supplément aux voyages de Bougainville.*

Mais aucun de ces réformateurs n'égala, pour la sûreté de vue et la parfaite connaissance de son sujet, l'humble instituteur Morelly, dont la *Basiliade* et le *Code de la Nature,* publiés d'abord sans nom d'auteur, furent attribués à Diderot, ce qui est déjà un éloge significatif.

Dans le Code de la Nature, Morelly se pose ce problème :

Trouver une situation dans laquelle il serait presque impossible que l'homme soit dépravé ou méchant ou du moins minimâ de malis.

Il trouve cette situation idéale dans le retour aux lois de la nature et dans la connaissance des *vrais fondements de sociabilité* qui sont :

1° L'unité indivisible des fonds de patrimoine et usage commun de ses productions ;

2° Abondance et variété de ces productions plus étendues que nos besoins, mais que nous ne pouvons recueillir sans travail. D'après ces principes, la meilleure manière de fonder l'intérêt individuel serait de :

a) Maintenir l'unité indivisible du terrain et de la demeure commune ;

b) Etablir l'usage commun des instruments de travail et des produits ;

c) Rendre l'instruction également accessible à tous ;

d) Conserver autour de la commune un terrain suffisant pour nourrir les familles qui l'habitent.

e) Unir au moins mille personnes, afin que chacun travaillant selon ses forces et ses facultés, consommant selon ses besoins, il s'établisse sur un nombre suffisant d'individus une moyenne de consommation qui ne dépasse pas les ressources communes, et qu'il résulte d'un travail collectif une somme de produits qui rende cette moyenne abondante.

f) Ne concéder au talent d'autres privilèges que celui de diriger les travaux dans l'intérêt commun, et ne tenir compte que des besoins et non de la capacité, dans la répartition des produits.

Politiquement, la nation est divisée en *provinces, tribus* et *familles*; l'éducation est commune, toute expérimentale, sans intervention de la divinité, elle est professionnelle, à partir de l'âge de dix ans.

Mariage de quinze à dix-huit ans, obligatoire et indissoluble pour dix ans; après dix ans le divorce est permis.

Les mères allaitent leurs enfants, qui restent dans la famille jusqu'à l'âge de cinq ans ; après cet âge, ils sont élevés en commun.

Repos public tous les cinq jours et fêtes publiques nombreuses.

Formation d'*armées agricoles et industrielles* pour les grands travaux d'utilité publique.

L'organisation politique du *Code de la Nature* est fédéraliste, elle dérive d'une fédération de familles pour constituer la tribu, des tribus pour constituer la Province, des provinces pour constituer la Nation, d'où logiquement fédération pour constituer l'Humanité (1).

_____

(1) Parmi les réformes d'ordre secondaire (trop nombreuses pour être énumérées ici), nous remarquons celle-ci : *Etablissement du système décimal*, qui devait, trente ans plus tard (4 messidor, an VII), être adopté par le *Corps législatif*, sur la proposition de Bertholet, Lagrange, Brisson Borda et Prony.

Chacun sera chef de famille à son tour, chaque famille
élira à son tour le chef de tribu, de même chaque tribu élira
à son tour le chef de province, et tous les chefs de province
seront sénateurs (conseillers suprêmes) à tour de rôle.

En passant, — pressé par l'espace, — la partie critique du
Code de la Nature, on en a négligé un des côtés les plus
saisissants. Par sa façon de stigmatiser la fausse morale
courante, les préjugés et les abus régnants, Morelly a
certainement inspiré Fourier.

Il a fallu aussi négliger tout le côté philosophique, qui
est la partie la plus remarquable de l'œuvre de Morelly,
puisqu'elle lui valut le suffrage des hommes les plus éclairés
de son temps (1).

Après Morelly et ses coreligionnaires comtemporains,
auxquels il convient d'ajouter l'anglais Spence (2) après les

---

(1) Morelly, toujours devançant Fourier, qui ne le cita jamais, —
quand le génie pille, il égorge, a dit Rivarol, — donne à la solidarité
un fondement naturel : « La nature, dit-il, a voulu qu'il en fût ainsi :
1° Elle a fait sentir aux hommes, par la parité des sentiments et
des besoins, l'égalité de condition et de droit, et la nécessité d'un
travail commun.
2° Sur la variété momentanée de ces besoins qui font qu'ils ne
nous affectent pas tous également ni dans le même instant, elle nous
avertit de se relâcher quelquefois pour céder à d'autres et nous induit
à le faire sans peine.
3° Quelquefois, elle prévient entre l'opposition, la concurrence des
désirs, des goûts, des inclinations par un nombre suffisant d'objets
capables de les contenter séparément, ou bien elle varie ces désirs,
ces penchants sans les empêcher de tomber en même temps sur un
objet qui serait unique : *trahit sua quemque voluptas.*
4° Par la diversité de forces, d'industrie, de talents mesurés sur
les différents âges de notre vie ou la conformation de nos organes,
elle indique nos différents emplois.
5° Elle a voulu que la peine, la fatigue de pourvoir à nos besoins
toujours un peu plus étendus que nos forces, quand nous sommes
seuls, nous fit comprendre la nécessité de recourir à des secours et
nous inspirât de l'affection pour tout ce qui nous aide; de là notre
aversion pour l'abandon et la solitude, notre amour pour les agréments et les avantages d'une puissante réunion, d'une *société.*
6° Enfin, elle a tout fait pour exciter et entretenir parmi les hommes
une réciprocité de secours et de gratitude. »
(2) « Spence, instituteur, comme Morelly, fut, en Angleterre, le
précurseur de ce communisme radical que William Godwin et
Robert Owen représentèrent avec tant d'éclat le lendemain de la
Révolution française, Spence se distingua, supérieur en ceci à Morelly, par un républicanisme éclairé et de bon aloi. Le plan commu-

échappées brillantes de Rousseau (*Discours sur l'inégalité des conditions*); de Brissot de Warwille (*Recherches philosophiques sur le droit de propriété*); de Marmontel (*les Incas* (1) — contes moraux); de Volney (*les Ruines*); de Saint-Lambert (*Panthamias*); de Neker (*la Liberté du commerce des grains*); du marquis d'Argenson (*Considérations sur le gouvernement de la France*); de Montesquieu (*Lettres persanes*); de l'abbé de Saint-Pierre (*Projet de paix perpétuelle*); de Condorcet (*Tableaux des progrès de l'esprit humain*); de Dom Déchamps (*La Chaîne des vérités développées*); de l'abbé Raynal (*Histoire philosophique des Deux-Indes*); d'Helvétius (*De l'homme et de son éducation*); de Boullanger (*Le Despotisme oriental*); de Linguet (*Théorie des lois civiles*, etc.). Après cette poussée inouïe de revendications et d'aspirations novatrices, la Révolution ne pouvait plus éclater, sans que la protestation commu-

---

niste qu'il publia en 1885, sous le titre peu modeste de *Spensonia* est le développement de ce thème à la fois solidariste, égalitaire et libertaire.

Spensonia est une *République une et indivisible*, le peuple se compose de l'universalité des citoyens. La propriété foncière y est inconnue, toutes les terres y appartiennent à l'Etat. Le pouvoir législatif est exercé par un parlement annuel, élu par le suffrage universel. Les femmes jouissent des droits électoraux au même titre que les hommes. Un conseil de vingt-quatre ministres nommés par moitié chaque année est investi du pouvoir. La République n'a point d'armée permanente. Si la guerre éclate tout citoyen est soldat.

(1) Les *Incas* avaient en effet réalisé une monarchie communiste qui ne méritait peut-être pas d'être si férocement et si aveuglément détruite par les *conquistadores* espagnols.

« Au Pérou, l'oisiveté n'était pas tolérée; c'était un crime capital. Même les enfants de six à sept ans devaient faire œuvre utile. Les vieillards plus ou moins impotents et entretenus par l'Etat étaient chargés de chasser les oiseaux des champs nouvellement ensemencés et d'autres menues besognes. Des jours de repos sagement distribués permettaient à la population laborieuse de se récréer de temps en temps. Chaque mois, chaque mois lunaire, comptait trois jours de fêtes publiques; mais ces jours-là les campagnards devaient aller à la ville prendre les ordres de l'administration.

Personne n'était libre, mais aussi personne n'était abandonné. Les vieillards, les infirmes, les veuves, etc., étaient secourus; les champs des absents pour cause de service publics étaient cultivés. Les vastes dépôts de provisions contenus dans les magasins publics, dans ceux de l'Inca, garantissaient la population contre les famines.» (Letourneau : l'*Evolution politique*).

niste ne se mêlât à la grande protestation libertaire et égalitaire qui allait emporter tout une société civile et politique, vieille de dix siècles.

Ce ne fut pas avec le succès que l'on pouvait prévoir, et la cause première en est patente.

Pendant tout le fort de la lutte titanique qui souleva la France entière et déborda sur l'Europe, les paroles enflammées de Claude Fauchet, de Chalier, de Jacques Roux, d'Anacharsis Cloots, des meilleurs de la grande Commune, furent couvertes par le bruit des mondes croulants et les auteurs eux-mêmes furent emportés dans l'ouragan de la bataille implacable.

Néanmoins la protestation communiste forcément ajournée, restait au fond des cœurs; on le vit clairement après la tentative désespérée de Prairial.

Et, si fortes étaient les sympathies pour l'égalité, que la conjuration communiste de Babœuf, Darthé, Buonarotti, Sylvain Maréchal et de leurs dix-sept mille affidés fut sur le point d'être victorieuse (1).

Or, ce qu'avaient voulu les *Egaux*, — que la dénonciation d'un traître amena, en 1796, devant la Haute-Cour de Vendôme, — c'était la communauté de la terre, l'égalité des conditions, l'organisation administrative de la production et de la répartition des richesses, l'universalisation du travail, de l'instruction et du bien-être, en un mot, la République économique et le bonheur commun (2).

---

(1) Georges Avenel : *Les lundis révolutionnaires*.
(2) « L'égalité conditionnelle devant la loi est une chimère; s'il existe un seul homme sur la terre plus riche, plus puissant, que ses semblables, que ses égaux l'équilibre est rompu; qu'il ne soit plus d'autre différence parmi les hommes que celles de l'âge et du sexe: la terre n'est à personne, les fruits sont à tout le monde; l'Etat les distribue aux individus auxquels il doit une existence heureuse; en revanche, il exige d'eux un travail obligatoire dont le mode, la quantité, la qualité sont réglés par lui seul. Le luxe, marque de l'inégalité, doit disparaître et avec lui les grandes villes, centre d'agitation et d'immoralité. L'égalité implique l'éducation commune des enfants hors de la surveillance des parents, l'enseignement limité aux connaissances d'utilité pratique, à l'exclusion de l'instruction spéculative. Le système établi, nul n'aura le droit d'émettre une

Nous conviendrons que cette ultime protestation communiste des derniers siècles, bien conçue quant aux moyens
de réalisation, était trop archaïque dans son inspiration et
dans ses buts pour durablement réussir; mais, nul ne
pourra contester avec justice qu'en posant à nouveau le
problème social, avec cette grandeur tragique dans les
dernières fulgurances révolutionnaires, elle ne l'ait imposée
irrémissiblement au XIXe siècle qui, après tant de rêves,
tant de projets, tant de luttes, tant d'efforts, le cherche
encore, sans pouvoir y échapper, sous la menace des griffes
léonines du sphinx révolutionnaire, car, a magistralement
prononcé Auguste Comte, le communisme ne comporte pas
d'autre réfutation que la solution du problème qu'il pose.

Or, la solution du problème posé par le communisme,
c'est l'abolition de la misère, de l'ignorance et des derniers
vestiges persistants, des servages civils politiques, économiques. C'est l'arrivée à un stade supérieur de civilisation,
à un état politique où tout mal moral et social serait
combattu, toute iniquité rendue impossible, ou du moins
nuisible à son auteur, où toute souffrance évitable serait
supprimée et toue souffrance dérivant fatalement de la
nature des choses adoucie.

Comment, tout cela?

Par la pratique de la justice et de la fraternité dans l'ordre
humain, de la bienveillance et de la pitié dans l'ordre universel, car telles seraient les vertus d'une organisation équitable et rationnelle dans laquelle, le cœur inspirant, la
raison dirigeant, la science éclairant, l'épanouissement
individuel, le plus complet de chaque être humain se com-
binerait avec la solidarité sociale la plus étendue et l'idéal
moral le plus altruiste, c'est-à-dire le plus élevé.

Au nom des souffrants et des espérants, au nom de la

---

opinion contraire aux principes sacrés de l'égalité et la frontière
sera inexorablement fermée, aux produits et aux idées de l'étranger.
Enfin pour favoriser l'établissement du nouveau régime les dettes
publiques et privées seront abolies ». (Extrait du *Manifeste des Égaux*,
par Sylvain Maréchal.)

justice foulée aux pieds, au nom même des développements économiques de la société moderne qui rendent une transformation intégrale possible et nécessaire, les socialistes ont osé assigner aux hommes de ce temps, cette tâche immense et splendide, dont l'accomplissement emparadiserait la terre. Et ils l'ont fait avec un tel éclat que leur propagande a rempli notre siècle, créé un courant puissant et, de la sorte, singulièrement préparé les cerveaux à l'acceptation des idées salvatrices déjà ébauchées.

Nous entrons dans le XIXe siècle, si troublé, si inconséquent; mais si investigateur et si militant.

CHAPITRE III

Les précurseurs du socialisme moderne

I. Saint-Simon. — II. Charles Fourier et Robert Owen. — III. Saint-Simonniens et Fouriéristes. — IV. Rayonnement et caractère du premier
socialisme français. — V. Les Épigones. — VI. Les solutionnistes. —
La déviation mutuelliste.

On a dit que l'homme épuise toutes les forces de l'erreur
avant d'arriver à la vérité ; il serait plus exact de dire que,
dans les réalisations humaines, l'art précède la science.
Aux débuts des sociétés, la poésie et l'art sont les grands
unisseurs de peuples ; à l'origine de toutes les civilisations,
on trouve des Orphée et des Eumolpe ; les *Iliades* et les
Rayamanas sont toujours les premiers monuments historiques de toutes les nations.

En vertu de la même loi qui, dans la série logique, met le
sentiment avant le raisonnement, les idées novatrices ne
peuvent, elles non plus, faire la conquête des entendements
et des volontés, avant d'avoir pris les cœurs et frappé les
imaginations par un sentimentalisme ardent, un art capti-
vant et le déploiement de splendides perspectives. Ne vous

étonnez donc pas de ce qu'avant d'arriver à ses formules actuelles, précises quelquefois jusqu'à la sécheresse, le socialisme — et telle a été l'œuvre de ses précurseurs d'inspiration française — ait passé par les sentiers verdoyants du subjectivisme utopique, d'où il est revenu d'ailleurs les mains pleine d'intentions heureuses, d'hypothèses hardies, de toutes ces attrayances idéales qui lui ont valu l'adhésion des meilleurs et la conquête rapide de la notoriété, première étape obligée des longues carrières.

Nous voudrions pouvoir dans les lignes qui vont suivre, caractériser assez fidèlement, quoique à grands traits, cet âge d'or du socialisme, pour faire ressortir les utiles enseignements que ce brillant début comporte.

I. Saint-Simon

Il n'est pas, croyons-nous, exact que toujours les hommes nécessaires surgissent, quand il s'agit de féconder une situation donnée; dans le cas qui nous occupe, il en fut pourtant ainsi. Saint-Simon, Fourier, Owen, les trois illustres précurseurs du socialisme moderne, furent, pour ainsi dire, appelés par leur époque. Lorsqu'ils parurent, l'orage révolutionnaire, en couvrant les derniers vestiges de la monarchie absolue des privilèges de classes et de l'organisme féodal d'une alluvion épaisse de liberté politique, d'égalité civile, de négations religieuses et de vagues aspirations, avait préparé le champ aux novations les plus audacieuses. La situation éminemment révolutionnaire était rendue plus instable encore par la naissante grande industrie qui, avec sa production accrue, ses initiatives fécondes et ses criantes injustices, faisait déjà craquer les anciens moules économiques et montrait aux plus clair-voyants la nécessité de formes sociales nouvelles. Quel-ques-uns même crurent que la tache incombant au dix-neuvième siècle était exclusivement économique. Les trois iniateurs dont il va être question eurent la vue plus haute ; ils virent très bien que le nouveau mal industriel n'était qu'une conséquence et qu'il fallait frapper plus haut pour l'atteindre. Ils comprirent que la question n'était pas exclu-sivement industrialiste (quoique surtout industrialiste), qu'elle était vastement sociale, c'est-à-dire philosophique, politique et économique.

C'est pourquoi, si divergentes que soient dans les détails leurs doctrines respectives, elles se recommandent de trois principes communs :

1º) Nécessité reconnue d'inaugurer une civilisation de paix, de travail et de justice, ayant sa conception philoso-phique adéquate.

2º) Réhabilitation de la vie humaine foulée au pieds de-puis tant de siècles, par l'anti-social ascétisme chrétien et les longues oppressions familiales, propriétaires, monar-chiques, féodales, et juridiques.

3º) Revendication de l'égalité de droit pour les femmes et reconnaissance de droits précis pour l'enfant.

Par là, les premiers philosophes du socialisme se mon-trèrent, avec raison, moins préoccupés de moralisme hypo-crite, que de développement intégral de l'être humain et du bonheur de tous, en cela encore, ils furent franchement émancipateurs.

« A la barbe des Tartuffes », pour nous servir de l'expres-sion de l'un d'eux, Saint-Simon proclama la nécessité de la réhabilitation de la chair ; Fourier épuisa contre la pré-tendue morale de l'égoïstique bourgeoise des traits acérés d'une critique meurtrière et Robert Owen, matérialiste con-séquent, osa imputer les iniquités, les souffrances de la société contemporaine à cette société elle-même et indiquer comme remède une responsabilité sociale efficace.

Là ne s'arrêtent pas les ressemblances. Un même profond amour des faibles et des petits signale les trois maîtres à la reconnaissance des hommes, à l'admiration de la postérité (1).

Mais si leur génie s'abreuva à la même source généreuse, ils n'en conservent pas moins chacun leur originalité propre, Fourier fut plus pénétrant, plus fécond, critique social plus puissant; Owen plus tolérant, plus large, surtout plus pratique; Saint-Simon, plus philosophe, a sa place marquée parmi les grands évolutionnistes modernes.

Lisons-le dans la traduction poétisée des disciples :

« L'idée de perfectibilité entrevue par Vico, Lessing,

---

(1) Le fait n'a pas échappé à L. Reybaud, pourtant si défavorable; il le relève en bons termes :

» Dans les moindres détails de ces idéologues se révèle cette affection profonde pour ceux qui souffrent. Dans l'échelle des contentements qu'il promet, Charles Fourier prend toujours pour mesure les besoins de la masse;

» En vivres, en vêtements, en satisfactions de toute nature, dit-il, le simple travailleur aura dans son monde le sort d'un roi dans le nôtre. Rien ne sera assez beau, assez parfait, assez magnifique pour lui, au lieu de glorifier l'abstinence et de conseiller la privation. Fourier laisse entrevoir au contraire, un développement nouveau dans les facultés physiques de l'homme afin de les mettre en rapport avec le raffinement et l'abondance des productions futures. Il va jusqu'à dresser le menu des repas populaires et il y procède avec une prodigalité merveilleuse. La table, l'éducation, tout est chez lui à peu près commun ; mais pour emporter les choses de haute lutte, il élève sur le champ le bien-être le plus vulgaire au niveau de nos jouissances les plus exquises. Ainsi personne n'y perd et chacun y gagne.

« Saint-Simon est plus grand seigneur, il veut le gouvernement religieux des intelligences, mais il déclare que sa théocratie s'occupera avant tout du sort de la classe la plus nombreuse et la plus pauvre. Robert Owen ne demeure point en arrière, il reconnaît à tous un droit uniforme et ne distingue ni entre les capacités, ni entre les fortunes, ni entre les aptitudes corporelles. Les travailleurs le préoccupent vivement.

» Manufacturier, il a vu de près leurs mines et il les secourt dans la mesure de ses ressources. Théoricien, il constate les désastres de la vie industrielle, ballottée entre une stagnation et une activité intermittentes; il s'inquiète des froissements issus de l'invasion des machines et suit avec une anxiété douloureuse les progrès de ce paupérisme qui menace de dévorer la Grande-Bretagne. Chez ces trois hommes, il y a donc un énergique instinct de tendresse pour la partie la plus malheureuse et la plus déshéritée des générations humaines. » (L. Reybaud : *Etudes sur les réformateurs ou socialistes modernes.*)

Turgot, Kant, Herder, Condorcet, est restée stérile entre
leurs mains, parce qu'aucun de ces philosophes n'a su
caractériser le progrès; aucun d'eux n'a indiqué en quoi il
consistait, comment il s'était opéré, par quelles institutions
il s'était produit et devait se classer en faits *progressifs* et
en faits *rétrogrades*; aucun n'a su les coordonner en séries
homogènes, dont les termes fussent alternatifs suivant une
loi de croissance. Tous ignoraient enfin que les seuls éléments qui intéressaient et qui se soient fait jour à travers le
passé étaient les beaux-arts, les sciences et l'industrie et
que l'étude de cette simple manifestation de l'activité
humaine devait constituer la science sociale, parce qu'elle
servait à vérifier le développement *moral*, *intellectuel* et
physique du genre humain, c'est-à-dire son progrès sans
cesse croissant, son unité d'*affection*, de *doctrine*, d'*activité* ».

Nous avons porté notre pensée sur ses hautes spéculation, et à la lumière d'une philosophie historique ainsi
comprise, nous avons vu que l'évolution se poursuit dans
une alternance d'époques *organiques* et *critiques*. Nous
sommes à la fin d'une époque *critique* qui emporte avec elle
le christianisme infidèle à sa mission humanitaire, le militarisme, sanglant vestige d'une période inférieure épuisée, et
leur substratum économique: *l'exploitation de l'homme
par l'homme*.

Que si nous pénétrons plus avant, nous aurons à reconnaître que la politique n'est que la science de la production
et de la répartition; de gouvernement des hommes elle doit
devenir administration des choses et être absorbée dans
l'économie. Pour qu'il en soit ainsi, la paix doit succéder à
la guerre, l'activité productrice à l'activité destructrice, la
justice économique à l'iniquité sociale, l'amour à la haine, le
concours aux antagonismes, le bien de tous aux privilèges
de quelques uns. Voilà ce que doit enseigner la nouvelle
doctrine qui surgit pour montrer aux masses souffrantes
« les collines saintes que commence à blanchir la lumière »
et nous permet déjà, aux lueurs de l'aube naissante de

chanter « l'hymne triomphale de l'Association pacifique universelle. »

Un devoir en découle; travailler à l'instauration de la société nouvelle d'amour et de justice. « Les poètes ont placé *l'Age d'or* au berceau de l'espèce parmi la grossièreté et l'ignorance des premiers temps. C'était bien plutôt l'âge de fer qu'il fallait y reléguer. L'âge d'or du genre humain n'est pas derrière nous, il est devant nous, il est dans la perfection de l'ordre social ; nos pères ne l'on point vu nos enfants y arriveront un jour, c'est à nous de leur en ouvrir la route. »

A ceux qui savent tout cela, de proclamer et de propager les vérités sociales nouvelles qui doivent sauver et régénérer le monde.

L'homme *veut, pense, agit*, l'élite humaine, doit par suite, se diviser en *artistes* qui émeuvent les hommes, en *savants* qui les éclairent, en *industriels* qui dirigent leur activité matérielle, et le but de tous doit être *l'amélioration morale et physique, l'acheminement au bien-être de la classe la plus nombreuse et la plus pauvre*. En effet, le mot *progrès* ne saurait avoir une autre signification que celle d'abolition de l'ignorance et de la misère, par l'abolition du militarisme, des privilèges et de l'exploitation de l'homme par l'homme.

La division sus-indiquée nous dit le but général de l'enseignement rénové. Ce sont des *artistes*, des *industriels*, des *savants*, qu'il s'agit de former. Pour chacun d'eux, il y aura une instruction spéciale; pour tous il y aura l'éducation morale, qui se présente comme une sorte de préparation à toutes les destinées individuelles; au terme de cette éducation auront lieu les élections, dont le but sera de répartir les individus selon leur aptitude et leur vocation. Tous les hommes sont égaux; ils ont droit aux mêmes prérogatives, aux mêmes jouissances, la Société ne doit reconnaître d'autres inégalités que celles résultant de la différence des capacités. *A chacun selon sa capacité, à chacun selon ses œuvres.* Ce principe nouveau présuppose :

1° Une réforme du droit de propriété;

2° l'Universalisation du travail.

La *propriété* a été modifiée d'âge en âge; elle peut donc être modifiée encore. D'un droit de naissance qu'elle est, il faut en faire un droit de l'intelligence, il faut que, comme les autres charges sociales, elle soit donnée aux plus dignes. L'héritage est aujourd'hui le dernier refuge de l'oisif (1) Pour supprimer l'oisiveté et affranchir les prolétaires, il faut transporter le droit de succession de la famille à l'État, il faut que le travail devienne le seul titre de propriété et que le travail étant assuré à chacun, selon sa vocation, la distribution des instruments de travail devienne une fonction sociale.

Non moins profonde doit être la transformation de l'organisation familiale.

La femme est l'égale de l'homme. Elle doit posséder les mêmes droits, jouir des mêmes privilèges.

Rien ne s'oppose à ce qu'elle devienne artiste, savant, magistrat, prêtre.

L'homme et la femme se réuniront et se quitteront librement; aussi longtemps qu'ils seront réunis, l'homme et la femme ne formeront qu'une *unité collective,* un androgyne composé de deux éléments associés.

Ainsi sera apaisé, par la réhabilitation de la chair, par la sincérité de l'amour, l'éternel et tragique conflit entre la nature humaine, les passions effectives, la morale sociale et les lois écrites.

Insistons sur le difficile problème.

---

(1) « Ils nous répètent sans cesse que la propriété est la base de l'ordre social, nous aussi proclamons cette éternelle vérité. Mais qui sera propriétaire? Est-ce le fils *oisif, ignorant, immoral* du défunt, ou bien est-ce l'homme capable de remplir dignement sa fonction sociale? Ils prétendent que tous les privilèges sont détruits. Eh! qu'est-ce donc que l'hérédité dans le sein des familles? Qu'es-ce que la transmission de la fortune des pères sans enfants, sans autre raison que la filiation du sang, si ce n'est le plus immoral des privilèges, celui de *vivre en société sans travailler,* ou d'y être récompensé au-delà de ses œuvres? » (Doctrine saint-simonienne, rédaction de Bazard et d'Hyppolite Carnot.)

Le paganisme a été purement sensuel ; le christianisme réaction exagérée contre les débauches païennes, est tombé dans l'excès contraire. Les plaisirs des sens sont choses saintes. Il ne faut pas que l'homme soit tiré à droite par la chair, à gauche par l'esprit, l'antagonisme entre l'âme et le corps doit cesser ; le dualisme catholique doit disparaître. La devise : sanctifiez-vous par les mortifications fait place à celle-ci sanctifier-vous dans le travail et dans les plaisirs.

Voici donc nos remèdes contre l'immoralité et les iniquités régnantes : « Sanctification de la beauté et réhabilitation de la chair, direction et règle des appétits physiques, réorganisation de la propriété car la misère du travailleur et la richesse de l'oisif sont les causes matérielles de l'adultère et de la prostitution, la propriété ne doit plus être fondée sur le droit de naissance. C'est sans doute une grande révolution mais elle se fera progressivement, pacifiquement, volontairement » (1).

Quand à l'universalisation du travail elle sera obtenue par le simple fait de l'abolition de l'héritage ordonnée d'une manière grandiose, en vue de l'amélioration du globe.

Sur ce dernier point une indication plus précise.

En son *Système de la Méditerranée*, Michel Chevalier, développant, dit Jules Simon (2), le saint-simonisme, par son beau côté qui était de fermer l'aire des guerres et de la remplacer par des grands travaux d'utilité publique, proposa une transformation du monde matériel pour arriver à une transformation politique et morale.

« Michel Chevalier prenait la Méditerranée pour base d'opération et proposait un chemin de fer reliant les peuples d'Occident à Constantinople et descendant jusqu'à Alexandrie d'Égypte et au golfe persique. Il perçait l'isthme de Suez et mettait ainsi tous les peuples européens en communication directe avec l'Extrême-Orient. Ce travail gigantesque devait coûter dix-huit milliards. Il ne se bornait pas

---

(1) Enfantin devant la correctionnelle, 7 août 1832.
(2) Lecture à l'Académie des sciences morales et politiques, décembre 1889.

absolument à la Méditerranée et à l'isthme de Suez. Il jetait des regards sur l'Amérique qu'il brûlait de connaître et qui n'était pas, comme aujourd'hui, notre voisine. Là aussi il trouvait des voies à ouvrir pour porter rapidement la civilisation jusqu'aux extrémités du globe, et il proposait le percement de l'isthme de Panama.

« Cet écrit remonte à un demi-siècle. Percer des isthmes ! Entourer la Méditerranée d'un cercle de chemins de fer ! Dépenser dix-huits milliards ! Cela parut extravagant. Le budget de la France était alors d'un milliard. Le plus grand chemin de fer européen était celui de Manchester à Liverpool. Les contemporains prirent ce projet très-sérieusement étudié pour une rêve à la façon de ceux de Fourier et accusèrent Michel Chevalier de n'être que le romancier de l'économie politique ! »

Singulièrement perspicace, ce romancier aux vues hautes et larges.

Et combien d'autres vues de cette ampleur sont dues à l'école saint-simonienne !

Est-il étonnant après cela que la nouvelle doctrine ait exalté l'élite de toute une génération intellectuelle et produit des miracles de propagande ?

Un socialiste de l'école de Ch. Fauvety nous donne un exemple saisissant de l'impression profonde que la propagande saint-simonienne creusa dans l'âme des adeptes, en ces lignes qui datent de 1887 et se rapportent aux brillantes et inoubliables conférences de la rue Taitbout :

« Hippolyte Carnot et Ch. Lemonnier, deux illustres vieillards, debout encore aujourd'hui, avec qui j'ai plusieurs fois causé de ce magnifique passé déjà lointain, si beau de jeunesse et de foi, ne songent jamais à ces grandes journées des fastes saint-simonniens sans se sentir remués jusqu'au fond de l'âme, tant c'était génial et superbe, tant c'était différent des petites causettes académiques et retorses de nos politiciens d'aujourd'hui. »

M. Fabre des Essarts ajoute : « Mais on ne livrait là que la partie exotérique de la doctrine. D'autres réunions avaient lieu à la même époque, dans un mystérieux logis de la rue Monsigny. C'est là que s'était établie la *Famille*, brûlant foyer qui avait la double vertu d'attirer et de rayonner. »

Des fêtes touchantes y avaient lieu. On mangeait en commun, comme au temps des premiers chrétiens. Toutes les appellations inventées par la politessse étaient absolument proscrites de ce grave cénacle. *Pères, mères, frères, sœurs* étaient les seuls titres autorisés. « On s'esseyait au culte de la fraternité » en prodiguant les termes de la plus vive tendresse (1).

Une telle explosion d'enthousiaste foi ne pouvait s'éteindre sans laisser de traces; après un tel revival, le socialisme eut droit de cité dans le monde des intelligences.

II. Charles Fourier et Robert Owen

Pour être moins philosophique, moins dans le *cursus* historique de l'évolution humaine, la doctrine de Fourier n'a été ni moins passionnante, ni moins généreuse, ni moins féconde. « Le fouriérisme, dit Louis Reybaud, peut se résumer en quelques mots: émanciper et combiner les passions, associer les facultés et les intérêts, faire prévaloir dans le monde physique et moral l'attraction sur la répugnance, trouver dans le spectacle de l'univers la voix analogique de nos destinées, voilà ce qu'il veut, et pourtant si courte qu'elle soit, cette formule n'est rien moins que le renouvellement entier du globe. Cela tient à une merveilleuse faculté de l'inventeur qui, en faisant pivoter une idée y trouve mille facettes brillantes, originales et inattendues. »

Effectivement, le grand soin de Fourier est de mettre

---

(1) Fabre des Essarts : *les Hiérophantes*, dans la « *Religion laïque* », 1887-1888.

l'homme dans un milieu favorisant le développement de ses facultés et satisfaisant ses désirs, idéalisés dans une certaine mesure.

« L'homme, nous dit-il, est ce qu'il est. Il sera toujours guidé par l'amour des richesses et des plaisirs; ses passions sont aussi éternelles que légitimes, il ne s'agit que de savoir les employer à son propre bien-être et au bien-être général.

« L'ordre sociétaire qui va succéder à l'incohérence civilisée n'admet ni modération, ni égalité, ni aucune des vues philosophiques; il veut des passions ardentes et raffinées; dès que l'association intégrale est formée, les passions s'accordent d'autant plus facilement qu'elles sont plus vives et plus nombreuses. »

Sur ce thème, dont la base est assez fragile, puisque l'homme n'est envisagé que dans ce qu'il est, et aucunement dans son *devenir*, le réformateur ne tarit pas :

« La raison, quelque étalage qu'elle fasse de ses progrès, n'a rien fait pour le bonheur, tant qu'elle n'a pas procuré à l'homme social cette fortune qui est l'objet de tous les vœux. » Fourier n'a garde de tomber dans le même défaut. il a pour tout le monde les mains pleines de biens et d'honneurs. Tacite nous apprend que Civilis échauffait les peuples qu'il conduisait au combat, en promettant à chacun ce qui lui plaisait le plus, parlant de gloire aux Gaulois, de liberté aux Bataves, et de pillage aux Germains. De même, le révélateur de la doctrine phalanstérienne avait de la gloire et des richesses pour les savants et les artistes, des fortunes colossales pour les riches, du bien-être pour le peuple et de vastes empires pour les moindres principicules (1). »

Ce naturalisme à outrance est basé néanmoins sur une conception qui mérite examen.

Frappé de l'ordre sériel qui préside à l'agencement et à la distribution de la vie universelle, Fourier pose en principes que *l'attraction est universelle* que les *attractions sont*

---

(1) B. Malon : *Histoire du Socialisme*, tome II.

proportionnelles aux destinées, d'où la conclusion que la *série distribue les harmonies.*

Il n'y a plus, après cela, qu'à aider les hommes et les femmes délivrés des servitudes et des préjugés actuels, ayant brisé le joug de la famille, à se grouper conformément à leurs attirances et affinités, et à se distribuer en séries combinées. Il en résultera la plus grande somme possible de travail productif et décoratif, de bonheur individuel, de richesses générales et de solidarité sociale.

Voilà la vraie voie selon Fourier. Ecoutons encore :

« Le moralisme se vante d'avoir étudié l'homme, il a fait tout le contraire, il n'a étudié que l'art d'étouffer les ressorts de l'âme ou attractions passionnelles, sous prétexte qu'elles ne conviennent pas à l'ordre civilisé et barbare; il fa lait au contraire, décider l'issue de cet ordre civilisé et barbare antipathique avec les attractions passionnelles, qui tendent à l'unité. » Il est temps, ajoute-t-il, de suivre la nature en ses développements. L'enfance de l'humanité se divise en sept périodes: *séries confuses, sauvagerie, patriarcat, barbarie, civilisation, garantisme, séries ébauchées;* nous sommes à la fin de la période de *civilisation*, il s'agit de passer en *garantisme* pour s'acheminer vers l'organisation *harmonienne*, aux splendeurs inouïes et aux bonheurs ineffables.

Pour cela nul besoin de révolution, une simple commune modèle ou *phalanstère* et la terre entière se convertira en peu d'années, tant les premiers résultats seront éclatants et merveilleux.

Qu'est-ce donc qu'un *Phalanstère?*

Que ques lignes suffiront. Dans un *phalanstère* tout sera organisé pour la vie attrayante et libre, une vie au goût de chacun; commune si l'on veut, solitaire si on le préfère. On y poursuivra deux objets; la commodité générale et le bien-être individuel. Les logements, les salles de réunion, les réfectoires, les ateliers, les cuisines, les caves, les greniers, les offices, tout y sera disposé de manière à assurer des rapports prompts et faciles, des distractions variées, un service économique intelligent. Chaque famille trouvera à se loger suivant sa fortune et selon ses besoins, sans qu'il en résulte jamais pour elle une humiliation dans le contraste, si elle est pauvre; un motif d'orgueil, si elle est riche.

Beaucoup de phalanstériens seront très riches, presque tous riches et il n'y aura pas de pauvres; un minimum non pas seulement suffisant, mais satisfaisant, étant assuré à tous. L'éducation sera un plaisir pour les enfants, le travail une série de fêtes pour les adultes; toutes les jouissances de la vie humaine et de l'art ensoleilleront la vie des phalanstériens qui, après avoir traversé la période garantiste, remplaceront la famille actuelle par l'amour libre et les mœurs harmoniennes.

En attendant, le bien des individus et des groupes ne fera pas négliger le bien général; des *armées industrielles* volontaires s'en iront, comme à une fête, pour accomplir les grands travaux de défrichement, de reboisement, de desséchement, bref d'amélioration et d'embellissement du globe dont l'aspect sera transformé, la fertilité quadruplée et dont les climatures même seront modifiées par la science et l'activité humaines. La terre deviendra ainsi un véritable paradis terrestre. Quoi encore? Toutes les passions humaines étant sériées, combinées, engrenées, harmonisées, il en résultera, dans l'universalisation et dans l'affinement des, plaisirs, une moralité supérieure faite, non pas de privations stériles par préjugé religieux ou social, mais de bonté, de dévouement et se déployant pour le plaisir de chacun, pour le bonheur de tous, dans la solidarité générale et dans l'*Harmonie universelle*...

Si multiple et si riche est l'idée phalanstérienne, qu'en cette exquisse sommaire on a dû négliger toute la structure organique de la doctrine de Fourier qui, selon la juste remarque d'un éminent professeur de droit (1), est l'œuvre d'un véritable génie, bien qu'elle ne révèle pas même l'idée

(1) Ahrens : *Cours de droit naturel.*

d'un procédé scientifique. Charles Grün (2) appelle Fourier le Hégel de la France ; de la part d'un hégélien d'extrême gauche, l'éloge est significatif.

F. Engels (3), qui n'a pas la louange facile, déclare Fourier un penseur génial et profond.

On peut ajouter que nul réformateur moderne n'a fourni un tel contingent d'idées originales, d'aperçus nouveaux, d'observations pénétrantes et fécondes (4). A côté de cela des prétentions enfantines des bizarreries inclassables qu'il convient de laisser dans l'ombre.

Robert Owen, industriel éminent et fondateur du merveilleux établissement de New-Lamark, voit d'abord les iniquités du régime économique actuel. L'accroissement inouï des forces mécaniques suffirait, dit-il, pour satisfaire amplement à tous les besoins de la population du globe et pourtant le grand nombre exténué de travail gémit dans la

---

(2) *Die sozial Bewegung in Frankreich und Belgien.*

(3) *Socialisme utopique et socialisme scientifique.*

(4) Fourier signale par exemple que la société bourgeoise se meut dans des contradictions qu'elle reproduit sans cesse sans pouvoir les résoudre, de sorte qu'elle atteint toujours le contraire de ce qu'elle prétend chercher et que dans son orbite, la pauvreté naît de la surabondance même.

Mettez la chose en langage économique et vous aurez cet énoncé que, en régime capitaliste, le perfectionnement de l'outillage, l'accroissement de la productivité du travail et la multiplication des produits ont pour résultat d'augmenter démesurément la part du capital fixe au détriment de celle du travail ; ou, ce qui revient au même de permettre à une minorité capitaliste, de plus en plus restreinte, de s'approprier une part toujours plus grande de la plus-value du travail collectif et de réduire, en vertu de la loi des salaires, un prolétariat, de plus en plus nombreux, à un travail de plus en plus ingrat, à une misère toujours plus grande.

Et que l'on ne nous reproche pas ici de forcer la pensée de Fourier. Le novateur a été ou ne peut plus explicite sur cette question ; il a prédit la *féodalité industrielle*, donné la loi des crises pléthoriques et remarqué, répétons-le, qu'en se développant la civilisation bourgeoise allait de plus en plus substituer aux anciennes *servitudes personnelles* décroissantes du régime romano-féodal les *servitudes collectives* croissantes, moins humiliantes peut-être, mais non moins implacables, de la société capitaliste.

Voilà, ce nous semble, des observations et des critiques d'autant plus méritoires qu'elle furent publiées à un moment (1803-1808) où la production capitaliste qui avait débuté en Angleterre était inconnue dans tout le reste de l'Europe, c'était une véritable prophétie.

misère. Le mal vient de la concurrence des producteurs entre employeurs et travailleurs le remède serait dans la coopération systématisée ou organisation du travail, de façon à coordonner et à régulariser tous les efforts.

Ceci posé, l'illustre réformateur gallois n'a garde de négliger les côtés philosophiques et politiques de la question sociale.

Selon lui, le mal est aussi dans ces religions impuissantes, qui veulent justifier l'iniquité par de menteuses promesses extra-terrestres; il faut délivrer l'homme de ces fantômes. La fatalité domine l'homme; ses convictions, ses actions, ne sont que des résultats de son organisation originelle et des influences extérieures. L'irresponsabilité est une loi naturelle.

Il n'y a bien ni mal; il n'y a que des malades, que des moralités souffrantes. Au culte de la providence se substitue celui du bonheur terrestre ayant, avec ses nouvelles justices familiales, politiques et économiques, sa morale nouvelle qui rendra tous les hommes heureux, justes et bons, en ayant pour base la bienveillance mutuelle.

Que faut-il pour cela?

1º Une religion rationnelle et naturelle qui aurait pour but la recherche de la vérité, l'étude des faits et des circonstances produisant le bien et le mal et, pour prescription morale le commandement d'aimer ses semblables, d'être fraternel envers eux, compatissants envers tout ce qui vit, sans oublier de se bien gouverner et de vivre heureusement.

2º Un gouvernement rationnel, électif et républicain, qui consacrerait la responsabilité sociale et réglerait les choses de telle sorte que chaque membre de la communauté serait toujours pourvu des meilleurs moyens de consommation, à la condition de travailler selon ses moyens et son industrie. Du reste la tâche de chacun serait douce et facile, vu les progrès scientifiques et mécaniques qui ont agrandi la destinée de l'homme contemporain.

Dans ce système, l'éducation sociale prendrait l'enfant

dès la salle d'asile et le façonnerait jusqu'à l'âge de quinze ans, sans recourir aux moyens coërcitifs de l'éducation actuelle. Le sentiment de l'émulation, le contentement des maîtres et des camarades, voilà pour les récompenses ; le délaissement et le mépris des camarades, voilà les correctifs.

Ce n'est qu'après avoir été ainsi développé intellectuellement et physiquement, que l'adolescent entrerait dans l'atelier coopératif ou communautaire de son choix, où il ne serait assujetti, compte tenu de sa vocation et de ses préférences, qu'à un travail attrayant varié et de peu de durée, les progrès mécaniques permettant, amplement, cette économie et cette meilleure direction de l'effort humain.

Mais la tâche n'est pas qu'économique.

« De même que les *systèmes religieux* absurdes et que la *propriété individuelle* doivent disparaître, le *mariage* et l'ancienne famille disparaîtront aussi. Et c'est pour le bien, car cette trinité religieuse propriétaire et familiale est la plus monstrueuse combinaison qu'on ait pu imaginer pour frapper la race de maux intellectuels et de maux physiques. »

La réforme owénienne a donc également un caractère intégral comprenant une transformation totale de la religion, de la famille et de la propriété.

Voyons les moyens.

Sauf Saint-Simon, qui réclamait comme point de départ l'abolition de l'héritage, les socialistes du commencement du siècle se distinguent par une frappante disproportion entre le but qu'ils assignent à leurs contemporains et les moyens qu'ils supposent suffisants.

Pour révolutionner les lois et les mœurs, pour transformer la propriété et détruire de fond en comble la famille actuelle, pour, en un mot, retourner la société comme un gant, Fourier ne demandait que le million de francs nécessaire à la fondation du premier *phalanstère.* Les résultats auraient été, croyait-il naïvement, si éblouissants et si soudains, qu'en peu d'années la terre se serait convertie. Les fouriéristes, plus pratiques que le maître, demandaient au moins la constitution d'un *Ministère du progrès et des expériences sociales*. Idée féconde que Louis Blanc fit sienne, sans parvenir à la faire triompher.

Tout en n'étant pas optimiste à ce point, Owen ne crut pas moins que Fourier à l'efficacité des moyens pacifiques. Après avoir vainement fait appel aux souverains réunis à Aix-la-Chapelle, en 1818, il inventa, pour arriver au but communiste final, l'association de production et de consommation entre travailleurs et c'est ainsi que la *Coopération*, depuis si célèbre et si répandue dans les milieux industriels d'Europe et d'Amérique, fit son entrée dans le monde, sous les auspices du grand communiste que l'économiste Torrens avait nommé le *patriarche de la raison* (1).

On s'est abstenu de critiquer méthodiquement les données utopiques qui viennent d'être exposées. Elles relèvent presque exclusivement de l'art social, et toute leur valeur gît dans d'importantes trouvailles instructives, dans de nombreuses observations neuves et sagaces, dans la haute générosité du but. On ne peut qu'approuver, en se bornant à déplorer les défectuosités qui déparent.

Comment agir autrement? On ne ratiocine pas sur la valeur morale des héros d'Homère, de Valmiki, de Virgile, de Firdoussi, du Tasse ou de l'Arioste, si ce n'est pour faire des constatations historiques ; on admire plus ou moins le poète, voilà tout.

La même règle sera appliquée aux épigones dont il va

---

(1) Les principaux disciples d'Owen et notamment Vansittart-Néale, Booth, Alger, Flessing, Hanhart, Roume, Baxter, Haslin, Combe, Allen Thompson, Holyoake, Rodrigue, etc., se jetèrent avec zèle dans l'activité coopérative nouvelle. L'idée fit la fortune que l'on sait, mais elle fut bientôt décapitée du but socialiste que lui avait assigné Owen et déclarée un but elle-même. On en revient, les coopérateurs socialistes du Parti ouvrier belge (Anseele, Louis Bertrand, etc.), dont on connaît les belles réalisations coopératives de Gand et de Bruxelles, de même que MM. Charles Gide et de Boyve, le premier éminent économiste, tous deux très méritants coopérateurs français, reprennent la tradition owénienne et envisagent la coopération, non comme étant un but elle-même, mais comme un moyen d'arriver à l'abolition du salariat.

être parlé ; à leur sujet aussi, on se bornera à quelques observations générales, moins dans un but de critique que
dans un but de classification.

III. Saint-Simoniens et Fouriéristes

Une remarque a été faite dans les lignes précédentes ; les
pères du socialisme moderne n'eurent garde d'enfermer
l'idée nouvelle dans une étroite question de répartition des
richesses ; ils en firent, imitant en cela d'ailleurs les plus
grands utopistes des derniers siècles, une question inté-
gralement humaine, et ils purent ainsi appeler à eux, en
même temps que tous les intérêts lésés, toutes les forces,
toutes les aspirations généreuses. Ce fut bien. Là est le
secret de leur influence. Jamais la lutte pour les seuls intérêts matériels n'a entraîné la foule ; toute passion révolutionnaire, toute activité généreuse est fondée sur un idéalisme quelconque. C'est parce que Saint-Simon, Fourier,
Owen le comprirent que les dévouements ne leur firent pas
défaut : l'âme humaine aime que l'on fasse appel à ce qu'il
y a de meilleur et de plus élevé en elle.

En mourant dans les bras du fidèle Olindes Rodrigues,
Saint-Simon put affirmer sa foi sociale dans cette dernière
parole : « La poire est mûre, il faut la cueillir. » Ce qui
voulait dire : « Les temps sont venus de la rénovation humaine ; allez et travaillez avec courage. » La parole vivante
fut entendue par une pléiade incomparable de jeunes gens
aux chaleureux enthousiasmes et aux brillantes facultés.

Auguste Comte et Augustin Thierry s'étaient retirés ; le
premier pour suivre ses propres voies et systématiser la
philosophie positive dans une œuvre immortelle ; le second
pour ressusciter la vieille France, dans les travaux historiques qui ont fait école. Ils furent remplacés, aux côtés
d'Olindes Rodrigues, le grand théoricien de la démocratisa-

tion du crédit, par Enfantin, l'éloquent et merveilleux manieur d'hommes, et par Bazard, l'ancien *carbonaro*, l'homme de forte pensée et d'indomptable courage.

La foule qui les suit est composée presque en entier de jeunes qui deviendront célèbres. Nous ne pouvons que nommer Jean Reynaud qui fonda, lui aussi, une école philosophique ; Pierre Leroux, déjà philosophe socialiste distingué et qui devint de même chef d'une importante école socialiste. Près d'eux nous voyons Adolphe Blanqui et Michel Chevalier qui seront bientôt, avec Eugène Buret, parmi les plus éloquents des économistes de l'école française.

Notons aussi Buchez, le futur chef du parti catholico-conventionnel et l'auteur, avec Roux-Lavergne, de la volumineuse *Histoire parlementaire de la Révolution française.*

La phalange glorieuse comprit encore dans son effectif Armand Carrel, déjà l'homme représentatif du parti républicain ; Halévy, futur auteur de la *Juive ;* Félicien David qui rapporta du voyage en Égypte, à la recherche de la femme-messie, les adorables *Mélodies du Désert ;* Henri Heine, justement illustre dans ses deux patries ; Ch. Fauvety, qui fut toujours un peu hétérédoxe, fondateur de la *Revue philosophique* (de 1855), de la *Solidarité* et de la *Religion laïque* (1868-1878).

Non moins zélés furent Perdonnet, le fondateur de l'*Association philotechnique ;* Louis Jourdan, Adolphe Guéroult, Erdan, trois maîtres du journalisme ; Lachambaudie, le fabuliste ; Vinçard, le chansonnier ; Charton, le fondateur du *Magasin pittoresque ;* Mássol, le fondateur de la *Morale indépendante ;* Ch. Lemonnier, fondateur de la *Ligue de la Paix et de la Liberté*, qu'il dirige encore ; Ribes, publiciste estimé, etc.

Voici maintenant le groupe des industriels et des financiers qui, hélas! deviendront tous ou presque tous des Magnats, soit de la grande industrie, soit de la haute banque. Nous ne nommons que les principaux : Isaac et Emile Péreire, d'Eichtal, Arlès Dufour, Dubochet, Talabot, Ferdinand de Lesseps, le néfaste spéculateur du canal de Panama, Stéphane Mony, le dur industriel de Fourchambault, Schneider dont l'indigne frère, et le non moins indigne neveu ont fait du Creusot le bagne capitaliste et clérical que l'on sait.

La société bourgeoise les avait bafoués comme réformateurs, elle les glorifia, quand ils lui montrèrent qu'ils pouvaient facilement se mettre au premier rang des millionnaires.

Au moins il y eut les fidèles qui ne descendirent jamais des hauteurs de « la colline sainte » pour aller trafiquer dans la Babylone financière ; tels furent Emile Barrault, écrivain et orateur à qui l'on dut la conversion de Garibaldi à l'humanisme (1) et le socialiste Banet-Rivet qui, en cheveux blancs, se mêla, rue des Gravilliers, aux jeunes prolétaires fondateurs de la branche française de l'*Internationale*.

Laurent (de l'Ardèche), Joseph Rey, Duveyrier, Villarceau, Fournel, etc., aussi ouvriers de la première heure, se distinguèrent également dans les diverses directions de la pensée progressive. Le même témoignage doit être donné aux femmes vaillantes, comme entre autres Mme Bazard, Cécile Fournel, Aglaé St-Hilaire, Elisa Lemonnier, fondatrice des écoles professionnelles qui portent son nom, Julie Fanfernault, qui toutes apportèrent leurs adhésions aux jeunes hommes d'avenir dont la bannière portait la double devise :

Émancipation des prolétaires.

Émancipation de la femme.

« Tous ces croyants ne marchèrent pas du même pas. Ils se divisèrent dès le début ; quelques-uns sous la direction d'Enfantin et dans la fameuse famille de Ménilmontant (2),

---

(1) En 1883 encore, Garibaldi en avait conservé un souvenir durable « Avant de connaître Barrault, a-t-il écrit dans les *Mille*, j'aimais ma patrie ; depuis j'aime l'Humanité du même grand amour. »

(2) « Nos pères ne tarissaient p s de plaisanteries faciles sur l'église de Ménilmontant. Pour nous ui avons pu mesurer son influence prépondérante dans toutes les transformations sociales et économiques du monde contemporain, elle demeure l'un des phénomènes moraux les plus dignes de retenir la méditation » (Melchior de Vogüé).

se ridiculisèrent par que'ques extravagances cultuelles qui prouvèrent au moins l'ardeur de leur foi. Mais comme ils avaient fermement cru, et éloquemment exprimé, ils firent sur leur époque une impression profonde, et les idées qu'ils jetèrent dans le monde sur l'abolition du droit d'héritage, sur l'émancipation de la femme, n'ont pas été perdues par les socialistes. La démocratisation, d'abord plus apparente que réelle, du crédit, le développement des grands travaux publics, la glorification théorique du travail, l'art envisagé comme ayant une destinée sociale, la faveur accordée aux sociétés ouvrières, le but proclamé par les progressistes de travailler à l'amélioration du sort des peuples, de la classe la plus nombreuse et la plus pauvre, tout cela trouve son point de départ dans la propagande saint-simonienne (1). »

« Ce sont les saint-simoniens, dit un historien rétrograde belge actuellement ministre clérical de l'instruction publique, ce sont les saints-simoniens qui ont les premiers levé le drapeau du socialisme français, c'est dans leurs écrits qu'il faut chercher les neuf dixièmes des idées révolutionnaires qui troublent la France et l'Europe. Il n'est pas douteux que le mouvement de 1848 ne doivre être attribué en grande partie aux germes qu'ils ont répandu dans les masses (2). »

L'éloge est trop exclusif; une part doit revenir à l'école phalanstérienne, non moins agissante.

Certes, Just Muiron vaut Olindes Rodrigues; Victor Considérant, conférencier éloquent et polémiste hors ligne, — ainsi l'ont revélé notamment la *Démocratie pacifique* et ce livre de combat : *Le Socialisme devant le vieux monde,* — pèse peut-être autant comme propagandiste qu'Enfantin et Bazard réunis. Ecrivains de race aussi, Toussenel, auteur de l'*Esprit des bêtes et des Juifs rois de l'époque;* Victor Meunier, auteur de la *Science* et la *Démocratie* et de *Jésus-Christ devant le conseil de guerre;* Eugène Nus, auteur des *Dogmes nouveaux et des Grands Mystères.*

---

(1) B. Malon : *Histoire du socialisme,* tome 1er,
(2) Thonissen : *Le socialisme dans le passé.*

Moins connus, mais d'excellents vulgarisateurs de la doctrine phalanstérienne furent H. Renaud, V. Hennequin, Ch. Pellarin, Barrier, Mathieu Briancourt, Allyre Bureau, Ed. de Pompery, Baudet-Dulary, Mme Clarisse Vigoureux et nombreux furent leurs émules, car nulle école socialiste n'a autant publié que celle-ci. Son catalogue porte plus de 400 volumes.

Aux praticiens saint-simoniens, l'école phalanstérienne oppose victorieusement André Godin, le fondateur du *Familistère de Guise* et l'auteur d'importants travaux socialistes.

Il faut rappeler parmi les hommes de valeur qui se réunirent pendant de longues années dans les bureaux de la *Démocratie pacifique*, Jules Le Chevalier, E. Barat, Julien Le Rousseau, auteurs de livres estimés; Krantz, qui fut directeur de l'*Exposition universelle* de 1878; le général Tamisier, Ed. Valentin, préfet de Strasbourg, en 1870; Ch. Harel, inventeur des fourneaux économiques; mon très excellent ami A. Ottin, un des noms honorés de la statuaire française; Lemoyne, A. Transon, Terson, Cantagrel, le compositeur Besozzi, Wladimir Gagneur, Hipp. Destrem (1), H. Brissac, Griess-Traut, etc.

IV. Rayonnement et caractère du premier socialisme français

Plus active et plus efficace encore que la propagande saint-simonienne fut la propagande fouriériste, parce qu'elle fut plus durable et parce que les propagandistes furent plus fidèles au programme primitif.

---

(1) Hipp. Destrem, fondateur du groupe de la *Rénovation Sociale*, et Ch. Limousin, ancien directeur de la *Revue du Mouvement Social*, sont, en ce moment, les représentants les plus autorisés des idées fouriéristes.

Mais il ne s'agit pas ici de justice distributive, et nous nous en tiendrons aux résultats généraux.

Le socialisme a deux ailes :
L'étudiant et l'ouvrier,

a chanté Pierre Dupont. Nous dirons plus exactement, le socialisme naissant eut deux parrains : le saint-simonisme et le fouriérisme.

C'est grâce à eux qu'il s'infiltra dans la littérature française et, de là, se répandit sur l'Europe, éclatant de poésie, de jeunesse et de foi (1).

Il faudrait de longues pages pour donner, même une faible idée des progrès du socialisme dans les cercles lettrés et dans les masses populaires en France seulement, pendant cette décade mémorable (1830-1840).

Même la bourgeoisie fut séduite. Elle serait allée loin dans cette voie, si les coups de foudre de *Février* et de *Juin*, les calomnies de la coalition libérale-cléricale de la rue de Poitiers et les échos de la formidable agitation chartiste ne

---

(1) Livourne eut, grâce à Montanelli, un groupe d'ardents propagandistes saint-simoniens, le premier fondé hors de France ; à Genève, Zurich, Lausanne, Florence, Gênes, Barcelone, Madrid se constituèrent bientôt des groupes phalanstériens qui fonctionnèrent longtemps. Vive et profonde fut aussi l'influence des deux doctrines sur les esprits éclairés à l'étranger ; les socialistes belges Barthels, Jottrand, Demeur, Prosper Eslens, Gérard, François Haak, Spilthourn, Adelson Castiau, Mᵐᵉ Gatti de Gamont, Mathieu relevèrent tous à des titres divers, du saint-simonisme ou du fouriérisme, du dernier principalement.

L'ouvrier tailleur Weitling, qui fut le véritable précurseur du socialisme en Allemagne, était devenu socialiste à Paris, et son œuvre capitale *Garantien der Harmonie und Freihet (Garanties de l'homme et de la liberté)* n'est qu'une combinaison, plus ou moins utopique, mais remarquable à coup sûr, de la solidarité communiste et des affinités fouriéristes. C'est au nom de ces idées *communistes phalanstériennes* que se groupèrent et se fédérèrent d'abord les prolétaires allemands réfugiés à l'étranger, et cela avec tant d'ardeur et de dévouement à la cause socialiste que le gouvernement suisse, pris de peur, persécuta rigoureusement, et que les gouvernements français et belges expulsèrent impitoyablement les socialistes allemands.

Là ne s'arrête pas la propagande française. De l'autre côté de l'Atlantique, dans l'Amérique du Nord, où déjà Robert Owen avait importé des coopérations communistes, le fouriérisme s'affirma bientôt avec Brisbane et Horace Gresley par la fondation successive de trente-sept phalanstères d'essais.

l'avaient apeurée et fait se jeter brusquement en arrière.
Pour le moment, on était à l'époque idyllique qu'on peut
bien appeler l'âge d'or du socialisme théorique.

Il est une heure heureuse et charmante où « les idées
s'échappent du cœur, une à une, sans ordre et sans suite,
presque sans ressemblance, on reconnaît la source d'où
elles partent ainsi que leur aimable parenté, à la grâce
naïve qui les décore; elles s'ouvrent au soleil de côte et
d'autre et fleurissent isolées. Epoques d'illusions ineffables,
printemps de la vie des poètes » (1).

Printemps des idées aussi que ces époques d'optimisme
vaillant, de prétentieux mais généreux subjectivisme.
d'ardente et de vivante foi, époque où le culte de l'idéal
colore l'observation des faits, où l'espérance qui domine,
parée de toutes les couleurs éclatantes, de tous les scintil-
lements prismatiques de l'éternelle illusion, revêt autant de
formes qu'elle passionne de penseurs, et s'élève à autant
de degrés qu'elle entraîne de croyants.

Le socialisme en était là en 1840. Audacieux, vague,
séduisant, multiforme, répondant à l'efflorescence ultra
spiritualiste du temps; il rayait d'innombrables et éclatants
sillages la surface miroitante de la publicité, semant partout,
comme une inépuisable bénédiction, ses promesses et ses
espérances.

Il avait si bien le vent en poupe que parmi ses propagateurs intermittents, il pouvait compter les noms les plus
illustres tels que Châteaubriand, le patriarche littéraire (2);

---

(1) Blase de Burry : *Essais sur Gœthe*, précédant la traduction
française de *Faust*.

(2) Recomposez, si vous le pouvez, les fictions aristocratiques,
essayez de persuader au pauvre quand il saura lire, au pauvre à qui
la parole est portée chaque jour par la presse de ville en ville, de
village en village; essayez de persuader à ce pauvre possédant les
mêmes lumières, la même intelligence que nous, qu'il doit se
soumettre à toutes les privations, tandis que tel homme son voisin,
a sans travail mille fois le superflu de la vie; vos efforts seront inutiles. Ne demandez point à la foule des vertus au delà de la nature...
» Nous ne sommes pas dans un temps de révolution, mais de
transformation sociale.
» J'aperçois l'hôpital où gît la vieille société. Quand elle aura

Béranger, le chansonnier national (1); puis venaient les
célébrités plus récentes et plus militantes; Lamennais (2);
George Sand (3); Eugène Süe (4); et après eux, les hétérodoxes de la démocratie sociale comme Esquiros (5); François Huet (6) ; le docteur Guépin, l'abbé Constant (7)
(Eliphas Lévy) et nombre d'autres.

Ce ne sont là que quelques noms et c'est une liste qu'il
faudrait laisser; toute la pléïade de ce qu'on appelait alors
la littérature humanitaire, jetait le socialisme à pleines
volées dans des pages passionnantes, parfois extravagantes,
mais qui n'en pénétraient pas moins toutes les couches de
la population, affirmant l'amour des souffrants, flétrissant
les abus et les iniquités, ravivant l'espérance d'une prochaine
et complète rénovation sociale. Devant ce flot de sympathies
Henri Heine fut autorisé à écrire : « C'est un avantage
« incalculable pour le socialisme qu'il ait pour lui tous les
« grands esprits, et que ses adversaires s'il en est, ne se
« défendant que par une plate nécessité, sans confiance en
« leur droit et même sans estime foncière pour eux-
« mêmes. »

Seulement toute médaille à son revers. De cette course
théorique au bonheur universel, par les sentiers enchanteurs

---

expiré, elle se décomposera, afin de se reproduire sous des formes
nouvelles.
   » Il faut d'abord qu'elle succombe. La première nécessité pour les
sociétés, comme pour les hommes, est de mourir.
   » La vieille société fait semblant de vivre, elle n'en est pas moins
à l'agonie. »
   « Que répondriez-vous au prolétaire qui, dans un parlement,
viendrait vous dire :
   « Nous proposons d'ouvrir un grand-livre de la dette publique
consolidée, chaque propriété territoriale sera appréciée contradic-
toirement par les intéressés et par les jurys sortis de l'élection; le
prix sera payé à divers termes convenus; et l'État, dès aujourd'hui,
prendra possession du sol national. » (Châteaubriand : *Études historiques*, t. II.)
   (1) *Les fous, les Ages de l'Humanité*; (2) *le Livre du peuple, les
Paroles d'un croyant*; (3) *le Compagnon du Tour de France, le
Meunier d'Angibaud, Spiridion. Consuelo, le Péché de M. Antoine*
(4) *les Mystères de Paris, le Juif-Errant* et plus tard : *Martin ou
l'enfant trouvé et l'Histoire d'une famille de prolétaires à travers les
âges*; (5) *l'Evangile du peuple*; (6) *le règne social du Christianisme*;
(7) *l'Assomption de la femme*.

de l'imagination, il ne fallait attendre ni patientes observations, ni études sérieuses; la science sociale ne faisait pas
un pas.

V. Les Épigones

Non pas que tout le monde se résignât au rôle d'exécutant
dans les chœurs disciplaires de l'église saint-simonienne
ou fouriériste. Quiconque pouvait être soliste voulait immédiatement conduire un chœur à lui, dans une chapelle de sa
construction.

Le plus important de ces choryphées, devenus éponymes
de petites écoles socialistes, est incontestablement Pierre
Leroux, philosophe estimable, mais socialiste peu suggestif,
bien qu'il ait prétendu être le quatrième évangeliste de la
moderne bonne nouvelle et aspiré orgueilleusement à
réconcilier dans sa *Doctrine de l'humanité* Saint-Simon (1),
Fourrier et Robert-Owen.

Le problème philosophique fut assez bien posé par lui :
« La Société est en poussière, dit-il, et il en sera ainsi tant
qu'une foi commune n'éclairera pas les intelligences et ne
remplira pas les cœurs. Voyez un soleil éclaire tous les
hommes, et, donnant une même lumière, harmonise

---

(1) « Selon lui le socialisme était l'œuvre de trois hommes de
génie : Saint-Simon, homme de l'égalité ou des classes les plus
nombreuses ; Robert Owen, le serviteur dévoué de la fraternité et le
restaurateur du communisme ; Fourier l'apôtre exalté de la liberté
ou du libre essor. Pierre Leroux s'appelait le quatrième socialiste et
il considérait la *Doctrine de l'Humanité* comme devant être la
synthèse des précédentes et comme devant avoir pour base la
science (influence saint-simonienne), la pratique (influence owénienne), la série (influence fouriériste).

La prétention n'était pas mince et pour la justifier, il eût fallu que
l'auteur bien intentionné de l'*Humanité* eût un esprit plus pondéré
et plus libre, qu'il se fût gardé de l'orgiaque ultra spiritualiste dont
il fut au contaaire un des plus tolérents apôtres, au point de professer,
coupabl ment avec Jean-Jacques Rousseau, que quiconque était
athée ou matérialiste ne pouvait être qu'un malhonnête homme.

tous les mouvements; mais où est aujourd'hui ce soleil moral, je vous le demande, qui luit pour toutes nos consciences ».

Fort bien vu; mais là s'arrêteront nos éloges sur la philosophie panthéistico-spiritualiste (avec adaptation du ternaire occultiste, sous le nom de *Triade*), de Pierre Leroux; son socialisme n'est qu'un communisme vague insaisissable même, dominé par le fameux *Circulus* qui, dans la pensée du philosophe, prend des proportions exagérées.

Buchez qui, comme Pierre Leroux, put réunir autour de lui un groupe important d'hommes de valeur, tenta, en fondant l'école catholico-conventionnelle, de réunir Jésus-Christ et Robespierre. Pour Buchez, l'Évangile avait son complément dans les *Droits de l'homme* et le culte de la Révolution, s'accordait fort bien avec les pratiques catholiques.

Cependant, le temps était tellement aux tendances religieuses que les buchéziens purent être les organisateurs de sociétés ouvrières, les plus actifs et les plus écoutés. Ils fondèrent notamment, en 1832, la première association ouvrière française de production, celle des bijoutiers de Paris.

La conception de Buchez tient en ces quelques lignes extraites de l'*Européen*, de 1835 :

« Le moment est venu de réaliser *socialement*, les commandements de la *morale chrétienne...*

» Il faut *transformer en institutions sociales tous les commandements, tous les enseignements du christianisme.*

» La réforme communiste qui s'impose, doit se faire sans violence et sans spoliation, par l'association des travailleurs. Les ouvriers d'un métier se réunissent, mettent leurs épargnes en commun, font un emprunt, produisent à leur compte, remboursent le capital emprunté à force de privations, s'assurent mutuellement un salaire égal et laissent les bénéfices au fonds commun, de sorte que l'atelier coopératif devient une petite communauté industrielle.

» Que tous les ouvriers fassent ainsi, et le problème social sera résolu. »

Moins orthodoxe, mais non moins religieuse la *Doctrine fusionnienne*, de Louis de Toureil, basée sur ce principe :

« Tous les êtres de l'univers formés d'une même substance et destinés à réaliser l'être universel, doivent vivre les uns dans les autres, ce qui implique l'amour universel. »

Le reflet social d'une semblable immersion dans l'être universel ne pouvait être que le communisme le plus parfait, et c'est en effet le communisme idéal qui règne dans les *Polyâmes* du monde fusionien.

Nous rentrons dans le monde réel avec Raspail qui réunit aussi quelques disciples dans les bureaux du *Réformateur*, commandité par de Kersausie, noble breton, type achevé du serviteur dévoué de l'humanité et tout acquis aux causes justes.

Raspail avait été frappé de la déperdition des richesses et des forces dans la société individualiste, et il voulait, par l'association des efforts et par l'organisation des services de consommation, accroître les ressources et le bien-être, faire circuler la vie dans le grand corps politique avec la même puissance et la même régularité que dans le cœur humain, en un mot « faire de l'Etat une grande famille ».

Mais la véritable originalité socialiste de Raspail est dans sa critique non surpassée encore, bien que vieille de plus d'un demi-siècle, du système pénitenciaire. Avant les criminalogistes modernes il a réduit la responsabilité à ses justes limites et ses conclusions sont autrement pensées, autrement humaines :

« .....On ne se venge pas d'un malade, on le soigne pour le rendre à la société... Constatez la nature de la maladie... appliquez le dictame sur la plaie, puis cherchez le remède... la vertu prend pour épitaphe de sa tombe : « Ci-gît celui qui » est mort avant d'avoir failli, et qui, pendant sa vie, a toujours » pris pitié de ceux dont la mort a été moins précoce ». Et un peu plus bas : « La motte de terre qui, ici, sépare mon corps » du corps de mon voisin est bien plus épaisse que celle qui » me retint sur le bord du précipice où il traîna sa vie..... »

« Oh! ce n'est pas le coupable de profession qui écoute à

la barre, c'est l'homme de bien, c'est la femme bonne, qui se demandent dans le fond de leur cœur : Que m'a t-il manqué pour me trouver au moins une fois dans ma vie à l'une des places occupées par l'accusé? Que m'a-t-il manqué? Hélas rien qu'une chose : la rencontre face à face d'une mauvaise disposition de mon corps, d'un côté et d'une circonstance favorable de l'autre! c'est-à-dire la rencontre de deux choses dont aucune n'a dépendu de moi.

» Où sont les parvenus qui n'ont pas trahi? Où sont les enrichis qui n'ont pas volé? Où sont les moralistes qui n'ont pas péché? Où sont les magistrats qui n'ont pas failli?

» Nous avons le ferme espoir de voir un jour remplacer l'institution des cours d'assises, *ultrices*, par ces mots plus sympathiques : ·

» Soins et consolations pour les incurables. Protection et » pardon complet pour ceux qu'on aura une fois guéris (1). »

En toutes choses les socialistes de ce temps faisaient surtout ressortir le côté humanitaire des questions, en écartant les revendications trop brusques; le communisme lui-même avait poli ses angles. Sous le pontificat de Cabet il se purifia de toute arrière-pensée révolutionnaire, de toute théorie effarouchante sur la famille. C'est dans ce but que Dézamy et les siens furent sacrifiés (2).

Le communisme icarien qui par Cabet prédomina, devait résulter d'une série de réformes pacifiquement accomplies dans le cours de cinquante années. Mais la tendance à l'égalité absolue devait être affirmée par une meilleure répartition des avantages sociaux et par un fort impôt progressif sur les propriétés, sans préjudices d'autres réformes

---

(1) F.-V. Raspail, dans le *Réformateur* de 1835, reproduit dans les *Réformes sociales* (publiées par les fils de Raspail, en 1877).

(2) Théodore Dézamy, auteur du *Code de la communauté*, écrivain de valeur et fils légitime du dix-huitième siècle, côté matérialiste. Le panthéisme naturaliste sur lequel il élabora sa doctrine, dénote un penseur. Ses coreligionnaires, J.-J. May, Baudin, Laponneraie, Lahautière, Choron, Pillot (qui devint membre de la Commune de Paris, en 1871) furent enveloppés dans sa défaite.

analogues, comme l'abolition des armées permanentes, la refonte de l'instruction, la constitution progressive d'un *domaine populaire* dans chaque commune.

Enfin nous voilà en Icarie, après une marche de cinquante années dans le désert individualiste de Sin, soutenus par la manne des réformes à tendances égalitaires.

Le peuple icarien est souverain, et non seulement il fait sa constitution et ses lois, mais encore, par ses représentants élus, il règle tout ce qui concerne sa personne, ses actions, ses biens, sa nourriture, son vêtement, son éducation, son travail et même ses plaisirs.

Les travaux se font en commun, la répartition se fait conformément aux besoins, dans la mesure des ressources sociales; mais la consommation a lieu en famille, hors les cas spéciaux de banquets communs. Tous les hommes sont égaux en droits, les femmes confinées dans la famille restent politiquement mineures, comme dans la société actuelle.

Ce praticisme communiste n'était guère pratique. Cabet s'en rendit compte, chercha un dérivatif, et il porta le coup de mort à son école par sa tentative d'une colonie modèle en Amérique (1).

Ce fut la fin du socialisme utopique en France.

VI. Les Solutionnistes

Pendant que la propagande ailée, parée de la soie et de l'or qu'avaient tissés les poètes de la régénération humaine, s'en allait par les capitales, par les cités industrielles et, jusque dans les humbles villages, reveillant les opprimés,

---

(1) La colonie icarienne lutta vaillamment, à Nauvoo d'abord, dans l'Iowa ensuite, pour démontrer la praticabilité du communisme partiel, et pendant trente années elle résista aux circonstances adverses. Ces vaincus méritent le respect et la sympathie des amis du progrès social et de la solidarité humaine.

éclairant les exploités, montrant à tous les bons esprits la nécessité de justices sociales nouvelles, en faveur de toutes les victimes d'un ordre social inique, les antagonismes sociaux se creusaient lamentablement, et le mécontentement des prolétaires avait déjà pris des proportions tragiques.

Par les insurrections ouvrières de Lyon en 1831, par certaines préoccupations égalitaires des insurgés républicains de 1832-1839 (1), par la commençante épopée des chartistes anglais, le prolétariat occidental signifiait que si les cités idéales de l'utopie charmaient son imagination, des objets pratiques de réformes économiques feraient encore mieux son affaire.

« Nous vous prions au nom de la justice et de l'huma-
» nité, disaient en 1831, aux ministres de Louis-Philippe,
» les travailleurs de Lyon, maîtres, par la force des armes,
» de l'Hôtel-de-Ville, nous vous prions de vouloir bien
» présenter au Parlement un plan d'organisation du travail,
» tel que le fruit de nos sueurs ne devienne pas le partage
» exclusif de quelques privilégiés. »

La même demande s'adressait aux socialistes. Plusieurs de ces derniers comprirent qu'il était temps de chercher un principe social commun et d'énumérer ensemble des réformes qui en découlent. La voie était déjà ouverte par Constantin Pecqueur.

En 1838, en effet, sur la proposition d'Adolphe Blanqui, l'*Académie des sciences morales et politiques* couronna un livre de Pecqueur portant ce titre un peu long : *Economie*

(1) Dès sa rentrée en France, après 1830, Buonarotti, l'habile et intrépide conspirateur babouviste, qui venait de se rappeler au souvenir des militants par son histoire de la *Conjuration des Égaux*, devint l'inspirateur des sociétés secrètes les plus révolutionnaires. Il les imprégnait toutes de communisme babouviste. Il gagna à son idéal des hommes comme Barbès, Blanqui, Charles Teste, Voyer d'Argenson, Laponneraie, Martin-Bernard, Caussidière, Meilland, Nettré.

Dans la proclamation, que l'émeute un moment triomphante du 12 août 1839, put faire afficher à l'Hôtel-de-Ville, on trouve cette phrase qui est de Blanqui, et qu'on pourrait croire de Sylvain Maréchal : « *Périsse enfin l'exploitation et que l'égalité s'asseye triomphante sur les débris de l'aristocratie et de la royauté.* »

sociale des intérêts du commerce et de l'industrie et de la civilisation en général, sous les applications de la vapeur.

L'*Economie sociale*, en deux forts volumes, n'est que le développement par Pecqueur de cet irréprochable thème collectiviste que nous reproduisons, en abrégeant :

« S'il est nécessaire, au nom du salut social, de sortir de l'individualisme bourgeois, fauteur de spoliation du plus grand nombre au profit de quelques rapaces et de quelques mieux armés, bref, d'exploitation de l'homme par l'homme, c'est-à-dire d'injustice, de servitude et de misère, il ne faut pas pour cela tomber dans un communisme qui sacrifierait la liberté individuelle.

» La solution est dans la socialisation graduelle des capitaux productifs, ou en d'autres termes, de la matière et des instruments de travail devant être employés, non directement par l'Etat, mais par les associations contrôlées par l'Etat et lui payant redevance.

» On devrait commencer par la socialisation de la Banque de France et du Crédit en général; continuer par les chemins de fer, les mines, canaux, etc.

» Ainsi outillé, l'Etat pourrait créditer largement les travailleurs corporativement organisés et opérer sans secousses la substitution du travail *associé au travail salarié.*

» On suivrait en cette œuvre la piste même de la monopolisation, on organiserait d'abord le travail industriel, puis le travail commercial, pour terminer par le travail agricole.

» Dans la nouvelle organisation, chaque travailleur disposerait librement de la rémunération à lui attribuée par son travail. »

C'était lumineux.

S'inspirant de la même idée générale, l'ami et l'émule de Pecqueur, François Vidal, insistait sur le bien fondé de ce programme socialiste que l'on ne qualifiait pas encore de collectiviste, et sa critique socialiste de l'individualisme nous donne un avant-goût de la critique lassallienne :

« Le travail est devenu une marchandise tous les jours plus offerte et tous les jours moins demandée, une marchandise que le capital achète au rabais. Le travailleur, affranchi de la glèbe et des corporations, est désormais attaché à l'usine, et le moment est proche peut-être où l'on pourra s'en passer. Bien plus, l'homme est devenu un simple accessoire de la machine, une annexe à la chose, il lui est subordonné, il est en quelque sorte dominé, possédé par le capital. L'ouvrier ne s'appartient plus, il a perdu toute indépendance en perdant toute sécurité; il est à la merci du capitaliste, il en dépend, il n'est plus qu'un simple instrument de production, un instrument dispendieux que l'on s'efforce incessament de supprimer par économie.

» Quand vient la demande de bras, les ouvriers accourent en foule; quand la demande cesse, la faim, la misère tuent les surnuméraires; ainsi se rétablit l'équilibre. Quand la population ouvrière surabonde, elle ne déborde pas — comme l'eau hors du vase — elle meurt. Alors, selon l'expression de Ricardo, à force de privations, le nombre des ouvriers se trouve réduit et l'équilibre se rétablit. La nature, dit Malthus, leur commande de s'en aller, et *elle ne tarde pas à mettre cet ordre à exécution.*

» Ainsi donc le *minimum* de subsistance est le *taux normal des salaires.* Les salaires gravitent vers ce *minimum fatalement,* comme le liquide vers ce niveau, *c'est la loi.* »

« Il ne s'agit pas seulement aujourd'hui, disait-il plus tard, de rédiger une constitution politique, il s'agit encore et surtout de décréter la *charte du travail et de l'industrie,* la véritable charte du peuple, la grande charte des sociétés modernes, et cela au nom de la justice économique. »

Plus loin, une idée nette du fait — depuis mise en relief par Rodbertus et par Marx — que le capital accumulé n'est guère que la plus-value d'un travail non payé et que s'est indûment approprié le capitaliste :

« La fortune, dit-on, s'acquiert par le travail. *Oui, mais surtout par le travail d'autrui.* Une façon de robe es payée 60 francs. Une ouvrière fait toute la besogne et reçoit 11 francs, tandis que a tailleuse en renom, sans avoir mis la main à l'œuvre, touchera 45 francs. Comment cela pourrait-il s'appeler? Un entrepreneur se charge de faire confectionner 100,000 chemises pour l'armée dont on lui fournit l'étoffe, et il traite à raison de 75 centimes; puis ensuite, il cède son marché en détail à de pauvres femmes auxquelles il donne seulement 35 centimes. Comment cela s'appelle-t-il? Cela s'appelle aujourd'hui faire le commerce, entreprendre la confection, gagner de l'argent par son travail et par son industrie!... »

En vérité, je le demande au marxiste le plus exclusif, la critique socialiste contemporaine a-t-elle dit quelque chose de plus saisissant?

Cependant la précision pratique manquait toujours. Louis Blanc l'apporta dans l'éloquente brochure sur l'organisation du travail qui — tels sont les privilèges du talent favorisé par les circonstances — impressionna si puissamment l'opinion démocratique et remua le prolétariat dans ses couches les plus profondes (1).

---

(1) Les propositions de Louis Blanc valent d'être encore méditées, et malgré leur longueur nous les transcrivons, en les recommandant à l'attention des législateurs socialistes que la confiance populaire a portés au Parlement!

ARTICLE PREMIER. Il serait créé un *Ministère du Progrès*, dont la mission serait d'accomplir la Révolution sociale, et d'amener graduellement, pacifiquement, sans secousse, l'abolition du prolétariat.

ART. 2. Pour cela, le *Ministère du Progrès* serait chargé : 1° de racheter, au moyen de rentes sur l'Etat, les chemins de fer et les mines; 2° de transformer la banque de France en banque d'Etat; 3° de centraliser, au grand avantage de tous et au profit de l'Etat, les assurances; 4° d'établir, sous la direction de fonctionnaires responsables, des vastes entrepôts où producteurs et manufacturiers seraient admis à déposer leurs marchandises et leurs denrées, lesquelles seraient représentées par des récipissés ayant une valeur négociable et pouvant faire office de papier-monnaie, papier-monnaie parfaitement garanti, puisqu'il aurait pour gage une marchandise déterminée et expertisée; 5 enfin d'ouvrir des bazars correspondant au commerce de détail, de même que les entrepôts correspondraient au commerce en gros.

ART. 3. Des bénéfices que les chemins de fer, les mines, les assurances, la banque rapportent aujourd'hui à la spéculation privée et qui, dans le nouveau système, retourneraient à l'Etat, joint à ceux

Le projet Louis Blanc était pratique ; mais si le prolétariat avait soif d'améliorations, la bourgeoisie détentrice du pouvoir politique était bien décidée à ne consentir à aucune

---

qui résulteraient des droits d'entrepôt, le ministre du progrès composerait son budget spécial, *le Budget des travailleurs*.

ART. 4. L'intérêt et l'amortissement des sommes dues par suite des opérations précédentes seraient prélevés sur le budget des travailleurs ; le reste serait employé : 1° à commanditer les associations ouvrières ; 2° à fonder des colonies agricoles.

ART. 5. Pour être appelées à jouir de la commandite de l'Etat, les associations industrielles ou agricoles devraient être instituées d'après le principe d'une fraternelle solidarité, de manière à pouvoir acquérir, en se développant, un capital COLLECTIF, INALIÉNABLE ET TOUJOURS GROSSISSANT ; seul moyen d'arriver à tuer l'usure, grande ou petite, et de faire que le capital ne fût plus un élément de tyrannie, la possession des instruments de travail un privilège, le crédit une marchandise, le bien-être une exception, l'oisieté un droit.

ART. 6. En conséquence, toute association industrielle ou agricole, voulant jouir de la commandite de l'Etat, serait tenue d'accepter, comme bases institutives de son existence, les dispositions qui suivent : Après le prélèvement du montant des dépenses consacrées à faire vivre les travailleurs, de l'intérêt du capital des frais d'entretien et de matériel, le bénéfice sera ainsi réparti :

Un quart pour l'amortissement du capital avancé par l'Etat ; un quart pour l'établissement d'un fonds de réserve dont la destination sera indiquée plus bas.

Ainsi serait constituée l'association dans un atelier ; il resterait à étendre l'association entre tous les ateliers de même nature ; afin de les rendre solidaires l'un de l'autre.

Deux conditions y suffiraient :

D'abord on fixerait le prix du revient ; on fixerait, eu égard à la situation du monde industriel, le chiffre du bénéfice licite au-dessus du prix de revient, de manière à arriver à un prix uniforme et à empêcher toute concurrence entre les ateliers d'une même industrie.

Ensuite, on établirait, dans tous les ateliers de la même industrie, un salaire non pas égal, mais proportionnel, les conditions de la vie matérielle n'étant point identiques sur tous les points de la France.

La solidarité ainsi établie entre tous les ateliers de même nature, il y aurait enfin à réaliser la souveraine condition d'ordre, celle qui devra rendre à jamais les haines, les guerres, les révolutions impossibles ; il y aurait à fonder la solidarité entre toutes les industries diverses, entre tous les membres de la société.

Pour cela des divers fonds de réserve dont nous parlions tout à l'heure, on formerait un fonds de mutuelle assistance entre toutes les industries, de telle sorte que celle qui, une année, se trouverait en souffrance, fût secourue par celle qui aurait prospéré. Un grand capital serait ainsi formé, lequel n'appartiendrait à personne en particulier, mais appartiendrait à tous collectivement.

La répartition de ce capital de la société entière serait confiée à un conseil d'administration placé au sommet de tous les ateliers.

L'Etat arriverait à la réalisation de ce plan par des mesures successives.

réforme. Même porté au gouvernement par la Révolution triomphante de Février, Louis Blanc fut impuissant. Force fut au socialisme, de rester, pour longtemps encore, confiné dans les régions théoriques.

Frappés avant tout par le spectacle des antagonismes industriels, les pères du collectivisme avaient mis la question agraire au second plan.

Colins reprenant l'idée de Rivadavia (1) et des Agrariens américains qui suivaient Devyr, posa en fait que l'appropriation collective de la terre est le premier but à poursuivre.

On peut, d'après Colins, en moins d'un quart de siècle, anéantir pacifiquement la misère, en faisant entrer le sol à la propriété collective par l'adoption et l'application de six articles de loi ainsi conçus et rédigés :

« 1º L'hérédité directe, *sans testament*, est de droit comme étant la seule qui soit nécessaire à l'excitation du travail.

» 2º L'hérédité collatérale, sans testament, est abolie comme n'étant pas nécessaire à l'excitation au travail.

» 3º Toute succession *ab intestat*, sans héritiers directs, est dévolue à l'Etat et appartient à la propriété collective.

» 4º La liberté absolue de tester est de droit, comme étant nécessaire à l'excitation au travail.

» 5º Toute succession par testament est passible d'un impôt de 25 0/0.

» 6º Le sol une fois entré à la propriété collective est déclaré inaliénable, ainsi que ce qui lui est inhérent. »

Certainement les moyens proposés sont insuffisants; mais le but n'en reste pas moins inattaquable.

En combinant les données de Pecqueur, de Vidal, de Louis Blanc, et de Colins avec le plan d'organisation poli-

---

(1) Président collectiviste de la République Argentine, en 1824. Voir sur son projet d'emphythéose universelle, *Revue socialiste* du 15 octobre 1889.

tique de Fauvety et de Renouvier (1), on constitue une théorique et une pratique collectivistes relativement complètes.

VII. La Déviation mutuelliste

Pourtant la nouvelle doctrine, à laquelle Colins venait (1850) de donner son nom de *Collectivisme* (déjà employé, mais d'une façon intermittente, par Pecqueur), n'était pas encore aux portes du triomphe, dans l'opinion publique.

La cause principale gît dans la forme purement logique que lui avaient donnée ses premiers formulateurs. Il eût fallu indiquer la place du collectivisme dans l'évolution économique et conclure ainsi, non seulement à sa justice, mais encore à sa nécessité, étant données les conditions nouvelles de la production capitaliste. Ce devait être l'œuvre de Marx et du socialisme allemand.

Malgré les indications précieuses de Saint-Simon et de Fourier, personne, dans le socialisme reconstructif français, ne se préoccupait de philosophie et d'histoire, de lois du développement de la civilisation et de processus social.

Les idées d'évolution et de lois sociales n'étaient pourtant pas inconnues de la haute mentalité française du temps. Depuis 1839, Auguste Comte, l'illustre auteur du *Système de philosophie positive*, avait enseigné que les sociétés évoluent d'après certaines règles résultant de la nature des choses, et que par suite, tout étant soumis à l'universelle loi d'un changement dans l'ensemble pro-

---

(1) *Organisation communale et centrale de la République*, projet présenté à la Nation pour l'organisation de la commune, de l'enseignement de la force publique, de la justice, des finances de l'Etat, par les citoyens H. Bellouard, Lenoit (du Rhône), F. Charassin, A. Chouippe, Erdan, Ch. Fauvety. G. Lardeau, Ch. Renouvier, J. Sergent. Paris, 1857.

gressif, les phénomènes sociaux aussi sont soumis à des lois invariables et à des relations de succession et de similitude.

Précisant encore, Littré, le premier disciple d'Auguste Comte, avertissait les socialistes que toute théorie incapable d'expliquer par l'histoire la série logique de ses tentatives d'organisation est frappée d'impuissance (1).

Les nouveaux socialistes français le comprirent encore moins que ne l'avaient compris leurs prédécesseurs du commencement du siècle. Ce fut une faute grave, une faiblesse pour le collectivisme naissant et l'une des causes du triomphe aussi éphémère que tendanciellement réactionnaire de Proudhon, qui put ainsi faire illusion par ses bribes d'hégélianisme, autant que par la forme magnifique dans laquelle il coula sa pensée remueuse et contradictoire (2).

Tout d'abord l'intervention de Proudhon parut justifiée. Le socialiste anglais Bray, que sans doute Proudhon ne connut jamais, avait dit fort raisonnablement, en 1839 :

« .....Il faut découvrir un terme social préparatoire, une espèce de halte entre l'individualisme et le communisme à laquelle la société actuelle puisse arriver, avec tous ses excès et toutes ses folies, pour la dépasser ensuite riche des

---

(1) E. Littré : *Conservation, Révolution, Positivisme.*

(2) Incontestablement, au point de vue économique le mutuellisme proudhonien fut une simple réaction individualiste, masquée par une phraséologie révolutionnaire trompeuse et un éclat de style incomparable. Proudhon fut encore plus rétrograde par ses théories familiales qu'il a lui-même résumées comme il suit : « Mes opinions sur la famille se rapprochent du droit romain plus que de toute autre théorie; *le père de famille est pour moi un souverain, ses droits sur sa femme et ses enfants sont presque illimités,* et si le principe familial faiblit parmi nous, je l'attribue surtout à notre jurisprudence, qui a restreint l'autorité du chef et créé dans la pratique une foule d'échappatoires à l'insubordination des enfants et des femmes » (P. J. Proudhon : Correspondance. tome IV, page 377).

Dans son livre posthume, la *Pornocratie,* le chef de l'école mutuelliste énumère huit cas dans lesquels le mari a le droit de tuer sa femme; il comprend dans la série *l'insubordination et le mensonge.* Poussé à ce degré, le fanatisme pour l'autoritarisme familial passe à l'état pathologique.

qualités et des attributs qui sont les conditions vitales du communisme. »

Programme magnifique qui tenta l'auteur du *Premier Mémoire sur la propriété*.

Il voulut, lui aussi, trouver le terme moyen entre le communisme et l'individualisme. Avec une précision pleine de promesses, Proudhon aborda la question, en se servant de la phraséologie antinomique qui lui était chère :

« La *communauté* nous donne la *thèse*, et la *propriété*, *l'antithèse*; ce qui reste à chercher, ce n'est plus que la synthèse, laquelle doit résulter de la correction de la *thèse* et de *l'antithèse*.

» La *communauté* par son nivellement devient tyrannique et injuste; la *propriété*, par son despotisme et ses envahissements, est antisociale.

» Mais, si ce que produisent la *propriété* et la *communauté* est mauvais, ce qu'elles veulent l'une et l'autre est bon ; car celle-ci cherche l'égalité et la loi et celle-là veut sur toute chose l'indépendance et la proportionalité. Donc, élimination faite de ce que la *propriété* et la *communauté* contiennent d'éléments étrangers, les deux restes, en se réunissant, nous donnent la forme naturelle de la société.

» *Égalité, loi, indépendance, proportionnalité*, tels doivent être les principes fondamentaux d'un ordre de choses vraiment humanitaire. »

Reste à trouver, ajoute Proudhon en substance, la théorie salvatrice, qui combinera pour le bien général les contraires antagoniques en les absorbant dans une résultante supérieure. Déjà, il nous est permis de l'entrevoir, ce sera une théorie de *mutualité*, ou pour préciser, de *mutuellisme* systématisé.

Pour arriver à cet état idéal de l'indépendance et de l'égalité dans la réciprocité, six mesures préparatoires l'imposent d'abord; ce sont :

1° La constitution de la valeur, devant modifier en faveur des travailleurs les relations du capital et du travail par l'instauration de l'égal échange dans l'atelier comme ailleurs;

2º La réorganisation du système des contributions pu-bliques, l'impôt progressif sur le revenu ;

3º L'application de la théorie du *loyer acquéreur*, en vertu de laquelle tout payement de loyer ou fermage acquiert un droit sur la chose louée et après vingt années fait le loca-taire propriétaire de la chose à lui louée (1) ;

4º La liquidation de la dette publique et des dettes pri-vées ;

5º L'abolition progressive des monopoles par l'organisa-tion des forces collectives résultant d'arrangements con-tractuels entre l'État et les *compagnies ouvrières,* pour l'exploitation des chemins de fer, mines, ainsi que pour l'entreprise de grands travaux publics.

A la fois timide et compliqué, malgré certains enjolive-ments démagogiques, ce programme économico-socialiste ne semblait pas fait pour satisfaire le prolétariat militant ; mais développé ou obscurci, accentué ou contredit, selon l'occurrence, dans vingt volumes de vigoureuse et saisis-sante critique philosophique, politique, économique et litté-raire, il fit illusion. La splendeur de la forme donna le change sur la pauvreté du fond, et c'est ainsi qu'au moment où la magnifique efflorescence française du demi-siècle qui venait de s'écouler, se résolvait dans une théorie collecti-viste à laquelle il ne manquait que d'être classée par la phi-losophie de l'histoire et qui, en attendant, était assez syn-thétique, assez vaste pour contenir provisoirement toute l'élaboration socialiste contemporaine ; à ce moment, le prolétariat français décapité, depuis *Juin* 1848, de son élite révolutionnaire, s'enfonçait dans les contradictions mutuel-listes, se laissant distancer — lui qui avait toujours été à l'avant-garde — par le prolétariat européen, gagné juste-ment par la propagande française à l'idée nouvelle.

_____

(1) Ceci revient à l'obligation du faire-valoir direct ; mais, que de moyens d'éluder la loi il resterait! Et d'ailleurs, ce ne serait pas la justice. Le gros fermier, par exemple, s'approprierait illicitement, pendant la période d'acquisition, la part qui légitimement devrait revenir à ses auxiliaires salariés.

Pour comble de malheur, le second (et le dernier, espérons-le) bandit couronné de l'exécrable famille des Bonaparte venait encore une fois d'étrangler la République. L'empire dictatorial et clérical allait tuer l'initiative française.

Immédiat et foudroyant fut le resultat.

Le socialisme en France, riche de tant de gloire, de tant d'idées et de tant d'œuvres, n'eut, après 1851, que des survivants, tandis que l'Allemagne produisait des Marx, des Lassalle, des Karl Grün, des Rittinghausen, des J.-Ph. Becker, des Engels, des Rodbertus, des Carlo Marlo; la Belgique, des Louis de Potter, des Dékeiser, des Jacob Kats, des Joseph Charlier; la Russie, des Herzen, des Bakounine, des Tchernichewsky, des Ogareff; l'Angleterre, des Travis, des Bray, des Ernest Jones, des Bronterre O'Brien; la Suisse, des A. Clément, des Bürckli, des Hugentobler; l'Italie, des Pisacane, et l'Espagne, des Ramon de la Sagra, des Joachim Abreu, des Lagracio de Bellay, des Ferdinand Garrido; le Danemark, des Frederick Dreyer...

Tous ces hommes, dont j'ai amplement parlé ailleurs (1), acceptaient avec plus ou moins de ménagement la nationalisation du sol et la socialisation des forces productives. Il en était de même naturellement du prolétariat militant de leurs pays respectifs. La situation fut donc claire; les prolétaires socialistes français de la première décade impériale, rejetés par Proudhon sur les rivages bourgeois du mutuellisme, campaient isolés, en arrière de l'armée socialiste européenne.

L'instinct de classe les sauva quelques années après. Ils publièrent, en 1864, le fameux *Manifeste des Soixante*, par lequel ils se séparèrent avec éclat des bourgeois libéraux et déclarèrent vouloir suivre à l'avenir une politique de classe. Proudhon, enthousiasmé et bien inspiré cette fois, sentit que l'avenir était dans cette initiative ouvrière et il écrivit d'abondance le livre superbe (2) qui fut son chant du cygne.

_____

(1) *Histoire du Socialisme*, passim.
(2) *De la capacité politique des classes ouvrières* fut écrit dans les derniers mois de 1864 et ne fut publié qu'en mai 1865. On sait que Proudhon mourut le 19 janvier 1865.

Par l'affirmation de la lutte des classes, les mutuellistes français se rattachèrent, à nouveau, au mouvement ouvrier européen et leur récompense fut de prendre une part honorable à la fondation de l'*Association internationale des travailleurs*. Celle-ci arrivait à son heure; elle allait prendre l'hégémonie du socialisme, pulvériser les vestiges des anciennes écoles et faire du collectivisme affirmé avec éclat devant le monde entier, la doctrine commune des prolétariats militants européo-américains et de leurs alliés socialistes venus des autres classes. Cela fait, elle devait succomber sous le poids de sa propre puissance, mais seulement pour faire place aux *Partis ouvriers* européo-américains qui sont la systématisation pratique de l'internationalisme prolétarien.

Il ne manquait plus au socialisme moderne qu'une philosophie historique correspondante; elle lui fut donnée par Karl Marx. Mais tout de suite la question se pose : le matérialisme économique de Marx peut-il contenir tout le mouvement rénovateur contemporain?

C'est ce que, après avoir fidèlement exposé la nouvelle doctrine, nous allons examiner dans notre prochain chapitre, entrant ainsi dans le cœur du sujet que nous nous sommes donné pour tâche de traiter, en ces pages sur les principes généraux et sur les conditions d'existence du socialisme intégral.

CHAPITRE IV

Principes et tendances du socialisme contemporain

On a vu, dans le précédent chapitre, que le socialisme de la première moitié du XIXe siècle, émana — abstraction faite de l'intervention de Robert Owen (qui d'ailleurs est Celte) — de l'inspiration et de la propagande française; il est également notoire que, dans la seconde moitié du siècle, la pensée sociale — qui a dépouillé l'idée nouvelle de son éclatante parure sentimentale et idéaliste, pour l'affubler d'une épaisse armure historique et critique — relève principalement de l'inspiration allemande, cette dernière envisagée dans sa forme la plus fataliste et la plus matérialiste.

Pour le socialisme, c'est une seconde phase et un progrès, car toujours un redressement critique doit suivre la première efflorescence, pour la fortifier, en la rectifiant. Mais, comme toujours en pareil cas, la réaction a été

11

excessive, car il y a eu excès à prétendre amputer brutalement
et implacablement le socialisme de toutes les impulsions
sentimentales qui l'avaient grandi et qui sont, quoi qu'on
dise, une force révolutionnaire et novatrice dont aucun
grand parti d'avenir ne saurait se priver impunément.

Il n'en est pas moins vrai cependant qu'armé désormais
de la connaissance des grandes lois de l'histoire et d'une
attentive observation critique des phénomènes économiques, le socialisme a acquis une puissance nouvelle et
qu'il est ainsi arrivé à la maturité théorique, voisine des
premières réalisations et préparatrice du triomphe final.

Il n'y a plus maintenant qu'à combiner les deux forces,
sentimentale et scientifique, pour rendre irrésistible la
poussée contemporaine vers un monde nouveau de paix,
de liberté, de justice et de solidarité. Là est la tâche des
socialistes réfléchis; pour notre part nous nous inspirerons
de cette haute pensée synthétique, en entreprenant d'ana-
lyser sommairement les principes et les tendances du
socialisme contemporain.

I. Considérations générales

Depuis l'épuisement de l'inoubliable Renaissance italienne, magnifiquement close par Galilée, découvrant le
mouvement de la terre, il semble que l'élaboration et la
propagande philosophiques se soient surtout concentrées
chez trois grandes nations qui occupent les sommets de la
pensée occidentale, après avoir eu — tour à tour et une
par siècle — la prééminence intellectuelle.

Précisons.

Bien qu'elle n'ait produit ni Spinosa, ni Descartes, ni
Leibnitz, ni Gassendi, ni Pascal, ni Torricelli, l'Angleterre
philosophique du XVIIᵉ siècle fut incontestablement, dans
la voie féconde ouverte par Bacon, la plus efficace initia-

trice de la libre pensée qui se dégageait en raison directe de l'affaiblissement du christianisme.

Les initiateurs -- dont les efforts convergèrent dans la célèbre *Société royale pour le développement des sciences naturelles*, fondée en 1645, et qui devint bientôt le foyer le plus rayonnant de la science moderne — ont nom Hobbes, Locke, Shaftesbury, Harrington, Vollaston, Vallis, Wilkins pour ne parler que des principaux; leur œuvre combinée fut l'œuvre intellectuelle dominante de leur temps.

Le renouveau qui en résulta fut un digne prodrome du xviiie siècle, le grand siècle du philosophisme, de l'émancipation, de l'adoucissement des mœurs, qui reste la victoire incomparable et la gloire éternelle de la mentalité française, alors prédominante et triomphante.

Tout annonçait, au commencement du xixe siècle, la maîtrise de l'Allemagne philosophique préparée à ce rôle, aprèsLeibnitz, parLessing, Kant, Herder. Effectivement, elle produisit coup sur coup Fichte, Hegel, Herder, Schelling, Krause, Herbart, Schleiermacher, Gœthe, Schiller, suivis par Lange, Feuerbach, Strauss, Schopenhauer, Buchner, Düring, Ferhnej, Wiendt, etc. Mais, en vertu de la force acquise et conservée par la France révolutionnée et imperturbablement révolutionnaire (1830-1848), l'expansion philosophique allemande ne pouvait prévaloir si vite contre le foyer intellectuel français, ravivé, en outre par une vivace et puissante renaissance littéraire.

Que voyons-nous, en effet, dans la période mouvementée qui va de 1815 à 1850?

D'abord la France, restant ainsi à la tête de la civilisation occidentale, crée de toute pièce le socialisme moderne, cette religion humaine des temps nouveaux. Puis, à partir de 1830, elle installe au sommet de l'Olympe de l'art, à côté du patriarche littéraire, Châteaubriand, et de Béranger, son chansonnier national, la pléiade glorieuse des poètes qui dans l'histoire s'appelleront Victor Hugo, Lamartine, Alfred de Vigny, Auguste Barbier, A. de Musset, Th. Gauthier Ch. Baudelaire, Pierre Dupont...

Non loin et sur le même plan, le génie de la peinture montrait avec orgueil, parmi les morts récents, David, Girodet, Gros, Géricault, Gérard, Prudhon; parmi les contemporains, Ingres, Eugène Delacroix, Decamps, Horace Vernet, Corot.

Avec autant de gloire, la sculpture revendiquait David (d'Angers), Etex, Rude, Dupoty, Cortot, Pradier, Foyatier, Ottin, etc. Cependant le profond Balzac créait le roman philosophique; Georges Sand, le roman humanitaire; Eugène Sue, le roman à thèses sociales; Lamennais dotait la littérature politique d'une éloquence enflammée; Michelet, Louis Blanc donnaient un cœur et des ailes à l'histoire, jusque là domestiquée par les oppresseurs et les massacreurs de peuples. Tout vivait, tout vibrait; le professorat officiel lui-même, avec les Quinet, les Michelet, les Mickiewics, donnait au droit révolutionnaire contesté des assises de diamant.

Avec Geoffroy Saint-Hilaire, successeur de Lamarck et vaillant adversaire du savant et coupable Cuvier (1), la science française se tenait à l'avant-garde de la recherche humaine et jetait, avec la haute approbation de Gœthe, les fondements du transformisme que Darwin allait bientôt élever d'une main savante.

En ce temps-là, l'économie politique elle-même était généreuse et progressive, en France. Laissant aux J.-B. Say, aux Dunoyer, aux Bastiat, la tentative peu honorable de rapetisser la science économique à n'être qu'un plaidoyer en faveur de la libre exploitation capitaliste, les nobles représentants de l'*école française*, les Sismondi, les Eugène Buret, les Adolphe Blanqui, les Droz, les de Villeneuve-Bargemont et leurs émules proclamaient la nécessité de réformes économiques urgentes.

La philosophie progressiste s'honorait d'Auguste Comte, de Littré, de Jean Reynaud, de Pierre Leroux, et le journalisme où brillait, entre tant d'autres vaillants polé-

_____

(1) Coupable de lâcheté intellectuelle, indignité qu'il a justement payé de la meilleure part de sa gloire scientifique.

mistes, Armand Carrel, Ribeyrolles, était démocratisé par Emile de Girardin, le journaliste homme d'affaires, et partait ainsi à la conquête de l'opinion populaire qu'à la vérité elle n'allait pas toujours guider dans les voies de l'honneur et de la justice, après sa subordination aux gens de finance.

Que dire de la tribune française où, dignes successeurs du général Foy, de Royer-Collard, les Mauguin, les Odilon Barrot, les Dupont (de l'Eure), les Garnier-Pagès (aîné), les Ledru-Rollin, les Lamartine, les Victor Hugo, défendaient, dans des débats qui passionnaient l'Europe, la cause des peuples et de la démocratie, contre les Guizot, les Thiers, les Berryer, les Montalembert, rétrogrades relaps, mais des maîtres, eux aussi, dans l'arène parlementaire.

Ajoutez à cela l'héroïsme révolutionnaire des Buonarotti, des Barbès, des Blanqui, des Martin-Bernard, des Lagrange, des Caussidière, des Jouanne et de leurs non moins méritants coréligionnaires, héroïsme qui se manifestait incompressiblement en de renaissantes et généreuses insurrections républicaines ou socialistes, marquant que la France militante était toujours à son poste périlleux d'avant-garde révolutionnaire des peuples.

Tout cela devait suffire à donner une survie à l'hégémonie intellectuelle française du XVIIIe siècle ; ainsi en advint-il. C'est donc sous ces auspices que, selon l'expression de Karl Grün (1) : « La France donna le socialisme au monde. » Elle le fit à son image du moment : enthousiaste et idéaliste, et ne se souciant pas trop du fatalisme philosophique allemand pourtant florissant.

Autrement il en fut après la défaite de la seconde République française, après l'étranglement césarien de la liberté, en France, et après l'échec des tentatives nationalistes et démocratiques qu'elle avait suscitées en Europe. La France alors perdit le verbe, et la mentalité européenne devint plus calculatrice et plus froide. Du reste il fallait bien voir que des faits implacables étaient venus

---

(1) K. Grün : *Die sozial Bewegung in Franckreich und Belgien.*

assombrir l'horizon, creuser les antagonismes, envenimer les conflits, déconcerter les utopistes politiques ou sociaux et aggraver les iniquités et les douleurs du régime capitaliste, « ce moyen-âge de l'industrie », avait dit Buret.

Dans ces conditions, le socialisme, cruellement blessé depuis *Juin 1848*, dut quitter les voies fleuries du subjectivisme ailé, rayonnant d'espérance et de foi, pour s'acheminer, sous le vent âpre d'inexorables réalités, dans les sentiers obscurs et difficiles de la philosophie de l'histoire et de la science économique.

Certes, il ne s'agissait plus de la conquête merveilleuse des Terres promises, vantées par les nouveaux prophètes ; mais bien plutôt de l'étude des lois qui régissent les phénomènes historiques et économiques, lois qu'il faut connaître, pour agir fortement dans la lutte cruelle et longue, pour l'émancipation, pour préparer les victoires prochaines.

Là devait commencer le rôle des philosophes socialistes allemands, qui, après avoir doté la philosophie de l'histoire de fécondes puissances dynamiques, en étaient arrivés au classement dialectique des forces sociales qui déterminent les révolutions politiques et les transformations économiques.

Karl Marx a attaché son nom à cette phase réaliste du socialisme que nous allons tout d'abord caractériser sommairement.

Dans son acception générale et abstraction faite des hétérodoxies qui seront succinctement indiquées dans la dernière partie de ce chapitre, le socialisme contemporain, marqué de la forte empreinte marxiste, repose théoriquement sur l'acceptation de cinq points principaux que l'on peut ainsi formuler :

1º Le fond tragique de l'histoire est rempli par les mouvements manifestes ou latents, mais incessants, de la lutte des classes.

2º L'organisation technique de la production et ses modifications dominent exclusivement l'organisation et les transformations économiques et, par ricochet, l'organisation et les transformations politiques.

3° Le mode capitaliste de production qui a succédé aux formes productives précédentes dites des *Métiers et de la Manufacture*, a pour caractéristique vis-à-vis des travailleurs :

a) Le producteur séparé des moyens de production ;

b) Intensification du travail, rendu en outre plus long, plus uniforme et plus asservi, sous un directorat, anonyme, dans la plupart des cas, toujours inexorable ;

c) Raréfaction, par les perfectionnements incessants du machinisme, par la prise dans la fabrique de la femme et de l'enfant, de la demande des bras sur les marchés du travail, d'où réduction du salaire au strict nécessaire et souvent au-dessous ; insécurité accrue, crises pléthoriques meurtrières, chômages plus longs et plus fréquents ;

d) Accroissement incessant de la prélibation capitaliste, ou part de travail non payé, que s'approprie le capitaliste, et transformation de ce nouveau capital en instrument d'exploitation ;

e) Absorption des petits capitaux par les grands et constitution d'une féodalité industrielle de moins en moins nombreuse, disposant arbitrairement de tous les moyens de production.

4° De cette action dépressive et violente de la production capitaliste résulte un antagonisme aigu entre capitalistes et producteurs directs. Ces derniers, que le mode de production capitaliste a nécessairement agglomérés, favorisant ainsi leur organisation et discipline nécessaires, ne peuvent résister d'abord ; ils ne pourront vaincre finalement qu'en se plaçant sur le terrain de la lutte des classes et en visant premièrement la conquête des pouvoirs publics.

5° Le prolétariat victorieux ne pourra remplir sa mission historique (abolition des classes et organisation du travail), qu'en procédant, graduellement ou révolutionnairement,

selon les circonstances, à la socialisation des forces productives.

II. La lutte des classes

D'après cette donnée, la justice, la fraternité « et autres
entités métaphysiques » n'ont rien à voir avec le conflit
contemporain. Il s'agit simplement de savoir si la transformation sociale désirée est nécessitée par le développement historique et si elle est rendue possible par les conditions économiques de la société actuelle. La réponse
affirmative est basée sur le fait que nous sommes à un
moment cyclique de la guerre des classes. Les temps sont
venus pour le prolétariat, quatrième et dernière classe, de
faire son entrée, en souverain, sur la scène du monde, avec
mission de mettre fin à la lutte des classes, à l'exploitation
de l'homme par l'homme et à toutes les dépressions, iniquités et souffrances qui en dérivent.

Seulement, pour hâter cet avènement du prolétariat chargé
d'instaurer une civilisation supérieure, il faut quitter les
sentiers enchanteurs, mais pleins de mirages trompeurs,
du sentimentalisme humanitaire, se défaire du simplisme
métaphysique, qui prend la partie pour le tout, sans nul
souci du devenir tendanciel des choses. D'après cela, il
tombe sous le sens que le socialisme moderne ne doit
chercher ses arguments que dans la science, dans l'histoire
et dans une pénétrante analyse du *processus* économique.

Dans cet esprit, consultée, l'histoire(1) montre au novateur
la civilisation oscillant ou se développant sous l'action toute-
puissante de successives dominations de classes ; la caste
théocratique et la caste militaire se disputent le pouvoir et

_____

(1) Dans la démonstration qui suit, on n'a emprunté au marxisme
que l'idée générale ; l'auteur est seul responsable du choix des faits
historiques invoqués.

la richesse, pendant de longs siècles. Puis en Grèce et à Rome, les plébéiens entrent en ligne, arrachent quelques avantages aux patriciens tout-puissants; mais tout s'effondre après l'instauration du christianisme, suivie des invasions barbares. Prêtres de la religion nouvelle et seigneurs frais émoulus des pillardes hordes germaniques s'entendent pour rapiner en grand ; ils se partagent la domination et l'exploitation des masses populaires asservies, spoliées et martyrisées, et ils le font avec un inconcevable mépris pour les gens qu'ils pillent et torturent et rejettent en quelque sorte hors de l'humanité(1), comme il fut fait pour l'esclave antique.

Le nouveau règne des deux classes dominantes dura légalement près de quinze siècles, c'est-à-dire jusqu'à la Révolution française; il n'en avait pas moins reçu bien des atteintes et subi bien des diminutions dans l'intervalle.

La bourgeoisie, ou troisième classe, ou mieux encore le *Tiers-État*, s'était, dès le xiᵉ siècle, par la fondation des premières communes, affirmé comme classe d'opposition et de progrès. Bientôt (1176) elle fut assez forte pour battre dans les plaines de la Lombardie Frédéric Barberousse, le chef suprême de la caste noble, et pour mettre hors d'atteinte les puissantes Républiques ou Communes souveraines de Venise, de Gênes, de Pise, de Gand, de Bruges, de Brême, de Hambourg, de Lubeck, d'Amalfi, etc., au fur et à mesure de leur formation. Assez influente encore fut la bourgeoisie pour arracher de nombreuses chartes communières, soit aux seigneurs, soit aux rois mêmes, en France, en Espagne, en Allemagne, en Angleterre.

En Suisse, les plébéiens héroïques fondèrent contre la féodalité allemande une République si forte par le courage de ses citoyens, que les plus grands royaumes durent rechercher son appui et que c'est elle qui eut l'honneur, en

---

(1) L'évêque Adalbéron, dans un poème latin adressé au roi Robert, ne connaît que deux classes dans la société : les clercs qui prient, les nobles qui combattent. Au-dessous, bien loin, sont les serfs et manants qui travaillent, mais ne comptent pas.

abattant le malfaisant et féroce Charles-le-Téméraire, de porter le coup de mort à la féodalité européenne, déjà lourdement frappée, il est vrai, par les victoires remportées sur les Anglais par Charles VII, avec le concours de la bourgeoisie française, — concours autrement efficace que celui de l'illuminée de Donrémy, si étrangement surfaite (1).

D'autres triomphes attendent la bourgeoisie, classe ascendante; tous les progrès lui profitent, il n'en saurait être autrement, puisqu'elle est elle-même la personnification du progrès et de la révolution civile, politique et économique qui sera l'aboutissant de l'évolution commencée.

Au futur avènement de la bourgeoisie participèrent ainsi :

L'invention de l'imprimerie, qui allait briser le pouvoir clérical et émanciper la pensée ;

La découverte de l'Amérique, par Christophe Colomb ;

La découverte de la route maritime des Indes-Orientales, par le *doublement du Cap de Bonne-Espérance,* dû à Vasco de Gama et à Magellan (auparavant tout le commerce de l'Extrême-Orient et des Indes devait prendre la route de Suez, par terre) ;

La découverte de la boussole, qui donna au commerce maritime une sécurité, une promptitude qu'il n'avait pas connues encore ;

La découverte de la poudre à canon, qui mit fin à la prédominance militaire de la noblesse.

Par voie de conséquence, on eut ensuite :

Une plus grande sécurité de la propriété roturière ; la destruction des vieux châteaux-forts (ce qui consomma la ruine militaire de la noblesse indépendante) ;

La suppression des lansquenets et des hommes d'armes, auxquels il ne resta d'autre ressource que de chercher du travail dans les ateliers de la bourgeoisie.

D'ordre plus strictement économique sont les initiatives suivantes également agissantes ;

---

(1) Voir sur ce sujet l'irréfragable version historique d'Ernest Lesigne ; *La vie de Jeanne d'Arc.*

La canalisation des fleuves, le creusement de nombreux canaux, la construction des grandes routes de communication;

Les premières applications du système colonial;

Enfin *l'accroissement continu de la production industrielle*, qui aurait suffi à elle seule à rendre inévitable la révolution politique et sociale future (1).

De tout ce renouvellement, la production et l'échange reçurent une impulsion inouïe. L'ancien mode de production (ère des *métiers*) ne put suffire aux besoins croissants. Par suite donc des nouveaux débouchés et du changement de vie, le *métier* entouré de privilèges féodaux fit graduellement place à la *manufacture;* la bourgeoisie, déjà riche et puissante, s'achemina à la prépondérance, marquée au point de vue économique par l'avènement du *capitalisme* (2).

Les premiers succès furent tels, que dans les républiques industrielles, c'est le travail qui fut anobli et l'on alla jusqu'à dégrader la noblesse (3).

Dans les monarchies les plus absolues, la bourgeoisie contraignit le souverain à compter avec elle.

Même mouvement ascensionnel au point de vue intellectuel. Plus hardie que le clergé, comprimé par le dogme ; plus studieuse que la noblesse, amollie et domestiquée par la royauté, la bourgeoisie devint bientôt la dépositaire de la science naissante et la propagatrice des idées nouvelles d'émancipation civile et politique.

Ce fut l'âge héroïque de la bourgeoisie militante, qui

---

(1) Voyez sur ce dernier point l'opinion de deux économistes non suspects de tendances socialistes, H. Pigeonneau : *Histoire du commerce de la France;* Th. Funck-Brentano : *L'Economie politique patronale.*

(2) Comparez K. Marx et Engels : *Le manifeste des communistes,* Ferdinand de Lassalle : *Le programme des travailleurs.*

(3) A Florence, le titre de noble ou de grand fut un moment réputé infamant et il entraînait la perte des droits politiques. On l'infligeait comme punition aux délinquants. En 1793, dans plusieurs districts de la République, on imita les procédés florentins, et certains paysans, traîtres à la cause de la Révolution, furent, par punition et en signe d'infamie, déclarés nobles par les sections révolutionnaires, jugeant en dernière instance.

venait de fonder en Hollande un asile inexpugnable de la liberté, — mise en péril par le renouveau de fanatisme et de férocité qui avait suivi les guerres de *religion* et corrélativement par l'apogée du monarchisme en France. — Aussi bien, lorsque, glorieusement, après l'incomparable xviiie siècle, la bourgeoisie française, devenue la première du monde, présida à la Révolution de 1789, on put croire qu'elle portait toutes les justices dans les plis de son drapeau tricolore. Et c'est pourquoi les nations acclamèrent la Révolution, c'est pourquoi le peuple français s'y jeta d'un tel élan, qu'avec lui le Tiers-Etat put briser, comme verre, les résistances monarchiques de toute l'Europe. Le résultat fut de livrer, en droit et en fait cette fois, le gouvernement du monde à la classe bourgeoise d'Occident et d'ouvrir toute grande l'ère du *capitalisme*.

Mais si elle apportait la liberté politique et l'émancipation civile, la nouvelle classe dominante ne voulait rien moins que la justice économique. Maîtresse du marché mondial, souveraine de l'industrie, détentrice du pouvoir politique, elle n'eut rien de plus pressé que de s'octroyer des privilèges de classe et de faire, c'était dans la logique des choses, de la *propriété capitaliste* le pivot de la nouvelle organisation sociale, comme la *propriété féodale* avait été le pivot de la société du Moyen-Age » (1).

Dans la lutte révolutionnaire, le Prolétariat ou *Quatrième Etat* s'était affirmé, ce qui ne pouvait surprendre personne. Classe nouvelle, mais déjà forte cependant, le Quatrième Etat avait donné signe de vie, depuis le xve siècle, par les *organisations compagnonniques opposées aux jurandes patronales* et par des grèves significatives, à partir de la même époque. Au xviiie siècle, les grèves furent si fréquentes et si importantes que, fait peu connu, on crut, en 1750, que le siècle des Encyclopédistes et du philosophisme s'appellerait le *siècle des revendications ouvrières*.

Quand vint la grande bataille pour l'affranchissement

---

(1) Ferdinand de Lassalle : *Op. citata*.

civil et politique, les deux classes montantes s'unirent
spontanément contre l'oppresseur et contre le spoliateur.

Nous voyons même que le prolétariat naissant accepta
si bien le rôle de soldat de la bourgeoisie que, pour délivrer
celle-ci de toute crainte de la part du roi, il prit et rasa la
Bastille, dans un admirable élan d'héroïsme.

Mais que peu de gré lui en suit la bourgeoisie triomphante et bénéficiaire! Le 24 juillet 1789, dix jours après la
prise de la formidable citadelle du despotisme royal, les
représentants de la municipalité de Paris publièrent un
arrêté prescrivant que l'imprimeur serait déclaré responsable lorsque les brochures et les feuilles volantes seraient
rédigées par des écrivains sans moyens d'existence connus.

Aux yeux de ces étranges bénéficiaires de l'héroïsme
populaire du 14 juillet, « les écrivains ayant des moyens
d'existence notoirement connus devaient jouir seuls de la
liberté de la presse si récemment conquise! La propriété
apparaît ici comme condition à la liberté de la presse, elle
est de même chargée de répondre de la moralité d'un écrivain (1). Affirmations éloquente des tendances exclusivistes
de la nouvelle classe dominante. «Le Tiers-Etat doit être
tout » avait dit Sieyès. On réalisait le programme.

A ce fait s'en ajoutèrent d'autres, tels que la loi Chapelier
de 1791 contre les associations ouvrières, prohibant formellement aux ouvriers de « s'unir sous quelque forme
que ce soit pour la défense de leurs prétendus intérêts
communs ».

Un moment, en 1793, le quatrième Etat eut la haute main
sur le gouvernement. Ce ne fut qu'une heure de rêve; après
la défaite qui suivit les excès de la Terreur, la bourgeoisie
reprit le pouvoir et la violence de la réaction fut soulignée
par le heurt sombre et tragique de *Prairial*.

Sous le Consulat et sous l'Empire, profitant habilement
des instincts rétrogrades de Bonaparte, la bourgeoisie se fit
octroyer la *Banque de France et les Mines*, gages superbes

(1) Lassalle : *Op. citata.*

de sa future royauté économique. Obéissant aux mêmes préoccupations, par ses Portalis, ses Cambacérès, ses Treilhard, elle fit glisser dans le Code civil l'article 1781 (le patron cru sur sa simple affirmation contre l'ouvrier dans les questions de salaires); dans le Code pénal, les articles 414, 415, 416 contre la coalition; d'autres prescriptions du même genre, telles que la destruction du suffrage quasi universel de 1793 et de l'établissement du *cens électoral*, si bien que, les vexations policières concernant le livret, « cette mise en carte de la classe ouvrière »(1), aidant, le prolétariat se trouva légalement subordonné à la bourgeoisie sur le terrain politique comme sur le terrain économique et, de la sorte, il fut livré sans recours à l'exploitation capitaliste la plus arbitraire et la plus dépressive.

Le caractère agressif, contre la classe ouvrière, des lois sus-indiquées, est si manifeste que même Jules Simon, qui mêle tant de fiel réactionnaire et tant de sophistique bourgeoise à l'exquis miel attique qu'il a rapporté de ses fréquentations platoniennes, a confessé ici l'évidence et avoué que les dispositions légales précitées eurent pour conséquence « de remplacer l'*aristocratie* par la *ploutocratie* ». « Personne, dit-il, n'eut la conscience bien nette d'une pareille usurpation (2). »

Nous ne croyons pas à tant d'innocence.

En 1830, victorieuse, grâce encore à l'héroïsme populaire, la bourgeoisie s'admira dans un roi, homme d'affaires, avare, rapace, étroit, ennemi des traditions révolutionnaires, hostile au progrès, réfractaire même à tout ce que la tradition monarchique avait pu garder de chevaleresque; en somme, véritable roi propriétaire: la bourgeoisie capitaliste faite homme.

Sous un tel chef, ce qu'il y avait encore d'honnête dans la classe bourgeoise fut écarté, avec les Laffitte, les Lafayette,

---

(1) Expression de Jules Guesde.
(2) Jules Simon : *la Liberté civile.*

les Dupont (de l'Eure); fut persécuté avec l'héroïque parti républicain, qui allait, au prix de son sang, tenter d'arracher la France aux harpagons. Alors vinrent, tour à tour, les Casimir Périer, les Guizot, les Thiers, les Molé, les Dupin, les Dufaure, les Pasquier, les Soult, les Duchâtel, les Gisquet, les Delessert, tous les loups cerviers de la caste.

Le *cens* fut maintenu, le cautionnement des journaux porté de 48,000 à 200,000 fr., parce que, avoua cyniquement Guizot, on aurait ainsi une « garantie destinée à prouver » que les hommes qui entreprennent un journal font partie » d'une certaine classe de la société (1). » On n'est pas plus impudent.

Les prolétaires répondirent par l'insurrection ouvrière, un moment triomphante, de Lyon (novembre 1831), et les révolutionnaires, par les nombreuses insurrections successives de 1832 à 1839.

Enfin le moment vint où le prolétariat parisien ouvrit par la conquête de l'égalité politique, matérialisée dans le suffrage universel, des voies libératrices jusque là inconnues à la classe ouvrière de toute l'Europe (2).

Pour être moins politique, moins révolutionnaire, la guerre entre bourgeoisie et prolétariat ne fut pas moins vive en Angleterre; elle y était à l'état aigu en 1810. On le vit bien en 1811, lors des émeutes luddites de Nottingham ainsi que des principaux centres manufacturiers et miniers du Royaume-Uni. La lutte aboutit à la conquête, en 1824, du droit d'association sur la bourgeoisie dirigeante.

Celle-ci vota, par représailles, la dure loi de 1834 contre les pauvres. Triomphe de Malthus qui fit mourir de désespoir le vieux Godwin, le glorieux auteur de la *Justice politique*. A son tour, le prolétariat anglais répondit par

---

(1) Louis Blanc : *Histoire de dix ans.*
(2) « La période historique du *Quatrième Etat* a été ouverte le 24 février 1848, jour de la proclamation du suffrage universel par le gouvernement de la deuxième république française. » (Ferdinand Lassalle : *Le Programme des travailleurs*).

l'agitation victorieuse pour les lois de fabrique et par le formidable mouvement chartiste, qui fut inauguré sous le patronage de l'illustre Robert Owen et ne disparut que pour faire place à la période des grandes grèves — véritables luttes économiques de classes — qui, sous le directorat des *Trade's Unions*, dure encore.

III. Le processus capitaliste

Pendant ce temps, le conflit avait atteint en France des proportions grandioses par l'insurrection de *Juin* et par la formidable explosion de la *Commune de Paris*, et il se généralisa bientôt dans tous les pays d'Europe au fur et à mesure de leur entrée dans le mouvement industriel. Vint le moment où le Quatrième État trouva son expression hégémonique dans l'*Internationale* d'abord, dans les *Partis ouvriers*, actuellement florissants, ensuite. Il est arrivé à avoir des représentants directs dans nombre de grandes municipalités et dans presque tous les parlements, notamment ceux d'Allemagne, de France, d'Angleterre, d'Italie, de Suisse, de Serbie, de Hollande, de Danemark, de Suède-Norwège et de l'Amérique du Nord.

Nous en sommes là; l'issue n'est pas douteuse, car les antagonismes ne peuvent que se creuser et créer la nécessité d'une révolution sociale.

La production capitaliste, de plus en plus, concentre les forces productives et pousse l'association et la division du travail à leurs dernières limites; tandis que, par l'emploi d'un machinisme toujours plus développé, elle multiplie les produits, décuple, vingtuple et centuple la productivité de l'effort humain.

Au bénéfice de qui?

Par suite du fait absurde que la machine, au lieu de fonctionner au profit du travailleur, fonctionne au profit du capitaliste « il arrive, pour parler la langue de Marx (1), que la machine devient l'arme la plus puissante du capital dans la lutte contre la classe ouvrière ; que le moyen de travail arrache à l'ouvrier les moyens d'existence ; que le moyen de travail est la lésinerie la plus éhontée des conditions de son perfectionnement; que la machine, ce plus puissant moyen d'abréger le travail, devient le plus sûr moyen de transformer la vie entière du travailleur et celle de sa famille en temps de travail exploité pour la mise en valeur du capital; il arrive que le surtravail des uns engendre le chômage des autres, et que la grande industrie qui parcourt le globe en quête de nouveaux consommateurs, limite chez elle les masses à un minimum de famine et détruit, de ses propres mains, son marché intérieur.

» La loi, qui toujours équilibre le progrès et l'accumulation du capital et de la surpopulation relative, rive plus solidement le travail au capital que les coins de Vulcain ne rivaient Prométhée à son rocher.

» C'est cette loi qui établit une corrélation fatale entre l'accumulation du capital et l'accumulation de la misère, de telle sorte que l'accumulation de richesses à un pôle, c'est une égale accumulation de pauvreté, de souffrance, d'ignorance, d'abrutissement, de dégradation morale, d'esclavage au pôle opposé, du côté de la classe qui produit (2). »

En telle occurrence, le mécanisme capitaliste est débordé, lui-même par les forces productives qu'il a développées. Il en résulte des surproductions aggravées par l'étranglement de la consommation, conséquence des bas salaires et de chômages croissants en intensités et en fréquences périodiques.

Pendant ce temps, le meurtrier mécanisme capitaliste accélère son action dévoratrice des petits capitaux: petits patrons, petits commerçants, petits propriétaires sont annuellement dépossédés par millions dans le rayonnement

_____

(1) Karl Marx : *Le Capital.*
(2) F. Engels : *Socialisme utopique et Socialisme scientifique.*

européo-américain. Le monstre les saisit par l'usure ou
par la concurrence, dans ses griffes de fer, les dépouille,
les ruine et les jette désespérés dans les rangs du prolétariat, de la sorte continuellement grossi et rendu toujours
plus formidable et plus mécontent.

Il est donc constaté qu'au terme de son évolution la
production capitaliste est malfaisante, homicide pour la
masse des producteurs, spoliatrice de la moyenne et petite
bourgeoisie, et incapable de diriger les forces productives
qu'elle a créées.

Ces dernières poussent de plus en plus la solution
des antagonismes, œuvre future du pro'étariat qui, maître
électoralement ou révolutionnairement des pouvoirs publics,
substituera graduellement l'Etat socialiste aux monopoleurs
et mettra fin, par une organisation sociale de la production
et de la répartition des richesses, par l'universalisation du
savoir et des avantages sociaux, aux antagonismes de
classes et aux classes elles-mêmes, fondues dans l'humanité heureuse et libre.

Le salut viendra ainsi, non pas du sentiment croissant
du droit et de la justice, mais des conditions mêmes de la
production capitaliste moderne, qui ont pour fatal about-
tissant (à moins de chute en servage ploutocratique) le
triomphe du grandissant prolétariat et la socialisation des
forces productives (1).

_____

(1) On a voulu voir dans ce déterminisme social une sorte de fatalisme étroit ; il n'est à proprement dire qu'une application aux
choses économiques, du calcul des probabilités, qui a pour père
Laplace. l'illustre auteur de la _Théorie analytique du calcul des
probabilités_ (1812). Le célèbre astronome et statisticien belge Quetelet introduisit le premier les calculs de Laplace dans la science
sociale. Voir, outre la _Physique sociale_, de Quetelet, ses ouvrages
confirmatifs : _Lettres sur la théorie des probabilités, appliquée _ᵉ ᵗ
sciences morales et politiques (1846) ; _Du Système social et de Lois
qui le régissent (1848), Théorie des probabilités (1853)_. Enfin,
les mêmes idées de déterminisme social se trouvent dans l'_Histoire
de la civilisation en Angleterre_, de Henry-Thomas Buckle. Voilà
plus. Si nous en croyons Lujo Brentano (_Revue d'Economie politique._
juillet 1880), la théorie d'après laquelle c'est l'organisation technique
de la production qui détermine l'organisation économique aurait été
pour la première fois, en 1833, formulée par un médecin anglais du
nom de Gaskell.

Il en sera, en ceci, ce qu'il en a toujours été dans le cours de l'histoire, à savoir que ce sont les intérêts économiques qui déterminent et commandent exclusivement les évènements, les sociétés politiques n'étant que les reflets successifs de la Société économique (1).

Tel est, dans ses grandes lignes, le socialisme marxiste comtemporain. Voyons maintenant le Prolétariat à l'œuvre dans les manifestations contemporaines de la lutte des classes.

IV. L'Internationale

Le 28 septembre 1864, à Saint-Martin's, Hall, à Londres, dans une réunion de socialistes et de délégués ouvriers de France, d'Allemagne, d'Angleterre, de Belgique, de Suisse

---

Ce serait dans le livre de Gaskell, dont le titre est un peu long : *The manufacturing population of England, its moral social, and physical condition, and the charges with kave arisen from the use of Steam machinery with an examination of infant labour*, London (1883), que F. Engels l'aurait remarquée pour la première fois. Mais il faut se hâter d'ajouter qu'avec Quételet, Buckle et Gaskell le probabilisme économique était tout statique ; à Marx, à Lassalle et à Engels revient toujours l'honneur d'avoir révélé ses lois dynamiques, en le faisant entrer dans le grand courant de l'évolution des sociétés.

(1) Flora Tristan : *Union ouvrière* (1843). Il est remarquable que le premier projet de fédération internationale des prolétaires soit dû à une femme.

Flora Tristan a eu des imitatrices et nous trouvons des femmes de grande valeur intellectuelle et morale, Pauline Rolland et Jeanne Deroin, à la tête de la vivace *Fédération ouvrière de 1849.* Cette fédération s'annonçait pleine d'avenir quand Louis Bonaparte la brisa, préludant à cette *campagne de Rome à l'intérieur,* dont la coalition cléricale et libérale avait tracé le programme et qui aboutit au Coup d'État de Décembre.

Ils se repentirent trop tard, les Ratons de la rue de Poitiers, quand le Bertrand césarien eut piétiné la liberté. Nul ne pouvait plus alors éviter cette criminelle et néfaste politique qui a eu pour couronnement la mutilation de la patrie et la fin de la prépondérance progressiste de la France.

et de Pologne, fut fondée l'*Association internationale des travailleurs* qui allait faire quelque bruit dans le monde.

Ce n'est pas la première fois qu'une tentative de ce genre était faite.

En 1843, dans une brochure trop peu connue, Mme Flora Tristan avait démontré, avec une singulière lucidité, l'*internationalité* des intérêts ouvriers, sans même négliger le fait de la lutte des classes dont personne n'avait parlé encore.

A la *classe noble,* disait l'auteur de l'*Union ouvrière,* a succédé la classe bourgeoise, beaucoup *plus nombreuse et plus utile.* Vient maintenant *la classe ouvrière plus, utile et plus nombreuse encore.* A elle de se constituer en *Unité universelle,* sans faire aucune distinction entre les ouvriers des diverses nations. Ainsi constituée, la classe ouvrière sera forte ; elle pourra alors réclamer, sûre de se faire écouter, le droit au travail et l'organisation du travail (1).

Embrigadé dans des écoles rivales, le prolétariat militant ne tint aucun compte du sage conseil.

Ce n'est qu'en 1855, que fut faite une première tentative par un groupe de révolutionnaires de toutes nations. Mais c'était plutôt d'une Internationale révolutionnaire que d'une Internationale ouvrière qu'il s'agissait.

---

(1) **Extrait du programme inaugural :**
» Le but de la Société est de propager les principes de révolution sociale, de travailler activement par tous les moyens en son pouvoir, et d'arriver ainsi à établir la République démocratique, sociale universelle.

» La Société comprend ainsi les principes de la Révolution sociale.

» Négation absolue de tous les privilèges, négation absolue de toute autorité, affranchissement du prolétariat. Le gouvernement social ne peut et ne doit être qu'une administration nommée par le peuple, soumise à son contrôle et toujours révocable par lui.

» Nous ne demandons pas l'aide de la bourgeoisie pour accomplir la Révolution sociale et nous sommes persuadés que si nous la demandions nous ne l'obtiendrions pas. Ce que nous avons à faire, c'est de ne nous en rapporter à personne qu'à nous-mêmes. La fraternité n'est qu'une illusion stupide, là où là société est organisée en classes ou en castes... »

Signataires : Claude Pelletier, auteur d'*Atercratie* et d'un *Dictionnaire du Socialisme*; Déjaque, poète ouvrier de talent, auteur de l'*Humanisphère*; Ernest Jones, chartiste, Tufferd, Benoît, Debuchy. Mijoul, Klark, Herben, Oborski, Hammer, Kweteslowski, Baroskiewitch, Lesein, Montlaléon, J. Yung, etc., etc.

Aussi l'échec fut-il complet.

Les Internationalistes de 1864 parlèrent un autre langage.

Voici l'impérissable manifeste qu'ils adressèrent aux prolétaires des Deux-Mondes ; il est très connu, mais son omission déparerait cette étude :

« Considérant :

» Que l'émancipation des travailleurs doit être l'œuvre des travailleurs eux-mêmes ; que les efforts des travailleurs pour conquérir leur émancipation ne doivent pas tendre à constituer de nouveaux privilèges, mais à établir pour tous des droits et des devoirs égaux, et anéantir la domination de toute classe ;

» Que l'assujettissement économique du travailleur aux détenteurs des moyens de travail, c'est-à-dire des sources de la vie, est la cause première de sa servitude politique, morale et matérielle ;

» Que l'émancipation économique des travailleurs est conséquemment le grand but auquel tout mouvement politique doit être subordonné comme moyen ;

» Que tous les efforts faits jusqu'ici ont échoué, faute de solidarité entre les ouvriers des diverses professions dans chaque pays, et d'une union fraternelle entre les ouvriers de diverses contrées ;

» Que l'émancipation du travail, n'étant un problème ni local, ni national, mais social, embrasse tous les pays dans lesquels la vie moderne existe, et nécessite pour sa solution leur concours théorique et pratique ;

» Que le mouvement qui reparaît parmi les ouvriers des pays les plus industrieux de l'Europe, en faisant naître de nouvelles espérances, donne un solennel avertissement de ne pas retomber dans les vieilles erreurs et les pousse à combiner immédiatement leurs efforts encore isolés ;

» Par ces raisons :

» Les soussignés, membres du conseil élu par l'Assemblée tenue le 28 septembre 1864, à Saint-Martin's Hall, à Londres, ont pris les mesures nécessaires pour fonder : l'*Association internationale des Travailleurs*. Ils déclarent que cette association internationale, ainsi que toutes les sociétés ou individus y adhérant, reconnaîtront comme devant être la base de leur conduite envers les hommes : la vérité, la morale, la justice, sans distinction de couleur, de croyance ou de nationalité.

» Ils considèrent comme un devoir de réclamer pour tous les droits d'homme et de citoyen : *Pas de devoirs sans droits, pas de droits sans devoirs.*

» ARTICLE PREMIER. — Une association est établie pour trouver un point central de communication et coopération entre les ouvriers des différents pays aspirant au même but, savoir : le concours mutuel, le progrès et le complet affranchissement de la classe ouvrière.

» ART. 2 — Le nom de cette association sera : *Association internationale des travailleurs...*

Il était impossible de mieux penser et de mieux formuler.

Dans une circulaire inaugurale, le *Conseil général* précisa

encore et donna la formule suivante, marxiste de fond et
de forme :

« La conquête du pouvoir politique est devenue le premier devoir de la classe ouvrière ».

Le principal rédacteur des *considérants* fut Karl Marx,
qui pourtant avait dû subir la collaboration des mutuel-
listes parisiens; de là l'invocation à la *Vérité*, à la *Morale*,
à la *Justice*, toutes réminiscences du socialisme idéaliste
français.

Bien que pleinement formulé par Marx et Engels, que
corroborée, dans sa partie économique, par Rodbertus (1)
et que brillamment vulgarisée déjà par Lassalle (2), la

_____

(1) Rudolf Meyer avance, avec force documents à l'appui, dans son
Emancipation Kampf der vierten standes (La lutte pour l'émancipation
du quatrième état), que les premiers écrits de Rodbertus contiennent
toutes les idées que Marx et Lassalle ont développées depuis avec
tant de retentissement. Ceci est vrai, surtout d'après Meyer, pour la
définition de l'accumulation capitaliste, qualifiée par Rodbertus, dès
1840, de *plus-value* du travail ou « *travail non payé*, et pour cette
*observation que, en société capitaliste, la part du travail diminue en
raison de sa productivité* ».
A cette prétention, Engels a répondu, dans l'édition allemande de
la *Misère de la philosophie*, que Marx se rencontra simplement avec
Rodbertus qu'il n'avait jamais lu.
(2) Après une courte et ardente activité socialiste en 1848-1849
avec Marx, Engels, J. Ph. Becker, Freiligrath, Schapper, Wolf,
Liebknecht, Lassalle s'était voué tout entier au retentissant procès
qu'il gagna pour Mme de Hatzfeld.
Mais il revint avec éclat aux dieux de sa jeunesse, en 1861, par la
publication de son important ouvrage : *System der erworbenen rechte*
(Système des droits acquis), suivi de deux brochures : *Weber verfa-
sungswesen* (Essence d'une constitution) et *Macht und Recht* (Force
et Droit).
Enfin, en 1862, il jugea le moment d'intervenir et il entra en ligne
par le *Programme des travailleurs*. « Dès lors, dit Emile de Laveleye,
» il se livra avec une activité dévorante à la propagande des idées
» socialistes. Pendant les trois dernières années que dura son apos-
» tolat actif, il consacra ses jours et ses nuits à organiser des
» *meetings,* à prononcer des discours, à écrire des brochures. En ce
» temps si court, il parvint à faire du socialisme, vaguement répandu
» dans les masses, un parti politique militant, ayant sa place marquée
» dans l'arène électorale. *Il fit en Allemagne, à lui seul, ce que la
» Révolution de février avait fait en France.* » (Emile de Laveleye :
le Socialisme contemporain.)
Il convient d'ajouter que Lasalle, tout en s'inspirant des données
fondamentales de Marx, humanisa singulièrement le réalisme d'acier
du Maître.
Dans tout le *Programme des travailleurs,* par exemple, coule une

doctrine nouvelle fut loin d'être prédominante dans l'*Internationale*.

Dans les premier et deuxième Congrès (Genève, 1866 et Lausanne 1867), ce fut le mutuellisme français qui l'emporta et le jeune et éminent prolétaire qui, dans les troisième et quatrième congrès (Bruxelles 1868 et Bâle 1869), fit triompher le collectivisme, n'était pas un adepte de l'école socialiste allemande.

César De Paepe, alors ouvrier typographe, maintenant docteur en médecine, avait passé par le mutuellisme proudhonien et un peu par le positivisme de Comte. Les écrits de Colins contribuèrent beaucoup à l'amener au collectivisme, et c'est pourquoi (1) il préconisa tout d'abord la socialisation de la terre, en continuant par les canaux, routes, chemins de fer, lignes télégraphiques, banques, etc. (2).

---

sève généreuse d'humanisme enthousiaste et d'optimisme vaillant. Ces réminiscences idéalistes ne furent pas sans influence sur les résultats merveilleux de la mémorable campagne à laquelle mit malheureusement fin, en mai 1864, un duel mortel amené par des motifs futiles, sinon blamables.

(1) Contrairement à la méthode marxiste qui, bien plus conforme au processus économique, enseigne que le socialisme doit commencer par les voies de communication, l'industrie et le commerce, pour se clore par la nationalisation du sol.

(2) La résolution concernant la propriété collective et votée, sur la proposition de De Paepe, par les Congrès de Bruxelles ou de Bâle et d'ailleurs remarquablement conçue et développée :

« Considérant que les nécessités de la production et l'application des connaissances agronomiques réclament une culture faite en grand par l'Etat régénéré et soumis lui-même à la loi de justice ; que les carrières, houillères, chemins de fer, soient concédés par la société, non à des compagnies ouvrières, et ce, moyennant un double contrat : l'un donnant l'investiture à la compagnie ouvrière et garantissant à la société l'exploitation scientifique et rationnelle de la concession, les services au plus proche du prix de revient, le droit de vérifier les comptes de la compagnie, et, par conséquent, l'impossibilité de la reconstitution du monopole ; l'autre, garantissant les droits mutuels de chaque membre de l'association ouvrière vis-à-vis de ses collègues.

1° La propriété foncière est abolie ; le sol appartient à la collectivité ; il est inaliénable ;

2° Les cultivateurs fermiers payeront à l'Etat la rente qu'ils payaient aux propriétaires ; cette rente tiendra lieu d'intérêt et servira au payement des services publics, tels qu'instruction, assurances, etc.

3° Comme mesure transitoire, il est convenu que les petits proprié-

On allait aborder, au Congrès projeté de Mayence (septembre 1870), le collectivisme industriel. Mais pendant que les prolétaires élaboraient pacifiquement, dans leurs assises internationales annuelles, les lois idéales d'un monde nouveau de paix, de justice et de solidarité, l'ouragan de fer de la guerre franco-allemande crevait sur la France, livrée et trahie par son louche César.

La guerre néfaste eut pour contre-coup l'explosion socialiste et révolutionnaire de la Commune de Paris. Lorsque l'héroïque insurrection prolétarienne, à laquelle on doit la conservation de la République en France, fut écrasée, dans un massacre mongolique, qui rappelle le sac de Magdebourg par l'armée catholique de l'exécrable Tilly; lorsque

---

taires qui exploitent leurs terres par leur travail personnel pourront rester leur vie durant possesseurs de cette terre sans payer de fermage; à leur décès, l'impôt foncier de leurs terres sera majoré au prorata de la vente des autres terres de même valeur et sera par conséquent transformé en rente foncière. Dès lors, l'impôt foncier sera aboli pour ses terres, comme il l'est déjà pour celles qui payent la rente;

4° Les baux seront à vie pour les cultivateurs individuels; ils seront du terme de... pour les associations agricoles (un terme plus élevé que la moyenne de la vie);

5° Les baux seront néanmoins résiliables par les individus ou par les associations agricoles pour des causes déterminées, d'utilité particulière;

6° Les baux seront personnels; la sous-location est interdite;

7° Le sol est évalué au commencement et à la fin de chaque bail. Si, à la fin du bail, il y a plus-value, la Société la rembourse; s'il y a moins-value, la Société peut se rembourser par les objets meubles que l'occupant ou l'association aurait laissés;

8° Afin de pousser à l'association dans l'agriculture, les associations agricoles auront la préférence pour la location de la terre. Après les associations, cette préférence existera encore pour les enfants de l'occupant décédé qui auraient travaillé avec leur père;

9° Afin de simplifier la question du domaine foncier, l'administration en sera confiée dans chaque commune au conseil communal, par tous les habitants majeurs de la commune. Ce conseil pourvoira en particulier à la réunion des parcelles et à la délimitation des possessions, de façon à arrêter le nivellement. Les communes pourront même ne constituer qu'une seule association agricole, si telle est la volonté des habitants.

10° L'état, de concert avec les commissions agricoles nommées par les agriculteurs, s'occupera des grands travaux de reboisement, de défrichement, de desséchement, d'irrigation; il s'entendra avec les compagnies de travaux ruraux qui pourraient se constituer pour exécuter ces travaux d'ensemble.

trente-cinq mille victimes eurent jonché le sol de Paris, et
que plus de cinquante mille suspects eurent été parqués
dans les champs de Satory ou entassés sur les pontons, en
attendant la prison cellulaire, la déportation ou le bagne,
un fait inattendu se passa, montrant bien que si, depuis
1851, la France avait perdu le verbe, elle avait gardé au
front, orné toujours du laurier des luttes révolutionnaires,
l'étoile rayonnante qui attire les peuples.

La Commune vaincue suscita dans tous les prolétariats
d'Europe et d'Amérique un irrésistible élan de sympathie
et d'admiration. A Berlin comme à Bruxelles, à Odessa
comme à Genève, à Madrid comme à Copenhague, à Lis-
bonne comme à Milan, Naples ou Bologne, à Vienne
comme à Belgrade, à Bucharest, comme à New-York, ce
fut, dans les imposantes assemblées ouvrières convoquées
à cet effet, une explosion d'enthousiasme sympathique
pour les idées de la Commune, pour les prolétaires et les
socialistes français qui, «encore une fois, avaient combattu
pour la liberté républicaine et pour l'égalité sociale, c'est-
à-dire pour l'humanité.» Et, merveilleux exemple de propagande par le fait, le retentissement de la Commune fit plus
pour l'extension de l'Internationale que n'avaient pu faire
quatre années de propagande pacifique.

En effet, au commencement de 1870, la grande association n'était sérieusement implantée qu'en France, en Belgique et en Suisse. A l'adhésion de quelques sections révolutionnaires de Londres, de Florence, de Naples, de Barcelone, de Madrid se bornait la participation de l'Angleterre,
de l'Italie et de l'Espagne. En Allemagne, les lassalliens
dirigés par Schweitzer — qu'allaient remplacer Hassel-
mann et Hasenclever — n'avaient pas adhéré. L'adhésion
du parti démocratique, socialiste que dirigeaient déjà Bebel
et Liebknecht, ne pouvait pas être officielle; il en était de
même du parti démocrate-socialiste autrichien, fondé par
Oberwinder et Scheu.

Que voyons-nous au contraire, en 1872 ?

Au grondement du canon communaliste, tous les prolé-

tariats ont prêté l'oreille, et c'est par centaines que surgissent
les groupements ouvriers socialistes nouveaux en Espagne,
en Italie, en Hollande, en Danemark, en Portugal, en Serbie,
en Roumanie, dans l'Amérique du Nord; en un an, l'effectif
de l'*Internationale* avait décuplé.

Pourquoi faut-il ajouter que ce ne fut pourtant qu'une
floraison éphémère, car pendant que les prolétariats s'ébran-
laient au nom du socialisme, l'*Internationale*, devenue le
champ de bataille de deux chefs rivaux, Marx et Bakounine,
se divisait contre elle-même. Comme l'aloès trentenaire des
pays ensoleillés, qui ne fleurit qu'une fois et meurt ensuite,
l'*Internationale* se désagrégea au moment même de sa
soudaine expansion.

V. Les Partis ouvriers

Toutefois ce ne fut qu'une transformation. En montrant
jusqu'où pouvait aller la haine des classes, la répression
versaillaise avait porté un coup terrible à l'idéalisme dans
le cœur ulcéré des prolétaires. Aussi dans les *Partis ouvriers*
qui succédèrent à l'*Internationale*, le matérialisme historique et économique de l'école marxiste triompha-t-il sans
contestation désormais.

Les considérants du parti socialiste allemand inaugurèrent la nouvelle phase théorique, avec toute la précision
désirable :

« Considérant, est-il dit dans le programme unioniste de
Gotha, encore en vigueur, considérant que le travail est la
source de toute richesse et de toute civilisation, et attendu
que le travail utile n'est possible que par la société, le produit du travail tout entier appartient à la société, c'est-à-dire
tous ses membres, sous la condition qu'à chacun incombe
le devoir du travail. Dans la société actuelle, tous les moyens

ou instruments de travail (Arbeitsmittel) ont été monopolisés par la classe capitaliste ; de là, la dépendance de la classe ouvrière, la cause de toute misère et de tout esclavage... Pour émanciper le travail, il faut que les moyens ou instruments de travail deviennent la propriété commune de la société.

« Le parti ouvrier socialiste de l'Allemagne demande comme de réalisation immédiate et possible même au sein de la société actuelle... »

Ce fut une sorte de thème, que paraphrasèrent invariablement tous les partis ouvriers qui s'organisèrent dans la suite :

« La terre est la mère, le travail le père de tous les produits matériels et intellectuels, disent les *Considérants* du parti ouvrier socialiste hongrois ; tous deux sont donc la source de toutes richesses, de toute production. Tant que le sol et les instruments de travail appartiendront à une minorité, toute culture et toute augmentation de richesse ne profitera qu'à cette minorité qui restera maîtresse de l'autre partie de la société, de peuple non possédant.

» Les propriétaires des instruments de travail, les possesseurs du sol et des capitalistes sont de plus, par leur situation économique, les détenteurs du pouvoir politique.

» La division de la société en possédants et non-possédants, en riches et pauvres, en dominants et dominés, n'est pas dans la nature des choses.

» C'est un résultat social. La nature n'a point mis les instruments de richesses entre les mains de quelques-uns et condamné les autres au rôle de machines destinées à procurer toutes les jouissances de la vie aux oisifs par sa force-travail. L'inégalité monstrueuse qui règne dans la société humaine est donc l'œuvre de l'homme, et tout ce qui est le fait de l'homme peut être changé et perfectionné.

» En outre, considérant qu'aucun parti appartenant aux classes dominantes, ne représente les intérêts du peuple des travailleurs ;

» Considérant que la minorité concentre de plus en plus

entre ses mains inactives la terre et toutes les sources de
production, et qu'il résulte pour la majorité l'impossibilité
absolue de s'affranchir de la domination économique et
politique qui l'opprime... »

Les *Considérants* du parti ouvrier espagnol enveloppent
la même idée dans une forme plus vive :

« Considérant que la société actuelle est fondée uniquement sur l'antagonisme des classes ;

» Considérant que cet antagonisme a atteint de nos jours
son plus haut degré de développement, comme on le voit de
plus en plus par le nombre chaque jour plus réduit de ceux
qui possèdent une immense fortune, et le nombre chaque
jour plus grand de ceux qui ne possèdent absolument rien ;

» Considérant que l'exploitation de ceux-ci par ceux-là
n'est due qu'à la possession par les premiers de la terre,
des machines et des autres instruments de travail ;

» Considérant que cette possession est garantie par le
pouvoir politique, qui est aujourd'hui entre les mains des
exploiteurs, c'est-à-dire de la bourgeoisie ;

» D'un autre côté :

» Considérant que la nécessité, la raison et la justice exigent
que l'antagonisme entre les deux classes disparaisse par la
destruction d'un état social qui maintient dans la plus affreuse misère ceux-là mêmes dont toute la vie est consumée
à produire la richesse, tandis que ceux qui ne contribuent
en rien ou presque en rien à la production de cette richesse
sont les seuls à en jouir ;

» Considérant que ce but ne peut être atteint que par l'abolition des classes et, partant des privilèges et des injustices
qui règnent aujourd'hui et lorsqu'on aura créé à sa place
des collectivités ouvrières, reliées entre elles par la solidarité des intérêts ;

» Considérant que le puissant levier qui doit leur servir
pour remuer et renverser les obstacles qui s'opposeront à
cette transformation de la propriété est le pouvoir politique
dont la bourgeoisie se sert pour empêcher la revendication
de nos droits... »

Remarquables par leur précision scientifique, qui n'en fait que mieux ressortir la parfaite orthodoxie marxiste, sont les considérants du parti ouvrier socialiste portugais :

« Considérant :

» Que le développement de la production moderne, provenant de l'application des découvertes scientifiques dans les diverses branches de l'industrie, tend à socialiser le travail, annihile l'effort individuel sous l'effort collectif;

» Que, en vertu des nécessités de la grande production, la plus grande division du travail entre autres, tend également à transformer la capacité technique des travailleurs, cela au grand préjudice de ces derniers;

» Que la socialisation de la production sous le régime actuel de propriété concerne toute la fortune sociale entre les mains de la classe capitaliste et livre les travailleurs à une exploitation morale et physique de plus en plus intense;

» Que, par suite de ces conditions économiques de la société actuelle, la classe ouvrière ne pourra s'affranchir de la domination du capital qu'en s'emparant, pour les restituer à la collectivité, de la matière et des instruments de travail.

» Considérant aussi :

» Que l'émancipation économique de la classe ouvrière étant inséparable de son émancipation politique, les mouvements de cette classe doivent avoir pour but dans le moment actuel :

1º Obtenir par tous les moyens en son pouvoir, la plus grande somme possible de propriété collective, comme contre-poids à l'accumulation capitaliste.

2º Se faire représenter dans toutes les manifestations politiques et sociales, en s'organisant sociétairement dans le but de s'emparer du pouvoir politique, point de départ d'une organisation sociale dans laquelle chaque travailleur jouira du produit intégral de son travail... »

Moins dogmatiques, moins précis, les *considérants du Parti ouvrier suisse* n'en sont pas moins dans la donnée réaliste courante.

« *La Fédération des travailleurs en Suisse* s'efforcera, d'accord avec les ouvriers des autres pays, d'arriver à l'abolition de tous les privilèges et à la réalisation d'une existence humaine pour tous, à l'établissement d'un'état où tous travaillent pour la collectivité. Ceci étant impossible aussi longtemps qu'une partie des hommes seulement dispose de toutes les propriétés, et que l'autre partie est complètement privée de toute possession, par conséquent maintenue dans l'esclavage par la classe possédante, *la Fédération des travailleurs en Suisse* visera à l'abolition de toute propriété individuelle et à la revendication de tous les moyens de travail pour tous.

» Toute propriété, toute jouissance, tout progrès n'étant que le produit du travail, personne n'étant autorisé à dérober son prochain de ses produits, l'ouvrier doit avoir la valeur de son travail.

» Nul ne pouvant apporter la moindre des choses dans le monde, nul n'en pouvant emporter rien, tous sont égaux dès leur naissance. La communauté doit procurer à chacun les moyens d'arriver au plus haut degré d'instruction possible. Chacun doit travailler de toutes ses forces pour la généraliser et, après sa mort, tous ses produits seront la propriété de tous.»

Les *Considérants* du parti ouvrier socialiste belge sont également ce qu'il y a de plus orthodoxe ; il y a similitude jusque dans la terminologie :

« Le *travail* est la source principale de toute richesse et de toute culture intellectuelle et matérielle du peuple, et vu que le travail d'une utilité générale n'est possible que par la société (ce mot pris dans le sens de la collectivité de tous les individus d'un État ou d'une nation), le produit du travail tout entier appartient à la société, c'est-à-dire à tous ses membres, sous la condition qu'à chacun incombe le devoir du travail ; de même que chacun a droit à ce dont il a raisonnablement besoin.

» Dans la société actuelle, tout le pouvoir est conféré au monopole des capitaux ; les plus beaux fruits du travail reviennent au riche, qui cependant n'est pas producteur. La dépendance de la classe ouvrière, qui en résulte, est cause de toutes les formes de misère et de servitude.

« L'affranchissement du travail exige la conversion des instruments de travail conformément à l'utilité générale, ainsi que la distribution équitable des produits du travail.

« L'affranchissement du travail doit être l'œuvre de la classe ouvrière elle-même, attendu que les autres classes ne sauraient concourir sérieusement à ce progrès... »

Même argumentation, même tendances et souvent même terminologie dans les *considérants* du parti ouvrier socialiste danois, du parti ouvrier socialiste hollandais et du *Socialistic Labor Party*, de l'Amérique du Nord.

Seuls, les *Considérants du parti ouvrier socialiste italien* présentent une différence de forme. On y parle beaucoup (et avec raison) de forces morales ; mais pratiquement le parti ouvrier représenté au Parlement par Andréa Costa, et qui a pour principaux théoriciens Gnocchi-Viani et F. Turatti, est un de ceux qui se tiennent le plus intraitablement sur le terrain réaliste de la lutte des classes.

La France ouvrière, en ressouvenir de l'ancien idéalisme, va-t-elle faire exception ? Nullement, comme on peut s'en convaincre à la lecture des considérants du programme de 1880, dit *programme minimum* (1) :

---

(1) La fraction possibiliste du parti ouvrier français ne se recommande plus du *programme minimum*, mais les principes sont les mêmes. La politique de la lutte des classes ne fléchit que lorsque la République est remise en question. Voici, cette explication donnée, le *programme minimum* qui est de la plus vraie orthodoxie marxiste :

« Considérant que l'émancipation de la classe productive est celle de tous les êtres humains, sans distinction de sexe ni de race ;

» Que les producteurs ne sauraient être libres qu'autant qu'ils seront en possession des moyens de production ;

» Qu'il n'y a que deux formes sous lesquelles les moyens de production peuvent leur appartenir : 1° La forme individuelle, qui n'a jamais existé à l'état de fait général et qui est éliminée de plus en plus par le progrès industriel ; 2° la forme collective, dont les éléments matériels et intellectuels sont constitués par le développement même de la société capitaliste ;

» Considérant que cette appropriation collective ne peut sortir que de l'action révolutionnaire de la classe productive — ou prolétariat

La démonstration est complète; toutes les forces socialistes-ouvrières, qui se sont données comme but la réalisation d'une société collectiviste, s'inspirent du réalisme marxiste et partent du fait de la lutte des classes (1).

VI. Le socialisme russe et le socialisme anarchiste

Lorsqu'au lendemain de la Commune de Paris le socialisme russe, qui tenait sa profonde critique philosophique de Herzen (2), et de Tchernichewsky une remarquable théo-

---

— organisée en parti politique distinct; qu'une pareille organisation doit être poursuivie par tous les moyens dont dispose le prolétariat, y compris le suffrage universel, transformé ainsi d'instrument de duperie qu'il a été jusqu'ici en instrument d'émancipation ;

» Les travailleurs socialistes français, en donnant pour but à leurs efforts, dans l'ordre économique, le retour à la collectivité de tous les moyens de production... »

(1) On remarquera que l'Angleterre manque à cette liste, mais ce n'est qu'un retard ; le jour est prochain où les *Trades Unions* accepteront le programme général, qui déjà réunit de fortes minorités dans leurs congrès. En attendant, la *Démocratie Federation*, de Hyndmann, et la *Ligue socialiste*, de William Morris, le *Fabian Society*, d'Annie Besant, qui font dans les milieux ouvriers des progrès rapide, ont arboré franchement le drapeau du nouveau socialisme un peu idéalisé toutefois avec le *Fabian Society*.

(2) Herzen, le grand réveilleur, le fondateur du *premier journal russe libre*, fut sans conteste le premier introducteur du socialisme en Russie, dont on ne trouve trace avant lui, et traces combien fugitives ! que dans quelques poésies de Tchewtchenko. L'admirable *Kolokol* (la Cloche), publiée avec Ogaref, la superbe et magistrale critique philosophique, politique et sociale, contenue dans *De l'Autre Rive*, éduquèrent et préparèrent la génération de 1855-1863, celle de Tchernichewsky. Critique d'une incomparable éloquence, Herzen fut en outre un théoricien socialiste sagace. Quelques mois avant sa mort, à Paris, en 1869, il écrivait :

« A présent, la question économico-sociale se pose autrement qu'il y a vingt ans. Elle a dépassé son adolescence religieuse, idéale. ainsi que l'âge des tentatives risquées et des expériences en petit ; la période même des plaintes, des protestations touche à sa fin. Il y a en ceci un symptôme grave que la question sociale arrive à la majorité ; elle s'en approche à vue d'œil, mais elle ne l'a pas encore atteinte, non pas seulement à cause des obstacles matériels, non pas seulement à cause de la résistance, mais en vertu des causes ultérieures. La minorité qui guide en avant n'est pas encore arrivée à

rie économique (1), s'affirma en une efflorescence aussi
brillante que soudaine, ce n'est pas de la lutte des classes
qu'il s'inspira, mais d'un enthousiasme humanitaire qui
rapelle, en la dépassant, sinon en éclat du moins en énergie, la belle époque saint-simonienne, par son appel à
toutes les forces affectives et morales de l'âme humaine. Le
socialisme russe se défit même alors du vague pessimisme
de Herzen et de ce que le matérialisme philosophique et le
criticisme économique de Tchernichewsky avait de trop
étroitement réaliste.

Les héros et les martyrs de l'admirable épopée socialiste
dite des *Propagandistes* inspireront quelque jour les historiens désireux de montrer jusqu'où peut aller quelquefois
la nature humaine dans l'abnégation, le dévouement et
l'altruisme.

Avec Dolgoutschine, Alexieieff, Sophia Bardine (2) et leurs

---

des voies claires, à des voies pratiques, à des formules complètes de
l'état actuel et de l'état économique de l'avenir. La majorité qui souffre
le plus de l'état actuel tend à en sortir par une partie des ouvriers
des villes, mais elle est retenue par l'esprit routinier du plus grand
nombre. Le savoir et l'entendement ne peuvent être donnés ni par
un coup d'Etat ni par un coup de tête. »

On n'aurait pu ni mieux observer, ni mieux juger.

(1) En même temps que critique social hors pair, Tchernichewsky
fut un théoricien remarquable. Son socialisme est un communisme
fédératif et libertaire, composé de l'athéisme critique du XVIIIe siècle,
de l'humanisme de Feuerbach, du communisme associationniste
d'Owen, de l'essor passionnel et de l'harmonisme sériaire de
Fourier.

De ces éléments, mis en contact et combinés par la science économique, par la pénétration critique de Tchernichewsky, résulta
une doctrine nouvelle, assez attrayante pour devenir l'évangile de
toute une génération et assez scientifique pour rester, dans ses lignes
générales, en harmonie avec le socialisme moderne. Tchernichewsky
fut à la fois le Marx et le Lassalle de son pays. Et il fut enlevé à
35 ans, pour être jeté dans les bagnes sibériens! Que ne serait pas
devenu un tel homme, s'il n'avait pas vécu sous la tyrannie odieuse
des Romanoffs?

(2) Sophia Bardin, ayant réussi à s'évader de Sibérie, vint en
Europe et se fixa à Genève. Comme elle ne pouvait plus travailler à
la cause humanitaire, elle jugea que la vie inutile ne valait pas la peine
d'être vécue, et elle se tua de désespoir de ne plus pouvoir vivre pour
autrui. Ce suicide éclaire l'état mental de cette admirable génération
de 1872-76. On ne peut l'approuver cependant ; dans toutes les conditions de la vie, les tâches altruistes ne manquent jamais,

amis, ils furent des milliers et des milliers de jeunes gens qui, au cri enthousiaste de : *Allons dans le peuple, éclairons le peuple !* s'en allèrent, en effet, dans toutes les directions pour évangéliser les masses et appeler toutes les âmes à la grande œuvre de la rédemption de la patrie et du genre humain.

Les nouveaux apôtres quittaient l'oisiveté, le luxe, les plaisirs et s'en allaient vivre de la dure vie du paysan et de l'ouvrier, acceptant toutes les humiliations, toutes les souffrances pour travailler au noble but de la régénération morale et sociale.

Il parut qu'on assistait à l'éclosion d'une religion nouvelle, la meilleure et la plus humaine qui jamais eut existé. « A l'appel des initiateurs, les âmes se lèvent dans la honte et la douleur de leur vie passée. On abandonne sa maison, ses richesses, ses honneurs, sa famille, on se jette dans le mouvement avec une joie et un enthousiasme, une confiance comme on n'en éprouve qu'une fois dans la vie, comme on n'en trouve plus quand on l'a perdue. Déjà ce n'est plus un mouvement politique ; cela a plutôt le caractère contagieux et absorbant d'une *révolution religieuse.* Car on ne se propose pas seulement d'atteindre une fin pratique, on a un sentiment profond et intime du devoir, une aspiration individuelle vers la perfection morale (1). »

Le gouvernement sévit et sévit férocement, les nobles enseigneurs et les touchantes enseigneuses de bonté, de science et de justice furent brutalement enlevés à l'apostolat qu'avec tant de douceur et de courage, ils poursuivaient dans la souffrance et le, plus souvent, sous l'outrage.

Traités comme les pires criminels, ils furent, par centaines et par milliers, traînés, chargés de fer, dans cette Sibérie d'où l'on ne revient presque jamais, et là, soumis à toutes les tortures.

_____

(1) Stepniak : *La Russie souterraine.* L'admirable mouvement serbe, si proche du triomphe, et qui a produit, à côté des Marcowitch, tant d'apôtres éloquents, tant de militants et de martyrs héroïques, participe de la même idée sociale, puisée, partie dans la tradition révolutionnaire française, partie aux sources russes, à Pétersbourg même.

Des énergiques dirent que ces martyrs de la révolution sociale ne devaient pas tomber sans vengeance, et la réaction gouvernementale suscita dans toute la Russie militante une incompréhensible explosion d'indignation. On se souvint alors des objurgations destructionnistes de Bakounine et le *nihilisme terroriste* succéda au propagandisme humanitaire.

Une épopée nouvelle, sombre et tragique celle-là, déroula ses péripéties sanglantes sur toute la surface de l'immense empire. A la réaction aveugle, implacable, éternelle, les révolutionnaires, « las d'être exterminés », dit Barbe Gendre, répondirent par le poignard des conjurés et par les bombes explosibles. Si donc des dizaines de milliers de socialistes et de révolutionnaires expièrent dans les bagnes sibériens ou dans les supplices leur amour de la liberté et de la justice, des généraux, des gouverneurs furent frappés; et, fait inouï dans les annales moscovites, un tzar tomba foudroyé par la dynamite au service des révolutionnaires (1).

Certes, les résultats n'ont pas répondu à l'énergie dépensée. On peut se demander si le meurtre d'Alexandre II n'a pas été funeste à la cause du progrès en Russie et le territorisme semble vaincu; mais, quoi qu'on fasse, le peuple russe est réveillé. Le socialisme libérateur aura son jour aussi dans la sombre monarchie des Romanoffs.

Ce qu'a perdu le terrorisme russe, le socialisme économico-historique de Marx le gagne. Un savant théoricien, Pierre Lawroff, s'est, avec le socialiste Pléklanoff et les meneurs de l'*Union des démocrates socialistes russes*, fait le propagateur parmi ses compatriotes du socialisme des *Partis ouvriers* occidentaux. Déjà la regrettée Barbe Gendre était entrée dans cette voie qu'a suivie à son tour Véra Zassou-

---

(1) Il faut lire, dans les *Etudes sociales, philosophiques et morales* de Barbe Gendre (Mme Nikitine), le pathétique récit de ce conflit héroïque dans lequel, héros parmi les héros, se distinguèrent particulièrement Valérien Ossinski, Sophie Pérowskaïa, Jessa Helfmann, Kibaltchich, Géliaboff, Chiriaieff, Rissakoff, qui tous ont laissé dans la lutte implacable la vie dont ils avaient, d'un cœur joyeux, fait le sacrifice pour le triomphe de la liberté politique et de la justice sociale.

litch. Il est douteux néanmoins que cette importation de
l'Occident puisse jamais créer dans le socialisme russe, qui
est politique, traditionnel et révolutionnaire avant tout, un
courant dominant. Outre la tradition différente, il y a aussi
la différence des évolutions politiques et économiques (1).

Du reste le socialisme russe a déjà jeté sa note stridente
dans le concert du socialisme occidental.

Le parti anarchiste contemporain est, en effet, le fils légitime de la propagande bakouniste.

Non pas cependant que l'anarchisme manque d'ancêtres
occidentaux. Il peut notamment compter, dans sa patris-
tique, le profond et énigmatique Rabelais, concevant, dans
son *Abbaye de Thélème*, un groupement social dans lequel

---

(1) Pierre Lawroff est né le 14 juin 1823; il fit ses études à l'école
d'artillerie de Pétersbourg, où il professa les mathématiques, ainsi
qu'à l'Académie d'artillerie, de 1844 à 1866. Mais les sciences mathématiques n'absorbèrent pas toute son activité intellectuelle, il prit
part au mouvement philosophique et littéraire qui marqua le commencement du règne d'Alexandre II; ses premiers travaux furent
consacrés à Hégel et à l'hégélianisme, à la morale individuelle et à la
philosophie contemporaine.

Ses connaissances scientifiques variées et profondes le firent
nommer directeur de la *Grande Encyclopédie*, dont huit volumes seulement furent publiés, car la presse cléricale, excitée par plusieurs
évêques, la dénonça au gouvernement. Mais ces dénonciations n'em-
pêchèrent pas Lawroff de faire, en 1864, un cours public sur l'*Histoire
des sciences mathématiques et physiques*, qui fut publié dans la *Revue
officielle de l'artillerie et de la marine*.

Lawroff, en 1866, occupait une haute position sociale; il était
colonel, professeur d'une des plus savantes écoles de Russie, membre
du Conseil municipal et de l'Assemblée provinciale de Pétersbourg,
quand il fut emprisonné pendant neuf mois et interné dans une des
provinces les plus désolées du Nord: il était en même temps défendu
de mentionner son nom dans la presse. Mais ces persécutions le
trouvèrent inébranlable; il continua à écrire sous différents pseudo-
nymes, jusqu'à ce que des jeunes gens qui avaient suivi ses cours,
eurent préparé son évasion. Depuis 1870, Lawroff a vécu en
Europe. Depuis 1879, il habite Paris, toujours travaillant, toujours instruisant la jeunesse qui se groupe autour de lui comme
autour du patriarche du socialisme russe. Il a écrit en exil
d'importants ouvrages sur l'*Histoire de la Morale*, sur l'*Evolution
des religions*, sur Auguste Comte, Herbert Spencer. etc., et un
Essai sur l'histoire de la pensée dont la publication a été arrêtée par
le gouvernement russe, qui n'a jamais cessé de persécuter le savant
révolutionnaire, qui a pu emprisonner mais non réduire l'indéfec-
tible révolutionnaire russe.

hommes et femmes, égaux et libres, seraient assez éclairés et moraux pour vivre heureusement et fraternellement, sans lois ni règles imposées d'aucune sorte.

Plus large encore (car il ne s'agit dans Rabelais que d'un anarchisme aristocratique) est la pensée anarchiste de cet étonnant Dom Deschamps, qui fut, au XVIIIᵉ siècle, le précurseur général et méconnu de l'hégélianisme et du transformisme, et qui trouva au bout de ses recherches la conception d'une humanité majeure délivrée de la spolia-tion propriétaire et de l'oppression familiale, ayant réalisé le communisme et vivant splendidement bonne et complète-ment heureuse, sans états politiques et sans lois, par la simple force des mœurs éclairées, adoucies, socialisées (1).

Plus près de nous, Déjacque, un prolétaire de talent (2), et Cœurderoy, un négateur paradoxal et éloquent qui maria dans sa *Révolution par les Cosaques* le saisissant pessi-misme de Herzen, à la pandestruction de Bakounine. C'était en 1854; ni Cœurderoy, ni Dejacque n'eurent d'écho dans le parti révolutionnaire. Vers la même époque le patriote révolutionnaire italien Pisacane, le héros martyr de Sapri, écrivait ses étonnants *Saggi politici et sociali*, dans lesquels il concluait, pour le lendemain de la Révolution, à une orga-nisation communisme fédérative et semi anarchiste.

Les *Saggi* ne furent publiés qu'en 1860; ils furent étouf-fés par les hostilités des partis et n'eurent aucune action sur la mentalité italienne.

Cependant le temps approchait où l'idée anarchiste allait se préciser assez pour inspirer un grand parti et jeter sa tempête dans le grandissant tourbillon du socialisme inter-national.

Bakounine, récemment évadé de Sibérie, avait com-mencé sa propagande en Italie, en Espagne, en Suisse,

_____

(1) Voir *Antécédents de l'hégélianisme dans la philosophie fran-çaise; Dom Deschamps et son école*, par E. Beaussire. Voir aussi : *Histoire du Socialisme*, t. I, et *Revue Socialiste* du 15 août 1888.

(2) Principal rédacteur du *Libertaire* et auteur de l'*Humanisphère*, productions parfois incorrectes, mais pleines de souffle et de chaude et généreuse inspiration.

en France, et il venait de fonder l'*Alliance socialiste universelle*.

Eloquent, sympathique, actif, suprêmement organisateur, pénétrant connaisseur et habile manieur d'hommes, Bakounine réussit à mettre en échec l'hégémonie récente de Marx, à imposer son pessimisme négateur et son « diable au corps révolutionnaire » à une nombreuse armée de militants, prise surtout dans la jeunesse des pays celto-latins.

Il enseigna que l'action socialiste ne pouvait être que révolutionnaire; qu'il fallait agir, non ratiociner; démolir, non tenter de réformer, car ce qui s'impose tout d'abord, disait-il, c'est la *pandestruction*.

« Il faudra détruire toutes les institutions actuelles, Etat, Église, Forum juridique, Banque, Université, Armée et Police, qui ne sont que les forteresses du privilège contre le prolétariat.

» Un moyen particulièrement efficace est de brûler tous les papiers, pour supprimer la famille et la propriété jusque dans l'élément juridique de leur existence.

» L'œuvre est colossale, elle sera pourtant accomplie; la misère croissante grossit toujours l'armée des mécontents qu'il s'agit de transformer en révolutionnaires instinctifs, chose d'autant plus facile que la Révolution elle-même, ajoutait erronément le puissant agitateur russe, n'est que le développement des instincts populaires. »

Voilà le programme que, sans prétendre le justifier, nous avons tenu à reproduire fidèlement.

Les anarchistes contemporains le suivent à la lettre, en mettant au-dessus de tout la *propagande par le fait*, en se refusant à toute activité légale (comme par exemple l'exercice du droit électoral), et en poussant, en toute occasion, à l'action immédiate, soit individuelle, soit collective.

Le but flottant dans les lointains troubles du rêve, c'est le communisme libertaire, l'idéal caressé par beaucoup de grands et bons esprits d'un état harmonique où les mœurs remplaceront les lois dans le communisme parfait (la propriété et la famille étant abolies) et dans la solidarité universelle.

Cet idéal des Kropotkine, des Elisée Reclus, des Louise Michel, des Johann Most, des Spies, n'a rien de déraisonnable. Guillaume de Humboldt insiste sur la nécessité absolue « du développement humain dans sa plus riche diversité ». Il n'est pas jusqu'au sociologue réactionnaire Herbert Spencer qui n'exprime lui-même l'espoir qu'un jour florira une humanité moralement parfaite, jouissant dans la pleine liberté de l'harmonie mentale et ayant une organisation sociale adéquate, c'est-à-dire infiniment supérieure à la nôtre. Dans cet Eldorado, chacun accomplira ses devoirs sociaux avec une joie intime et comme instinctivement. Un bonheur général ineffable en résultera (1).

Ce sont là des autorités recommandables.

Seulement l'erreur des anarchistes est de prétendre que par la seule impulsion d'une révolution violente nous jouirons hic et nunc de cette civilisation aux splendeurs morales et sociales inespérées.

Sur ce point, la propagande anarchiste ne prévaudra pas contre le socialisme des Partis ouvriers, soutenant, avec raison, qu'après la révolution (si toutefois l'inévitable transformation sociale doit sortir d'une révolution violente), il faudra passer par une assez longue période éducative de justice économique et de collectivisme progressif.

« Du soleil et des mondes je ne sais que dire; je ne vois que la misère des hommes... Si je suis l'Esprit qui toujours vit, c'est avec raison, car tout ce qui existe n'est bon qu'à s'en aller en ruines et ce serait bien mieux s'il n'existait rien. »

Ces paroles d'un sens si profond, que Gœthe met dans la bouche de Méphistophélès, traduisent fidèlement l'état d'esprit des anarchistes et l'expliquent.

Démontrer le mal fondé des théories anarchistes est chose facile. Il n'en est pas moins vrai que tant que dans une

---

(1) Herbert Spencer ; La Morale évolutionniste.

société où l'on parle de justice sociale, vous aurez des iniquités et des souffrances comme celles qui déshonorent
notre prétendue civilisation, vous aurez — et non chez les
plus mauvais — cette protestation furieuse, dont seul le
socialisme aura raison, en mettant fin aux misères sociales.

VII. Les intégralistes

L'hétérodoxie des socialistes que, faute d'un mot mieux
approprié, nous appellerons « intégralistes », n'a pas ce
caractère de négation radicale.

La plupart de ces non-conformistes acceptent les données
générales du socialisme réaliste. Le fait de la lutte des classes
dominant l'histoire leur paraît incontestable ; ils se gardent
aussi de nier l'influence de la technique sur l'organisation
du travail.

Ils reconnaissent également que la socialisation des forces
productives ne pourra être effectuée qu'en suivant la piste
de la monopolisation : les institutions de crédit, les mines,
les chemins de fer, les canaux, la traction urbaine, les services d'intérêt communal, le gros commerce et la grande
industrie; mais ils se refusent à renfermer toute la vie sociale dans la coquille du processus économique, et pour
eux il n'est pas exact que la société politique ne soit que le
reflet de la société économique ; les phénomènes religieux,
politiques, économiques agissent les uns sur les autres et
s'entrecroisent, pour déterminer le mouvement des nations (1), la prédominance restant acquise aux phénomènes

---

(1) Il suffirait d'un rapide coup d'œil sur l'histoire, pour se convaincre
que les grandes guerres qui ont révolutionné l'Orient et l'Occident
et influé si considérablement sur son développement, n'eurent pas
toujours, fait important, des causes économiques.

Pour nous en tenir à un exemple unique, la conquête musulmane
n'eut-elle pas des origines purement religieuses? Pourtant, quelle
guerre eut plus d'influence sur les destinées de l'humanité? Des
montagnes d'Altaï aux rivages de l'Océan Atlantique, du centre de

économiques qui furent, au début des civilisations, les uniques propulseurs, mais dont l'importance est décroissante. Ce fait n'a pas échappé à Buckle, l'auteur pourtant si matérialiste de l'*Histoire de la civilisation en Angleterre*, lorsqu'il a noté l'influence croissante des lois mentales comme un signe caractéristique de la marche de la civilisation.

Fouillée a ouvert de ce chef une voie féconde aux sociologues avec sa théorie des *idées-forces*, qui peuvent pourtant avoir pris naissance dans un cerveau rebelle aux courants de son époque, c'est-à-dire avoir une origine toute

---

l'Asie aux confins de l'Afrique occidentale, tout tomba sous le terrible cimeterre, tout fut livré à une subversion totale. Pour des causes religieuses les deux tiers du monde connu changèrent brusquement d'état, de lois et de mœurs. Nous pourrions aussi faire ressortir l'influence, sur le développement politique et économique, des croisades, également d'inspiration exclusivement religieuse.

Mais l'espace nous presse et nous nous contenterons de rappeler quelques faits politiques et religieux, d'ordre secondaire, qui ont considérablement pesé sur le développement économique de l'Europe moderne.

La ruine matérielle et le déclin de l'Espagne sont dus initialement à l'expulsion des Maures, *fait religieux et politique;* l'annexion passagère du Portugal à l'Espagne, par Philippe II, évènement *exclusivement politique,* fait perdre à la noble nation lusitanienne la plus grande part de ses colonies, au profit de l'Angleterre et de la Hollande, dont commence ainsi la puissance coloniale.

La révocation de l'édit de Nantes (1683) fut, sans conteste, un *fait religieux;* elle eut pour effet de tuer la naissante industrie française, de fortifier la Hollande et l'Angleterre et de commencer la grandeur de la Prusse. C'est la participation de la France à la guerre de Sept Ans, une participation due à des influences purement dynastiques, c'est-à-dire *politiques,* qui fit perdre à la France son magnifique empire colonial.

Un autre *fait* purement *politique,* l'annexion passagère de la Hollande à la France, fit perdre à la première ses plus belles colonies. De cette série de faits *politiques* ou *religieux* est issu en quelque sorte l'immense empire colonial de l'Angleterre.

Souvent la politique commande l'économie : les proscriptions politiques des Médicis aboutissent à la création de la fabrique lyonnaise, par les républicains florentins exilés. De même, les exilés bernois de 1793 fondent l'industrie horlogère de Besançon, et les exilés lyonnais de 1834 instaurent, à Zurich, l'industrie de la soie, etc., etc.

Enfin, les périls que fait courir à l'Europe actuelle la perpétuelle menace d'une guerre effroyable ne proviennent pas de causes économiques, mais de certains antagonismes de race et d'un chauvinisme anormalement surexcité par des intérêts dynastiques et par d'incompressibles aspirations nationalistes.

subjective (1). S'il en est ainsi des idées ou théories abstraites, à plus forte raison il en est de même des sentiments proprement dits qui sont autrement profonds, autrement contagieux, autrement agissants que les idées pures.

Tenant compte de ces forces impondérables et désireux de s'emparer des meilleures, les novateurs ne doivent pas se contenter de faire appel aux intérêts de classe du prolétariat, ils doivent aussi invoquer toutes les forces sentimentales et morales résidant en l'âme humaine. Admettant avec Berthelot (2) que « les forces morales sont le principal ressort qui maintient les hommes et les nations »; avec Proudhon, que « pour changer la constitution d'un peuple il faut agir à la fois sur l'ensemble et sur chaque partie du corps politique » (3), et avec Hector Denis, qu'« il y a corrélation entre l'évolution économique et l'évolution morale », ils considèrent qu'ils doivent participer, en conséquence, à tous les combats pour l'amélioration des conditions et des rapports sociaux : réforme familiale, réforme éducative, revendications politiques et civiles, émancipation des femmes, élaboration philosophique, adoucissement des mœurs, etc.; car pour eux la question contemporaine n'est pas seulement sociale, elle est aussi morale.

Emerson a dit en son langage mystique, quelquefois d'un sens si profond : « Lorsque la science sera enseignée par l'amour, lorsque ses pouvoirs seront réglés et dirigés par l'amour, alors toutes nos œuvres aujourd'hui si pauvres apparaîtront comme les suppléments et les continuations de la création matérielle ».

Mettons cette pensée au point et nous verrons qu'il faut

---

(1) « Toute volonté forte tend à créer une volonté de même direction chez les autres individus; toute adaptation de la conscience à un phénomène supposé, par exemple à un évènement futur ou un idéal lointain, tend à se propager dans les autres consciences, et les conditions sociales favorables à l'apparition du phénomène tendent ainsi d'elles-mêmes à se réunir, par le seul fait qu'une seule conscience les *a perçues* en elle-même comme réunies. (Guyau : *De l'hérédité et de l'éducation*.)

(2) Berthelot : *La Philosophie de la science*

(3) Proudhon : *De la capacité politique des classes ouvrières*,

viser à l'amélioration de l'homme, en même temps qu'à la transformation des institutions.

« Vu de haut, le développement de l'Humanité a pour point de départ la brutalité égoïstique s'épanouissant dans la loi zoologique de la *lutte pour la vie*. Les alternatives de victoire et de défaite, dans les conflits des forces individuelles, amènent le *moi* d'abord exclusif à la conception du *non moi*, du moi d'autrui, l'égalisation des forces conduit aux transactions et à une forme supérieure : l'*association pour la lutte*, que la nature elle-même enseigne d'ailleurs, en faisant souvent une condition de la conservation des espèces, non seulement animales, mais encore végétales. Dans cet état, il arrive que la sociabilité sympathique se manifeste, que l'altruisme fait son entrée dans le groupe organisé.

» C'est le premier stade.

» Plus tard, les différents groupes, en restant ennemis ou étrangers, arrivent à l'estime mutuelle; alors les premiers germes de la solidarité humaine ont pris racine : il ne s'agit que de les cultiver.

» C'est le deuxième stade.

» Plus tard encore et avant que le deuxième stade soit arrivé à sa complète réalisation, une conception supérieure de la vie pénètre les cerveaux les plus progressifs, et leur fait voir en espérance l'Humanité véritablement adulte, répartissant d'une main équitable les devoirs et les droits, le travail et le bien-être entre tous ses enfants — compte tenu de leurs forces et de leurs besoins — et, digne souveraine du globe, versant sur toute vie le dictame de bonté, et de justice; diminuant la souffrance universelle, épurant le bonheur, créant la solidarité et enseignant, selon la profonde parole de Tolstoï, que l'homme n'a qu'une mission sur sa planète : *l'amour et les bonnes œuvres;* que la vie, c'est l'amour dans la vie commune, qu'elle n'est véritablement digne, cette vie humaine, que lorsqu'elle ajoute quelque chose au bien accumulé par les générations passées.

« C'est le troisième stade, l'ère de l'altruisme ou du socialisme réalisé (1). »

La suite de ce long travail devant être employée à la justification du socialisme ainsi envisagé dans l'intégralité de ses manifestations et de ses buts, nous n'insisterons pas davantage dans ce chapitre déjà trop étendu.

Mais nous ne terminerons pas sans signaler les nouvelles conquêtes du socialisme parmi les meilleurs de l'élite intellectuelle contemporaine.

Aux beaux jours de l'efflorescence idéaliste, les adhésions étaient surtout littéraires; aujourd'hui où l'observation et la classification des phénomènes sociaux sont la base de la propagande socialiste, c'est aussi parmi les studieux que l'idée nouvelle fait des recrues précieuses. Ainsi se constitue ce que l'on pourrait appeler le socialisme professoral, riche déjà de noms et d'œuvres. Le socialisme, dit, dans son magnifique langage, le plus célèbre représentant du *socialisme professoral*, «le socialisme s'est pro-
» pagé sous des formes diverses d'une façon prodigieuse.
» Sous sa forme violente, il s'empare de l'esprit de pres-
» que tous les ouvriers engagés dans l'industrie; en ce
» moment même, il envahit la campagne... Sous une forme
» scientifique, il transforme l'économie politique sous la
» forme de socialisme d'Etat, il siège dans les cabinets des
» pasteurs de l'Eglise catholique et plus encore dans ceux
» des ministres des divers cultes protestants (2). » Sève nouvelle d'une humanité en crise de transformation, il vivifie toutes les branches du savoir humain.

En France, il pénètre les sciences anthropologiques avec Ch. Letourneau et Abel Hovelacque; la philosophie pure, avec Fouillée et le regretté Guyau ; la science politique avec Albert Regnard, Emile Acollas, Elie Reclus; l'économie politique, avec Ch. Gide, Cauwès; l'histoire littéraire, avec Georges Renard; le roman, avec Léon Cladel; la poésie, avec Sully-Prudhomme.

---

(1) B. Malon : *Morale sociale.*
(2) Emile de Laveleye : *Le Socialisme contemporain.*

Le nom de Schaeffle, ancien ministre, auteur de l'œuvre très considérable *Bau und Leben des socialen Korpers*, qui fait autorité dans la science sociale, suffirait à l'illustration du socialisme professoral allemand, et nous avons encore à mentionner Duhring, l'auteur du livre remarquable *Die Wirklichkeitsphilosophie*, si cruellement critiqué par Engels, et néanmoins fort suggestif.

D'inspiration différente, mais socialiste aussi, sont Rudolph Meyer, disciple de Rodbertus, de Carlo Mar'o, et auteur du livre célèbre *Emanzipationskampf des vierten Standes*; Léopold Jacobi, auteur de *Ideen der Entwickelung*; Hausen, le savant économiste agraire qui conclut comme de Laveleye.

Ces socialistes professoraux sont suivis de près par l'armée des *Katheder-sozialisten* (socialistes de la chaire), dont quelques-uns comme Wagener et Schmoller vont très loin dans la voie socialiste.

En Espagne, ce sont, avec C. de Azcarate, auteur, d'*Historia del derecho de propriedad*, d'anciens présidents de la République, Salmeron et Py y Margall, qui tiennent la tête du socialisme professoral; en Portugal, c'est le savant historien Oliveira Martins; c'est Bonança, c'est Théophile Braga, c'est Magallaès Lima; en Suisse, Ch. Secrétan, le vénérable auteur de la *Philosophie de la liberté,* l'économiste Léon Walras, qui se rapproche également, sur les traces de Hausen, du collectivisme agraire; en Italie, le sociologue Colajanni et les économistes Loria et Martora.

Le socialisme professaral compte fièrement parmi les siens en Belgique; Emile de Laveleye, le plus célèbre des économistes contemporains, l'auteur du livre devenu classique : *De la Propriété et de ses formes primitives*. Puis viennent Hector Denis, le distingué professeur d'économie politique à l'Université de Bruxelles; Guillaume de Greef, le savant auteur de l'*Introduction à la Sociologie*, professeur de sciences sociales à l'Université de Bruxelles; enfin, Cesar De Paepe, l'ancien théoricien de l'*Internationale*, le maître le plus écouté du collectivisme moderne.

En Angleterre, la voie fut ouverte par J.-S. Mill, l'économiste philosophe ; Russel Wallace, le glorieux émule de
Darwin, suivit immédiatement en se faisant le champion du
collectivisme agraire dont Henry Georges a si rapidement
popularisé les théories en Amérique et en Angleterre.
Ne pouvons-nous pas compter aussi parmi les conquêtes
du socialisme, dans l'élite intellectuelle anglaise, William
Saunders, Schaw-Lefebvre, Symer, Savage, Bernard-Shaw
et les deux femmes éminentes qui ont nom : Annie Besant,
la vaillante militante, et Hélène Taylor, la digne belle-fille de
J.-S. Mill ?

En Amériqne, ce sont les Caroll Wrigth, les Clark et toute
une pléïade de professeurs qui humanisent l'économie
politique en lui donnant des but socialistes.

Le socialisme contemporain, qui va jusqu'à hanter par
moments les têtes couronnées, pénètre des milieux non
moins réfractaires aux novations, et c'est ainsi que nous
voyons naître et se développer sous nos yeux le socialisme
chrétien, qui révolutionne l'Amérique avec Mac Glynn, avec
les *Chevaliers du travail* et devient une puissance en
Ang'eterre avec le cardinal Manning et l'évêque Bagshawe ;
en Allemagne, avec le chanoine Moufang et le pasteur
Stœcker ; en Autriche, avec les Belcredi, les Lichtenstein ; en
Suisse, avec les Decurtins ; en France, avec les de Mun, les
Lœsevitz, les Latour du Pin Chambly, les Drumont, tous
hommes qui descendent vaillamment dans l'arène et ont la
prétention, eux, fils du passé, de marcher à l'avenir avec les
prolétariats révoltés qu'inspire pourtant une idée bien
différente de l'idée chrétienne (1).

---

(1) Le socialisme américain contemporain, que je ne puis que
mentionner ici, est subdivisé en quatre éléments principaux :
1° *L'élément américain*, qui a sa part d'influence chez les *Chevaliers
du travail* et qui a produit les puissantes organisations de la
Broderhood of engineers (la *Fraternité des mécaniciens*), exclusivement professionnelle, mais presque aussi puissante que les *Chevaliers
du travail*, des *Greenbackers*, dont le but est surtout l'abolition des
gros monopoles et la réforme financière, et les *Grangers*, organisation
agricole analogue aux *Chevaliers du travail*. Au même élément

A leur tour, les hommes d'État les plus éminents prétendent vouloir les réformes possibles.

Ainsi la pression des évènements et les progrès de l'idée impulsent le socialisme contemporain ; ils l'armeront bientôt de réformes successives, préparatrices de la transformation sociale devenue inévitable.

Dans la première partie de ce livre que la présente étude termine, nous avons surtout voulu dire aux progressistes : Voyez, jamais l'armée de l'avenir ne fut plus nombreuse et jamais, sur le fond rouge de son drapeau déployé, ne flambloyèrent plus nobles devises. Lisez plutôt : *Émancipation de tous les opprimés, de tous les exploités; Rénovation totale par la bonté, l'amour, la science, la justice et la solidarité.*

Ainsi armorié, l'étendard fédéral de l'élite humaine porte dans ses larges plis, aussi sûrement et pour une meilleure

---

appartiennent sur tout les *Trade's Unionistes* et les *Souverains de l'industrie.*

2° *L'élément allemand*, qui s'inspire des doctrines de Karl Marx et compose en grande majorité le *Parti ouvrier socialiste (Socialist Labor Party)*, en tête duquel nous trouvons, avec les Allemands Schewitsch et Justus Schwab, Laurence Grounlund, le distingué écrivain socialiste américain, l'auteur de *The cooperative Commonwealth* (La République sociale);

La plupart des groupes anarchistes se recommandent aussi de l'élément allemand, par Johann Most, qui est plutôt d'ailleurs un révolutionnaire exaspéré qu'un anarchiste.

3° *L'élément irlandais*, si brillamment représenté par le parti d'Henry Georges et par les *Chevaliers du travail.*

4° *L'élément français*, qui, par la propagande fouriériste de 1838-1843, implanta, concurremment avec les disciples de Robert Owen, le socialisme en Amérique et qui eut encore quelque action, par les proscrits, après 1851 et 1871, n'a plus aucune influence depuis l'amnistie de 1880. Depuis surtout la mort du regretté Claude Pelletier, — ancien député, proscrit de 1851, et le sympathique auteur d'*Atercratie* et d'un essai de *Dictionnaire socialiste* — et depuis le retour en *France* de Frédérick Tufferd, ancien rédacteur de l'*Union républicaine* et du *Socialiste.*

L'orateur du parti français, véritable tribun populaire, le citoyen Drury, ouvrier sculpteur, proscrit de 1871, est resté à New-York ; il est très agissant et très écouté du public socialiste révolutionnaire international, qui voit en lui un de ses chefs. Par son ami Justus Schwab, Drury fraye volontiers avec les groupes allemands qui sont les plus révolutionnaires des Etats-Unis et (fait à noter) les plus fidèles commémorateurs de la Commune de Paris.

cause que le *Labarum* du Pont Milvius, le signe fulgurant de la victoire prochaine.

Ne vous attardez pas sur la vieille rive, près des saules babyloniens, à regarder couler tristement le fleuve des choses qui passent; le pont est jeté; ceignez vos reins et venez d'un cœur ferme à l'armée des prolétariats socialistes en marche pour la conquête d'une civilisation supérieure. Là est le devoir, car là est le combat pour l'émancipation des asservis, pour l'amélioration morale, pour le mieux-être social de tous.

En développement de cet appel, nous nous sommes efforcés de montrer ce qu'*est* le socialisme, vu dans l'ensemble de ses doctrines, de ses actes et de ses aspirations.

Maintenant il nous reste à rechercher ce que *veut* le socialisme. Ici nous nous adressons surtout aux adversaires en leur disant : On vous affirme, que le socialisme c'est la spoliation universelle et le déchaînement des mauvaises passions. C'est au contraire pour mettre fin à l'un et à l'autre qu'il prendra le gouvernement du monde. Sans doute il condamne les vieilles formes religieuses, politiques, propriétaires, familiales; mais en cela il n'est que l'exécuteur des arrêts du temps, le seul et impitoyable destructeur ; c'est lui qui, armé de sa faux légendaire, élimine infatigablement, rejette dans la fosse commune du passé, tout ce qui a rempli sa destinée, tout ce qui doit, conformément à la loi universelle du perpétuel devenir et des formations successives, faire place à des destinées nouvelles qui auront, elles aussi, leur cycle d'évolution. Il en est ainsi, tout le proclame, des anciennes institutions survivantes au milieu qui les nécessita et devenues dès lors incapables de contenir plus longtemps l'humanité qui s'est développée et a grandi.

En pareille situation, l'œuvre du socialisme est surtout reconstructive. Laissant les vieilles choses à leur destin, il élabore les principes fondamentaux de l'ordre nouveau et en prépare la réalisation.

De quelle façon il entend cet ordre nouveau, nous allons

tâcher de l'indiquer sommairement dans les études suivantes, pour que l'on puisse comparer de bonne foi et dire,
en connaissance de cause, de quel côté sont la morale et la
justice.

CHAPITRE V

L'évolution morale et le socialisme

A MES FRÈRES DE LA L∴.
« LE LIEN DES PEUPLES ET LES BIENFAITEURS RÉUNIS. »
B. M.

S'il est indispensable de s'inspirer d'une idée novatrice pour travailler efficacement à une transformation politique et sociale, à plus forte raison, l'établissement d'un système politico-social nouveau entraîne-t-il un nouveau système de devoirs et de droits, ou, pour parler plus exactement, une théorique et une pratique morales nouvelles.

Le socialisme ne saurait échapper à cette nécessité, puisqu'il est la grande question humaine de ce temps. On lui a, nonobstant, tellement reproché de n'être que le débordement des convoitises et la systématisation de l'immoralité qu'avant de développer les principes généraux dont il se recommande, nous nous efforcerons de faire ressortir l'exacte « moralité » des anciennes théoriques qu'on lui oppose.

Ensuite, nous rechercherons avec circonspection et prudence, en nous appuyant à chaque pas sur les jalons plantés par les maîtres de l'éthique moderne, à délimiter les grandes lignes de la morale sociale qui succédera aux morales individualistes, lorsque la civilisation bourgeoise aura fait place à une civilisation socialiste.

Nous n'aurons pas de peine, croyons-nous, à démontrer après cela que la régénération morale dont philosophes, sociologues et moralistes proclament la nécessité ne pourra découler que d'une préalable transformation sociale, ayant pour buts premiers l'universalisation du savoir, l'organisation solidariste de la société humaine et la justice économique.

L'entreprise est ardue et bien faite pour rappeler cette parole d'un illustre homme d'Etat : « Quel temps je suis venu prendre pour entretenir les gens de pareilles questions ; c'est presque faire preuve de hardiesse que de concevoir un tel projet ; chacun est englouti dans le temps présent ; tout le reste paraît chimérique (1). » Cette crainte serait encore justifiée aujourd'hui ; mais P.-L. Courier et Proudhon nous ont enseigné que publier sa pensée, lorsqu'il en croit la diffusion utile, est un devoir pour l'écrivain militant. J'invoque cette excuse, sinon ce devoir, et me borne à arguer de ma bonne intention, en faisant appel à l'indulgence du lecteur.

I. Classification préliminaire. La Morale jéhovique

Toutes les morales que se sont données les hommes dans le cours des civilisations et des siècles (2) obéissent à l'un de ces trois mobiles :

---

(1) Necker : *De l'Importance de l'opinion religieuse.*
(2) Il ne sera question, ici, que des temps historiques. Ceux qui désirent remonter aux origines liront avec fruit l'*Evolution de la morale*, du Dr Ch. Letourneau. Voir aussi le premier chapitre de notre *Morale sociale.*

1º *Crainte de Dieu ou des Dieux*;

2º *Impératif de la conscience*, ou acceptation du devoir, sans considération utilitaire d'aucune sorte;

3º *Recherche du bonheur individuel ou collectif.*

Dans la première catégorie se rangent toutes les *morales religieuses*, dans la seconde les *morales métaphysiques*, dans la troisième la *morale utilitaire et la morale sociale.*

Les *mobiles ou motifs* moraux sus-indiqués sont contradictoires entre eux; c'est là une vérité d'énonciation.

Tout naturellement donc, leurs protagonistes s'entre-réprouvent.

Les sectateurs des morales religieuses, par exemple, prétendent que toute morale qui ne se rapporte pas à un Dieu et n'admet pas de sanction extra-terrestre est une fausse morale. A cela il est répondu par les moralistes métaphysiciens que toute morale basée sur la crainte de châtiments est une morale d'esclaves ou de marchands; les utilitaires et les socialistes ajoutent que toute morale découlant de sanctions extra-terrestres est antihumaine et antisociale.

Abstraction faite des exceptions, immanquablement nombreuses — les phénomènes sociaux, si complexes, étant toujours très mêlés d'enchevêtrements contradictoires et de survivances ataviques — les *morales religieuses* ont présidé aux débuts de toutes les civilisations.

Les morales métaphysiques ont fait leur apparition, lorsque l'élite intellectuelle de l'humanité a protesté contre l'asservissement religieux des âmes, contre ce que les Épicuriens appelèrent si expressivement *la terreur des dieux.*

Enfin, les morales utilitaires et sociales ont été préconisées au moment où la pensée humaine, affranchie et ayant démasqué les prétendus révélateurs religieux, s'est sentie assez maîtresse des forces naturelles pour conclure à la possibilité du bonheur sur la terre, seule espérance rationnelle du genre humain.

Cependant, grâce aux complexités sociales plus haut

signalées, il se trouve qu'à notre époque, dans le rayon de la civilisation européo-américaine dont nous ne franchirons pas les limites, les trois grands mobiles moraux sont en présence et se disputent le gouvernement des consciences. Il convient donc, à plus forte raison, d'examiner le bien-fondé des prétentions respectives de leurs tenants, restés à l'état de guerre, en face les uns des autres.

Le point de départ de toute morale, nous disent les religionnaires judéo-chrétiens, est dans le *Décalogue*, révélation divine que n'atteindra jamais la faible et fausse sagesse humaine (1).

Ainsi, disent ils, tout esprit libre conviendra pourtant, à la lecture de ce document, que la sublimité des commandements ne saute pas aux yeux. Il semble même que le plus grand souci de Jéhovah ait été d'imposer son culte par la terreur.

---

(1) « Je suis l'Eternel, ton Dieu, qui t'ai fait sortir du pays d'Egypte et de la maison de servitude.

Tu n'auras point d'autres dieux devant ma face.

Tu ne feras point d'image taillée ni de représentation quelconque des choses qui sont en haut dans les cieux, en bas sur la terre, plus bas que la terre dans les eaux. Tu ne te prosterneras point devant elles et tu ne les serviras point; car moi, l'Eternel, ton Dieu, je suis un Dieu jaloux qui punit l'iniquité du père sur les enfants jusqu'à la troisième et quatrième génération de ceux qui me haïssent, et qui fait miséricorde jusqu'à la millième génération à ceux qui m'aiment et qui observent mes commandements.

Tu ne prendras point le nom de l'Eternel, ton Dieu, en vain; car l'Eternel ne laissera point impuni celui qui prend son nom en vain.

Souviens-toi du jour de repos pour le sanctifier; tu travailleras six jours et tu feras tout ton ouvrage.

Mais le septième jour est le jour de repos de l'Eternel, ton Dieu; tu ne feras aucun ouvrage, ni toi, ni ton fils, ni ta fille, ni ton serviteur, ni ta servante, ni ton bétail, ni l'étranger qui est dans tes portes, car en six jours l'Eternel a fait les cieux et la terre, la mer et tout ce qui y est contenu, et s'est reposé le septième jour. C'est pourquoi l'Eternel a béni le jour du repos et l'a sanctifié.

Honore ton père et ta mère afin que tes jours se prolongent dans les pays que l'Eternel, ton Dieu, te donne.

Tu ne tueras point.

Tu ne commettras point d'adultère.

Tu ne porteras point de faux témoignage contre ton prochain.

Tu ne convoiteras point la maison du prochain; tu ne convoiteras point la femme de ton prochain, ni son bœuf, ni son âne, ni aucune chose qui appartienne à ton prochain. »

Quand il daigne à la fin s'occuper de ses adorateurs terrorisés, il leur prescrit, en le motivant faussement, un sage précepte d'hygiène, le repos du septième jour.

Puis il promulgue quatre commandements négatifs, *ne pas tuer, ne pas voler, ne pas porter de faux témoignages, ne pas être adultère.*

C'est bon sans doute, mais parfaitement insuffisant. L'homme social n'a pas : des devoirs négatifs, il a aussi des devoirs positifs. La sagesse jéhovique ne paraît pas s'en douter. Il y a plus : le commandement touchant les mœurs a un caractère exclusivement *propriétaire* qui en diminue singulièrement la moralité.

En effet, il n'est pas dit que tu vivras chastement, mais simplement : « Tu ne prendras pas la femme de ton prochain, *car c'est sa propriété,* au même titre que sa maison, que ses serviteurs (esclaves), son bœuf ou son âne. »

Les commentaires sacrés aggravent plutôt ce négatif *modus vivendi* social qui est contenu tout entier dans la loi du talion : *œil pour œil, dent pour dent* ; les Fuégiens arrivent d'emblée à cette prescription qualifiée de divine et qu'on veut encore nous donner comme la source de toute morale, comme le commandement définitif parfait(1).

Objectera-t-on, abandonnant le terrain religieux et se plaçant sur le terrain historique, qu'au moment de sa promulgation le *Décalogue* fut la moins mauvaise des lois morales?

Nous sommes encore obligés de nier avec preuves irréfragables à l'appui.

_____

(1) « Le peuple hébreu, dit un philosophe éminent, ayant surtout été bigot, c'est l'idolâtrie qui, dans sa loi, est considérée comme le plus grand des crimes. Ainsi l'*Exode* condamne à mort quiconque ose travailler le jour du sabbat (XXXII, 14). De même on y est sans pitié pour l'ennemi vaincu ; l'Eternel ordonne de passer au fil de l'épée, sans exception, tous les habitants des villes de Chanaan (*Deutéronome*, XX, 16, 17). Mais si un homme frappe son esclave ou sa servante de telle sorte qu'ils puissent survivre seulement un ou deux jours, l'homme ne sera point puni, *parce qu'il les a achetés de son argent* (XXI, 20, 21). On le voit, Jéhovah était déjà plein d'égards pour le dieu Mammon, destiné à le supplanter. » (J. BAISSAC ; *Origine des religions.*)

Quinze cents ans avant l'époque où la légende juive raconte qu'un prêtre égyptien tira le petit peuple juif de la servitude pharaonique et lui donna le *Décalogue*, comme une émanation de la sagesse suprême, le *Rituel funéraire* égyptien, interprété par Champollion, était déjà en vigueur (1).

Or, que porte le chapitre CXXV du *Rituel ?*

Le mort ayant à répondre, dans l'Amenthe, aux quarante-deux juges infernaux doit pouvoir dire, pour être réputé juste :

« Je n'ai pas volé, je n'ai pas trompé, je n'ai pas blasphémé, je n'ai pas menti en justice, je n'ai pas commis de fraudes contre les hommes, je n'ai pas tourmenté de veuve, je n'ai pas fait exécuter à un chef de travailleurs plus de travaux qu'il n'en pouvait faire. — Je n'ai excité aucun trouble. — Je n'ai fait pleurer personne. — Je n'ai pas été paresseux. — Je n'ai jamais été négligent. — Je ne me suis pas enivré. — Je n'ai pas fait de commandements injustes. — Je n'ai pas eu une curiosité indiscrète. — Je n'ai pas laissé aller ma bouche au bavardage. — Je n'ai frappé personne. — Je n'ai pas tué. — Je n'ai pas ordonné le meurtre par trahison. — Je n'ai pas causé de crainte à personne. — Je n'ai pas médit d'autrui. — Je n'ai pas rongé mon cœur d'envie. — Je n'ai pas intenté de fausses accusations. — Je n'ai pas retiré le lait de la bouche des nourrissons. — Je n'ai pas pratiqué d'avortement. »

Le lecteur peut faire la comparaison.

Les *mobiles* de la morale jéhovique, si insuffisante, étaient-ils au moins d'ordre supérieur ?

Cela dépend des points de vue ; en tout cas, les spiritualistes flétriront ces mobiles en leur reprochant d'être ce qu'il y a de plus matérialiste et de plus immédiatement intéressé.

Le Dieu d'Abraham, d'Isaac et de Jacob n'a aucune idée

---

(1) Communication de M. François Lenormand, membre de l'Institut.

de l'immortalité de l'âme. Ses menaces sont de cette vie : les textes ne permettent pas de contestation (1).

Les promesses ne sont pas d'ordre moins terrestre, et là encore les textes écartent toute possibilité de controverse (2).

Nous ne ferons pas de difficulté pour reconnaître que ce réalisme matérialiste n'est pas sans avantage ; il a fait d'un peuple obtus, dur et faible par le nombre, un peuple indestructible, et qui a eu ses grandeurs, avec les prophètes progressistes ou révolutionnaires : Ésaïe, Jérémie, Osée, Amos,

---

(1) « Si vous me désobéissez, j'enverrai sur vous la terreur, la consomption et la fièvre, qui rendront vos yeux languissants et votre âme souffrante ; et vous sèmerez en vain vos semailles, vos ennemis les dévoreront. Je tournerai ma face contre vous, et vous serez battus devant vos ennemis ; ceux qui vous haïssent domineront sur vous, et vous fuirez sans que l'on vous poursuive.

» Si malgré cela vous ne m'écoutez pas, je vous châtierai sept fois plus pour vos péchés. Je briserai l'orgueil de votre force ; je rendrai votre ciel comme du fer et votre terre comme de l'airain.

» Votre force s'épuisera inutilement, votre terre ne donnera pas ses produits et les arbres ne donneront pas leurs fruits.

» Si vous me résistez et ne voulez point m'écouter, je vous frapperai sept fois plus selon vos péchés. J'enverrai contre vous les animaux des champs, qui vous priveront de vos enfants, qui détruiront votre bétail et qui vous réduiront à un petit nombre, et vos chemins seront déserts.

» Si ces châtiments ne vous corrigent point et si vous me résistez, je vous résisterai aussi et je vous frapperai sept fois plus pour vos péchés. Je ferai venir contre vous l'épée qui vengera mon alliance. » (Lévitique, ch. XXV.)

(2) « Si vous m'obéissez, je vous enverrai la pluie et le beau temps en leur saison ; la terre donnera ses produits et les arbres des champs donneront leurs fruits.

» A peine aurez-vous battu le blé que vous toucherez à la vendange, et la vendange atteindra les semailles ; vous mangerez votre pain à satiété et vous habiterez en sécurité dans votre pays. Je mettrai la paix dans le pays, et personne ne troublera votre sommeil ; je ferai disparaître du pays les bêtes féroces, et l'épée ne passera pas dans votre pays ; vous poursuivrez vos ennemis, et ils tomberont devant vous par l'épée.

» Cent d'entre vous en poursuivront dix mille, et vos ennemis tomberont devant vous par l'épée. Je me tournerai vers vous, je vous rendrai féconds, et je vous multiplierai et je maintiendrai mon alliance avec vous. Vous mangerez des anciennes récoltes, et vous sortirez les vieilles pour faire place aux nouvelles. » (Lévitique, ch. XXVI.)

Michée, Ézéchiel (1), par lesquels il arriva jusqu'à une sorte de socialisme.

« Qu'ai-je à faire, disait Esaïe, le sage conseiller du roi Ézéchias, qu'ai-je à faire du sang et de la graisse des animaux que vous sacrifiez ?

» Qu'ai-je à faire aussi de vos mortifications stériles ?

» Voici le jeûne auquel je prends plaisir : Détache les chaînes de la méchanceté. Dénoue les liens de la servitude. Renvoie libres les opprimés, et que l'on rompe toute espèce de joug. Partage ton pain avec celui qui a faim, et fais entrer dans ta maison le malheureux sans asile. Si tu vois un homme nu, couvre-le ; ne te détourne point de ton semblable ; alors la lumière poindra comme l'aurore. »

Cette morale prophétique est bien supérieure à celle du divin *Décalogue*. Le grand prophète qui avait sauvé son pays de l'invasion assyrienne de Sennachérib, et que pour récompense le roi molochiste Manassès fit scier entre deux planches, avait bu à des sources plus pures que celles d'Horeb. Et ce n'est pas tout ; sa morale sublime a pour complément la justice économique bien comprise :

« Ceux qui auront amassé le blé le mangeront ; ceux qui auront récolté le vin le boiront... ils bâtiront des maisons et ils les habiteront. Ils planteront des vignes et en mangeront le fruit ; ils ne travailleront pas en vain. Ils n'auront pas d'enfants pour les voir périr, car ils formeront une race bénie de l'Éternel, et leurs enfants seront avec eux... Il ne

---

(1) Voir sur le sémitisme les savantes études *(Aryens et Sémites)* de mon savant ami Albert Regnard ; voir aussi dans le *Molochisme juif,* par Gustave Tridon, ancien membre de l'Assemblée nationale et de la Commune de Paris, la lumineuse démarcation entre les prophètes molochistes, « tigres toujours altérés de sang, » comme Samuel, Élie et Élisée, et les prophètes novateurs que nous avons nommés plus haut, auxquels il faut ajouter Esdras, le scribe réformateur, et le néo-prophète Néhémie. Le roi selon le cœur des prophètes molochistes, comme Samuel, fut l'usurpateur David, qui trahit et fit assassiner son bienfaiteur le magnanime Saül. David fut l'homme de toutes les scélératesses et de toutes les cruautés ; les rois conseillés par les Esaïe et les Jérémie furent les Ézéchias et les Josias, rois purificateurs et réparateurs. Voir aussi *Qu'est-ce que la Bible ?* par le savant et sympathique Hermann Erverbeck, le traducteur en français de Feuerbach, Doumer, Ghillony Bauer, etc.

se fera ni tort ni dommage sur toute ma montagne sainte. »

S'inspirant des mêmes principes, Jérémie, conseiller du bon roi Josias, fit retrouver d'anciens textes de loi prétendûment perdus, en vertu desquels chaque septième année les dettes devaient être abolies, et chaque cinquantième année les esclaves devaient être affranchis et les propriétés restituées aux pauvres dont les pères les avait vendues. Ces prescriptions concernant les *Années sabbatiques et les Jubilés* furent conservées par Esdras dans sa reconstitution des anciens livres, mais on ne sait si elles furent appliquées. Le *Jubilé* le fut en tout cas au moins une fois sous la pression de Jérémie, au temps du roi Sédécias, et cette année-là fut, dans un petit coin de la Palestine, une année d'affranchissement de tous les esclaves et de distribution des terres, véritable révolution sociale, dont les conséquences bienfaisantes furent stérilisées par la captivité de Babylone (1).

Pourquoi faut-il ajouter que la morale biblique, si justement qualifiée par J.-S. Mill de « système barbare fait pour un peuple barbare (2) », est parfois supérieure, au point de vue pratique, à la morale chrétienne.

II. La Morale chrétienne

L'évangélisme, que, par la plus étrange des adaptations, on a fait dériver du judaïsme, en paraît l'exacte contrepartie. La morale judaïque est tout utilitaire, entre Jéhovah et son peuple, c'est donnant donnant, tandis que la morale évangélique, insoucieuse du monde, semble un écho du bouddhisme (3). Mais ce n'est pas d'elle que s'inspira le christianisme.

---

(1) L'église catholique a donné une triste parodie du Jubilé émancipateur et égalitaire de Jérémie par l'institution du même nom que Boniface VIII inaugura en 1300 et qui ne fut (il est resté tel) qu'un prétexte à fiscalité pieuse.

(2) J.-S. Mill : *De la Liberté.*

(3) « Bienheureux les pauvres d'esprit, parce qu'à eux appartient le royaume des cieux. Bienheureux ceux qui sont doux, parce qu'ils

Du doux et légendaire Jésus de Nazareth, si miséricordieux aux pêcheurs, si bon aux souffrants, les docteurs du christianisme ont fait un Dieu incomparablement cruel, inconcevablement injuste. Ne dépasserait-il pas en effet les limites du plus atroce arbitraire, le Dieu omniscient et omnipotent qui aurait créé le monde et les centaines de milliards d'êtres humains destinés à l'habiter successivement, dans le simple but de les livrer aux plus effroyables supplices dans des flammes d'inassouvissable haine, d'éternelle et inepte vengeance? Et cela, non pas même d'après les mérites forcément très relatifs de créatures que ce Dieu aurait faites, en somme, ce qu'elles sont, bonnes ou mauvaises, mais d'après son bon plaisir à lui, Dieu, aussi suprêmement méchant que souverainement puissant? Or, tels sont bien les enseignements de Paul de Tarse, le véritable fondateur du christianisme, l'apôtre universel, également qualifié de plus grande lumière chrétienne par les catholiques et par les protestants (1).

---

posséderont la terre. Bienheureux ceux qui pleurent, parce qu'ils seront consolés. Bienheureux sont ceux qui ont faim et soif de la justice, parce qu'ils seront rassasiés. Bienheureux les miséricordieux, parce qu'ils obtiendront miséricorde. Bienheureux les pacifiques, parce qu'ils seront appelés fils de Dieu. Bienheureux ceux qui souffrent des persécutions pour la justice, parce que le royaume des cieux est à eux.

» Vous avez appris qu'il a été dit : *Œil pour œil, dent pour dent.* Et moi, je vous dis de ne pas résister au mal que l'on veut vous faire ; mais si quelqu'un vous frappe sur une joue, tendez-lui l'autre, et si quelqu'un veut vous prendre votre tunique, abandonnez-lui encore votre manteau.

» Vous avez appris qu'il a été dit : Vous aimerez votre prochain et vous haïrez vos ennemis. Et moi, je vous dis : Aimez vos ennemis, faites du bien à ceux qui vous haïssent et priez pour ceux qui vous persécutent et qui vous calomnient, afin que vous soyez les enfants de votre père qui est dans les cieux, qui fait lever son soleil sur les méchants et fait pleuvoir également sur les justes et sur les injustes. Car si vous n'aimez que ceux qui vous aiment, quelle récompense aurez-vous? Les publicains ne le font-ils pas ainsi?

» Et si vous ne saluez que ceux qui vous saluent, que faites-vous en cela de plus que les autres?

» Ceux qui ne sont pas Juifs ne le font-ils pas aussi? Vous, soyez parfaits comme notre Père céleste est parfait. »

(1) « Il en fut ainsi de Rebecca, qui conçut le seul Isaac notre père ; car quoique les enfants ne fussent pas encore nés et qu'ils

Il y eut bien des révoltes contre la monstrueuse doctrine ; mais avec l'appui des césars byzantins, Augustin, le second fondateur du christianisme, la fit triompher, et il devint bientôt article de foi que « *tous les hommes ont mérité la damnation ; que si quelques-uns sans aucun mérite de leur part sont épargnés, c'est le pur effet d'une miséricorde toute gratuite. Quant aux autres, ils ne font que subir un juste châtiment* (1) ».

Vous avez bien lu :

Lorsque l'on songe que la damnation, si libéralement octroyée à tout le genre humain au caprice d'un Dieu impitoyable et fantasque, c'était une éternité d'inénarrables supplices dans des flammes inexorablement éternelles, on ne peut que frissonner d'indignation et d'horreur. Michelet, en sa vivante *Histoire de France,* parle avec épouvante de la somme de douleurs que pendant quinze siècles la terrifiante théorie a jetée dans les âmes croyantes ; et il se demande si jamais dogme plus déprimant, plus foncièrement immoral, opposa son veto au progrès humain. Or, il fallait croire ou mourir ; le même Augustin, précurseur de saint

---

n'eussent fait ni bien ni mal, afin que le dessein d'élection de Dieu subsistât sans dépendre des œuvres et par la seule volonté de celui qui appelle, — il fut dit à Rebecca : Le plus grand sera assujetti au plus petit; selon qu'il est écrit : J'ai aimé Jacob et j'ai aimé Esaü.

» Que dirons-nous donc? Y a-t-il en Dieu de l'injustice? Loin de là ! Car il dit à Moïse : Je ferai miséricorde à qui je fais miséricorde, et j'aurai compassion de qui j'ai compassion. Ainsi donc, cela ne dépend ni de celui qui veut, ni de celui qui court, mais de Dieu qui fait miséricorde. Car l'Ecriture dit à Pharaon : Je t'ai suscité à dessein pour montrer en toi ma puissance, et afin que mon nom soit publié par toute la terre. Ainsi il fait miséricorde à qui il veut. « Tu me diras : Pourquoi blâme-t-il encore? Car qui est-ce qui résiste à sa volonté! O homme, toi, plutôt qui es-tu pour contester avec Dieu? Le vase d'argile dira-t-il à celui qui l'a formé : Le potier n'est-il pas maître de l'argile pour faire avec la même masse un vase d'honneur ou un vase d'un usage vil? Et que dire si Dieu, voulant montrer sa colère et faire connaître sa puissance, a supporté avec une grande patience des vases de colère formés pour la perdition, et s'il a voulu faire connaître la richesse de sa gloire envers des vases de miséricorde qu'il a d'avance préparés pour la gloire? » (Epître de Saint Paul aux Romains.)

(1) Saint Augustin : *La Cité de Dieu.*

Dominique et de l'Inquisition, l'enseigna sur un ton qui ne permettait pas de réplique (1).

Mais, dira-t-on, le sinistre Africain ne fit pas la loi sans conteste, le dogme de la *prédestination* fut adouci, en Occident, par la théorie de la grâce suffisante. C'est vrai. Mais il est vrai également, et ici il faut, selon la forte expression de Carlyle, faire une pause « en silence et en douleur sur les ténèbres qui sont dans l'homme », il est vrai également que l'effroyable doctrine fut reprise au seizième siècle par Luther, Mélanchton, Calvin et leurs innombrables sectateurs. Il est vrai encore qu'elle fut revivifiée au dix-septième siècle par Jansénius, et qu'elle domine encore le protestantisme et le jansénisme (2).

---

(1) « *Le salut ne peut se trouver nulle part que dans l'Eglise catholique.* Imaginez un homme ayant d'excellentes mœurs ; s'il n'a pas la foi, elles ne sauraient lui apporter aucun avantage. Prenez-en un autre dont les mœurs sont moins bonnes ; s'il possède la foi, il peut obtenir le salut auquel le premier ne peut arriver. »

» Dans ceux qui n'ont pas voulu s'instruire, l'ignorance est un péché ; *dans ceux qui ne l'ont pas pu, c'est la peine du péché* originel ; donc, ni les uns ni les autres n'ont une juste excuse : ils subissent les uns et les autres une juste condamnation. Socrate, Marc-Aurèle, Scipion, sont tous exclus du royaume éternel. Des païens ne sauraient être sauvés, n'ayant pas la foi en Jésus-Christ. S'ils étaient sauvés, ce divin sauveur serait donc mort inutilement ! »

» *Toute justice dont la piété n'est pas le mobile n'est pas la justice.* Toute vertu qui n'a pas Dieu pour objet n'est pas une vertu, mais un vice.

» Dieu a dit : Tu ne tueras point. Mais s'il n'y a plus de défense, il n'y a plus de crime, et *si Dieu, par une prescription spéciale, ordonne de tuer, l'homicide est une vertu.*

» C'est en vue du bien des hérétiques qu'on les contraint à changer de foi. Agir autrement à leur égard, ce serait leur rendre le mal pour le mal. Comparez ce que font les hérétiques et ce qu'ils subissent : ils tuent les âmes, on les frappe dans leur corps. Peuvent-ils se plaindre de recevoir la mort temporelle, eux qui infligent la mort éternelle ! »

» *Les bons et les méchants peuvent faire la même chose, mais dans les desseins différents. C'est par juste vérité et par amour que les bons persécutent les méchants.* (Saint Augustin, *Cité de Dieu*, passim.)

(2) « Comment lire sans indignation, dit Louis Blanc dans le premier volume de son *Histoire de la Révolution,* en citant Jansénius, Boursier, Nicole, Royaumont, le Tourneux, Gerberon, comment lire sans indignation et sans effroi, dans le *Dictionnaire* du jansénisme, les maximes qui précisent, qui résument l'esprit de la secte ? — « Jésus-Christ n'est pas plus mort pour le salut de ceux qui ne sont pas élus, qu'il n'est mort pour le salut du diable. » — « Dieu a pu avant la

Heureusement qu'à un certain degré de développement l'homme est supérieur à ses vieilles croyances. Malgré saint Paul et saint Augustin, les chrétiens croient aux œuvres. Ils regimbent devant l'arbitraire divin, mais ils en sont encore à la *crainte de Dieu* comme mobile moral unique. Or, quel bien social d'une doctrine où la *volonté divine* interprétée par les prêtres est tout, tandis que le monde social ne pèse pas un atome ?

Les héros de la *crainte de Dieu*, ce furent les solitaires de la Thébaïde, ce sont encore les moines cloîtrés qui fuient le monde, foulent aux pieds les affections les plus naturelles, les devoirs sociaux les plus stricts, pour s'en aller égoïstement, au prix de ridicules macérations, conquérir leur part de paradis, comme le firent les Antoine, les Pacome, les Siméon Stylite et autres personnages terrifiés par la peur de l'enfer. La morale humaine répudie ces déserteurs du devoir social, qui ont fui le monde et ses charges, poussés exclusivement par l'égoïste préoccupation de leur salut individuel !

Les socialistes que les chrétiens anathématisent comme incroyants nous disent, au contraire, que le but égoïste est un but inférieur, que les hommes ne doivent pas séparer leur salut du salut de leurs semblables, et travailler, dans la souffrance, dans l'épreuve, sous les outrages, à la rédemption collective, sans rien attendre pour eux-mêmes, disant avec Proudhon que « s'ils ont perdu la foi en Dieu, ils ont acquis la foi en l'humanité, qui dit justice, indulgence, bonté et solidarité ».

Tous les chrétiens, je le sais, n'ont pas en vue que leur « salut éternel » ; de nos jours, beaucoup d'entre eux admettent qu'il faut travailler à l'avènement de la justice dans l'humanité et ils agissent d'après ces principes.

---

prévision du péché originel prédestiner les uns et réprouver les autres..., tout cela est arbitraire dans Dieu. » — « Dieu a fait par sa volonté cette effroyable différence entre les élus et les réprouvés. » — « Dieu seul fait tout en nous. » — « L'homme criminel, sans l'aide de la grâce, est dans une nécessité de pécher, etc., etc. »

Ceux-là, les meilleurs, rejettent pratiquement le mobile de *la crainte de Dieu*, dont ils prononcent ainsi, qu'ils le veuillent ou non, la condamnation : leurs *œuvres* sont en rébellion contre leur *foi*.

En résumé, basée sur la soumission absolue à une entité immuablement implacable, la morale religieuse est forcément contraire au progrès social et au bonheur des hommes. Au progrès social : la douloureuse histoire des quinze derniers siècles d'intolérance oppressive illustrée par le massacre de millions de libres-penseurs et d'hérétiques et par cette honte éternelle du crtholicisme : l'Inquisition, que la cruelle Isabelle de Castille et son exécrable confesseur Torquemada inaugurèrent en Espagne, d'après les enseignements de saint Augustin; de saint Thomas d'Aquin (1), de saint Dominique (l'inspirateur du massacre des *Albigeois*). Les voies sinistres étaient d'ailleurs ouvertes depuis longtemps. Depuis la destruction du *Sérapéum* et l'incendie de la Bibliothèque d'Alexandrie par les hordes monacales de l'évêque Théophile; depuis surtout l'assassinat, par les bandes de l'évêque Cyrille, de la dernière représentante de la philosophie, la glorieuse Hypatie (2), il était entendu que le fondement de toute science est dans les Écritures et dans la Révélation écrite; que Dieu ne nous a pas seulement donné un critérium du vrai, mais qu'il nous a appris tout ce qu'il voulait que nous sussions, et, que les Écritures contiennent la somme des connaissances nécessaires (3).

Augustin et Eusèbe systématisèrent la chose, et la science,

---

(1) « Si les faussaires et autres malfaiteurs sont justement punis par les princes séculiers, à plus forte raison les hérétiques convaincus doivent-ils être non seulement excommuniés, mais punis de mort. L'Eglise témoigne d'abord sa miséricorde pour la conversion des égarés; car elle ne les condamne qu'après une première et une seconde réprimande. Mais si le coupable est obstiné, l'Eglise, désespérant de sa conversion et veillant sur le salut des autres, le sépare de l'Eglise par sa sentence d'excommunication et le livre au jugement séculier pour être séparé de ce monde par la mort. » (Saint Thomas d'Aquin, *la Somme théologique*.
(2) Chateaubriand : *Etudes historiques.*
(3) Draper : *Les Conflits de la science et de la religion.*

la grande libératrice, la source vive de la justice, dont la bonté est le principe, fut non seulement anathématisée, mais livrée aux tortionnaires du fanatisme, agissant jusque dans l'époque moderne (1). Cela dura d'ailleurs autant que la puissance chrétienne : Giordano Bruno, Vanini, La Barre, en témoignent par leurs supplices, jusqu'au XVIIe siècle (2).

Au point de vue éducatif, la morale chrétienne n'est pas moins dépressive; un généreux philosophe (3) l'a dit : « Croire à la méchanceté de quelqu'un, c'est le rendre en général plus méchant qu'il n'est. » Or, qu'elle est l'idée dominante de la morale chrétienne : l'impuissance de la volonté sans la grâce; en d'autres termes, l'opposition du vouloir et du pouvoir, le péché originel installé au cœur de l'homme et le déprimant dès l'enfance. Rien n'est plus propre à raréfier les efforts moraux.

Ennemi de la science et de la raison, c'est-à-dire du progrès philosophique et social, le mobile religieux n'est pas moins contraire au bonheur des hommes, auxquels il impose « des souffrances sans profit, des privations inutiles et des terreurs infinies », tandis qu'il déprime l'âme humaine, en la déformant par les antipathies sectaires, par la perver-

---

(1) Les Espagnols brûlèrent à Mexico des monceaux d'écritures hiéroglyphiques, et le cardinal Ximénès réduisit en cendres, sur la place de Grenade, huit mille manuscrits arabes. Qui évaluera ces pertes du savoir humain?

(2) D'après le professeur Arnold Dodelfort, on relève sur les registres de la prison de Lucerne qu'en 1659, en cette ville, une petite fille, âgée de sept ans et nommée Catherine, fut attachée à un poteau et brûlée vive par ordre du tribunal criminel, parce qu'elle refusait de croire en Dieu.

La Réforme ne mit nullement fin à cette proscription de la pensée humaine, comme l'attestent les anathèmes furibonds de Luther, de Mélanchton contre la science et contre la philosophie; comme l'atteste plus cruellement le bûcher de Michel Servet, allumé par le dur Calvin. Le protestant libéral Draper dit expressément dans ses *Conflits de la science et de la religion :* « La funeste maxime autrefois mise en avant par Tertullien et saint Augustin, et qui avait été si profitable à la papauté, que toute science est renfermée dans les Écritures, fut énergiquement maintenue. Les chefs de la Réforme, Luther et Mélanchton, étaient décidés à bannir la philosophie de l'église. »

(3) Guyau : *De l'Education et de l'hérédité.*

15

sion de la raison résultant de la disjonction de la croyance et de l'expérience, par le fanatisme haineux et par la condamnation des meilleurs sentiments affectifs et sociaux (1).

Les moralistes philosophiques utilitaires et socialistes ont donc raison de repousser le mobile religieux de la morale (la crainte d'un Dieu omnipotent et arbitraire). Ce mobile a eu son heure d'efficacité relative aux débuts des civilisations, mais il est maintenant illusoire dans son principe et antisocial dans ses commandements, puisqu'il sacrifie à un absolu chimérique, tout au moins indémontrable, les vivantes lois, les souffrantes réalités humaines et terrestres.

« Souffrir, dit Feuerbach, est le grand commandement du christianisme; l'histoire du christianisme lui-même est la Passion de l'Humanité. »

Or, il est enseigné, sous les portiques socialistes, que l'homme a pour devoir de combattre le mal et la souffrance en lui et autour de lui; de contribuer de toutes ses forces à faire de son globe un Éden de lumière, de bonté, de justice et de bonheur.

III. Une victoire de la philosophie

Avec le scepticisme, quelquefois profond, toujours ironique, qui le distingue, Ernest Renan a décoché ce trait à la philosophie : « On compterait les âmes qu'a annoblies la » philosophie; on ferait en quatre pages l'histoire de la » petite aristocratie qui s'est groupée sous ce nom; le reste, » livré au torrent de ses rêves, de ses terreurs, de ses enchan- » tements, a roulé pêle-mêle dans les hasardeuses vallées

---

(1) V. *La Religion naturelle, son influence sur le bonheur du genre humain*, par Jérémie Bentham et Georges Grote.

» de l'instinct et du délire, ne cherchant sa raison d'agir et
» croire que dans les éblouissements de son cerveau et les
» palpitations de son cœur. »

On pourrait tout d'abord répondre, avec Tyndall, qu'en
somme la philosophie vivifiée par la science aura bientôt
délivré l'homme occidental des terreurs de l'enfer et
des servitudes religieuses, et que ce n'est pas là si peu.
Nous préférons montrer, par un exemple, illustre qu'une
élite de citoyens, assez mal lotis en fait de religion, voire
même en fait de moralisme, mais ayant puisé le courage
dans les enseignements philosophiques, a quelquefois vaincu
et subjugué les masses innombrables de sujets, relevant
pourtant de la sublime des morales religieuses.

Cinq siècles avant l'ère vulgaire, la monarchie perse
était à son apogée. Maîtresse de l'Asie Mineure, de l'Asie
centrale et de l'Afrique occidentale, elle débordait sur
l'Europe, qui était gardée seulement par le petit peuple
hellénique, divisé en cités républicaines ennemies.

Au point de vue religieux, la supériorité persique éclatait
à tous les yeux. Là étaient en vigueur les enseignements de
Zoroastre, le plus pur et le plus grand des révélateurs religieux.

On connaît la conception parsiste :

« Ormuzd avait créé toutes choses parfaites; mais
Ahriman a introduit le mal dans l'Univers, et le grand
combat se livre d'un côté entre Ormuzd, génie du bien ayant
pour auxiliaires les sept *Amschaspands*, chefs eux-mêmes
de la foule innombrable des *Izeds* (sorte d'anges), et les
Ferouers (sorte d'âmes), et d'un autre côté Ahriman, génie
du mal, ayant pour auxiliaires les sept *Darvands*, chefs
eux-mêmes de la tourbe immense des *Dœvas* ou esprits
du mal.

» La bataille sera longue et terrible, non éternelle néanmoins, car Ormuzd l'emportera, et Ahriman lui-même
s'amendera avec tous les siens et viendra s'absorber dans
la pure lumière de l'éternelle justice et du bonheur universel.
Il en sera ainsi de tous les méchants; après une période

d'expi?   , ils viendront, purifiés, réconciliés, partager la
félicité ? - bons, qui sera ainsi universelle et éternelle.

Tel était le dogme; voyons la morale.

Le *Nekah* ou bénédiction nuptiale, promulgué par
Zoroastre, portait :

« Au nom du Dieu libéral, bienfaisant et miséricordieux ;

» Au nom d'Ormuzd secourable, soyez instruit de ce qui
est pur! Faisant le bien d'une manière convenable, appliquez-
vous à penser le bien, à dire le bien, à faire le bien... Dites
la vérité au milieu des grands. Parmi vos amis, ayez le visage
doux et les yeux bienfaisants. Ne faites pas de mal à votre
prochain. Ne vous laissez aller ni à l'envie, ni à l'orgueil,
ni à la vanité. Ne prenez pas le bien d'autrui ; abstenez-vous
de la femme de votre prochain. Fuyez les méchants.
Répondez avec douceur à votre ennemi. Rendez-vous plus
célèbre que votre père. Ne faites point de mal à votre mère.
Comme le corps et l'âme sont amis, soyez l'ami de vos frères,
de votre femme, de vos enfants. »

Quelle comparaison établir entre l'olympisme hellénique
et le magisme perse?

Les dieux de l'Olympe ne diffèrent des hommes que par
la puissance plus grande et la perpétuité de la jeunesse ; ils
ont tous les vices de notre pauvre engeance. Junon est
vindicative ; Apollon et Minerve sont bassement jaloux
(supplice de Marsyas, métamorphose d'Arachné) ; Diane est
insociable et cruelle, Mercure est voleur de troupeaux et
proxénète de Jupiter ; Mars, brutal et querelleur ; Vénus,
folle de son corps ; Bacchus et Silène divinisent l'intempérance, et Priape la fornication. Quant à Jupiter, roi des
dieux et des hommes, qui a commencé par déposséder et
mutiler son père, par livrer aux vautours du Caucase
Prométhée, le bon Titan, le sauveur des hommes, il est
surtout le roi des adultères. Il devint même le roi d'une
autre sorte de gens, depuis que par l'enlèvement du bel
éphèbe Ganymède, substitué à la ravissante Hébé, l'adoles-
cente divine, il eut donné la consécration olympienne aux

mœurs érastiques, d'ailleurs fort bien vues dans toute l'Hellénie et d'institution nationale en Crète (1).

Singulière éducation religieuse, on en conviendra. Mais il y avait compensation; la philosophie avait touché le sol hellénique de sa baguette d'or et élevé les âmes en soulevant les problèmes de la vie, de la mort, de l'origine, de l'évolution des choses, des devoirs et des droits politiques, bref, des plus importantes questions qui aient jamais fait battre le cœur humain. Au moment où nous sommes, Phérécyde, Thalès, Anaximandre, Anaxagore, ont cherché les lois du monde et des choses, avec les seules lumières de la science naissante et de la raison humaine.

Parménide — devançant Spinosa de vingt-quatre siècles et la pléiade philosophique allemande de vingt-deux siècles — jette les fondements du panthéisme occidental.

Héraclite, non moins grand, révèle le mystère de l'évolutionnisme et apprend aux hommes (qui ont mis plus de deux mille ans à le comprendre) que rien ne *subsiste*, mais que tout *devient*, l'éternel devenir étant la loi universelle des êtres et des choses.

Prenant la vérité par une autre racine, Démocrite — le premier et le plus grand ancêtre du matérialisme — enseigne, préparant les voies à Leucippe, qui va suivre, que rien ne peut sortir de rien, que la matière éternelle est un composé d'atomes qui s'agrègent, se désagrègent et se meuvent en tourbillons dans l'espace, dont ils constituent les pleins. Plus idéaliste, Empédocle apporte à l'humanité pensante l'idée féconde (reprise au xixe siècle par Saint-Simon et par Herbert Spencer) que le développement universel résulte de périodes alternatives d'intégration et de dissociation.

Dans l'ordre expérimental, Hippocrate crée la médecine, tandis qu'obéissant à l'inspiration des muses civiques, Eschyle, le père de la tragédie, ferme d'une âme fière et d'une main virile le temple du Destin, instaure dans Athènes

---

(1) Letourneau : *L'Évolution politique.*

le culte de la Sagesse et annonce, avec le règne des lois justes, les futurs triomphes de l'action humaine. Qui nommer encore? tout est tellement social dans cette magnifique Hellade que les poètes mêmes n'y sont ni des rêveurs solitaires, ni des parasites des grands.

« Ils se mêlent, dit Louis Ménard (1), à la vie active dans les luttes pour la conquête du droit, et c'est le cœur de la patrie qui bat dans leur poitrine. » Déjà les Théognis, les Simonide, les Callinus, les Mimnerme, les Phocylide ont, sur les traces d'Hésiode, chanté le travail, la modération, la justice, glorifié la valeur et sanctifié l'amour de la patrie. Au nombre de ces poètes gnomiques et philosophistes s'est placé Solon, plus grand et plus illustre pour avoir mis le sceau à la grandeur morale et politique d'Athènes, en la dotant d'une législation démocratique, très soucieuse du travail et de la justice.

Peu après Solon, le plus grand des philosophes antiques, l'initié de tous les mystères, Pythagore, a dit aux hommes, en leur proposant une morale sublime : « Devenez dieux vous-mêmes, c'est-à-dire fortifiez-vous par la science, perfectionnez-vous par la pureté, la justice et la bonté, et, ainsi préparés, subjuguez la nature, en découvrant ses lois, et faites de la terre un lieu de délices » (2).

Tels ont été ou sont les éducateurs philosophiques de l'Hellénie, lorsque les innombrables armées perses envahissent la presqu'île qui fièrement émerge, entre les mers d'Ionie, d'Egée et de Crète. Tout semble perdu ; mais les Athéniens, optimistes comme tous les vaillants (3), refusent

_____

(1) Louis Ménard : *Du Polythéisme hellénique*.

(2) La morale pythagoricienne a été splendidement résumée par Théano, d'abord fille adoptive, puis épouse de Pythagore, dans les *Vers dorés*, dont l'initié *Fabre d'Olivet* nous a donné une traduction devenue classique. Nous les avons reproduits dans notre *Morale sociale*.

(3) L'optimisme n'est pas toujours conforme à la réalité des choses, mais il est souvent le chemin de la victoire. Il sauva la liberté ancienne avec les Athéniens, il a fondé la liberté moderne avec les Français de la grande Révolution. « La sagesse consiste peut-être à *penser en pessimiste*, car la nature des choses est cruelle et triste; et

de désespérer, et, sous la conduite de Thémistocle et de Miltiade, ils s'en vont, un contre vingt, Eschyle dans les rangs comme simple hoplite, battre les ennemis de la liberté et sauver l'Europe, à Marathon.

Chassés une première fois avec Darius, les envahisseurs reviennent, avec Xerxès, quatre fois plus nombreux, sur douze mille vaisseaux. Après s'être heurtés aux trois cents de Léonidas dans les défilés des Thermophyles, ils trouvent encore la défaite devant les Athéniens de Salamine, électrisés par Thémistocle, et devant les confédérés de Platée, qu'animent Aristide et Pausanias.

Et ici un fait inoubliable.

Le jour même de la bataille de Platée, pendant que, sous le commandement de Léotichyde, les Athéniens vont achever la déroute des Perses dans les eaux de Mycale, ils choisissent pour cri de ralliement *Hébé, l'éternelle jeunesse*.

L'histoire t'a prise au mot, ô glorieuse Athènes, métropole immortelle du génie, de la vaillance, de la liberté et de l'art ! Tu brilles d'une éternelle jeunesse, dans le temple de la postérité éblouie et subjuguée. Que dis-je, ta gloire artistique inégalée semble grandir à mesure que s'écoulent les siècles. Vainement tu tombas sous les griffes de l'avide louve romaine ; par tes philosophes, par tes artistes, tu domptas tes vainqueurs, et quand ils voulurent implanter dans tes glorieuses murailles leurs cirques, cette abomination des abominations romaines, tu refusas, en montrant, du geste de Demonax, l'autel pieux que, seul dans l'antiquité, tu avais élevé à la Pitié sainte, ornant ainsi ta couronne de gloire du fleuron de la bonté, le plus brillant de tous. Oui, plus réellement que la déesse qu'invoquèrent tes guerriers au jour de Mycale, tu brilles au sommet de l'histoire d'une impérissable jeunesse.

La victoire de la philosophie contre la religion, des *ci-*

à *agir en optimiste*, car l'intervention humaine est efficace pour le mieux-être moral et social, et nul effort de justice et de bonté, quoi qu'il puisse nous apparaître, n'est jamais complètement perdu. » (B. Malon, *Morale sociale*.)

toyens contre les *croyants*, sera plus complète encore, car du triomphe de la liberté humaine la pensée va profiter. Bientôt, en effet, paraissent Epicure, le maître sublime de la philosophie matérialiste; Antisthène et Diogène, les chefs de la forte école cynique; Socrate et Platon, les créateurs de la morale idéaliste; l'encyclopédique Aristote.

Ce philosophisme républicain débordant ne pouvait rester sur la défensive en face du magisme religieux, toujours menaçant; et il y eut encore un beau triomphe de la philosophie sur la religion, de la confiance de l'homme en ses propres forces contre la croyance résignée, lorsque, après Issus et Arbelles, les trente-cinq mille piques helléniques du Macédonien étincelèrent des plages illustres de l'Asie mineure et de l'Afrique occidentale aux rives presque fabuleuses du Gange et de l'Indus.

Il fut bien manifeste cette fois que, lorsque la liberté et le civisme avaient présidé à son éducation, un peuple, même petit par le nombre, pouvait vaincre les anciens dieux et leur arracher la direction des plus riches, des plus vastes empires (1).

---

(1) Ceci soit dit, sans prétendre justifier l'orgie militaire de l'indigne héros dont la glorification est la plus odieuse mystification de l'histoire. Combien peu l'immense empire persique pouvait résister à des guerriers helléniques; les succès foudroyants d'Agésilas et la brillante retraite des Dix-Mille le disaient suffisamment. D'autre part, Philippe, l'élève d'Epaminondas, avait, après son triomphe de Chéronée, amassé plus d'éléments de victoire qu'il n'en fallait pour, selon le mot d'alors, *helléniser l'Orient*. La Perse ne fut donc pas domptée par Alexandre, qui commit autant de fautes que de crimes; elle le fut par les fortes et invincibles *phalanges* de Philippe, au-dessus desquelles planait l'ailé souffle de feu que Michelet appelle si bien « l'âme de l'Hellénie ». Le fils d'Olympias, le jeune et féroce écervelé qui trempa probablement dans l'assassinat de son père, débuta par l'horrible sac de Thèbes (Thèbes rasée, 30.000 citoyens thébains vendus comme esclaves en un jour), continua ses jeux cruels par les barbares folies qui suivirent la prise de Gaza; puis vinrent les crimes plus personnels: l'assassinat, dans un moment d'ivresse, de Clitus, son sauveur; la mise en croix du philosophe Callisthène (neveu d'Aristote), qui avait refusé d'adorer le tyran; tout cela couronné par les honteuses orgies de Babylone.

Un tel homme était étranger au véritable héroïsme hellénique, qu'il dévoya, corrompit et déshonora. Aussi disparut-il justement dans un nuage de sang et d'ignominieuses débauches, ayant mérité, non

IV. La Morale philosophique dans l'antiquité

Comme il est dans la nature de l'homme de maximer ses acquisitions et ses expériences, cette apothéose de la valeur individuelle — qui ne va pas d'ailleurs sans quelques inconvénients moraux et sociaux — devait trouver son expression dans une philosophie de la dignité humaine ; ainsi en advint-il.

Pendant que la belliqueuse et brillante Hellénie prenait l'empire du monde, faisait d'Alexandrie, de Pergame et d'Antioche de nouvelles métropoles de l'esprit humain, Zénon vint enseigner sous les portiques du Pécile d'Athènes (1) la noble morale de la conscience humaine et de la souveraineté de la raison.

Avant Zénon, Épicure, tant calomnié, avait enseigné que le bonheur consiste dans la tranquillité sereine de l'esprit ou *ataraxie*, que l'homme peut acquérir en se délivrant de la terreur de dieux imaginaires, en maîtrisant ses désirs et en pratiquant la prudence, la tempérance, l'honnêteté et la justice. Antisthène et Diogène avaient appelé les hommes à la liberté et à la dignité philosophiques. Platon avait célébré l'identité de la science du bien et du beau dans l'*Idée* pure, dans l'*Amour* et recommandé aux hommes la pratique des trois vertus (pour la raison, la *Sagesse ;* pour le cœur, le *Courage ;* pour la sensibilité, la *Tempérance*) qui se confondent dans la *Justice*, vertu harmonique, consistant à

pas les lâches apothéoses d'historiens menteurs et serviles, mais la flétrissure vengeresse de la véridique histoire qui doit, elle aussi, rentrer dans les normes sereines de la vérité et de la justice. Trop souvent, jusqu'ici, elle a méconnu ce devoir, devenant ainsi la corruptrice des peuples et des individus au lieu d'être leur éducatrice. En glorifiant les Alexandre, elle a préparé les César ; en divinisant les César, elle a rendu les Napoléon possibles.

(1) D'où le nom de la doctrine *Stoïcienne*, de *Stoa*, portique.

rendre ce qui est dû non seulement à chaque homme, mais encore à chaque être, à chaque chose.

Enfin, contrairement à l'école *cyrénaïque* que venait de fonder Aristippe, et qui est toute contenue dans la recherche sans frein du plaisir, Aristote, voyant surtout le bonheur dans l'activité intellectuelle et dans l'action guidée par la raison, au sein des circonstances favorables à cette action même, avait écrit que *la vertu est dans le juste milieu* en *toute chose*, c'est-à-dire dans la modération (1).

Mais jamais encore on n'avait enseigné, avec la vigueur stoïcienne, que la vertu se suffit à elle-même, que l'homme vertueux est heureux par cela même et qu'il dépend toujours de lui de braver le destin, en disant, comme devait plus tard faire Possidonius, torturé à Rhodes : « Douleur, tu as beau faire, tu n'es pas un mal. »

Inauguré par Zénon, systématisé par Chyrisippe, exagéré par Cléanthe, puis propagé par Ariston de Chio, Diogène de Babylone, Panétius de Rhodes, Possidonius d'Apamée et Antipater de Thessalonique, le stoïcisme se condensa dans la doctrine que l'on peut résumer ainsi :

« Nous devons aimer le bien pour lui-même et non pour le bonheur qui, dans cette vie ou dans une autre, doit en résulter pour nous. Le plaisir et la douleur ne sont rien pour le sage, car pour lui *le juste est le seul bien*, *l'injuste est le seul mal*, et tout ce qui n'est en soi ni juste, ni injuste, doit être indifférent à ses vœux.

» Le bonheur et la vertu se confondent ; ils dépendent de nous : sachons vouloir. Notre bien et notre mal sont dans notre volonté, car la volonté intérieure et libre de l'homme est suffisante pour le soustraire aux coups de la fortune et des autres hommes. Il y a sans doute des choses qui ne

---

(1) Voici quelques-unes des déterminations de vertus d'Aristote :

Défaut	Juste milieu	Excès
Lâcheté	Courage	Témérité
Insensibilité	Tempérance	Intempérance
Ladrerie	Libéralité	Prodigalité
Humilité	Grandeur d'âme	Gloriole

La théorie est passée en proverbe ; *In medio stat virtus.*

dépendent pas de nous, dédaignons-les, et ne mettons notre bonheur que dans les choses qui dépendent de nous.

» Là est le secret du bonheur :

» Les choses qui ne dépendent pas de nous sont le corps, les biens, la réputation, les dignités, en un mot toutes les choses qui ne sont point du nombre de nos actions. Les choses qui dépendent de nous sont libres par nature : rien ne peut ni les arrêter, ni leur faire obstacle ; quant à celles qui ne dépendent pas de nous, elles sont faibles, esclaves, sujettes à mille obstacles, à mille inconvénients, et entièrement étrangères à l'homme... La maladie, par exemple, est un empêchement du corps, et nullement de la volonté, à moins qu'elle-même ne le veuille. Je suis boiteux, voilà un empêchement pour mon pied, mais pour ma volonté, point. Pour tous les accidents qui t'arrêteront, dis-toi la même chose, et tu trouveras qu'ils sont toujours un empêchement pour quelque chose, non pour toi.

» Va jusqu'au mépris de la souffrance, de l'opprobre et de la mort, et ta volonté sera affranchie ; en te faisant libre, tu seras heureux et indépendant de Dieu même, car si tu dois à Dieu de vivre, tu ne dois qu'à toi seul de bien vivre.

» Impitoyable envers lui-même, le stoïcien est doux à autrui, il étend sur tous sa sympathie, les hommes sont ses fils et les femmes ses filles, il va les trouver pour leur dire où sont leurs maux (1).

» Il veille et peine pour l'humanité entière, car, s'élevant au-dessus de la famille, de la cité, de la patrie, il prêche l'amour du genre humain. L'Athénien disait : O chère cité de Cécrops ; le stoïcien, citoyen du monde, s'écrie : O chère cité de Jupiter (2).

» Le stoïcien va plus loin, il étend sa bonté à tout ce qui vit, car il règne entre tous les êtres et entre toutes choses un nœud sacré, un rapport de famille (3). »

La noble doctrine passa d'Athènes à Rome, où elle devint

---

(1) Epictète : *Entretiens.*
(2) Marc-Aurèle : *Pensées.*
(3) Sénèque : *Traité des bienfaits.*

l'inspiratrice de toutes les nobles âmes, influençant Cicéron même. Elle honora par ses Caton, ses Helvidius Priscus, ses Thraséas, ses Pétus, ses Barea Soranus et quelques femmes héroïques — dont l'Arria de Pétus et la Pauline de Sénèque — le souvenir de la République. Si puissante était son action sur les meilleurs de la Rome du IIe siècle, qu'avec Antonin le Pieux et Marc-Aurèle elle s'assit sur le trône impérial. Il parut alors que la philosophie libératrice allait succéder aux religions épuisées dans le gouvernement des hommes. Tout annonçait que l'ère de paix, de lumière, de réparation et de justice prophétisée par Virgile allait ouvrir ses portes d'or devant l'humanité éblouie et conviée aux plus splendides destinées.

Qui aurait craint alors que la secte obscure, aux principes irrationnels et décevants, qui avait pris naissance dans une antipathique peuplade sémitique, flagellée de si haut par Tacite, pourrait, selon la prétention de ses Tertullien, aspirer à la domination des âmes?

Il en fut pourtant ainsi, non pas en suite d'une inexplicable déviation de l'esprit humain, mais en conséquence du vice capital de la doctrine stoïcienne, toute négative au point de vue social. En effet, tout au perfectionnement individuel, à l'exaltation de la conscience et de la dignité intérieure de l'homme, le stoïcisme n'osa rien entreprendre pour mettre fin aux deux plus intolérables iniquités du monde romain : l'*esclavage* et les *cirques*.

La masse immense des asservis et des victimes se détourna d'une philosophie introspective qui n'était accessible qu'aux forts et qui, au lieu de se servir du sceptre impérial pour faire de la justice, pour ressusciter les anciennes libertés, ne savait qu'élaborer de belles maximes. Les souffrants et les espérants écoutèrent les illuminés ga'iléens qui leur parlaient d'un Dieu mort du supplice des esclaves, pour la rédemption de tous les opprimés. C'est ainsi que, pour ne pas avoir doublé sa pure morale d'une politique sociale, le stoïcisme livra, pour seize siècles, le monde au fanatisme religieux le plus compresseur et le plus rétrograde, fana-

tisme d'autant plus déplorable qu'il généra un fanatisme
hérétique pire encore : l'Islamisme (1).

V. La Morale philosophique dans les temps modernes

Le plus justement illustre des moralistes modernes,
Emmanuel Kant, a relevé, il y a un siècle, en l'ornant de
sublimes devises, le drapeau glorieux du stoïcisme.

Comme les stoïciens, Kant veut que la vertu soit désinté-
ressée ; « autrement on est au marché et non dans la maison
de Jupiter. »

Il est vrai que par ses postulats de l'existence de Dieu et
de l'*immortalité de l'âme* il déroge à son principe, et de la
façon la plus fâcheuse, en tombant dans les sanctions extra-

---

(1) Dans un livre trop peu connu : *Uchronie, histoire de la civilisation européenne, comme elle aurait pu être et comme elle n'a pas
été,* Ch. Renouvier fait vivement ressortir ce défaut du stoïcisme. Il
suppose que Marc-Aurèle, se reconnaissant meilleur philosophe que
sage empereur, a cédé l'empire, à certaines conditions, à son lieutenant Varus. Celui-ci ferme les cirques, abolit graduellement l'esclavage, reconstitue les libertés communales, réforme l'impôt et établit
la République. Une Europe nouvelle naît et se développe. Lorsque
les Barbares du nord tentent leurs invasions du cinquième siècle,
ils se trouvent devant d'innombrables légions de libres citoyens fortement attachés à leur sol natal en vertu d'un système agraire plus
radical que celui des Gracques, et ils sont facilement vaincus et
refoulés en Orient. Là, sous l'influence des évêques et des fanatiques
chrétiens, les hordes germaniques adhèrent au christianisme qu'elles
féodalisent, et bientôt, à la tête de toute la moinerie catholique, elles
tentent de nouveau la conquête de l'Occident, sous prétexte que les
Infidèles gardent à Rome le tombeau des apôtres Pierre et Paul.
Les Germains sont encore vaincus par les fédérés républicains
d'Occident. Mais cette nouvelle victoire a pour résultat de faire
réfléchir les vaincus, ils s'éprennent de la civilisation occidentale,
et au retour ils proclament la réforme religieuse et entrent dans le
cercle des peuples occidentaux, dont la marche vers le progrès est
si rapide qu'en l'an 1000 ils se sont déjà constitués en Etats-Unis
d'Europe s'épanouissant chacun dans la paix générale, dans la liberté
politique et dans la justice sociale.

C'est une forte et juste critique que cette utopie d'un sage et
savant philosophe contemporain.

terrestres des morales religieuses, dérogation que lui a justement et vivement reprochée Schopenhauer (1).

Les trois grands motifs de la morale kantiste ont été formulés comme suit :

« Toutes les actions moralement bonnes doivent dériver des lois morales que nous prenons pour maximes, et les lois elles-mêmes doivent émaner *du principe suprême de la moralité*, qui veut universellement et nécessairement. Ce n'est qu'à certaines conditions que les actions des hommes auront des règles certaines et déterminées. Ce principe général suprême peut être exprimé de différentes manières, mais qui ne diffèrent point, quant au fond.

» I. — *Agis d'après des règles et des maximes telles que tu puisses vouloir qu'elles soient érigées en lois générales pour toi et pour tous les autres hommes.* Si, par exemple, nous ne pouvons jamais vouloir que ce soit une maxime générale parmi les hommes de tromper, de voler, d'abréger sa vie par l'intempérance, nous rejetterons cette maxime comme moralement mauvaise.

» II. — *Ne traite jamais les êtres raisonnables, toi-même ou les autres, comme de simples moyens pour des fins arbitraires, mais comme des fins en soi.* Ceux-là manquent à cette maxime qui ne se servent de leur raison que pour se procurer de nouveaux moyens de jouissance et en oublient la principale destination.

» Il en est de même de ceux qui traitent les autres hommes comme de simples choses, ainsi que de ceux qui compriment la liberté de conscience d'autrui par des vues intéressées, ou qui le trompent dans leur intérêt.

» III. — *Agis d'après des maximes telles que toi-même, si tu étais législateur universel, tu puisses les ériger en lois pour des êtres raisonnables.* Ce que tu veux que les autres fassent ou ne fassent pas à ton égard, toi même fais-le ou ne

---

(1) Tout cela repose sur cette hypothèse que l'homme dépend d'une volonté étrangère qui lui commande et lui édicte des châtiments et des récompenses... Morale d'esclaves... (Schopenhauer, *le Fondement de la morale.*)

le fais pas par rapport à eux. Il y aurait contradiction dans ta propre raison, si tu voulais que quelque chose te fût permis, quand ta raison trouverait d'ailleurs qu'il ne peut l'être aux autres. »

Le devoir kantiste a deux grandes divisions :

Les devoirs envers soi, dont voici l'énumération :

« 1º Chercher à conserver et à relever la dignité humaine; 2º conserver notre vie; 3º conserver nos facultés intellectuelles et travailler à les développer; 4º conserver notre santé; 5º conserver notre bonheur. »

Les devoirs envers autrui ont pour formule :

« 1º Respecter les autres êtres comme des êtres raisonnables; 2º conserver et augmenter leur dignité d'hommes; 3º conserver la vie, la santé et toutes les forces corporelles des autres hommes; respecter et conserver leurs biens; 4º être véridique; 5º respecter nos engagements. »

Les devoirs se divisent encore en devoirs *parfaits* (obligatoires) et devoirs *imparfaits* (facultatifs).

Règle générale : ne pas faire le mal est *obligatoire*, faire le bien est *facultatif*.

Noble et simple dans ses inspirations, élevée et pure dans ses buts, l'éthique kantienne a été moins heureuse dans la recherche de son critérium moral, qu'elle a cru trouver, non pas dans les sentiments affectifs et dans les intérêts sociaux de l'être humain, mais dans cette chose indécise et mouvante qui a nom la conscience humaine (1).

---

(1) « Bien des gens s'étonneraient s'ils pouvaient voir de quels éléments cette conscience, dont ils se font une si *pompeuse* idée, se compose exactement : environ 1/5 de crainte des hommes, 1/5 de craintes religieuses, 1/5 de préjugés, 1/5 de vanité et 1/5 d'habitude; en somme, elle ne vaut pas mieux que l'Anglais dont on cite ce mot : *I cannot afford to keep a conscience* (entretenir une conscience, c'est trop cher pour moi). Les personnes religieuses, quelle que soit leur confession, n'entendent souvent, par ce mot de conscience, rien autre que les dogmes et les préceptes de leur religion, et le jugement qu'on porte sur soi-même en leur nom; c'est en ce sens qu'il faut entendre les mots *intolérance* ou *conscience imposée*, et pour les théologiens, les scolastiques et les casuistes du moyen âge et des temps modernes : la *conscience d'un homme*, c'était ce qu'il connaissait de dogmes et ce qu'il avait de préjugés. » (Schopenhauer: *Fondement de la morale*.)

Au point de vue individuel, chaque conscience est le produit de conditions particulières d'hérédité, d'éducation, de milieu, de circonstances, de situation qui font qu'elle ne ressemble pas aux autres. Autant d'hommes, autant de consciences.

« Mais votre conscience? » objectait un personnage de comédie à un usurpateur qui se félicitait de son crime. « Eh! Seigneur, répondit-il, où gît-elle ma conscience? Si c'était une engelure, elle m'obligerait à mettre des pantoufles; mais je ne sens pas dans mon sein la présence de cette divinité (1). »

La conscience est le frein des mieux doués; mais elle est trop inégale et trop restreinte dans ses manifestations pour que nous puissions chercher là une base morale d'ordre général.

Dira-t-on que sous la pression du même courant historique, une conscience générale qui sert de mesure à l'impératif catégorique se forme d'une manière définitive? Il sera facile de répondre que cette conscience générale elle-même, toujours assez vague du reste, se développe sans cesse, c'est-à-dire se modifie constamment dans le temps; elle ne saurait donc être un *substratum* moral permanent. En tout cas, elle n'est qu'une résultante indécise d'où s'échappe constamment le flot vivant des consciences individuelles qu'elle ne peut contenir et qui retombent au-dessous d'elle et la dépassent.

Ce trop grand dédain des réalités sentimentales et sociales n'a pas échappé aux plus éminents disciples hétérodoxes de Kant, tels que Fichte et Lange en Allemagne, Ch. Renouvier en France.

Fichte dit bien, lui aussi : « Le motif moral est absolu, il commande simplement sans intervention d'aucune fin différente de lui-même. » Mais il ajoute, dans un élan d'enthousiasme inspiré par l'explosion de la Révolution française, qui fascina Kant lui-même : « Non, ne nous quitte

_____

(1) Skakespeare : *La Tempête*, acte II.

point, *Palladium* sacré de l'humanité, pensée consolante que de chacun de nos travaux, de chacune de nos douleurs, naît pour nos frères une nouvelle perfection, une joie nouvelle ; que pour eux nous ne travaillons pas en vain. »

Motif humain au premier chef, le culte du progrès, et nous voilà loin de « l'impératif catégorique ».

Lange, l'illustre auteur de l'*Histoire du Matérialisme*, se conforme à l'heureuse hétérodoxie de Fichte, lorsque, après avoir repoussé les postulats de la *Raison pratique* de Kant et déclaré que c'est en nous que nous trouvons la loi morale de l'observance de laquelle dérive la félicité, il ajoute : « Nous ne devons jamais séparer notre bonheur du bonheur commun, et notre moralité est en raison de notre solidarisme pratique. »

Nous sommes là en pleine morale sociale, ce qui n'a rien d'étonnant, Fichte et Lange ayant été socialistes en même temps que philosophes. De même Ch. Renouvier, le chef honoré du criticisme français, a paré sa forte philosophie d'aspirations nettement socialistes. Dans son beau livre la *Science de la morale*, il élabore tout un plan de réformes sociales.

Il n'en est pas moins vrai que le *kantisme*, comme il en fut du *stoïcisme* et du *cynisme*, ne tend à agir que sur l'homme lui-même, abstraction faite des conditions sociales dans lesquelles se meut ce dernier. Là est le point dolent de ces doctrines introspectives, si dignes, par d'autres côtés, de la vénération des hommes, et c'est pourquoi nous devons, tout en profitant de leurs nobles enseignements, chercher en dehors d'elles les lois, les formules et les conditions d'être de la morale sociale.

VI. La Morale utilitaire

L'ironie de Rabelais, le scepticisme bienveillant et tolérant de Montaigne, les généreuses protestations antichrétiennes de Giordano Bruno, de Vanini, d'Étienne Dolet, et

surtout la restauration, par Bacon, de la méthode scientifique, avaient obligé, dès le réveil de la pensée, les moralistes à rechercher des bases éthiques plus concrètes que la
crainte de Dieu ou *la conscience.*

L'impulsion était venue de plus d'un côté. Grotius,
qu'allait suivre Puffendorf, avait, dans son *Droit de guerre
et de paix,* remis en honneur la vieille formule d'Aristote
que le but de la société est le bien de ses membres. Dans
cette voie, où nous trouvons également Locke, Spinosa
était allé plus loin ; il avait jeté les bases du *Contrat social*
que J.-J. Rousseau devait si brillamment habiller et popu-
lariser en France, non sans le sophistiquer. De cette idée
découle le droit du nombre et l'avènement de ce que Spinosa, véritable précurseur de la Révolution française,
appelle déjà la *Démocratie*, « laquelle, dit-il, est définie une
» assemblée générale d'hommes possédant collectivement
» un droit commun sur tout ce qui est en sa puissance ».
D'où il ressort, conclut-il, « que le souverain, collectif,
» n'est lié par aucune loi. »

Toute la doctrine démocratique moderne est dans ces
paroles du grand Barruch. On reconnaîtra que ce réalisme
était tout à fait la contre-partie du néo-stoïcisme dont Pomponace, le matérialiste démocritain, avait été le plus grand
représentant moderne (1).

Malheureusement, dans ce sombre et dur XVIIᵉ siècle,
fils d'un siècle plus viril, mais non moins rude, l'*utilitarisme social* de la nouvelle philosophie ne pouvait guère
être compris. Dans l'asservissement général et dans la pau-

---

(1) La récompense de la vertu, c'est la vertu elle-même, qui rend
l'homme heureux ; car la nature humaine ne peut posséder rien de
plus sublime que la vertu ; elle seule donne la sécurité à l'homme et
le préserve de toutes les agitations. Chez l'homme vertueux, tout est
en harmonie, il ne craint rien, il n'espère rien, et reste toujours le
même dans la prospérité comme dans l'infortune. Le mieux trouve
sa punition dans son vice même. (Pomponace : *Traité contre l'immortalité de l'âme.*)

Spinosa lui-même, inconséquent avec sa propre doctrine démocratique, s'inspirait du même principe, témoin le célèbre axiome :
Beatitudo non est virtutis præmium, sed ipsa virtus, la vertu n'a pas
en vue le bonheur ; elle est elle-même sa propre récompense.

périsation déprimante qui découlaient de la monarchie à son apogée, les antagonismes individuels, l'âpreté du gain à laquelle les progrès économiques ouvraient de nouvelles carrières, étaient exclusivement surexcitées.

Tout cela trouva sa philosophie dans Hobbes, que l'on peut considérer comme le successeur des cyrénaïques antiques et le premier maître de l'utilitarisme individualiste moderne.

D'après l'auteur de *Léviathan*, si une personne veut nuire à une autre, du moment qu'il n'existe entre elles aucun pacte, on peut dire que la première fait du tort à la seconde, non qu'elle commet une injustice, car comme il n'y a ni justice ni droits abstraits, il n'y a pas non plus de devoirs. Tout est recherche de l'intérêt personnel, l'homme est un loup pour l'homme (*homo homini lupus*).

Ce monde est le théâtre de la guerre de tous contre tous (*bellum omnium contra omnes*). Il n'y a de droit que lorsqu'il y a société et contrat; mais il ne peut y avoir contrat et société durable, vu l'indomptable égoïsme de la populace, que sous le despotisme absolu d'un monarque omnipotent, véritable Léviathan social.

Le dilemme n'est pas consolant : la sauvagerie ou la tyrannie ; Hobbes vivait au temps de Louis XIV et de Charles II. C'est une excuse que ne pourrait invoquer au même degré La Mettrie, disant en plein XVIIIe siècle (à la cour de Frédérick de Prusse, il est vrai) : « La vertu et » la vérité sont des êtres qui ne valent qu'autant qu'ils » servent à celui qui les possède... Mais, faute de telle ou » telle vertu, de telle ou telle vérité, les sociétés et les sciences » en souffriront! — Soit, mais si je ne les prive pas de ces » avantages, moi, j'en souffrirai. Or, est-ce pour autrui ou » pour moi que la raison m'ordonne d'être heureux ? »

La Mettrie retardait; son matérialisme partait du point de vue *mécaniste* du sec et peu recommandable Descartes, dont le caractère fut si inférieur à l'intelligence ; tandis que déjà le siècle généreux et vaillant du philosophisme se plaçait au point de vue *finaliste* ou *téléologique*, glorifiait le sentiment (1) et considérait que les choses ont une destinée que dans une certaine mesure l'action humaine peut améliorer.

Que si donc les sanctions extra-terrestres étaient repoussées avec mépris, si la vertu pour la vertu n'était pas très en faveur, l'intérêt n'était accepté comme motif moral que soigneusement épuré par le sens social, il devenait alors *l'intérêt bien entendu.*

« Rechercher le bonheur en faisant le bien, en s'exerçant à la connaissance du vrai, disait Diderot, en ayant toujours devant les yeux *qu'il n'y a qu'une seule vertu, la justice,* un seul devoir, se rendre heureux. »

D'Alembert insiste plus vivement sur le côté social du devoir : « La vertu est le supplément des lois : la vertu sera d'autant plus pure que l'on sera plus rempli de l'amour de l'humanité. »

Plus optimiste, en même temps que plus étroit en morale, est Helvétius : « Le désir de notre bonheur suffit pour nous conduire à la vertu, » affirme-t-il sophistiquement, car il suppose chez tout homme le sentiment de la justice et de la solidarité, quand il y a si loin de cette supposition à la réalité des choses. L'auteur de *l'Esprit* en a lui-même conscience, puisqu'il dit plus loin que ce sont les lois qui détermineront les limites du droit individuel et les justes exigences du droit social.

Le Mécène des philosophes du XVIIIe siècle, l'auteur matérialiste du *Système social,* tout en basant sa morale sur l'intérêt, ne manque pas de donner à ce dernier le croc-en-jambe des limitations sociales. « Le mot intérêt, dit effectivement le baron d'Holbach, est le synonyme de corruption, d'injustice, de petitesse dans un avare, un courtisan, un tyran. Dans l'homme de bien, intérêt signifie : équité, bienfaisance, grandeur d'âme. »

_____

(1) Le XVIIIe siècle fut un siècle sympathique à la souffrance.... il a été très humain ; c'est lui qui nous a donné le mot *bienfaisance,* expression caractéristique de ses aspirations. (E. de Pompéry : *Revue philosophique et religieuse.)*

Qu'est-ce à dire, sinon que le devoir social doit gouverner sous le règne de l'intérêt bien entendu. Et qu'il va loin, ce devoir social. D'Holbach dit encore : « J'aime le principe de l'homme sensible qui a dit qu'on ne devrait ni battre un chien, ni tuer un insecte, sans cause suffisante pour se justifier devant le tribunal de l'équité. »

Volney (*les Ruines*) fait de l'amour du prochain un précepte par raison d'égalité et de réciprocité, car lorsque nous nuisons à autrui nous lui donnons le droit de nous nuire à son tour.

« Le vice et la vertu ne sont que des rapports, avance à son tour Marmontel, dans *le Misanthrope converti :* est vice ce qui nuit aux hommes, est vertu ce qui leur fait du bien. » Necker, l'homme d'État illustre, dont son illustre fille, Mme de Staël (1), a dit que l'intelligence était un rayonnement de bonté éclairée et active, est un véritable précurseur des altruistes, et va plus loin. Selon lui, la bonté, c'est la vertu même, c'est la beauté primordiale, et sur elles reposent toutes nos acquisitions, toutes nos espérances de bonheur (2).

Condorcet, qui voit dans *l'égalité le dernier but de l'art social*, n'a pas non plus assez de paroles pour recommander la bienveillance.

C'est là de la morale sociale, et nous la trouverons telle encore aussi bien chez Saint-Lambert (*Catéchisme civique*) que chez le bon abbé de Saint-Pierre, dont la devise était : *Donner et pardonner.*

L'Utilitarisme semblait donc devoir rapidement parcourir les étapes de l'intérêt de mieux en mieux entendu pour se métamorphoser en morale sociale.

Mais s'il y a loin de la coupe aux lèvres, il y a plus loin encore de la théorie à la pratique.

Une théorie progressive ne répond d'abord qu'à la mentalité de l'élite des penseurs et des militants. Lorsqu'on la

---

(1) Mme de Staël : *Mémoires de dix ans d'exil.*
(2) Necker : *De l'importance de l'opinion religieuse.*

plonge, pour l'y cristalliser en règle de conduite, dans
l'océan de la masse, c'est par ses parties faibles et défec-
tueuses qu'elle est d'abord traduite en fait : la morale de
l'intérêt bien entendu devient, dans l'application, la vulgaire
morale de l'intérêt tout court, de la société individualiste
régnante.

Ce que le nouveau principe a produit, les iniquités du
capitalisme oppresseur et spoliateur, les douleurs du prolétariat opprimé et exploité, en un mot la situation actuelle
si troublée, si pleine de mécontentements, de souffrances,
d'incertitudes et de menaces le disent suffisamment.

Les économistes, rhapsodes inexorables du *laisser-faire*,
applaudissent toujours et justifient imperturbablement,
semblables à ce perroquet de Florian, à qui les matelots
avaient appris à dire : *Cela ne sera rien*, et qui répétait
encore l'insouciant refrain au moment où le vaisseau
désemparé par la tempête disparaissait sous les flots.

La comparaison est juste devant le flot montant des
mécontentements que suscite la guerre économique de tous
contre tous, principe et fin de la société capitaliste bourgeoise.

VII. La Morale sociale

Aussi est-ce bien contre cet égoïsme pratique, cause de
tant de dépressions, de tant de misères et de tant de crimes,
que s'est levé le socialisme, en s'attachant principalement à
la transformation des institutions, car il sait que les institutions dominent les mœurs.

En l'espèce, le socialisme veut, au mobile subversif
de *l'intérêt individuel*, qui inspire et commande les
actes dans l'organisation actuelle, substituer le mobile
bienfaisant de *l'intérêt social*, principe adéquat d'une
société fondée sur la justice et s'épanouissant en activités

harmoniques, dans les joies communes de la solidarité.

Pour l'œuvre rédemptrice, les auxiliaires théoriques ne font pas défaut au socialisme, même parmi les plus illustres docteurs de la morale utilitaire.

Que dis-je? Tout en prétendant ne dresser que ce qu'il appelle une *arithmétique morale des plaisirs et des peines causés par les actes,* le chef même de la doctrine, le bon et génial Jérémie Bentham, trace d'une main sûre, en sa *Déontologie,* les grandes lignes de la morale sociale.

Bentham raconte qu'il cherchait depuis longtemps un système de morale auquel il pût s'attacher, lorsqu'un livre de l'illustre Priestley, livre déjà oublié, lui tomba par hasard sous la main; il y trouva pour la première fois cette formule écrite en italique : *Le plus grand bonheur du plus grand nombre!*

« A cette vue, je m'écriai, transporté de joie, comme Archimède lorsqu'il découvrit le principe fondamental de l'hydrostatique : *Eureka,* j'ai trouvé (1)! »

Le plus grand bonheur du plus grand nombre, par la science, la justice, la bonté, le perfectionnement moral, on ne saurait en effet trouver plus vaste et plus humain motif éthique.

Bentham débute toutefois en utilitariste très décidé :

« Il est fort inutile de parler des devoirs... L'intérêt est uni au devoir dans *toutes les choses de la vie;* plus on examinera ce sujet, plus l'homogénéité de l'intérêt et du devoir paraîtra évidente... En saine morale, le devoir d'un homme ne *saurait jamais consister* à faire ce qu'il a intérêt à ne pas faire... par une juste estimation, il apercevra la coïncidence de ses intérêts et de ses devoirs. »

Mais, au principe Bentham ajoute bientôt un correctif qui est la négation de l'utilitarisme vulgaire :

« Si, dit-il, la première loi de la nature, c'est de désirer notre propre bonheur, les voix réunies de la prudence et de la bienveillance se font entendre et nous disent : Cher-

_____

(1) J.-M. Guyau : *La Morale anglaise contemporaine.*

chez votre bonheur dans le bonheur d'autrui. Si chaque homme agissant avec connaissance de cause dans son intérêt individuel obtenait la plus grande somme de bonheur possible, alors l'humanité arriverait à la suprême félicité, et le but de toute morale, le bonheur universel, serait atteint. »

Généreuses paroles que le grand utilitaire commente dignement, en recommandant la bienveillance envers les animaux, dans les termes suivants :

« Ce que nous proposons, c'est d'étendre le domaine du bonheur partout où respire un être capable de le goûter, et l'action d'une âme bienveillante n'est pas limitée à la race humaine; car si les animaux que nous appelons inférieurs n'ont aucun titre à notre sympathie, sur quoi s'appuieraient donc les titres de notre propre espèce?

» La chaîne de la vertu enserre la création sensible tout entière.

» Le bien-être que nous pouvons départir aux animaux est intimement lié à celui de la race humaine, est inséparable du nôtre (1). »

Outre la précieuse recommandation altruiste, nous avons là un mobile nouveau bien supérieur à l'intérêt, *la recherche du bonheur*, car tout bonheur digne de l'homme civilisé est social dans sa source et dans son objet; cela en raison directe du développement intellectuel, affectif et moral du sujet.

---

(1) L'homme de bien comprend que les animaux mêmes, capables comme lui de jouissance et de souffrance, ont droit à sa compassion, et que, selon la belle expression de Bentham, la chaîne d'or de la sympathie doit enserrer toute la nature vivante. C'est la dernière des acquisitions morales. Un tel sentiment est entièrement inconnu des sauvages, sauf pour leurs animaux favoris. Il n'était pas moins étranger aux anciens Romains, comme le prouvent les abominables tueries du cirque.

Les stoïciens semblent en avoir eu quelque conscience; les premiers anachorètes le popularisèrent au sein du christianisme naissant; l'école utilitaire de Bentham lui a donné une place importante parmi les conditions de la vertu, et la philosophie transformiste, en proclamant l'origine animale de l'homme. doit contribuer encore à son développement. (L. Carrau : *Etudes sur la théorie de l'évolution*).

Alfred Fouillée et J.-M. Guyau, entre autres, l'ont magnifiquement démontré (1).

L'illustre J. S. Mill le comprend également ainsi, lorsqu'il pose en fait que le principe général auquel toutes les règles de la pratique devraient être conformes n'est autre que le bonheur du genre humain et de tous les êtres sensibles.

Le savant philosophe va plus loin ; si le critérium utilitaire tolère certains désirs d'intérêt individuel à condition qu'ils ne seront pas nuisibles à autrui, « *il ordonne et exige* que la culture de l'amour et de la vertu soit poussée aussi loin que possible, comme étant de toutes choses ce qui importe le plus au bien général. »

Puis l'auteur de *l'Utilitarisme,* ou théorie du bonheur, s'efforce de prouver que l'intérêt individuel et l'intérêt collectif se confondent : « Ceux-là seulement sont heureux, dit-il, qui ont l'esprit tendu vers quelque objet autre que leur propre bonheur, par exemple vers le bonheur d'autrui, vers l'amélioration de la condition de l'humanité, même vers quelque acte, quelque recherche qu'ils poursuivent, non comme un moyen, mais comme une fin idéale.

» Aspirant ainsi à une autre chose, ils trouvent le bonheur chemin faisant. Les plaisirs de la vie — telle était la théorie à laquelle je m'arrêtai — suffisent pour en faire une chose agréable, quand on les cueille en passant sans en faire l'objet principal de la vie, et du coup vous ne les trouvez plus suffisants. Ils ne supportent pas un examen sérieux. Demandez-vous si vous êtes heureux, et vous cessez de l'être. Pour être heureux, il n'est qu'un seul moyen, qui consiste à prendre pour but de la vie non pas le bonheur, mais quelque fin étrangère au bonheur. »

Partant du même point de vue utilitaire, et en indiquant comme idéal moral *la vie complète dans la société complète,* Herbert Spencer voit deux morales en présence : la morale primitive de l'égoïsme et la morale idéale de l'al-

_____

(1) A. Fouillée : *Critique des systèmes de morale contemporaine.* — J.-M. Guyau : *Essai d'une morale sans obligation ni sanction. L'Irréligion de l'avenir.*

truisme, dont l'avènement n'est pas proche. Il en conclut qu'il est nécessaire qu'entre le commencement et la fin, pendant toute l'évolution sociale, il s'établisse transitoirement une morale transactionnelle qu'on peut appeler morale *égo-altruiste*, et qui dominera tant que l'altruisme ne sera pas généralisé. Schopenhauer n'aurait pas admis ces tempéraments du philosophe de l'évolution.

Pour le chef du pessimisme moderne, il n'y a que trois motifs généraux auxquels se rapportent toutes les actions des hommes : c'est seulement à condition de les éveiller qu'un autre motif quelconque peut agir. C'est :

a) L'*égoïsme*, ou la volonté qui poursuit son bien propre (il ne souffre pas de limites);

b) La *méchanceté*, ou la volonté poursuivant le mal d'autrui (elle peut aller jusqu'à l'extrême cruauté);

c) La *pitié* poursuivant le bien d'autrui (elle peut aller jusqu'à la noblesse et à la grandeur d'âme). Il n'est pas d'action humaine qui ne se réduise à l'un de ces principes; toutefois, il peut arriver que deux y concourent.

Les actions inspirées par le premier motif sont quelquefois indifférentes, le plus souvent nuisibles à autrui ; celles inspirées par le second motif (la méchanceté) sont toujours blâmables et malfaisantes. Par contre, celles inspirées par le troisième (la sympathie ou la pitié) sont toujours bienfaisantes, par suite toujours morales.

La pitié (1) ou sympathie universelle, qui prend aussi les

---

(1) « Concevons deux jeunes hommes, Caïus et Titus, tous deux passionnément épris de deux jeunes filles différentes : chacun d'eux se voit barrer la route par un rival préféré, préféré pour des avantages extérieurs.

Ils résolvent chacun de leur côté de faire disparaître de ce monde leurs rivaux; d'ailleurs, ils sont parfaitement à l'abri de toute recherche, et même de tout soupçon. Pourtant, au moment où ils procèdent aux préparatifs du meurtre, tous deux, après une lutte intérieure, s'arrêtent.

C'est sur cet abandon de leur projet qu'ils ont à s'expliquer devant nous sincèrement et clairement. — Quant à Caïus, je laisse au lecteur le choix des explications qu'il lui mettra dans la bouche. Il pourra avoir été retenu par des motifs religieux, par la pensée de la volonté divine, du châtiment qui l'attend, du jugement futur, etc. Ou bien encore il dira : « J'ai réfléchi que la maxime de ma conduite animaux sous sa protection, est donc le principe de toute moralité, d'où l'on peut conclure que l'égoïsme est le motif antimoral par excellence (1).

Nous pourrions continuer cette revue des plus illustres moralistes sociaux par Auguste Comte, qui a donné du devoir moral cette belle définition : *Vivre pour autrui, en serviteur éclairé de l'Humanité;* par Feuerbach, qui, comme le chef du positivisme, veut substituer au culte des dieux détrônés par la science le culte de l'humanité; par

---

dans cette circonstance n'eût pas été propre à fournir une règle capable de s'appliquer à tous les êtres raisonnables en général, car j'allais traiter mon rival comme un simple moyen, sans voir en lui en même temps une fin en soi. » — Ou bien, avec Fichte, il s'exprimera ainsi : « La vie d'un homme quelconque est un moyen propre à amener la réalisation de la loi morale : je ne peux donc pas, à moins d'être indifférent à la réalisation de la loi morale, anéantir un être dont la destinée est d'y contribuer. » (*Doctrine des mœurs*, p. 373.) — Ce scrupule, soit dit en passant, il pourrait s'en défaire; car il espère bien, une fois en possession de celle qu'il aime, ne pas tarder à créer un instrument nouveau de la loi morale. — Il pourra encore parler à la façon de Wollaston : « J'ai songé qu'une telle action serait la réalisation d'une proposition fausse. » — A la façon de Hutcheson : « Le sens moral, dont les impressions, comme celles de tout autre sens, échappent à toute explication ultérieure, m'a déterminé à agir de la sorte. » — A la façon d'Adam Smith : « J'ai prévu que mon acte ne m'eût point attiré la sympathie des spectateurs. » — Avec Christian Wolff : « J'ai reconnu que par là je ne travaillais pas à ma perfection et ne contribuais point à celle d'autrui. » — Avec Spinosa : *Homini nihil utilius homine; ergo hominem interimere nolui.* (Rien de plus utile à l'homme que l'homme même; c'est pourquoi je n'ai pas voulu tuer un homme.) — Bref, il dira ce qu'il vous plaira; — mais pour Titus, que je me suis réservé de faire expliquer à ma manière, il dira : « Quand j'en suis venu aux préparatifs; quand, par suite, j'ai dû considérer pour un moment de quoi il s'agissait et pour moi et pour lui, la pitié, la compassion, m'ont saisi; je n'ai pas eu le cœur d'y résister; « je n'ai pas pu faire ce que je » voulais. »
. Maintenant, je le demande à tout lecteur sincère et libre de préjugés : de ces deux hommes, quel est le meilleur? Quel est celui aux mains de qui on remettrait le plus volontiers sa destinée? Quel est celui qui a été retenu par le plus pur motif? — Où est dès lors le fondement de la morale? (Schopenhauer : *Les Fondements de la morale.*)
(1) L'égoïsme, source et résumé de tous les défauts et de toutes les misères quelconques (Carlyle, *les Héros*), l'égoïsme donne la mesure de l'infériorité des êtres. Un être parfait ne serait plus égoïste. (Renan, *les Apôtres.*) L'altruisme est le motif moral par excellence. (Schopenhauer.) « Le grand bien de l'humanité, c'est la bienveillance, ce sont les bienfaits, c'est l'amour. » (Mirabeau : *Lettres à Sophie.*)

Alfred Fouillée, qui fait de la morale une sorte d'esthétique sociale aboutissant à l'altruisme social, fils lui-même du croissant altruisme intellectuel ; par le regretté J.-M. Guyau, pour qui toutes les impulsions morales se résolvent en un sentiment profond de la solidarité ; par Fechner, par Wundt et autres non moins autorisés ; mais les pages précédentes suffisent à établir la noblesse originelle de l'éthique sociale qu'il appartient au socialisme de faire accepter comme règle maîtresse des actions humaines, et qu'en attendant les socialistes doivent prendre pour règle de leur conduite personnelle.

Nul besoin de périlleuses affirmations mystiques, ni d'abtrus concepts métaphysiques pour s'inspirer des principes suivants, d'aussi facile compréhension que d'universelle efficacité :

Dans les relations sociales, la justice et la solidarité ; dans les relations individuelles, la sincérité et la bonté ; dans les relations, avec tous les êtres, les animaux compris, la modération et la pitié.

Nous sommes sûrs de ne pas errer en nous faisant les pratiquants de la justice et de la fraternité envers nos semblables, de la compatissance et de la bonté envers et pour tous les êtres sensibles.

Tournez et retournez la question ; dans tout vice, vous trouverez l'égoïsme ; dans tout crime, la cruauté, manifestation aiguë de l'insensibilité aux maux d'autrui. Les criminologistes ne s'y trompent pas. Semez la sensibilité et la compatissance en même temps que la justice, et vous récolterez l'altruisme, cette morale des morales. Avec la bonne volonté dont parle Kant, la bonté et la pitié sont encore ce qu'il y a de meilleur dans l'âme humaine. Quand on les possède, même n'allant pas sans quelques défaillances de caractère ou d'actes, on possède la meilleure vertu, la vertu bienfaisante. Notre plus impérieux devoir moral est donc de les acquérir et préconiser tout d'abord.

A l'encontre du moraliste religieux, qui ne parle que de corruption humaine originelle et de vengeance divine ; différent du moraliste bourgeois, dont la courte vue ne dépasse pas l'horizon borné et étroit du *chacun pour soi*, le socialisme n'aborde la grave question du *critérium* moral qu'après avoir ressenti le frisson vivifiant de la sympathie universelle.

Comme le Faust de Gœthe, il sent toute la misère de l'humanité s'appesantir sur sa tête et meurtrir son cœur. Mais au lieu de ne jeter que le cri de désespérance égoïste : *Oh! que ne suis-je jamais né!* il dit avec Carlyle : « Mon » grand espoir, mon inexpugnable consolation, quand je » considère les misères du monde, est que tout ceci est » en voie de changement. »

Et il ne s'en tient pas à l'espérance, pas même à la bienveillance pratique si bien caractérisée par l'auteur de *l'Irréligion de l'avenir* (1), il sait qu'en nos temps troublés, mais actifs, mais féconds, aspirer au bien n'est pas suffisant : il faut travailler à son instauration, d'où, pour le socialiste, de nouvelles tâches.

Instruit par l'histoire de l'inefficacité des morales purement préceptorales, même pratiquées en exemple par les meilleurs, il se reconnaît d'autres devoirs de caractère plus militant. Il sait qu'il n'y a pas de régénération morale sans transformation sociale préalable, et il agit en conséquence.

Pour lui, le *devoir moral* se complique donc du *devoir politique*, entraînant l'action incessante contre les oppressions, contre les iniquités, et pouvant aller jusqu'à l'action révolutionnaire pour la conquête ou la défense de la liberté politique et de l'égalité sociale.

La morale altruiste ne deviendra effectivement la loi de tous que lorsqu'elle aura la justice sociale pour *substratum*, que lorsque la société sera organisée de telle façon, se com-

---

(1) J'ai deux mains : l'une pour serrer la main de ceux avec qui je marche dans la vie, l'autre pour relever ceux qui tombent. Je pourrais même à ceux-ci tendre les deux mains ensemble (Guyau : *l'Irréligion de l'avenir*).

portera de telle manière, vis-à-vis de chacun de ses membres, qu'à tout homme social on puisse dire avec vérité sur le rythme virgilien :

Heureux enfant, connais ta mère à son sourire (1).

---

(1) Virgile : *Eglogue IV*.

CHAPITRE VI

L'évolution de la propriété et le socialisme

Avant que l'application à l'histoire de la méthode évolutionniste n'eût, sur le fond vivant de l'universel devenir, éclairé d'un jour si nouveau le passé, le présent et l'avenir des institutions humaines, il était convenu que réclamer une modification des lois régissant la forme actuellement dominante de la propriété, c'était se déclarer capable, voire même coupable de tous les crimes.

Vainement, en l'inscrivant dans l'immortelle *Déclaration des droits de l'homme,* la Révolution française avait consacré le grand principe de Spinosa, de Grotius, de Pufendorf, de Locke, de Montesquieu, de Mirabeau, de tout le XVIIIe siècle, *que le droit propriétaire dérivait du droit social et pouvait être modifié par lui;* les compilateurs du Code civil, plats valets, avant tout, de l'usurpateur corse, renièrent la Révolution qui les avait produits et ramenèrent le droit de propriété au droit romain d'*us* et d'*abus*.

Après cela, quiconque oŝa demander que les conditions de la possession fussent modifiées dans le sens de la justice et de la solidarité, fut tenu pour criminel et pour vouloir la destruction de l'ordre social, la systématisation du vol et, pour le moins, le retour aux mœurs anthropophagiques.

On en est revenu.

Il s'est trouvé des économistes (1), des philosophes et des savants (2) pour dire, avec les socialistes, que la forme actuelle d'appropriation n'est rien moins qu'immortelle, qu'elle paraît même être sur son déclin et devoir être bientôt remplacée par une forme propriétaire plus rationnelle, plus sociale, plus juste, c'est-à-dire plus en harmonie avec la technique et les conditions de la production moderne ; plus conforme au sens d'équité auquel est arrivé la minorité militante de la société contemporaine.

En dessinant à grands traits les principaux contours de l'évolution propriétaire et en faisant suivre ce travail de quelques lignes conclusionnelles découlant logiquement d'une sommaire et consciencieuse élaboration, nous espérons avoir l'assentiment de tous les amis de la justice. C'est à eux que nous nous adressons avec confiance, sans distinction de partis et de sectes.

I. La Propriété primitive et ses survivances

Les progrès faits en cette seconde moitié du XVIIIe siècle par les sciences ethnologiques, anthropologiques et historiques ne permettent plus de contester « le fait si im-

___
(1) Emile de Laveleye, J.-S. Mill, Savage, Léon Walras, Georges Hansen, Achille Loria, Ch. Gide, Wagener, etc.
(2) Herbert Spencer, A. Russel Wallace, Schæffle, Alfred Fouillée, Guyau, Ch. Letourneau, Ch. Secrétan, Colajanni.

portant en sociologie, à savoir qu'en raison des mêmes nécessités économiques, ces deux institutions fondamentales, la famille et la propriété, ont passé partout par les mêmes phases, dans leur évolution à travers les siècles » (1). Depuis les constatations de Morgan, Summer Maine, Bachofen, Giraud-Teulon, Létourneau et autres investigateurs recommandables dans l'ordre ethno-sociologique ; d'Emile de Laveleye, de Fustel de Coulange, etc. Dans l'ordre historique, il est bien établi, en effet, que les premières formations sociales ont été constituées par des agglomérations tribales ou parentales, les consanguins et associés étant reliés, d'abord par l'égalité promiscuitaire, ensuite par la parenté par les femmes (*matriarcat*), puis par la parenté élective dite de *promotion ;* enfin, par la parenté masculine (*patriarcat*).

Dans les trois cas, les agglomérations parentales (*génos* grec, *gens* latine, *clan* celtique) possédaient collectivement la terre, les armes, les troupeaux.

A l'avènement du patriarcat, l'organisation se resserre, l'égalité disparaît et le chef ou patriarche, ajoutant l'exercice du culte à ses attributions, devient à la fois prêtre, roi et dispensateur suprême ; dans toute la force du terme, le *maître*.

Les ethnologues le confirment en ce qui concerne les agglomérations parentales (2) parquées entre la sauvagerie et la barbarie ; la Bible décrit très bien le patriarcat nomade de l'Asie mineure et de l'Afrique occidentale ; Fustel de Coulange est lumineux pour ce qui a trait aux primitives agglomérations parentales helléno-italiques.

Dans son livre classique sur ce sujet (3), Fustel de Coulange donne notamment des aperçus très fouillés sur ce qu'il appelle fort exactement la *propriété familiale*.

« Cette sorte de propriété, dit-il, a été pratiquée par beau-

---

(1) Emile de Laveleye : *La propriété collective du sol en différents pays.*
(2) Encore subsistantes dans certaines peuplades arriérées.
(3) *La Cité antique*, étude sur le culte de droit et les institutions de la Grèce et de Rome. Paris 1881.

» coup de peuples anciens, et elle a tenu une grande place
» dans leur droit et dans leurs mœurs. On la reconnaît
» aux trois signes suivants : 1° elle est héréditaire; 2° le
» testament est interdit, par cette raison qu'on n'admet pas
» que l'individu vivant puisse dépouiller la famille à venir;
» 3° les femmes n'héritent pas, par la raison que, si elles
» avaient une part des biens, cette part passerait, par leur
» mariage, dans une autre maison et serait ainsi distraite
» de la famille à laquelle ces biens doivent appartenir. Ces
» trois traits caractéristiques se rencontrent partout où la
» propriété familiale a été pratiquée. On les trouve dans
» l'ancien droit hindou, dans le droit attique avant Solon,
» dans le droit de Sparte, avant la réforme d'Epitadée, dans
» le vieux droit de Rome avant les Douze Tables. On les
» saisit encore aujourd'hui, chez certaines sociétés qui sont
» restées dans l'état ancien. »

Dans l'Hellénie, plus spécialement étudiée par l'auteur
de la *Cité antique*, chaque famille avait son foyer et ses
ancêtres; elle avait surtout ses Dieux à elle. Chaque foyer
était un autel, sur cet autel il devait y avoir toujours
un peu de cendres et des charbons qui ne s'éteignaient
jamais. Ce feu était quelque chose de divin; on l'adorait,
on lui rendait un véritable culte, on réclamait sa protection,
on lui offrait des sacrifices. Le feu sacré avait pour caractère essentiel d'appartenir en propre à chaque famille. Le
culte, les rites, les libations, les prières n'avaient rien
de public; toutes les cérémonies s'accomplissaient dans
l'enceinte de la maison, au milieu de la famille seule, dont
le chef était le *seul* pontife, et ne pouvait enseigner et trans-
mettre cette religion domestique qu'à son fils, car elle ne se
propageait que de mâle en mâle. La fille avait part au culte
de son père; mais une fois mariée, le foyer paternel cesse
d'être son Dieu, elle ne peut plus invoquer que celui de son
mari (1).

_____

(1) Comte de Roquefeuil: *La division de la propriété*, dans l'*Association catholique* de M. de Mun.

« La propriété, développe encore notre auteur, était tellement inhérente à la religion domestique, qu'une famille ne pouvait pas plus renoncer à l'une qu'à l'autre. La maison et le champ étaient comme incorporés à elle, et elle ne pouvait ni les perdre, ni s'en dessaisir.

» Platon, dans son traité des *Lois* ne prétendait pas avancer une nouveauté, quand il défendait au propriétaire de vendre son champ; il ne faisait que rappeler une vieille loi. Tout porte à croire que, dans l'ancien temps, la propriété était inaliénable. Il est assez connu qu'à Sparte il était formellement défendu de vendre son lot de terre. La même interdiction était écrite dans les lois de Locres et de Leucade. Phédon de Corinthe, législateur du IX⁰ siècle avant l'ère actuelle, prescrivait que le nombre des familles et des propriétés restât immuable. Or, cette prescription ne pouvait être observée que s'il était interdit de vendre les terres et même de les partager. La loi de Solon, postérieure de sept ou huit générations à celle de Phédon de Corinthe, ne défendait plus à l'homme de vendre sa propriété, mais elle frappait le vendeur d'une peine sévère, la perte de tous les droits de citoyen. Enfin, Aristote nous apprend d'une manière générale que, dans beaucoup de villes, les anciens législateurs interdisaient la vente des terres. »

Solidement argumenté; seulement, Fustel de Coulanges, que son érudition et sa pénétration historique n'avaient pas guéri d'un parti pris réactionnaire très accusé, s'est cru en droit d'en inférer que pour beaucoup de peuples, il n'y avait pas eu de période de propriété collective primitive; ce qui est outré. Outre que les agglomérations familiales n'étaient souvent que la réduction d'une collectivité plus étendue (1),

---

(1) Rudolf Meyer et Gabriel Ardant, dans leur livre si intéressant: *La Question agraire*, le reconnaissent implicitement dans les lignes suivantes consacrées pourtant à la glorification des théories historiques de Fustel de Coulanges : « Quand l'histoire nous montre la propriété hellénique, la terre est le patrimoine exclusif des familles qui y avaient une fois posé leurs pénates et enterré leurs morts. *Des pâturages, dernier vestige, peut-être, d'une communauté primitive, sont laissés en commun.* »

il est hors de doute qu'un collectivisme rudimentaire se trouve au début de toutes les sociétés.

La lumière a été faite irrémissiblement sur ce point par le savant et généreux auteur du livre classique *De la propriété et de ses formes primitives*. « J'ai essayé de prouver, dit M. de Laveleye, que partout on trouve, au début de la civilisation, à côté de la maison, de l'enclos attenant, propriété privée héréditaire, le reste du sol, propriété collective du clan ou de la tribu, soumis à des partages périodiques entre les habitants (1). »

L'éminent économiste belge l'a démontré, en effet, et il n'y a plus à y revenir. Remarquons seulement que ce qui s'est passé pour l'*ager publicus* italique, effrontément et tenacement confisqué par le patriciat romain, usant, selon les circonstances, de violence ouverte ou de ruse dolosive, nous indique assez de quelle façon, à l'époque préantique, les familles patriarcales ont dû s'emparer, tantôt par force, tantôt par usurpation, de l'avoir commun de la tribu.

Du reste, ce communisme primitif, dont les fêtes arcadiennes et les *saturnales* helléno-italiques étaient une réminiscence pieuse d'importants vestiges, restait dans l'antiquité historique.

A Tarente, pouvait dire encore Aristote (2), les propriétés sont regardées comme communes entre les pauvres pour leur usage, *ce qui a rendu le peuple fort affectionné à son gouvernement*.

Les Cnidiens et les Rhodiens, qui colonisèrent les îles Lipari au nord de la Sicile, y établirent la communauté des terres, *en souvenir des anciennes institutions*.

Prédominant était aussi le collectivisme agraire avant l'entrée en scène du peuple rapace et dur que Voltaire a si bien caractérisé par cette définition : « Les Romains, ces illustres voleurs de grand chemin. » « Les municipes italiques antérieurs aux Romains, avance un jurisconsulte

---

(1) E. de Laveleye : *De la propriété collective du sol en différents pays*.
(2) Aristote : *Politique*, VI, 3.

italien nullement socialiste, l'*ager publicus*, était le pivot de la vie économique. Et le sol n'en était pas moins fertile pour cela ni l'agriculture moins florissante, car on pouvait, par l'emphythéose ou autrement, mettre la culture dans de bonnes conditions (1).

En Ibérie, les Vaccéens partageaient leurs terres chaque année, et César nous apprend que dans les Gaules le senti-ment de l'égalité était si développé que les clans faisaient tous les ans un nouveau partage de terre.

Quant aux Germains, les textes sont plus précis :

« Il n'y a pas chez les Suèves, dit César (2), de terres en propre, de champs limités, et il n'est pas permis de rester plus d'un an sur le même sol. » Et plus loin : « Personne (chez les Germains) ne possède une étendue de terre déter-minée; personne n'a de limites qui lui soient propres. »

Tacite, dans sa fameuse apologie des Germains, confirme les observations de César, notamment dans ce passage : « Chaque tribu en masse occupe tour à tour la terre qu'elle peut cultiver et la partage suivant les rangs; ils changent de terre tous les ans et n'en manquent jamais. »

Dans l'Europe centrale et septentrionale, comme dans l'Hellénie et dans la péninsule italique, d'importants ves-tiges des anciennes institutions agraires subsistèrent sous la forme des *Taéogs* celtiques, des *Marken* germaniques, des *Wuldalid* et *Fraudalid* scandinaves, des *Folkland* saxons, de l'*Ager publicus* italique (3).

Même collectivisme originel en Egypte. — Les prêtres

---

(1) Pietro Ellero : *La Riforma civile.*
(2) *Commentaires sur la guerre des Gaules*, IV, 1 et VI, 22.
(3) L'*Ager publicus* fut systématiquement volé par le *patriciat* romain; les protestations agraires de Spurrius Cassius, de Manlius, de Géniucius, de Dentatus, de Mélius, de Saturninus, d'Apullianus et des magnanimes Gracches n'eurent pas une autre origine; mais, comme trop souvent dans l'histoire, force resta aux voleurs.

« Ce qui restait de l'*Ager publicus*, auquel venaient s'ajouter dans la proportion d'un tiers les territoires enlevés au peuple vaincu et que les vendeurs affermaient pour un lustre aux particuliers, finit par être gaspillé en colonies et en *assignations.* (Letourneau : *Evo-tion politique.*)

de Saïs, interrogés par Hérodote, lui parlèrent ainsi de Sésostris : « Ce même roi fit le partage des terres assignant à chaque Égyptien une portion égale et carrée que l'on tirait au sort, à la charge de payer chaque année au roi une redevance qui composait son revenu. »

D'après Marius Fontanes *(les Iraniens)*, les anciens Arméniens étaient célèbres par leur communisme radical et leur indifférence religieuse. Enfin, Néarques, lieutenant d'Alexandre, nous apprend que dans certaines contrées de l'Inde les terres étaient cultivées en commun et les fruits partagés. C'était là également une sorte de collectivisme agraire.

Régime analogue dans l'Extrême-Orient, sous une forme plus familiale toutefois, dans l'application :

« Suivant les antiques annales de la Chine, les fondateurs de l'empire furent une centaine de familles pastorales que les textes désignent sous le nom de *Tribu aux cent familles*, peuple aux cheveux noirs, et qui, émigrant de la steppe asiatique, se groupèrent dans les plaines fertiles qui forment aujourd'hui les provinces de Han-Son, Se-Tchun et Chen-si.

Elles apportaient avec elles les mœurs fondamentales des pasteurs, la communauté et la famille patriarcale (1) qu'elles implantèrent en Chine pendant de longs siècles.

L'empire du Milieu, que son traditionnalisme familial excessif n'avait pas encore pétrifié et rejeté hors du cercle général de la civilisation, et qui marchait encore dans les voies des peuples progressifs, suivit, lui aussi, le grand courant individualiste qui, à l'époque de la puissance militaire des Assyriens, de la prospérité commerciale des Phéniciens, de l'efflorescence poétique des Héllènes et de la fondation de Rome, vint, plus pour le mal que pour le bien, révolutionner dans le monde entier les conditions économiques des agglomérations humaines.

La tendance nouvelle eut bientôt son histoire sanglante

(1) Rudolf Meyer et G. Ardant : *La Question agraire.*

Au cinquième siècle avant notre ère, les feudataires de l'empire chinois refusèrent, comme allaient plus tard le faire les patriciens romains, de se conformer aux lois en vigueur en faveur de la propriété sociale.

Les populations, qui, de ce fait, furent opprimées et dépouillées, se soulevèrent contre les usurpateurs. Mais ces derniers furent fina'ement victorieux vers le milieu du IIIe siècle et imposèrent, avec la dynastie de Thsin-Chi-Houng, le régime de la propriété individuelle.

Toutefois, les abus du nouveau système furent si rapidement funestes que l'empereur fit promulguer une loi dite du *lieu de sépulture insaisissable*. Mesure insu'fisante : la guerre sociale et l'appauvrissement des petits propriétaires continuèrent jusqu'à ce que Wou-Ty, le premier empereur de la dynastie des Tsin, eut déclaré que chaque chef de famille aurait en usufruit permanent et héréditaire 70 *méous* de terre dont une partie était insaisissable. On alla ainsi jusqu'à la conquête des Tartares Mandchoux, qui respectèrent en grande partie les prescriptions préservatrices de la petite propriété (1).

II. Les débuts de la propriété quiritaire

Au moment où s'accomplissait aux antipodes cette révolution propriétaire, les Romains, qui étaient descendus des montagnes du Latium pour fonder un empire par le brigandage systématisé, faisaient triompher le droit quiritaire, dépouillant ainsi la propriété du bienfaisant caractère social qu'elle avait conservé encore. La réaction contre le sens social fut si forte que, bien que l'Etat demandât tout au citoyen, il ne lui accordait rien, s'il n'était *pater familias*, *maître* de famille (2). La *patricia potestas* prime le droit de

(1) Voyez R. Meyer et G. Ardant, *loco citato*.
(2) On a traduit à tort *pater* par père ; à l'origine, il signifiait *maître*.

l'Etat en toutes choses; le maître de famille a l'exercice du culte, le droit de tester (c'est-à-dire de dépouiller les siens); il a sur tout son monde (femmes, enfants, serviteurs) le droit de vie et de mort.

Ces cruels et durs maîtres familiaux, ne voyant en toute activité qu'une façon d'acquérir, firent de la guerre une entreprise impie pour l'asservissement des hommes, la confiscation des terres et le pillage des richesses.

Chez eux-mêmes, ils opérèrent de la sorte, en s'emparant cyniquement de l'*ager publicus* et (nous l'avons vu) réduisant par la plus épouvantable usure des masses nombreuses de leurs propres concitoyens en esclavage (1).

La fortune, qui n'avait jamais été plus aveugle, les favorisa en tout. Après s'être rendus maîtres de l'Italie, ils s'emparèrent de l'Hellénie, alors en plein travail de réorganisation démocratique et sociale; c'est même ce qui hâta la perte de cette dernière par suite de la trahison des classes dirigeantes. En effet, plutôt que de faire sa part à la démocratie, debout pour la défense de l'indépendance et la conquête d'une certaine égalité, les obligarches helléniques aimèrent mieux trahir les combattants de Scarphée et de Leucopétra et livrer la patrie à l'envahisseur romain. Impiété monstrueuse qui tourna contre les traîtres eux-mêmes. Tels furent, en effet, les fruits de la civilisation romaine qu'un siècle après, sur cent lieux qui se décoraient du nom d'une ville, soixante-dix étaient devenus déserts! C'était la paix romaine, la justification anticipée du mot terrible de Tacite : « Où ils font le désert ils disent qu'ils ont établi la paix. »

Il en fut de même quand vint le tour de la Gaule, de l'Ibérie, de l'Asie Mineure et de l'Afrique occidentale. Partout

---

(1) Qui ne connaît, en effet, l'âpreté du droit du créancier à Rome, reflet fidèle de l'origine de la propriété chez ce peuple conquérant.

« La propriété la plus légitime aux yeux de nos ancêtres, disait Gaius, était celle qu'ils avaient acquise à la guerre. » Aussi avec quelle cruauté le possesseur cherche-t-il à défendre un bien que la violence lui a départi et que lui assure l'usage fondé sur les droits de la conquête. L'insolvable est traité comme un voleur; la loi accorde au créancier ce que Shylock exige de son ennemi mortel. » (R. Meyer et G. Ardant : *La Question agraire.*)

le glaive du légionnaire apportait, avec le droit quiritaire, la dépopulation, la cruauté, des souffrances sans nom, plongeant dans l'insondable iniquité de l'esclavage (1) et s'apothéosant dans la rouge vapeur de sang qui s'élevait pesamment des cirques, en nuages de malédiction et de mort.

Malgré les fleuves de sang qui, sous le triomphe de Rome, cimentèrent ses fondements, la propriété quiritaire ne put jamais pourtant évincer complètement la propriété collective. Dans la Lusitanie, par exemple, la propriété collective ne fut détruite que par les *latifundia* de la féodalité portugaise (2). Il y a eu même des survivances collectivistes plus tenaces : telles sont les *Township* écossais, les *Baile* gaéliques, et surtout les *Allemenden* helvético-germaniques dont Emile de Laveleye nous a donné les si saisissantes descriptions que nous aurons à rappeler. Dans tous les pays restés celtes de l'Angleterre (Irlande, Écosse, Pays de Galles), les formes collectivistes furent toujours si vivaces que le gouvernement anglais put s'attacher les chef de clans, en leur asservissant les hommes et en leur livrant les

---

(1) Un écrivain anglais, M. Blair, a soutenu qu'il existait trois esclaves pour un homme libre depuis la prise de Corinthe (144 av. J.-C) jusqu'à Alexandre Sévère.

Après la conquête de la Sardaigne, il s'était fait de telles razzias d'esclaves qu'un proverbe disait : « A vil prix comme un Sarde. »

Nous verrons Marius disposer de 90,000 Teutons et de 60,000 Cimbres ; Lucullus faire un tel butin dans le Pont qu'un esclave s'y vendait 4 drachmes (3 fr. 50). César, s'il en faut croire Plutarque et Appien, entraine 1,000,000 de captifs avant même d'avoir conquis définitivement les Gaules ; Auguste ramène définitivement 44,000 captifs dans une expédition dans les montagnes des Salasses, 97,000 Juifs réduits en servitude, etc., etc.

C'est aussi le temps où le commerce d'esclaves inauguré par les pirates, pratiqué ensuite par les chevaliers eux-mêmes, est en pleine prospérité. L'ile de Delos en est le centre, marché si bien approvisionné qu'au dire de Strabon on pouvait en exporter chaque jour des myriades d'esclaves. (R. Meyer et G. Ardant, *loco citato*).

Est-il étonnant, avec un si abominable système, que les Romains aient été les plus impitoyables dévorateurs d'hommes mentionnés par l'histoire et qu'ils aient, en quelques siècles, stérilisé et dépeuplé les pays méditerranéens, comme le leur reproche justement Edgar Quinet dans l'*Esprit nouveau.*

(2) Oliveira Martins : *Quadro das instituicoes primitivas.*

terres du clan. En Ecosse, l'unique mesure ne fut prise
qu'en 1745, après la bataille de Culloden. S'il en était ainsi
tant de siècles après la conquête normande, et nous pouvons croire sur parole Rudolf Meyer et Gabriel Ardant,
nous disant dans leur livre *le Mouvement agraire :* « Les
premières formes sociales des Anglo-Saxons furent le
village et la communauté des terres dont la portion arable
était également répartie chaque année, » à plus forte raison
en était-il de même avant.

Mais revenons aux survivances collectivistes, dont la
plus remarquable est celle que M. de Laveleye a si cons-
ciencieusement étudiée.

« Les propriétés communales, dit-il, s'appellent dans la
Suisse primitive *allmenden,* ce qui paraît signifier qu'elles
sont le domaine commun de tous.

» Dans un sens commun, le mot *allmend* désigne seulement la partie du domaine indivis qui, située près du
village, est livré à la culture.

» Le domaine commun se compose de trois parties dis-
tinctes : la forêt, la prairie et la terre cultivée.

» Pour avoir droit à une part de jouissance du domaine
communal, il ne suffit pas d'être dans la commune, ni
même d'y exercer le droit de bourgeoisie politique : il faut
descendre d'une famille qui avait ce droit depuis un temps
immémorial, ou tout au moins dès avant le commencement
de ce siècle. C'est l'hérédité collective basée sur l'hérédité
dans la famille; c'est-à-dire que la descendance dans la
famille usagère donne droit à une part de l'héritage collectif. En principe, c'est l'association des descendants des anciens occupants de la *Marche* qui continue à jouir de ce
qui en subsiste encore (1). »

Autre survivance digne de mention est celle de la *dessa,*
qui a été également dévoilée au grand public européen par
M. de Laveleye :

« A Java, disait un député hollandais, le sol appartient

---

(1) E. de Laveleye : *De la propriété et de ses formes primitives,*

au créateur, à Dieu, et par conséquent à son représentant sur la terre, au souverain. La jouissance du sol est concédée à la commune en général, et en particulier à celui qui l'a mise en valeur pour aussi longtemps qu'il satisfait, lui ou ses camarades, aux conditions déterminées par l'*adat,* la coutume. S'il cesse de les remplir, le droit de jouissance revient à la communauté de la *dessa.* Une partie du domaine communal est réservée aux chefs et aux prêtres; mais ceux-ci sont chargés d'entretenir au moyen du produit de leur part la mosquée, les infirmes, les vieillards. Le souverain a des terres en apanage pour son entretien; mais il ne peut les aliéner. Tout le sol est concédé par lui en fief aux occupants moyennant des redevances en nature et en corvées (1).

Si puissante est d'ailleurs la forme collective de la propriété que, malgré le néfaste triomphe du droit quiritaire, le moyen-âge et les premiers siècles de l'ère moderne ont vu de nombreuses formations de collectivisme partiel, filles évidemment des nécessités économiques. Tels sont, dans la forme familiale, les *zadrouga* serbo-croates, les *voupchina* bulgares; dans la forme communale, le *mir* russe (2).

---

(1) E. de Laveleye. *loco citato.*

(2) Les meilleures descriptions du *mir* ont été données par F. Le Play *(les Ouvriers européens).* M. de Laveleye *(De la propriété et de ses formes primitives).* M. Mackensie Wallace *(la Russie).* Son organisation peut être brièvement résumée ainsi : « Le sol cultivable de la commune appartient à une association formée de tous les chefs de la famille. Le *mir* constitue une personne civile propriétaire du sol, agent responsable vis-à-vis de l'Etat, de l'impôt et du recrutement. Il se gouverne de façon très indépendante. Son pouvoir est très grand, puisqu'il peut aller jusqu'à condamner à la déportation en Sibérie un de ses membres. L'unité du *mir* est la famille ou l'agglomération des familles vivant sous le même toit; les membres mâles sont copropriétaires. Ils peuvent endetter ou vendre la terre, mais seulement avec le consentement de tous; ils peuvent dissoudre la communauté avec une majorité des deux tiers. Ils élisent leur *starok* à la majorité. Les membres sont solidairement responsables de l'impôt. On partage périodiquement les terres entre les familles d'après la force de travail et les besoins de chacune.

» Une veuve avec de petits enfants incapables de cultiver la terre n'en reçoit pas; mais quand ses enfants auront l'âge d'homme, ils retrouveront leur part. » (R. Meyer et G. Ardant, *La Question agraire.)*

Analogues à la *zadrouga* sont les *Haus-Communionen* de la haute Autriche. En Roumanie, la propriété, redevenue collective, serait restée telle jusqu'à l'invasion turque (1393). En Dalmatie, les *zadrouga* ne furent détruites qu'en 1804 par Marmont, sur l'ordre exprès de Bonaparte; en Bosnie et en Herzégovine, elles résistent encore aux tracasseries des occupants autrichiens. Il va sans dire que la Turquie ne connaît guère le droit quiritaire; les biens y sont de quatre sortes : biens *miri*, dont le sultan a le domaine éminent, mais qu'il peut aliéner; biens *vokouf*, propriétés collectives dont le revenu est affecté aux besoins du culte et de l'assistance publique; biens *mévat*, terres « hors de la portée de la voix », non cultivées encore et qui appartiennent à celui qui les met en valeur; enfin, biens *mégat*, qui se rapprochent de la forme d'appropriation quiritaire.

On sait qu'en Algérie la partie du sol connue sous le nom de terres *arch* est propriété collective, et dans les lieux où la nature du terrain les a contraints à individualiser la propriété de la terre, les Arabes corrigent cette forme par une étroite solidarité communale (1).

« Au Monténégro, dit Albert Toubeau, toute la propriété foncière est collective. La seule propriété individuelle permise est la propriété mobilière. Le sol ne peut devenir propriété individuelle; telle est la tradition, telle est la coutume, telle est la loi. Lors même que, par suite de mortalité, la famille se trouve réduite à une seule personne, cette personne ne possède pas le patrimoine familial comme individu, mais comme *germe* ou embryon de communauté. Si elle se marie et a des enfants, la propriété appartient de plein droit à la famille, et non au père. »

Même les familles ne possèdent qu'en sous-ordre pour ainsi dire, les familles étant reliées par des fraternités *(brastvo)* qui elles-mêmes se fédèrent en tribus *(plénié)*.

---

(1) L. Metschikoff et L. Hugonet, articles publiés dans le *Travailleur* (1871-1874).

On voit que bien qu'étant plus familiaux que les Slaves du Nord, les Slaves méridionaux ne sont pas moins collectivistes. Il en est de même des Slaves occidentaux ; à preuve cette touchante légende tchéco-polonaise : deux frères se disputaient un héritage, la nature en gémit, les oiseaux s'en lamentèrent, et la reine Libissia dit aux contestants :

« Frères, il faut vous accorder comme frères au sujet de votre héritage, et vous le conserverez en commun d'après les saintes traditions de notre ancien droit. Le père de famille gouverne la maison, les hommes cultivent la terre, les femmes font les vêtements. Si le chef de la maison meurt, tous les enfants conservent l'avoir en commun et élisent un nouveau chef qui, dans les grands jours, préside le conseil avec les autres pères de famille. »

Il y a là certainement l'idéalisation d'une tradition historique.

La commune indienne est aussi une communauté calquée sur celle de la famille et basée sur la négation de la propriété privée ; une association libre de biens et de travaux, profitant à la chose publique, administrée par un chef au nom du souverain (2). D'après les mêmes auteurs, le sol du Japon est censé propriété nationale ; les agriculteurs en sont possesseurs, moyennant une redevance sociale qui ne s'élève pas à moins de 30 0/0.

Voici maintenant un exemple moins connu, quoique plus près de nous :

« Il n'y a guère plus d'un demi-siècle, la propriété sarde était ainsi organisée : une grande partie du sol appartenait à la commune, qui la louait aux particuliers, mais avec les restrictions suivantes : le propriétaire ne pouvait cultiver sa terre qu'une année sur trois ; pour les deux autres années, elle était comprise dans les pâturages communs. Lorsque, en 1820-1823, le gouvernement piémontais imposa aux Sardes la propriété individuelle, il rencontra chez ces derniers une vive résistance (1).

(2) Yves Guyot et Sigismond Lacroix : *Histoire des prolétaires.*
(1) B. Malon : *Histoire du Socialisme*, tome I.

» Les *masseries* de la province de Como, qui s'en vont peu à peu, offrent également d'intéressants vestiges des anciennes unions communautaires de famille groupées et rappellent, par leur organisation, les *fraternités* françaises.

» Une *fraternité* ou *feu* était une communauté d'habi- tants, une petite république avec son président électif ou révocable, une association de 30 ou 40 familles, plus ou moins vivant ensemble, d'une vie commune et exécutant en commun la culture de la terre qu'il eût été impossible à des êtres isolés d'accomplir seuls et sans secours.

. . . .

» Les associés prenaient le nom de *parsonniers*, du vieux mot français *parçon*. On vivait, on mangeait ensemble, au même *chanteau*, au même pain; on était *compani*, *com- paing*, *copain*, comme on dit encore (et d'où vient le mot compagnon) à commun pain, sel et dépense... en un mot, il y avait *demeurance et dépense communes*. Chacun appor- tait ses biens au fait commun de l'hôtel (1). »

Il reste encore des débris de ces *fraternités;* telles sont les *communautés* des *Jault*, des *Pingons*, des îlots bretons d'Hœdic et d'Houah, les associations semi-communau- taires du Jura, etc.

La persistance de ces formes collectives, d'origine servile pourtant, puisqu'elles provenaient d'octroi à cens par les seigneurs qui y voyaient un moyen d'accroître le taux et la régularité des redevances, marque bien l'effica- cité de l'esprit d'association. Beaucoup de ces commu- nautés de cultivateurs devinrent, en s'agrandissant, de véritables communes. Alors elles se désagrégèrent en partie, revinrent à la propriété individuelle pour les acqui- sitions nouvelles; mais l'ancien fonds resta collectif, et c'est ainsi que furent constitués la plupart des biens com- munaux qui s'étendirent sous l'ancien régime sur une superficie de près de quatre millions d'hectares, en pacages et en bois pour les neuf dixièmes.

---

(1) E. Bonnemère : *Histoire des paysans.*

Si le gouvernement révolutionnaire, lorsqu'il reprit, avec justice, au clergé les immenses biens-fonds que celui-ci avait arrachés aux simples par la terreur de l'enfer, avait eu de saines notions économiques, il aurait réparti entre les communes et déclaré inaliénables les *biens nationaux* dont il disposait ainsi et qui valaient, y compris la confiscation des biens nobiliaires, cinq milliards d'alors, quinze milliards de maintenant.

Le Directoire préféra livrer le tout, pour quelques centaines de millions, à des aigrefins qui revendirent très cher aux *sous-aigrefins des bandes noires*, qui revendirent plus cher encore quelques parcelles aux moins pauvres des paysans. On avait repris au nom du peuple ; c'est la bourgeoisie qui garda tout, avec cette aggravation que le clergé et les nobles se reconnaissaient, malgré tout, quelques devoirs de bienfaisance, tandis que le *bourgeois* ploutocrate moderne, âpre pratiquant de l'*enrichissez-vous*, de Guizot, et du *chacun pour soi,* de Dupin, ne se reconnaît aucun devoir social et exerce dans toute sa meurtrière rigueur le droit d'user et d'abuser, renouvelé des Romains, par notre triste Code civil.

Quelques bribes des biens nationaux revinrent pourtant aux communes dont le patrimoine s'étendit à plus de cinq millions d'hectares. Bonaparte, qui, après avoir étranglé la République et déshonoré la Révolution, avait trouvé moyen, tout en épuisant la France et en ravageant l'Europe continentale, de livrer le crédit national et les mines à la haute banque, jeta un regard de vautour sur les biens communaux, et il allait les confisquer par un subterfuge fiscal, lorsque la défaite, que la France coupable d'avoir subi sa tyrannie paya si cher, mit fin aux crimes de l'homme de Brumaire et sauva les biens communaux.

Louis-Philippe et le second Bonaparte furent également très défavorables aux biens communaux, dont ils facilitèrent et encouragèrent l'aliénation. Fort heureusement, les communes résistèrent, et avec tant de succès, qu'en 1863 encore les biens communaux susceptibles de revenu

et assujettis à la taxe de mainmorte étaient au nombre de
44.921 et s'étendaient sur une superficie de 4.855.445 hectares, soit le onzième du territoire de la France. Ils se dé-
composaient en :

    333.463 hectares en culture ;
  1.823.143   id.   de bois ;
  2.696.788   id.   incultes, pâtures ou garrigues ,
        517   id.   en propriétés industrielles ;
    1.533   id.   propriétés bâties.

Tout ce domaine était évalué à 1.600 ou 1.700 millions de
francs en capital, et produisait un revenu de 40 à 50 millions de francs. Si l'on ajoute à ces chiffres le total des propriétés de l'État et celles de l'Assistance publique, on peut
constater que la France, le pays par excellence de la propriété individuelle, n'en jouit pas moins d'importantes formations de propriété collective qui, par la force de leur
principe, ont résisté au légalisme hostile, au propriétariat
avide et aux milieux contraires.

III. Origines de la propriété individuelle

Quand le progrès des temps a obligé les bénéficiaires de
la propriété individuelle à justifier leur droit, ceux-ci ont
allégué toutes sortes de raisons idylliques, aussi peu fondées
les unes que les autres, telle l'affirmation sophistique que
la propriété est le produit du travail. La propriété n'est pas
le produit du travail, puisqu'elle est surtout possédée par
les oisifs, et que toutes ses premières origines sont tachées
de sang.

Il était acquis, dans l'ancien droit, que la guerre était un
moyen légitime d'acquérir. Voyez Aristote. Il était non moins
acquis que le pillage et l'assassinat, c'est-à-dire la guerre
pour acquérir, étaient chose noble, tandis que le travail était
déshonorant et digne seulement des esclaves. Voyez encore

Aristote. Toute l'histoire ancienne nous montre la violence et la propriété d'une part, le travail et la servitude de l'autre.

Mais restons dans l'ère chrétienne ; que voyons-nous ? Les Romains avaient dépossédé et asservi les Italiques, les Hellènes, les Hibères, les Gaulois, les Syriens ; ils sont à leur tour dépossédés et asservis par les hordes germaniques au ve siècle. Les nouveaux *beati possidentes* se font chrétiens, et ils partagent avec les évêques et les moines. Mais voici qu'un troisième larron, le Normand, arrive sur ses barques légères du fond de la Scandinavie ; il reprend au larron germain la France du Nord, l'Italie méridionale et l'Angleterre tout entière. Oh ! le vol fut accompli sans formalités hypocrites. Le lendemain de la bataille d'Hastings, Guillaume, dit le Conquérant par la servile histoire, se fit apporter les registres des propriétés de la monarchie anglo-saxonne pour les distribuer à la bande pillarde qu'il avait conduite en Angleterre (1). L'état de partage prit un nom sinistre ; les Anglo-Saxons, dépossédés à leur tour, mais peu intéressants, puisqu'on ne faisait que leur reprendre ce qu'ils avaient précédemment enlevé aux prêtres et aux Celtes primitifs, l'appelèrent le *Dooms-day-book* (le livre du jugement). Maigre consolation.

En bons chrétiens qu'ils étaient, les Normands firent une grosse part au clergé catholique ; mais celui-ci fut dépossédé à son tour par Henri VIII et sa digne fille Élisabeth, qui partagèrent le produit de la violente confiscation avec les nobles et avec le clergé anglican, le plus méprisable de tous, car, en choses de religion, il n'eut jamais d'opinion que celle de ses rois et reines ; aussi est-il le clergé le plus grassement prébendé de toute la terre.

Ce ne sont là que les faits principaux, et combien on pourrait en ajouter ! Mais nous devons nous hâter d'arriver à l'époque actuelle.

Les guerres internationales ne comportent plus la dépos-

---

(1) L'histoire a conservé le nom du chevalier Gilbert, le seul Normand, ou mercenaire de Normand, qui ait refusé sa part du bien volé.

session des vaincus; on se contente de réquisitions barbares pendant la guerre et de quatre ou cinq milliards
d'indemnité après. Mais la propriété n'en est pas davantage
la récompense du travail; elle est, dans sa forme la plus
générique, le fruit de l'accumulation, par les détenteurs du
capital, des produits du travail d'autrui. C'est toujours la
spoliation sous une enveloppe moins rude.

Vaincus par l'évidence, les laudateurs de la propriété
individuelle passent volontiers sur les origines qu'ils
reconnaissent dériver soit de la violence et de la rapine dont
les résultats ont été transmis par voie d'héritage, soit de
l'exploitation du travail d'autrui; mais ils invoquent en
faveur la prescription et l'utilité sociale. La prescription ne
peut s'appliquer qu'aux pénalités encourues pour les pillages
consommés; elle ne saurait empêcher la réparation d'un
mal qui a trop duré.

Herbert Spencer dit à ce sujet : « Si nous avions affaire
à ceux qui ont originellement enlevé son héritage à la race
humaine, nous pourrions en finir rapidement (1). » A quoi
Henry Georges répond avec justesse : « Pourquoi n'en fini-
rions-nous pas quand même avec les spoliateurs? Le vol
propriétaire n'est pas comme le vol d'un cheval ou d'une
somme d'argent, qui cesse avec l'acte. C'est un vol continu,
qui se fait chaque jour, à chaque heure. Ce n'est pas du
produit du passé qu'est tirée la rente; c'est du produit du
présent. C'est un impôt levé constamment et continuellement sur le travail. Chaque coup de marteau, de pic ou de
navette; chaque battement de la machine à vapeur paye son
tribut. Cet impôt prend le gain d'hommes qui risquent leur
vie sous terre, ou sur les lames blanchissantes de la mer;
il prend les fruits de l'effort patient de l'inventeur.
Bien plus, il arrache les petits enfants du jeu et de
l'école, et les force à travailler avant que leurs os soient
formés et leurs muscles développés; il vole la chaleur
à ceux qui ont froid, la nourriture à ceux qui ont faim, les

---

(1) Herbert Spencer : *Statique sociale.*

médicaments à ceux qui sont malades, la paix à ceux qui sont inquiets. Il abaisse; il presse des familles de huit, dix personnes dans une chambre malpropre, et il fait errer comme des troupeaux de pourceaux les filles et les garçons; il remplit les cabarets de ceux qui sont mal chez eux, il fait, de garçons qui pourraient devenir des hommes utiles, des candidats à la prison et au pénitencier; il remplit les maisons de débauche de filles qui auraient pu connaître les joies pures de la maternité; il envoie toutes les mauvaises passions rôder dans la société, comme un hiver rigoureux envoie les loups rôder autour des hommes; il obscurcit la foi dans l'âme humaine en faisant croire à un destin dur, aveugle et cruel.

« Ce n'est pas simplement un vol dans le passé, c'est un vol dans le présent, un vol qui prive de leur droit de naissance les enfants qui viennent maintenant au monde ! Pourquoi hésiterions-nous à détruire un pareil système ? Parce que j'ai été volé hier et avant-hier et le jour d'avant, est-ce une raison pour que j'en conclue que le voleur a acquis le droit de me voler (1) ? »

IV. Conséquences de la propriété individuelle

La conclusion d'Henri Georges est sans réplique.

Reste l'argument que la propriété individuelle est justifiée par son utilité sociale.

Cette utilité dérive-t-elle du droit à l'héritage, qui n'est, en somme, que le droit à l'oisiveté et au parasitisme; droit antisocial, on ne saurait le méconnaître ?

Si l'héritier ne bénéficiait que du travail passé, le mal serait tolérable; mais il fait plus, il vit en parasite sur le travail

---

(1) Henry Georges : *Progrès et pauvreté.*

présent. « Sur sa table il y a des œufs frais pondus, du beurre qui vient d'être battu, du lait tiré du matin, du poisson qui, vingt-quatre heures auparavant, nageait encore dans l'océan, de la viande que le garçon boucher a apportée, juste au moment voulu pour qu'on la fasse cuire, des légumes frais qui viennent du jardin et des fruits du verger.

« En résumé, il n'y a rien qui ne sorte presque à l'instant de la main du travailleur producteur (car il faut comprendre dans cette catégorie les porteurs et les distributeurs, aussi bien que ceux qui sont placés aux premiers degrés de l'échelle de production), qui ait été produit vingt ans auparavant, sauf peut-être quelques bouteilles de vin vieux. Ce dont cet homme a hérité de son père, ce sur quoi nous disons qu'il vit n'est pas seulement d'une richesse accumulée, mais encore du pouvoir de se servir de la richesse que produisent incessamment les autres. Et c'est cette production contemporaine qu'il gaspille sans rendre aucun service à ses semblables (1). »

A plus forte raison en est-il ainsi pour l'héritage de la terre. Il y a une différence fondamentale et indestructible entre la propriété des choses qui sont le produit du travail et la propriété de la terre; l'une a une base naturelle et une sanction, et l'autre n'en a pas. Dans ces conditions, reconnaître la propriété exclusive du sol, c'est nécessairement nier le droit de propriété sur les produits du travail. En approfondissant la question, dit encore Henry Georges, on trouve que la propriété privée de la terre a toujours conduit et doit toujours conduire à l'asservissement de la classe ouvrière; que les propriétaires fonciers ne peuvent réclamer justement aucune compensation si la société juge à propos de reprendre ses droits ; qu'enfin la propriété privée de la terre est si loin d'être en accord avec les perceptions naturelles des hommes que le contraire seul est vrai.

L'appropriation individuelle du sol, contraire à la justice

_____

(1) Henry Georges : *Loco citato*.

et au bien commun, est-elle au moins favorable aux progrès de l'agriculture?

Nous allons voir.

Pour porter la production agricole à son maximum, il faudrait un système de culture remplissant les *desiderata* suivants :

Enseignement agronomique généralisé.

Classification des terres ; assignation à chacune des produits que l'on en pourra tirer avec le plus d'avantage.

Assolement et drainages en grand.

Le boisement systématique.

Extension des prairies.

Déterminations exactes et, dans une certaine mesure, modification des climatures.

Application des procédés chimiques pour l'amélioration du sol, des procédés mécaniques pour diminuer et puissancifier la main-d'œuvre (1).

On ne peut attendre de la petite propriété l'exécution d'un

---

(1) A cette énumération, il conviendrait d'ajouter un article dont l'application ne dépend pas aussi directement de la forme de propriété : c'est la constitution de la *Commune cantonale,* ayant, dans une certaine mesure, son foyer intellectuel et artistique pour développer la sociabilité dans les campagnes et donner satisfaction à des besoins de l'esprit et du cœur dont la non satisfaction est la cause la plus agissante de la population des campagnes, et de la persistance de déplorables routines paysannes.

« Un fait domine le milieu social des campagnes, c'est la *ségrégation,* c'est-à-dire un ensemble de conditions opposées à celles des villes où se fait au contraire la *sélection.* La *densité* de la population des villes, d'une part, et de l'autre, la tendance de tous les hommes à l'*imitation,* donnent aux mœurs des villes, comme à toutes les maladies qu'on y observe, un caractère en quelque sorte épidémique et contagieux : le bien tend, comme le mal, à se répandre ; il existe un cert in *habitus* des villes, que chacun de nous revêt sans s'en douter, comme un uniforme sous lequel se cache notre couleur individuelle. Ici, c'est tout le contraire : les relations sont peu fréquentes ; dans un même village, chacun garde son individualité ; les relations d'une localité avec une autre s nt moins fréquentes encore ; il en résulte que chaque localité garde ses préjugés, ses mœurs, ses coutumes, son patois, comme elle garde aussi ses maladies, sans que l'extension du bien, comme du mal, soit aussi fatale que dans les villes. Or, vivre isolé est mauvais pour un individu, pour une famille, pour un groupe d'hommes plus étendu et même pour une nation. » (Dr Bordier : *La Vie des Sociétés*).

tel programme. On ne peut pas davantage l'attendre du fermage, qui met le financier dans la nécessité d'épuiser les terres en quelques années pour subvenir aux exigences croissantes du propriétaire (1).

Non seulement, en régime d'appropriation individuelle du sol, le commun héritage est gaspillé par des déboisements détériorants, par des cultures routinières irrationnelles et stérilisantes autant que péniblement effectuées, mais encore dans les pays de grande propriété comme l'Angleterre, il substitue les parcs de chasse et les landes stériles aux terres productives. Cette substitution volontaire est marquée par de barbares évictions qui frappent à la fois des milliers de travailleurs que le bon plaisir du propriétaire jette sans abri, sans travail et sans pain sur les grandes routes (2).

Dans les pays de petite propriété comme la France, il conduit sur une grande échelle à l'abandon de la culture.

Nous n'exagérons malheureusement pas. D'après le journal la *Terre aux paysans*, dirigé par M. Fernand Maurice, les jachères mortes et les terres incultes atteignent en France l'étendue de neuf millions d'hectares, le quart de la surface cultivée. Ajoutez à cela les terres nouvellement abandonnées et vous arriverez à des chiffres véritablement

---

(1) Pour remédier aux inconvénients du fermage, quelques-uns ont proposé d'intéresser le fermier à l'amélioration des terres, soit en lui garantissant une part de la plus-value, soit en lui concédant des baux à très longs termes. Le premier moyen n'est qu'un nid à procès; le second conduit à un nouveau parasitisme. Emile de Laveleye en a donné un exemple probant. Dans la province de Groningue (Hollande), l'usage a fait prédominer le *beklemregt* ou bail héréditaire. La propriété ayant depuis un siècle plus que doublé de valeur, il en résulte que les fermiers enrichis sont devenus de véritables propriétaires; ils sous-louent à des fermiers de seconde main, qui doivent faire face au fermage modique du propriétaire primitif et au fermage exorbitant du fermier usurpateur. Les conditions de la culture ne sont pas améliorées, et l'exploitation du travail d'autrui n'en est devenue que plus inexorable.
(2) Les évictions mongoliques de la duchesse de Sutherland, magistralement stigmatisées par Marx dans son *Capital*, sont restées tristement célèbres. La féroce dame trouve des imitateurs tous les jours parmi les landlords que flétrit en vain l'opinion publique indignée.

effrayants. Pour le seul département de l'Aisne, le marquis de Dampierre, en se servant d'un rapport officiel, arrivait aux constats suivants : 1° Terres dont la culture a été abandonnée dans ces dernières années et qui sont actuellement en friche........................ 727 hect.

2° Terres délaissées par les exploitants et que les propriétaires ont dû cultiver par eux-mêmes. 4.124 —

3° Terres abandonnées au cours du bail par faute de la ruine de l'exploitant.............. 6.975 —

11.826 hect.

M. Trésor de la Roque confirme (1) en étendant là démonstration :

« On ne compte plus, dit-il, les terres en friche et les propriétés délaissées. Les officieux contestent le dommage, comme ils contestent d'autres vérités déplaisantes, mais les preuves abondent et se multiplient tous les jours. Dans un seul arrondissement de l'Aisne, 167 propriétés ne sont plus cultivées par le fermier, et ne sont pas reprises par le propriétaire; dans un autre arrondissement de l'Aisne, 123 fermes se trouvent dans le même cas. Dans dix départements du Nord et du Nord-Est, les fermiers, découragés, abandonnent la culture. Le fermage d'une terre, appartenant à l'hospice de Laon, a été mis en adjudication récemment; aucune offre n'a été faite, aucun fermier ne s'est présenté. La crise s'étend de proche en proche et pénètre dans le Nord-Ouest. La crise a banni la vie de ces foyers déserts; sur les formes incultes, les loyers de la terre ne se renouvellent plus. Pour les propriétés que le fermier cultive encore, la réduction varie du tiers au cinquième dans les baux passés depuis trois ans. Et la crise n'est pas limitée à une zone. Les départements de l'Ouest et du Sud-Ouest ne sont guère moins éprouvés que ceux du Nord. Dans le centre même, moins directement exposé aux effets de la concurrence, la crise sévit également avec intensité. Les propriétés de la Limagne

---

(1) Dans le *Correspondant* du 25 janvier 1883.

d'Auvergne, louées ou vendues récemment, ont vu baisser de près d'un quart leur revenu ou leur valeur. Les députés de la majorité se consolent en disant que la crise ne pèse pas sur la petite culture; mais ce n'est encore là qu'une décevante illusion. La petite propriété n'est pas frappée moins rudement que la grande, et ce qui le prouve, c'est qu'en 1882 on vient de constater pour la première fois, dans un recensement quinquennal, une sensible diminution dans les chiffres de la population des campagnes. Les souffrances, les émigrations, l'abandon se sont produits surtout dans les pays de petite culture. »

Le morcellement a d'autres désavantages si visibles et si funestes que les plus tenaces admirateurs du Code civil ne peuvent s'empêcher de les signaler :

« Depuis un demi-siècle, la loi sur le partage forcé a poussé jusqu'à l'absurde la division des propriétés; elle a dévoré en licitations et en frais de justice une notable partie du capital acquis, elle a déjà défait peut-être un million de fortunes au moment où elles commençaient à se faire... Le père fonde une industrie et meurt. Tout est vendu et partagé, la maison ne survit pas à son maître. Un fils a du courage et du talent : avec une petite part du capital paternel, il fonde une autre maison, réussit, devient presque riche et meurt; nouveau partage, nouvelle destruction; tout est à recommencer sur nouveaux frais; un vrai travail de Danaïdes. L'agriculture en souffre, le sens commun en rougit (1). »

Mais si tout le corps social souffre, les usuriers engraissent. C'est là un nouveau fléau; la petite propriété ploie sous le fardeau des dettes hypothécaires qui ont suivi la progression suivante :

Dette hypothécaire de 1820................	8	milliards
— de 1840................	12	—
— de 1868................	16	—
— de 1887................	20	—

Cela représente plus de douze cents millions de rente que

----

(1) Edmond About : *Le Progrès.*

doivent payer les cultivateurs exténués, et pour presque tous les petits, c'est la ruine à courte échance, car, ainsi que l'ont très bien dit deux publicistes du parti socialiste conservateur, « la grande propriété n'a besoin que de liberté pour croître, tandis qu'avec cette même liberté la petite propriété disparaît (1) ».

Comment, en effet, le petit propriétaire pourrait-il lutter avec le grand agriculteur qui a la chimie, la mécanique et la concentration du travail à sa disposition (2)?

En Angleterre, la dépression des petits propriétaires est chose accomplie. Au XIᵉ siècle, après la conquête normande, pourtant la grande propriété n'avait que 22 % de la surface du sol anglais, en 1872 elle en avait les 92 % !

D'après les statistiques, le nombre des propriétaires s'élève, en Angleterre, à 962,000. Mais remarquez bien que sur ce nombre 703,289 possèdent moins d'un acre.

Ils possèdent au total 151,150 acres seulement, tandis que les 269,547 qui restent possèdent ensemble 32,874,000 acres, la presque totalité du sol. Cette énorme surface est loin d'être partagée à peu près également entre les bénéficiaires : 9,000 d'entre eux possèdent près de la moitié du sol national, et une centaine près de la moitié de cette moitié. Voici quelques chiffres : le duc de Northumberland, propriétaire de 186,397 acres, *possède plus à lui tout seul que les 708,289 petits propriétaires.*

Après lui, viennent le duc de Devonshire, 132,996 acres; le duc de Cleveland, 102,785; sir W. Wym, 91,021; duc de Bedford, 87,508; continuons par le comte de Carlisle, propriétaire de 78,541 acres; le duc de Rutland, qui en détient 68,943; le comte de Lonsdale, 67,457; comte Powis, 61,008; M. John Bowes, 57,200; le comte Brownloy, 57,798; le comte Derby, 55,897; lady Willoughby d'Eresby,

---

(1) Rudolf Meyer et Gabriel Ardant : *Le Mouvement agraire.*
(2) La preuve est faite et si bien faite que les blés américains (produits de la grande culture) env thissent déjà les marchés européens, et même, frappés en France d'un droit de 5 francs l'hectolitre, ils font une concurrence redoutable à nos cultivateurs.

55,017; le comte de Warborought, 55,272; le marquis
d'Ayesbury, 53,362; lord Seconfield, 58,460; le duc de
Portland, 53,771; lord Londesborough, 52,656; comte de
Cadwdow, 51,517.

Nous n'en sommes pas encore là en France; mais le déclin de la petite propriété est visible. L'accroissement même
des cotes foncières, que d'aucuns nous représentent comme
un progrès, en est une preuve. D'après les statistiques officielles de M. Gimel, la moyenne de la petite propriété, qui
était en 1816 de 70 ares, n'est plus aujourd'hui que de 38
ares. La très petite propriété, cotes de moins de 5 francs, a
pu augmenter en nombre; elle s'est réduite en étendue, et
c'est là le fait capital. Les cotes plus élevées ont diminué,
elles se sont donc concentrées.

Toutes ces causes aidant, la situation de la petite propriété
en France n'est pas du tout ce que l'on croit généralement.

Un publiciste compétent, dont nous avons à déplorer la
perte récente, M. A. Toubeau, auteur du livre la *Répartition métrique des impôts*, a établi, d'après les statistiques
officielles, que la petite propriété ne comprend pas plus du
huitième du sol (1) et qu'elle perd constamment.

L'issue finale n'est pas douteuse.

Même dans l'Amérique du Nord, terre promise de l'individualisme, la grande propriété poursuit la série de ses
envahissements.

En 1886, M. Rudolf Meyer pouvait écrire dans l'*Association catholique :*

---

(1) Dans une intéressante communication au congrès international
pour la réforme agraire et sociale tenu à Paris en 1889, M. Toubeau
a indiqué pour les 52,857,199 hectares contenus dans le territoire
français la distribution suivante :

1° Petit faire valoir direct inférieur à 6 hectares. Contenance en hectares (petite propriété)	4,000,000
2° Grand faire valoir direct supérieur à 5 hectares	15,380,089
3° Terres occupées par des fermiers	8,953,118
4° Terres occupées par des métayers	4,539,322
5° Territoire non cultivé composé de forêts, landes et prés incultes, savoir :	
A l'État et aux communes	6,020,716
A la grande propriété privée	12,153,099
Au territoire non défini	1,810,855

« L'Union américaine, par le nombre de ses *latifundia*, est arrivée à une situation qui rappelle celle de l'ancienne Rome. Le nombre des fermiers dont le nom était inconnu il y a quelques années s'est élevé à 1,250,000, et sur sept millions d'agriculteurs il y a plus de quatre millions de non-propriétaires. Et le domaine public ou sol disponible est presque épuisé. » Ici, le fléau de la grande propriété est aggravé par l'anonymat et la main-mise des capitalistes étrangers. Ce fait mériterait des développements que nous ne pouvons fournir dans un court chapitre.

Pour ne parler que des sociétés étrangères, nous trouvons la compagnie hollandaise propriétaire de 4,500,000 acres, le syndicat général anglais du Mississipi 1,800,000 acres. Parmi les grands propriétaires étrangers, citons encore sir Edward Reid, qui possède 2,000,000 d'acres, le marquis de Trucdole, 1,800,000 acres, etc.

Ceci appelle une réflexion.

Le patriotisme des classes dirigeantes est toujours le même. C'est avec le concours empressé des banquiers vénitiens et florentins que la Hollande fonda au XVIIe siècle son empire colonial et créa l'incomparable flotte marchande qui ruina à jamais les républiques italiennes, notamment Venise et Florence. Lorsque les divinités carthaginoises descendirent sur les rives de la Tamise, en s'affublant de vêtements bibliques, les capitalistes hollandais n'eurent de complaisance et d'or que pour les entreprises anglaises, qui, étant ainsi aidées, tuèrent en moins d'un demi-siècle le commerce hollandais.

En ce moment, où l'agriculture européenne, et notamment l'agriculture anglaise et française, sont si durement éprouvées par la concurrence agricole américaine, ce sont les capitalistes anglais, hollandais, allemands et français qui fournissent, en première ligne, aux agriculteurs américains les moyens d'évincer les agriculteurs européens des marchés du travail. Tant il est vrai que le capital ne connaît pas de patrie et ne va qu'aux plus gros bénéfices.

Et l'internationalisme capitaliste a si bien fonctionné

déjà de l'autre côté de l'Atlantique, que le landlordisme
américain y est dominé par l'élément étranger, au point
que depuis 1880, vingt-neuf capitalistes ou groupes capitalistes étrangers ont accaparé près de vingt et un millions
d'acres (8,500,000 hectares) du sol arable américain, d'une
valeur marchande de six à huit milliards de francs!

Ces faits, dont l'écho a retenti en cri d'alarme dans les
délibérations législatives de Washington, n'ont pas peu
contribué au succès de la propagande d'Henry Georges.

A la dépossession certaine des petits propriétaires par
les grands, s'ajoute en Italie l'expropriation pour cause de
non-payement des taxes. D'après le *Fascio operajo*,
organe du parti ouvrier italien, de 1873 à 1887 le fisc a procédé à plus de *cinquante-cinq mille expropriations*. Comme
toujours en pareil cas, dans le régime bourgeois, ces biens
sont laissés en friche jusqu'à ce qu'ils soient vendus à de
grands propriétaires pour des prix dérisoires, qui sont loin
de s'élever quelquefois aux frais de saisie. Singulière
tutelle sociale que celle qui, sans profit pour l'Etat, dépouille
le pauvre pour en faire bénéficier le riche! D'après Furs-
cheim (1), les hypothèques couvrent les 40 % de la valeur
du sol et des constructions. Là encore, c'est la dépossession
rapide.

En Danemark, d'après F. Linderberg, participant au
même congrès, toute la terre est entre les mains d'un quart
de la population.

En Hongrie, le capitalisme opère tout seul l'expropriation des petits, et il va vite. De 1870 à 1880, le nombre des
agriculteurs indépendants et petits cultivateurs hongrois
est tombé de 1,667,338 à 1,155,362; celui des travailleurs
ruraux de 4,338,621 à 2,468,807 (2).

Ces chiffres sont effrayants, et dans toute l'Europe il en
va de même.

---

(1) *Discours au congrès international de la réforme agraire et
sociale*, Paris, juin 1889. Compte rendu officiel de Toubeau.
(2) Lœsewitz, article dans *l'Association catholique*.

Le rédacteur en chef du *Journal des Économistes*, qui est un des maîtres de l'économie politique libérale contemporaine et qui, comme tel, ne saurait être hostile à la propriété individuelle, a écrit en 1880, avec une précision bien faite pour donner à réfléchir, ces deux lignes terribles : « Malgré l'énorme changement que cela suppose, les jours de l'agriculture individuelle sont comptés (1) ». Ce qui doit succéder, si une intervention sociale énergique ne vient pas modifier le cours des choses, c'est la monopolisation de la propriété entre les mains d'une rapace et impitoyable oligarchie financière, déjà maîtresse du crédit de l'industrie, du commerce et des voies de communication : un complet servage économique en perspective.

En attendant l'accaparement commencé de tous les moyens de production, le sol y compris, la rente de la terre payée par l'ensemble des travailleurs à un nombre toujours plus restreint de bénéficiaires s'accroît dans des proportions véritablement inquiétantes.

La valeur moyenne de la rente était en Angleterre de 13 schellings par acre en 1770, elle s'est élevée à 30 schellings par acre en 1880. En France, le revenu foncier était en 1790 de 1,200 millions, il atteignait 1,900 millions en 1847, et 3,500 millions en 1881 (2). Et pendant ce temps, encore une fois, la petite propriété souffre, s'endette et disparaît.

Cela veut dire que la grande propriété, véritable Léviathan moderne, achève son œuvre meurtrière de dépossession des petits possédants et d'exploitation à outrance des travailleurs de toutes catégories.

Or, nous ne sommes qu'au commencement d'une série, c'est un économiste qui nous le dit :

« En présence même des progrès sociaux, la situation prépondérante du propriétaire ne peut aller qu'en s'augmentant, tandis que celle des non-possédants va en s'em-

---

(1) G. de Molinari : *L'Évolution économique au* xixe *siècle.*
(2) Gustave Rouanet : *Les Nécessités agricoles*, dans la *Revue socialiste* du 15 mars 1885.

pirant. Il est certain, en effet, qu'en présence de la rapide augmentation à laquelle nous assistons, et en présence également de l'accroissement des besoins que l'homme se crée chaque jour, la terre devient de plus en plus nécessaire, son utilité grandit démesurément et sa valeur effective s'élève du même pas. Et on peut même affirmer que, malgré les perfectionnements dans les méthodes agricoles, la valeur sociale s'accroît bien plus rapidement que la valeur individuelle, due aux travaux accumulés et demeurés utilisables par suite du développement de la richesse générale et des travaux publics. Il peut y avoir des régressions momentanées dues à des crises agricoles ou financières; mais, en somme, la marche en avant est indubitable. Il s'ensuit que la part dont est lésée la société grandit sans cesse et que la charge que celle-ci supporte de ce fait devient chaque jour plus lourde (1).

V. Remèdes proposés et propriété sociale

Tout le monde voit le mal, c'est sur les remèdes que l'on diffère. Ceux que proposent les tenants obstinés de la propriété individuelle sont de deux sortes, et ils ont chacun un nom passablement barbare : l'*homestead* et la *commassation*.

D'après l'*homestead exemption bill* (2), qui a force de loi dans l'Amérique du Nord, un chef de famille peut mettre d'avance une ferme de petite étendue, par exemple de 60 à

---

(1) Bernard, dans le *Journal des Economistes*.
(2) Dans son intéressante et substantielle étude : *La Crise agricole devant le Parlement*, notre ami, Elie Peyron, se rallie à la proposition de l'*homestead*, en la complétant par la proposition de Joseph Arch sur l'expropriation et l'allotissement des terres laissées incultes par les propriétaires. Seulement Peyron, avec beaucoup de raison, ne voit là qu'une des formes de l'action réformiste qui s'impose.

150 acres, à l'abri de toute hypo　　　1e, de toute saisie, de toute vente forcée, et se réserver ainsi une ressource pour lui dans ses vieux jours et ses enfants jusqu'à leur majorité, simplement en faisant inscrire ladite réserve sur un registre public. C'est une garantie, sans doute, mais comme l'*homestead* part des faits accomplis, c'est-à-dire d'un moment où plus de la moitié des citoyens sont déjà dépossédés, il est forcément insuffisant; en outre, il n'a de valeur que pour une génération.

Assez pratiqué en Amérique, l'*homestead* a de nombreux partisans en Angleterre. En vérité, on peut se demander à quoi il servirait dans ce pays, où les lords ont déjà accaparé les neuf dixièmes du sol. Cette mesure se comprend mieux dans le Canada, où fonctionne la loi dite des *biens de famille* (traduction française d'*homestead*); mais on ne saurait non plus en attendre des merveilles, pas plus que de l'*hoferolle* allemand, que le parti social catholique essaye de remettre en vigueur (1).

Ni le progrès ni le remède ne sont dans ce retour en arrière.

Est-il plus vrai que ce qu'on appelle la *commassation* puisse sauver l'agriculture compromise par la petite propriété ? Recommandé par François de Neufchâteau et Mathieu de Dombasle sous le nom de *réunions territoriales*, la commassation a été reprise par Léonce de Lavergne, qui l'explique ainsi :

---

(1) Le *hoferolle* est, à proprement parler, une extension de l'*homesstead*.

En vertu de l'*hoferolle*, un père de famille peut faire inscrire sur un registre spécial, *Hoferolle*, un domaine rural d'une étendue moyenne, pour le mettre à l'abri du partage forcé et de la vente. Le domaine passe alors, après la mort du père, au fils aîné, moyennant le payement, en argent, des légitimes aux autres frères et sœurs.

Le père peut inscrire deux ou trois domaines, s'il le juge convenable, pour ses autres enfants, et il meurt en paix, sûr de léguer ces foyers à sa famille. Les paysans du Hanovre, de la Westphalie, du Luxembourg, de la Hesse, du Oldenbourg et de la Silésie ont profité de la loi avec empressement ; rien qu'en Hanovre, sur 100.128 biens de petits propriétaires, 69.961 ont été inscrits. En Westphalie, en trois ans, il y a eu 35.215 inscriptions au *Hoferolle*.

« Dans ce système, toutes les fois que la majorité des propriétaires d'une commune ou d'une section de commune demanderait la réunion, une commission serait chargée de former un seul bloc des propriétés morcelées et de les répartir ensuite entre propriétaires en lots aussi peu nombreux que le permettraient les droits de chacun (1). »

M. Lecouteux, en son *Cours d'Economie rurale*, insiste beaucoup également pour l'adoption de la commassation :

« Qu'il s'agisse, dit-il, de grandes, de moyennes ou de petites propriétés, il y a pour chacune de ces situations territoriales un intérêt commun, qui les touche et les appelle à un même ensemble pour remédier au morcellement du sol, au régime des enclaves, au régime des parcelles mal placées, mal limitées, mal construites. Or, le remède, ce sont les réunions des parcelles par voie d'échanges. »

A quoi M. E. Pignon répond fort bien dans la *Philosophie de l'Avenir :* « Le professeur a sans doute oublié que même la réunion en une seule exploitation du territoire ne procurerait pas aux petits cultivateurs, à la masse des paysans, les moyens de vivre de leur travail, et que cette mesure, en permettant l'emploi de la mécanique, priverait la majeure partie de la population rurale de tous les moyens d'existence. »

Mais supposons le moyen efficace. Admettons avec Rudolf Meyer que la commassation réalise un grand progrès économique pour tous les propriétaires, mais surtout pour les petits. Disons avec lui, si l'on veut : « Ce sont les petits propriétaires qui relativement souffrent le plus des pertes de temps et de terrain qu'entraîne le morcellement ; ce sont eux aussi qui sont seuls exposés à avoir des parcelles de terre dont l'exiguïté rend la culture infructueuse ou impossible. Le possesseur d'un grand domaine n'a pas de semblables non-valeurs. Au contraire, un paysan a souvent plusieurs lopins qui, dispersés, sont d'un rapport presque nul, et dont la réunion formerait un ensemble

_____

(1) Léonce de Lavergne : *Economie rurale de la France.*

utilement exploitable. La commassation ne donne pas de terre à ceux qui n'en ont pas ou n'en ont qu'une étendue insignifiante ; mais elle met ceux qui en possèdent à même de tirer de leur bien le meilleur parti possible (1). » Tout cela accepté, il n'en faudra pas moins arriver à cette triste constatation du même auteur : « Elle (la commassation) ne détruit pas les causes du morcellement, mais elle atténue la rapidité de ses ravages et retarde le moment fatal où les petites unités économiques sont amenées à disparaître et à faire place aux *latifundia*. »

D'ailleurs, efficace ou non, la commassation ne sortira jamais de la brume des projets utopiques ; malgré les recommandations des agronomes les plus autorisés, malgré les résultats obtenus par quelques communes au XVIIIe siècle et fort prisés de nos jours (2), les propriétaires n'ont pas voulu accepter le principe des *réunions territoriales*, contraires à l'instinct atavique de la propriété. Tout l'actif de la commassation au point de vue pratique est contenu dans l'initiative, d'ailleurs couronnée de succès, de M. de Gorce dans la Meurthe, sur une étendue de 13,762 hectares répartis entre 25 communes.

M. de Gorce n'a pas eu d'imitateurs, et, avant que les intéressés se soient décidés, ils auront été dépouillés par l'oligarchie financière qui, après avoir mis la main sur

---

(1) Rudolf Meyer : *Les Souffrances de l'agriculture*, dans l'*Association catholiqu*

(2) Dès 1697, les habitants de Rouvres, près Dijon, s'étaient entendus pour remanier leurs parcelles.

Autre exemple :

« François de Neufchâteau, cité par M. de Foville, rapporte que « l'arpenteur Feugeray divisa toutes les contrées du ban en sections, aboutissant toutes sur des chemins... 5,000 journaux de terre divisés en un nombre infini de petits champs et appartenant à 300 propriétaires furent réunis de manière à ne former que 400 à 500 pièces de terre ». Par le bienfait d'un tel travail, le territoire est devenu à la longue comme une espèce de jardin, et rien n'est plus admirable que la variété des cultures qu'on y aperçoit aujourd'hui. Il en fut de même en Lorraine en 1763 et 1773 : le remaniement fut fait par l'accord *unanime* des « syndics, habitants, propriétaires et autres ayant droits » (Bordier, *la Vie des sociétés*).

toutes les forces productives de l'industrie et de l'échange, s'efforcera de compléter la monopolisation commencée du sol — mettant ainsi le sceau à la spoliation de tous les producteurs par quelques aigrefins — à moins que d'ici là le socialisme n'ait sauvé la liberté et l'égalité.

Dominé, à son insu, par une accumulation d'instincts ataviques qui se sont transformés en habitude de sentir, de penser et d'agir, l'homme se rebelle longuement contre les novations les mieux justifiées. Ce n'est qu'après de longues périodes de contournement que, pour faire place aux réalisations depuis longtemps rendues nécessaires, les bourgeonnements de la vie nouvelle font éclater les vieilles formes, devenues trop étroites et par conséquent nuisibles à l'organisme social.

Avant d'accepter l'inévitable transformation, que de tentatives insensées de rajeunissement des institutions épuisées! comme si de l'arbre tombant de vétusté on pouvait attendre des fructifications nouvelles!

Maintenant l'iniquité, la nocuité et l'instabilité de l'appropriation individuelle du sol ne sont plus à démontrer, et pourtant combien de bons esprits reconnaissent le mal sans voir que le remède est dans la transformation collectiviste qui couronnera le surgissement des conditions économiques nouvelles!

Tels croient supprimer le malaise social par le retour pur et simple, sous le nom de *familles-souches*, aux anciennes agglomérations patriarcales (1) et aux servitudes intellectuelles, familiales, politiques et économiques que ce mode condamné et réprouvable comporte.

Il en est qui, avec de fort bonnes intentions, voient le salut dans une simple extension renouvelée des Chinois, de la culture intensive (2).

Restreignant ses propositions à la France, la *Ligue*

---

(1) F. Le Play et son école extraordinairement puissante dans le monde conservateur.
(2) E. Simon : *la Cité chinoise.*

agraire fondée par M. Fernand Maurice (1) estime que la distribution en allotissements de jouissance des cinq millions d'hectares de biens communaux et nationaux aurait raison de la misère agricole et industrielle ; nous ne sommes pas si optimistes.

La proposition de M. Toubeau, auteur de *la Répartition métrique des impôts*, est d'ordre plus général.

Partant du principe que toutes les terres sont également fertiles, quand elles sont l'objet d'une culture intensifiée, M. Toubeau propose de frapper toutes les terres d'un impôt uniforme de 25 francs l'hectare, et d'accroître rapidement ce taux au fur et à mesure des progrès de la culture jusqu'au taux de 200 francs par hectare. A cette proportion, l'impôt foncier constituerait une véritable rente sociale de 10 milliards par an pour la France, somme suffisante pour supprimer l'ignorance et la misère. Si l'on en croit son auteur, l'impôt métrique, en contraignant les propriétaires à la culture intensive, aurait, en outre, pour résultat de quadrupler la production agricole.

Abstraction faite de la terminologie et du mode d'application, la proposition Toubeau, qui vise, en fin de compte, le remplacement de tous les impôts par l'attribution à l'État d'une contribution foncière atteignant les proportions d'un véritable fermage, aboutit à une sorte de collectivisme agraire et se rapproche ainsi de la célèbre donnée d'Henry Georges, dont il sera question ci-après.

Fichte prenait les choses de plus haut, lorsqu'il disait, au commencement du siècle : « Nous arrivons à une organisation sociale de la propriété ; elle perdra son caractère exclusivement privé pour devenir une institution publique. Jusqu'à présent, l'État n'a eu d'autres devoirs que de garantir à chacun la paisible jouissance de ce qu'il possède.

« Désormais, le devoir de l'État sera de mettre chacun en possession de la propriété à laquelle ses besoins et ses capacités lui donnent droit. »

(1) Auteur de la *Réforme agraire en France* et ancien rédacteur en chef de *la Terre aux Paysans*.

S'inspirant de ces principes, un éminent homme d'Etat sud-américain, Bernardino Rivadavia, président de la République argentine en 1826, fit prévaloir dans le parlement argentin un système d'emphytéose ainsi libellé :

« 1º Les terres de propriété publique dont l'aliénation a déjà été prohibée sur tout le territoire de l'Etat argentin, par la loi provisoire du 15 février 1826, seront données en emphytéose pour un terme d'au moins vingt années, à partir du 1er mai 1827 ;

2º Pendant les dix premières années, celui qui recevra un lot quelconque de terre, payera au trésor public la rente ou canon correspondant à huit pour cent, sur la valeur attribuée au dit lot de terre s'il s'agit de terres destinées au pacage, et de quatre pour cent s'il s'agit de terres destinées à la culture proprement dite ;

3º L'évaluation sera faite par un jury réunissant toutes les garanties voulues d'impartialité ;

4º Après le délai de dix ans, la législature nationale déterminera le canon que les bénificiaires de l'emphytéose auront à payer au trésor public, après estimation nouvelle de la valeur de la terre ;

5º Les baux emphythéotiques devront durer au moins vingt ans, et ils pourront être renouvelés indéfiniment;

6º Les baux emphytéotiques seront transmissibles. »

C'était la propriété sociale sauvegardée dans son principe et dans ses principaux avantages.

La bourgeoisie argentine le vit très bien, et pour échapper à cette législation égalitaire elle se livra au tyran Rosas, dont on connaît la sanglante épopée ; le monde économique fut ainsi privé d'un grand et salutaire exemple (1).

Revenons à l'Europe.

---

(1) La théorie emphytéotique a été singulièrement élucidée par A. Chirac, dans son livre : *La Prochaine Révolution*. Nous profitons de l'occasion pour nous inscrire en faux contre les calomnies d'ordre privé dont notre ancien collaborateur à la *Revue socialiste* a été victime à propos d'un procès récent. Pour revenir à l'emphytéose, il convient de mentionner également la proposition faite au Conseil municipal de Paris par notre ami Joseph Daumas.

Il est assez remarquable que l'Angleterre, si rebelle au collectivisme industriel, a toujours été la première dans la lutte pour le collectivisme agraire.

Des paysans de Wicleff et de Jacques Tyler, un moment maîtres de Londres, aux collectivistes actuels, la revendication de la terre par le peuple a toujours été au fond de tous les mouvements révolutionnaires ou protestataires. A preuve les Niveleurs de John Lilburne (1640); les Communalistes, de Spence (1782); les Radicaux, de Godwin (1793), et les Chartistes, d'Ernest Jones (1840-1850).

Dans l'ordre purement philosophique, nous voyons James Mill, le père de J. S. Mill, professer au commencement de ce siècle, en commentant Jérémie Bentham, que la nationalisation du sol est le seul remède aux maux présents.

En 1870, J. S. Mill, sous l'influence, dit-on, de mistress Taylor, qu'il venait d'épouser, reprit l'idée paternelle et fonda le *Land Tenure Reform Association* (Association pour la réforme de la tenure de la terre), dont le programme contenait ceci (art. IV) :

« Réclamons au profit de l'État, au moyen de l'impôt, la plus-value graduelle du sol, pour autant qu'on puisse la constater, ou au moins une grande partie de cette plus-value, qui est la conséquence naturelle de l'accroissement de population et de richesse, sans aucun effort ni dépense de la part du propriétaire, réservant aux propriétaires le droit de céder leurs terres à l'État, au prix courant du jour où ce principe aura été adopté par la législature. »

C'était un acheminement au collectivisme, tellement dans les mœurs philosophiques de l'Angleterre, que même le sociologue conservateur, Herbert Spencer, a écrit dans sa *Statique sociale* :

« Un plus haut développement social a fait naître en nous de nouvelles idées; nous reconnaissons maintenant dans une mesure considérable les droits de l'humanité. Mais notre civilisation n'est que partielle. On arrivera peu à peu à se convaincre que l'équité dicte des préceptes aux-

quels nous n'avons pas encore prêté l'oreille, et les hommes
pourront alors apprendre que priver les autres de leurs
droits à l'usage de la terre, c'est commettre un crime qui
ne le cède en perversité qu'au crime de leur ôter la vie
ou de les dépouiller de la liberté personnelle. »

Pour qu'on ne se méprenne pas sur sa pensée, le chef de
l'école évolutionniste ajoute que le droit de chaque homme
à l'usage de la terre n'a d'autres limites que les mêmes
droits de ses semblables ; que cette conséquence, qui se
tire immédiatement de la loi de l'égale liberté, exclut nécessairement la propriété foncière privée ; que tous les titres
existants de cette propriété se trouvent être, de la sorte,
invalidés ; *que même un égal partage de la terre entre ses
habitants ne pourrait engendrer une appropriation légitime ;
qne le sol est le patrimoine commun des générations, et que
cette théorie de cohérédité de tous les hommes est en harmonie avec la plus haute civilisation ; qu'il peut être, il est
vrai, difficile, mais que l'équité commande.*

Le collectivisme agraire peut revendiquer d'autres illus-
trations scientifiques et philosophiques.

En 1822, sir Alfred Russel Wallace, le glorieux émule de
Darwin et l'un des pères du transformisme, publia son livre
Land Nationalisation, its necessity and its aims. Le sous-
titre est long, mais complètement explicatif. Le voici : « *la
Nationalisation du sol, sa nécessité et son but,* pour démontrer qu'un système rationnel d'occupation (occuping owner
ship), sous le domaine éminent de l'État, serait un remède
complet aux maux causés par le système actuel de propriété absolue, et pour expliquer comment ce changement
pourrait être effectué sans faire aucun tort aux propriétaires
existantset sans amener les résultats fâcheux supposés
inséparables d'un système de nationalisation du sol ».

Selon la bonne habitude anglo-saxonne, Wallace a
fondé une société de propagande agraire qui a pris le titre
de *Land Reform Union.*

A la *Land Reform Union* d'Angleterre, répondent, en
Irlande, l'*Irish land restauration Society,* fondée par Michel

Dawitt (1); *Land law reform Association*, fondée par les *crofters* écossais, décidés à ne plus se laisser si outrageusement piller par les landlords.

Enfin nous devons signaler, comme collectivistes agraires, la plupart des hommes du *Christian socialist* et du *Church reformer*, qui vont, malgré leur christianisme fervent, jusqu'à l'idée de dépossession violente des landlords, puisqu'ils protestent vivement contre le rachat préconisé par A. R. Wallace. Comme il est entendu que tous les partis socialistes militants d'Europe et d'Amérique sont collectivistes, je n'ai pas ici à les mentionner spécialement parmi les partisans de la nationalisation du sol, leur collectivisme général étant de cela une suffisante affirmation, et je m'en tiens aux plus illustres adhésions individuelles. Je dois même, par défaut d'espace, me contenter de rappeler les noms de Ch. Letourneau, de Ch. Secrétan, de Georges Hansen, de Léon Walras, de Georges Renard, d'Azcarate, de Cournot, de Colajanni, d'Achille Loria, de Wagener, etc. (2), et nous arrivons ainsi aux trois hommes qui ont le plus contribué à mettre, en ce temps, la question agraire à l'ordre du jour : Émile de Laveleye, Henry Georges et César de Paepe.

---

(1) Le grand collectiviste irlandais est, en ce moment, tenu en échec par Parnell (qui veut simplement la terre aux fermiers) ; mais il est très écouté dans la fraction énergique du peuple irlandais. En outre, Michel Dawitt inspire la puissante et grandissante *Irish land restauration Society* (Société irlandaise pour la restitution du sol), dans laquelle il voit la fidèle représentante de ses idées. Après la victoire des *home rulers* de l'*Irish land act* (ayant pour but le retour de la terre aux tenanciers), M. Parnell et les siens auront à compter avec ce parti collectiviste bicéphale, à la fois irlandais et américain, par là doublement redoutable.

(2) Wagener insiste principalement sur la nécessité de socialiser la propriété urbaine, et sa préoccupation est justifiée. Nulle propriété n'est plus pillarde des avantages sociaux, n'est plus vexatoire, n'est plus onéreuse que la possession individuelle des logements, qui devraient entrer dans la catégorie des services publics. Nous reviendrons en détail sur cette question dans l'étude d'application qui suivra la présente étude de principe.

VI. Émile de Laveleye, Henry Georges et César de Paepe.

Émile de Laveleye, l'un des plus illustres écrivains de ce siècle, naquit à Bruges en 1822.

Il occupe depuis 1864, et avec un éclat incomparable, la chaire d'économie politique de Liège. Son œuvre est aussi considérable que variée (1), mais surtout illustrée par le livre classique : *De la propriété et de ses formes primitives.* C'était en 1873 ; la réaction, maîtresse en France, débordait sur l'Europe et battait son plein, étendant sur l'idée progressiste le suaire encore sanglant de la répression versaillaise, de la compression générale, des persécutions systématiques. Dans ce silence, une voix s'éleva, et s'éleva, chose inouïe, des colonnes de la *Revue des Deux-Mondes*, pour crier avec une irrésistible puissance que la dure forme propriétaire du droit quiritaire ne pouvait plus suffire à la société moderne, et que, si l'on n'avisait pas, on marchait à grands pas vers une révolution sociale qui emporterait la civilisation elle-même.

« Nous avons, disait irréfragablement Émile de Laveleye, nous avons aboli les castes et les privilèges, et la so-

---

(1) On en aura une idée par le simple énoncé de ses ouvrages, presque tous édités à Paris et touchant à toutes les questions qui passionnent notre époque. Voici cette liste : *La Langue et la Littérature provençales* (1864); les *Niebelungen*, traduction nouvelle, avec la traduction des chants de l'*Edda* pour introduction ; *Etude sur la formation des épopées nationales* (1866); *l'Economie rurale de la Belgique et de la Néerlande* (1864); *le Marché monétaire depuis 50 ans* (1865); *la Lombardie et la Suisse* (1869); *Etudes et Essais* (1869); *la Liberté de l'enseignement supérieur en Belgique* 1870); *la Prusse et l'Autriche depuis la dernière guerre* (1870); *Essai sur les formes de gouvernement dans les sociétés modernes* (1871); *l'Instruction du peuple* (1872); *Des causes de la guerre et de l'arbitrage* (1873); *De la propriété et de ses formes primitives* (1873): *le Socialisme contemporain* (1879); *Nouvelles Lettres d'Italie* (1880); *Eléments d'économie politique* (1882); *De la Propriété collective en différents pays* (1884), etc., etc.

ciété est plus malade que jamais; aux guerres dynastiques ont succédé les guerres bien plus sanglantes des nationalités et des races; aux anciennes Jacqueries, les guerres sociales.

» Les démocrates antiques ont péri par l'inégalité, les démocrates modernes périront de même et aboutiront au despotisme et à la décadence, à travers une série d'épouvantables luttes sociales, si l'on suit les anciens errements... Ou l'égalité s'établira, ou les institutions libres disparaîtront, *ou le droit de propriété sera modifié dans le sens social*, ou la société périra. »

L'effet de telles paroles, s'élevant d'un tel milieu, à un pareil moment, fut prodigieux. Bientôt réunies en volume, les études que M. de Laveleye avait publiées dans la vieille revue bourgeoise furent dans toutes les mains, et le collectivisme fut dès lors tenu pour une opinion défendable dans les cercles intellectuels.

Non pas que M. de Laveleye soit entièrement collectiviste, il se borne à demander une extension sérieuse des domaines communaux pour éviter l'extrême misère et sauvegarder une certaine somme d'égalité.

Voici, du reste, comme il s'exprime à ce sujet :

« Ainsi que l'ont montré les deux plus grands politiques de l'antiquité et des temps modernes, Aristote et Montesquieu, le plus grand danger qui menace le maintien de la démocratie, c'est la trop grande inégalité des fortunes.

» Machiavel exprime cette vérité d'une façon saisissante :
« Dans toute république, dit-il, quand la lutte entre patri-
» ciens et plébéiens, entre l'aristocratie et le peuple, se
» termine enfin par la victoire complète de la démocratie, il ne
» reste plus qu'une opposition qui ne finit qu'avec la répu-
» blique elle-même : c'est celle entre les riches et les pauvres,
» entre ceux qui possèdent et ceux qui ne possèdent point. »
Les Germains, s'il faut en croire César, avaient déjà compris que la coutume de partager les terres est favorable au maintien de l'égalité. Après avoir rapporté que chez les Germains, chaque année, la terre est repartagée entre les

parentés, César énumère les raisons qu'ils donnent à l'appui de cette coutume : « Autrement, disent-ils, les richesses » seraient trop inégales, les puissants étendant leurs » domaines aux dépens des faibles; la grande inégalité » engendrerait la discorde; tandis qu'avec ces usages, la » plèbe est contenue par le sentiment de l'équité, voyant » que chacun a la même part que les puissants. (*De Bell. Gall.*, VI, 22.)

» En permettant d'attribuer à chacun une part de la propriété collective, l'*Allmend* empêche l'inégalité poussée à l'excès d'ouvrir un abîme entre les supérieurs et les classes inférieures. La lutte entre riches et pauvres ne peut amener la ruine des institutions démocratiques, par la raison que nul n'est très pauvre, nul n'est très riche. Transportez-vous dans l'Unterwald, dans la Forêt Noire ou en Norvège, la propriété n'est pas menacée : par qui le serait-elle ? Chacun est propriétaire.

» Aux Etats-Unis comme en Serbie et dans certains autres pays, on s'efforce d'arriver au même résultat en constituant par la loi, pour chaque famille, un héritage insaisissable et indivisible, *Homestead;* mais l'*Allmend*, en maintenant le domaine éminent de la commune, permet à celle-ci de faire, le cas échéant, des travaux d'amélioration, d'après un plan d'ensemble. (Voyez *Heimstatten*, par Rudolf Meyer.)

» Quand la propriété privée n'est pas concentrée en quelques mains par le droit d'aînesse et par les testaments, comme en Angleterre, il peut arriver que, par un autre excès, elle se divise en parcelles trop petites et que, suivant l'expression consacrée, elle tombe en poussière. Lorsque c'est la commune qui règle les parts, elle peut mettre une limite au morcellement, comme on l'a fait dans maints villages de Bade et du Wurtemberg. On peut aussi favoriser la bonne culture sur l'*Allmend*, en donnant, chaque année, des prix en un concours à ceux des usagers qui auront le mieux cultivé, et, au contraire, en faisant payer une amende ou en diminuant la part de ceux qui auront négligé leurs terres,

» Je ne vais pas jusqu'à croire que l'*Allmend* apporte une solution complète à ce qu'on appelle la solution sociale, car je ne pense pas qu'il y ait une recette pour guérir, d'un coup, l'humanité des maux et des iniquités dont elle souffre, et qui sont le résultat d'un long passé de violence, d'usurpation et de mauvais gouvernement. Les améliorations ne peuvent se faire que lentement, progressivement, et ce serait déjà beaucoup si l'on pouvait voir se généraliser une institution qui maintînt un partage plus égal de la propriété et mit obstacle au paupérisme et à l'abandon des campagnes.

» Mais, objecte-t-on, l'humanité ne remettra pas en vigueur les coutumes archaïques qui caractérisent les débuts de la civilisation. On peut répondre que la démocratie et le gouvernement direct, qui semblent être le dernier terme de l'évolution actuelle, sont un retour à l'organisation politique des sociétés primitives. *Multa quœ cecidere renascentur.* »

Un peu plus timides que l'exposé ci-dessus, les conclusions d'Emile de Laveleye sont les suivantes :

« 1º La diffusion de la propriété (parmi le plus grand nombre possible de familles) devrait être encouragée, en premier lieu, par la division des héritages, ensuite en donnant toute facilité et sécurité à la vente de la propriété foncière.

» 2º Nous pourrions emprunter aux Etats-Unis et à la Serbie la loi de l'*Homestead*, qui garantit aux familles la conservation d'une petite propriété suffisante pour les faire subsister.

» 3º La propriété communale devrait être reconstituée au moyen d'un impôt sur les successions, et les pays qui ont des terres publiques devraient les céder à terme au lieu de les aliéner à perpétuité.

» 4º La commune économique devrait être reconstituée au moyen de l'*Allmend*, comme cela s'est maintenu en Suisse depuis les temps les plus reculés.

» 5º La taxe foncière devrait être imposée et revisée de temps en temps, de telle façon que l'accroissement du revenu, qui résulte de l'énergie et du progrès de toute la société, profitât au moins en partie à l'Etat.

» 6° Une compensation devrait être donnée par la loi au locataire pour toutes les améliorations non épuisées. »

S'il est si reservé dans la solution proposée, Emile de Laveleye n'en a pas moins été le plus efficace auxiliaire des collectivistes en faisant ressortir, avec une puissance et une éloquence insurpassée, le caractère évolutif des formes propriétaires.

Plus pressé de réaliser, Henry Georges se préoccupe beaucoup plus d'utilité sociale que d'histoire ; néanmoins, son œuvre maîtresse, *Progress and Poverty*, balance, quoique moins scientifique, l'œuvre maîtresse de Laveleye.

Henri Georges, né à San-Francisco, est, dit-on, d'origine irlandaise ; il est en tout cas l'un des chefs du grand parti socialiste irlandais de l'Amérique du Nord, qui, par le *Parti du Travail* (*Labor Party*) et les *Chevaliers du Travail* (*Knights of Labor*), a groupé plus d'un million de militants décidés.

Les débuts du réformateur, fils de prolétaires, furent laborieux et pénibles ; il était mousse à l'âge de quinze ans, puis devint ouvrier typographe. Ce ne fut pas pour longtemps : à force de travail, il était devenu économiste original et érudit, un écrivain mouvementé et entraînant.

Il se fit donc journaliste et traita surtout les questions agraires. C'était en 1869. Il publia une brochure intitulée : *Our Land and our Politicy* (Notre sol et notre politique).

Plusieurs de ses théories économiques, dit Emile de Laveleye, celles, par exemple, sur les lois du salaire, de l'intérêt et de la population, sont dues à une généralisation trop hâtive, et à ce qu'il avait vu en Californie, où primitivement il y avait du terrain fertile et produisant des métaux précieux, où les moindres établissements devenaient rapidement des villes considérables et où le colon arrivait en même temps que la locomotive.

En 1874, Henry Georges publia une seconde brochure : *The land question* (la Question du sol).

Dans cet ouvrage, il s'adresse surtout aux meneurs irlandais, les invitant à se déclarer ouvertement pour la nationalisation du sol, à abandonner le terrain étroit du nationalisme, pour entrer dans une grande armée socialiste et se gagner ainsi les sympathies du prolétariat anglais. Henry Georges s'empressa d'ajouter que la nationalisation de la terre est tout autant à l'ordre du jour en Amérique, où la propriété se monopolise rapidement, qu'elle peut l'être en Angleterre et en Irlande.

Il fut ainsi amené à écrire, en 1879, le livre *Progress and Poverty*, qui mit le sceau à sa célébrité en Amérique et en Europe même.

Henry Georges s'affirma tout d'abord nettement collectiviste : « Il n'y a, dit-il avec sa fougue celtique, il n'y a qu'un moyen d'éloigner le mal : c'est d'éloigner la cause. La pauvreté devient plus intense à mesure que la richesse augmente ; les salaires baissent alors que la puissance productive s'accroît, parce que la terre, qui est la source de toute richesse et de tout travail, est monopolisée. Pour extirper la pauvreté et pour faire que les salaires soient ce que la justice veut qu'ils soient, c'est-à-dire le gain complet du travailleur, nous devons substituer à la propriété individuelle de la terre la propriété commune. Aucun autre moyen n'atteindra la cause du mal, aucun autre ne laisse le moindre espoir. Voilà donc le remède à la distribution injuste et inégale de richesse apparente dans notre civilisation moderne, et à tous les maux qui en découlent :

« *Il faut que la terre devienne propriété commune.*

» Nous avons atteint cette conclusion à la suite d'un examen des choses, où chaque échelon franchi était vérifié et consolidé. Dans la chaîne du raisonnement, il ne manque aucun anneau, et aucun n'est faible. La déduction et l'induction nous ont conduit à la même vérité : l'inégale propriété de la terre est inséparable de la reconnaissance de la propriété individuelle de la terre ; il s'ensuit nécessairement que *le seul remède à l'injuste distribution de la richesse est de rendre la terre propriété commune.*

Le discours n'est pas à la hauteur de l'exorde, car la réforme que propose Henry Georges vise moins à exproprier les détenteurs actuels du sol, qu'à assurer à l'Etat, c'est-à-dire à la société entière, le bénéfice intégral de la rente foncière. Avec Ricardo et Wallace, Georges considère cette dernière comme le produit du progrès de la civilisation, le résultat accumulé du travail d'innombrables générations.

En abandonner la jouissance exclusive à quelques individus, c'est dépouiller la collectivité. En conséquence, l'économiste socialiste américain propose la conversion de la Société de la rente foncière, déduction faite de l'apport du travail et du capital en impôt prélevé par l'État, et l'abolition de tous les autres impôts qui grèvent aujourd'hui la population.

La perception de cet impôt unique serait laissée aux propriétaires actuels, qui en toucheraient une partie à titre d'indemnité pour le service rendu. Selon l'auteur de *Progress and Poverty*, cette réforme suffirait à elle seule à opérer une véritable transformation économique et sociale. Inéluctables en seraient les résultats : un essor nouveau imprimé à la production, désormais dégrevée de toutes charges, puisque, comme en Chine, le seul et unique impôt frapperait le monopole de la propriété foncière, ce fruit de l'œuvre collective du progrès étant désormais employée aux besoins de tous les membres de la collectivité; la possibilité, enfin, pour le grand nombre, de devenir acquéreur du sol, dont le prix baisserait beaucoup et deviendrait presque nul pour les terres non cultivées et non plantées, sauf l'obligation d'acquitter l'impôt foncier.

Solution incomplète, fait justement observer M. de Potter, le collectivisme agraire n'existe réellement que si le sol est également mis à la disposition de tous, et si la rente socialisée de la terre est bien employée au profit de tous.

Pour que la première condition soit remplie, il faut qu'en droit et en fait l'État soit le seul propriétaire du sol et que, ne pouvant l'aliéner, il se réserve de l'affermer aux collectivités plutôt qu'aux individus.

La seconde condition exige une série de mesures qui seront amplement développées dans l'une des suivantes études du présent travail. En ces pages, nous avons simplement voulu établir :

1° Que la propriété individuelle n'est qu'une catégorie historique, puisqu'elle a été précédée d'une longue période de propriété collective (parentale, tribale ou communale);

2° Qu'elle a le droit de conquête pour père et la confiscation pour mère;

3° Qu'elle a été l'aiguillon meurtrier et la consécration impie de l'exploitation de l'homme par l'homme, sous toutes ses formes (esclavage, servage, salariat);

4° Qu'elle est incapable de se plier aux conditions et aux nécessités de la production moderne, et que, par suite, elle porte en elle-même le principe de sa destruction et de son remplacement par la propriété monopolisée aux mains d'une indigne et malfaisante obligarchie financière qui, si elle triomphait, remettrait l'humanité en servage ;

5° Que le mal est si grand et le danger si pressant que tous les bons esprits s'en émeuvent, et cherchent le remède;

6° Qu'enfin, de l'aveu des meilleurs économistes, ce remède est dans la socialisation de la terre, conformément aux données générales du socialisme moderne.

Pour en arriver là, nous avons tenu à ne citer que les écrivains non incorporés dans le socialisme militant; mais il y aurait trop criante iniquité à ne pas mentionner dans un travail sur la propriété collective le nom du représentant le plus autorisé de cette forme sociale : César de Paepe.

On connaît les principes de l'éminent socialisme belge. Voici les moyens qu'il propose :

« 1° La terre pourrait appartenir à des collectivités restreintes ou associations agricoles, comme certaines usines appartiennent à des associations d'ouvriers industriels; ce serait, en un mot, la généralisation des sociétés corporatives de production dans le domaine de l'agriculture, dont les associations du Norfolk, en Angleterre, par exemple d'Assington, nous représentent dès aujourd'hui le type. Ces associations se généralisant, devenant la règle au lieu de l'exception qu'elles sont actuellement, et tendant à se solidariser, pourraient se répartir la rente foncière de façon à niveler pour chacune d'elles les conditions d'exploitation. (Ici, chez ces cultivateurs anglais, le travail collectif précède donc la propriété collective.)

» 2° Comme les conditions d'une bonne culture exigent que l'exploitation ait AU MOINS une étendue d'une lieue carrée (voir Fourier ainsi que Proudhon dans sa nouvelle *Théorie de la propriété*), on peut prévoir que le système des associations agricoles aboutirait à la mise en commun des terres de la commune. Chaque commune rurale pourrait ainsi ne constituer qu'une seule association agricole (sans doute plus ou moins industrielle en même temps), et le sol se trouver propriété collective de la communale. La commune russe nous offre aujourd'hui un type de cette forme de la propriété collective, bien que souvent là culture ne s'y fasse pas par association, mais par famille. (Ici donc, dans la commune slave, la propriété collective précède la culture collective.)

» 3° Le sol pourrait être la propriété collective de l'ensemble des groupes agricoles d'une nation ou d'une confédération de nations, et la haute direction de l'exploitation territoriale centralisée entre les mains d'un conseil nommé par les divers groupes de cultivateurs. Cet état de choses offrirait une grande facilité pour l'exécution des grands travaux de drainage, de défrichements, de reboisements, d'irrigation. C'est vers cet état que tendait évidemment Proudhon, en 1858, quand il proposa de décréter, par une loi, que lorsque, par l'accumulation d'annuités, le propriétaire serait entré dans la valeur de son immeuble, augmenté d'une prime de 20 % à titre d'indemnité, la propriété fît retour à la Société centrale d'agriculture, chargée de centraliser l'exploitation du territoire, et de pourvoir, par la création de compagnies agricoles locales, à l'organisation de l'agriculture. (Voir les *Idées révolutionnaires*.)

» Sous ce régime, la rente foncière pourrait être réservée au profit des associations agricoles cultivant les terres de très peu de valeur, où bien elle pourrait être consacrée à payer les frais de gestion du conseil central de l'agriculture et les grands travaux d'ensemble entrepris par lui.

» 4° Enfin la terre arable pourrait être propriété nationale, comme sont aujourd'hui un grand nombre de forêts ; mais, par la fédération des peuples, dont l'association internationale est le prélude et l'embryon, cette *nationalisation* de la terre, comme disent les Anglais, serait de fait l'appropriation collective du sol par la grande société travailleuse et civilisée (nous entendons ce mot dans sa véritable acception, et non dans la signification que lui ont donnée les *phalanstériens*), serait ce que Robert du Var appelle la *socialisation* de la propriété terrienne. Certes, à parler rigoureusement, ce ne serait pas encore la propriété collective du sol à l'humanité, puisque tant de peuples encore, surtout en Asie, en Afrique et en Océanie, sont en dehors du mouvement civilisateur et rénovateur qui emporte l'Europe et le nouveau monde ; mais il ne faut pas être prophète pour oser affirmer que ces peuples, ou disparaîtront par voie d'extinction devant la *concurrence vitale* des peuples mieux doués, ou bien entreront eux-mêmes dans le courant de la civilisation européo-américaine : dans l'un comme dans l'autre cas, le sol, de propriété collectiviste sociale, devient dès lors propriété humanitaire. »

Nous terminons sur ces lignes, à la conclusion desquelles nous nous rallions entièrement.

VII. Définition historique du collectivisme

Toute théorie, comme toute civilisation, a sa dominante par laquelle plus spécialement on la juge. La dominante de la société contemporaine, c'est le fait de l'individualisme universel se réalisant dans l'odieux *chacun pour soi* et dans la *guerre de tous contre tous*.

Des questions qu'a soulevées et prétend résoudre le socialisme, la question de la propriété est la plus importante, et c'est par là surtout qu'on juge la pensée sociale contemporaine, si bien que c'est de sa façon de concevoir l'appropriation des choses qu'elle a reçu son surnom de *collectivisme*.

Le collectivisme, voilà plus de quarante ans que les socialistes en expliquent la signification, et l'on affecte toujours de confondre collectivisme avec communisme.

La différence est pourtant radicale.

Le *communisme* est la mise en commun des forces productives et des produits sous la gestion directe de l'Etat ; le *collectivisme*, c'est simplement l'inaliénabilité des forces productives mises sous la tutelle de l'Etat. Ce dernier les confie temporairement et moyennant redevance à des groupes professionnels. Dans les groupes professionnels, la répartition se fait au *prorata* du travail ; quant à la consommation, elle est entièrement libre, chacun dépense comme il lui plaît l'équivalent qui lui a été attribué — les charges sociales étant remplies — du produit de son travail. Le collectivisme n'est donc pas « une contrefaçon belge du communisme, » selon la déplaisante phrase d'un marxiste, mais bien une transaction entre l'ancien communisme utopique et l'individualisme régnant.

Voilà une définition que ferait bien comprendre seule une énumération historique et doctrinale de l'idée collectiviste. En voici une que nous croyons assez complète et surtout assez exacte. Elle est à sa place en conclusion d'une étude sur la propriété.

Notre énumération comprend du collectivisme neuf conceptions différentes qui se présentent dans l'ordre suivant :

1º *Collectivisme emphytéotique.* — Cette forme de possession de la terre, dont l'appellation dit la nature, fut proposée en 1826 par Bernardino Rivadavia, président de la République Argentine. L'État, possesseur de la terre, s'interdisait de l'aliéner; mais il la confiait, moyennant redevances fixées tous les dix ans, à des fermiers emphytéotes dont les contributions constituaient la rente sociale.

2º Le *collectivisme industriel.* — Le premier théoricien du collectivisme est sans contredit Constantin Pecqueur. Cet estimable penseur présenta, en 1836, à l'*Académie des sciences morales et politiques*, un ouvrage en deux volumes, ayant pour titre : *les Intérêts du commerce, de l'industrie, de l'agriculture et de la civilisation en général* (Paris 1836). Dans cet ouvrage, Pecqueur proposait de *socialiser* (le néologisme est de lui) les institutions de crédit, les chemins de fer, les mines, et de se servir des ressources que procureraient cette mesure pour compléter graduellement la socialisation de toutes les forces productives.

Sur la proposition d'Adolphe Blanqui, l'*Académie des sciences morales et politiques* (elle n'était pas encore morte à tout progrès) prima le livre de Pecqueur dont elle n'avait pas saisi toute la portée socialiste.

François Vidal conclut comme Pecqueur, vers cette même époque, dans ses brochures, portant pour titres : *Les Caisses d'épargne, la Création d'ateliers de travail.* De même avait conclu Auguste Blanqui, en 1835, dans son programme du *Libérateur* (1).

---

(1) Par Pecqueur et Vidal, le collectivisme se rattache aux pères du socialisme français. Pecqueur, ancien saint-simonien, avait appris de ses maîtres qu'en bonne justice sociale la collectivité seule est propriétaire et que les individus ne peuvent être que des possesseurs temporaires ou constitutionnels. Vidal, qui resta toujours quelque peu phalanstérien, avait trouvé le collectivisme réformiste, en développant simplement le *Garantisme* de Fourier. Il est à re-

Cette conception devint prédominante dans le prolétariat français dès que Louis Blanc l'eut fait sienne, en 1846, et l'eut exposée dans son *Organisation du travail*, avec une précision incomparable et une éloquence qui n'a pas été dépassée.

Elle devint, dès lors, limpide : l'Etat maître du crédit, des chemins de fer, des mines, des canaux, en retirerait d'immenses ressources que, par son *ministère du progrès* il emploierait à commanditer les sociétés industrielles et sociales des travailleurs, et à « substituer graduellement le travail associé au travail salarié ». La transformation devait d'ailleurs être assez profonde pour que l'on arrivât, en un temps plus ou moins long, au travail-fonction, c'est-à-dire à une organisation communautaire de la production.

3° *Collectivisme colinsien.* — A partir de 1850, Colins préconisa l'appropriation collective du sol et d'une partie des capitaux. Il voulait que l'on procédât par voie de rachat (le rachat étant rendu possible par un fort impôt sur l'héritage). Dans ce système, l'Etat ne s'attribuait que le domaine éminent du sol et des gros capitaux qui devraient être exploités par des familles ou des associations assujetties à une redevance sociale et à un cahier des charges. Pour ce qui est de la terre, Colins allait jusqu'à l'octroi de baux emphytéotiques. Cette forme de propriété n'était pas sans analogie avec l'*Ager publicus* concédé des Romains et les *Domaines engagés* de notre ancienne monarchie.

4° *Le collectivisme internationaliste* fut surtout en honneur dans les troisième, quatrième, sixième Congrès de l'Internationale (1868-1869-1870) et eut pour principal propagateur César De Paepe. Mélange des conceptions précédentes, le *Collectivisme internationaliste* part de ce principe : *La société a le droit d'abolir la propriété individuelle du sol et du grand outillage industriel ; il y a nécessité à ce*

---

marquer que d'autres phalanstériens comme Barat (*la Propriété sociale de la terre*), de Brévans (*la Collectivité*), comme surtout Victor Considérant, le plus célèbre propagateur de la doctrine, ont aussi fini par aboutir à un collectivisme modéré.

que cette abolition ait lieu. Quant aux moyens, on admettait en première ligne l'impôt sur l'héritage, l'impôt unique direct et progressif et la reprise par la société avec indemnité à débattre (quelques-uns disaient reprise pure et simple) des institutions de crédit, des chemins de fer, des mines, canaux et monopoles quelconques.

Cette réorganisation sociale devait être tentée dans toutes les nations civilisées, fédérées à cet objet. Dans ce système, la production et les services publics de toute nature étaient confiés à des compagnies ouvrières soumises à une redevance sociale et à un cahier des charges, sauvegardant les intérêts généraux.

5° Le *Collectivisme révolutionnaire* se forma par simple accentuation du *Collectivisme internationaliste.* Il est basé, quant aux moyens, sur l'expropriation révolutionnaire et sans indemnité de la classe bourgeoise par le prolétariat soulevé et maître des pouvoirs publics. Pour les théoriciens de cette école, le collectivisme n'est pas que la somme de communisme immédiatement réalisable par la Révolution sociale violente. Depuis 1879, le collectivisme révolutionnaire français, du moins par ses plus brillants partisans, a fait sa jonction avec la savante doctrine de Marx, actuellement prédominante dans les partis ouvriers socialistes d'Europe et d'Amérique.

6° Le *Collectivisme marxiste* diffère du *Collectivisme révolutionnaire* en ce qu'il est plus objectif.

Pour les marxistes, l'histoire n'est que l'application de la lutte des classes, se poursuivant à travers les modifications successives des conditions économiques. La société actuelle masque le règne anarchique et passager de la classe nobiliaire et de la classe sacerdotale. Cette phase individualiste a eu sa nécessité pour le développement des forces productives; mais les conditions économiques que le régime bourgeois ou capitaliste engendre, sont entravées dans leur développement naturel par ce régime même; elles tendent à briser le moule capitaliste et à préparer le collectivisme qui est ainsi l'aboutissant fatal de la société capitaliste, en vertu de l'évolution incompressible de la petite industrie vers la grande industrie et de celle-ci vers la production sociale. Le nouveau régime entrera dans les faits, lorsque les prolétariats, qu'organise et discipline le mécanisme de la grande production, pourront arracher les pouvoirs publics à leurs adversaires de classe et procéder, légalement ou violemment, à la socialisation des forces productives, à l'universalisation du travail et à l'abolition des classes.

Ajoutons que les marxistes n'ont jamais bien accepté l'appellation de collectivistes; ils revendiquent celle de communistes scientifiques.

7° Le *Collectivisme anarchiste*, contemporain du collectivisme révolutionnaire (1872-1880), fut surtout en honneur chez les internationalistes espagnols, italiens et suisses. Il diffère du collectivisme révolutionnaire en ce que, pour les collectivistes anarchistes, la révolution, qu'il faut hâter par tous les moyens, devra être purement destructive des forces gouvernementales et juridiques bourgeoises. Il restera ensuite aux groupes, aux communes libres et autonomes de se fédérer librement pour l'organisation de la production et des services publics indispensables.

8° Le *Collectivisme agraire*, qu'on pourrait dire aussi *Collectivisme anglo-américain* et dont la première idée dans sa forme exclusive revient à James Mill, le père de J.-S. Mill, s'est naturellement développé dans les pays de grande propriété; il n'en saurait être question en France, tant que la spoliation commencée des petits propriétaires par la féodalité capitaliste n'aura pas avancé son œuvre meurtrière à l'aide de la concurrence étrangère, qui sera bientôt écrasante, des pays de grande propriété où l'agriculture est *grand industrialisée*, c'est-à-dire rendue triplemen' productive par l'association et la division du travail, les procédés chimiques et les applications mécaniques.

Le *Collectivisme agraire* a pour principaux théoriciens, l'Irlando-Américain Henry Georges, le savant naturaliste anglais A. R.-Wallace, les Irlandais Michel Dawit, Patrick

Ford, Mac Glyn ; il fut partiellement préconisé en 1869-1872 par J.-S. Mill et Herbert Spencer (1).

Parmi les différents systèmes du collectivisme agraire, celui de Henri Georges réunit le plus de partisans ; il a pour but — nous l'avons suffisamment indiqué dans ce chapitre même — de remplacer tous les impôts par la rente sociale du sol qui, tout en restant entre les mains des propriétaires cultivateurs, deviendrait ainsi la propriété inaliénable du sol.

Cette théorie, très répandue déjà en Irlande, en Angleterre, en Amérique, est appelée à passer prochainement dans les faits, en ces trois pays.

9° Le *Collectivisme réformiste*, qui est le nôtre et à l'élaboration duquel nous avons peut être un peu contribué, se rapproche fort de ce que nous avons appelé le *Collectivisme industriel*. Dans cette doctrine, on tient grand compte de l'évolution capitaliste ; mais on ne croit pas qu'il faille attendre que le capitalisme ait achevé de *paupériser* le prolétariat et de *prolétariser* la petite bourgeoisie industrielle, commerciale et agricole, avant d'agir socialement.

La reprise par l'État (forme d'indemnité restant à débattre) des institutions de crédit, des chemins de fer, des mines et canaux, des grands établissements sidérurgiques ; la reprise par la Commune des divers monopoles d'ordre communal, omnibus, petites voitures, gaz, électricité, service des eaux, grands magasins ; la fondation de minoteries régionales, de boulangeries et boucheries communales, auraient, selon eux, la plus grande efficacité socialiste et pourraient permettre une solution graduelle et pacifique, surtout si ces mesures étaient complétées par un fort impôt progressif quant à la fortune, et gradué quant au degré de parenté sur l'héritage. De telles mesures permettraient,

(1) Voir l'*Auto-Biographie* de J.-S. Mill et la *Statique Sociale* d'Herbert Spencer.
M. Emile de Laveleye, l'éminent auteur de la *Propriété et ses formes primitives*, qui insiste pour la reconstitution de domaines communaux, peut, par suite, être classé, avec quelques socialistes de la chaire, parmi les collectivistes d'extrême droite.

pensent-ils, de créditer puissamment les travailleurs associés, de multiplier dans les Communes les colonies agraires,
de créer de toutes pièces un machinisme communal agricole et d'opérer ainsi graduellement la socialisation des
forces productives. Celle-ci n'entraînerait pas d'ailleurs
l'entreprise directe par l'État; mais le simple octroi, par
l'État ou par la Commune, selon les cas, de baux aux
associations, contre redevance sociale et cahier des
charges.

Dans ces différents collectivismes, on admet le droit de
l'enfant à un entretien satisfaisant, à une instruction générale et professionnelle, aux frais soit de la Commune, soit
de la société. De même on admet pour les invalides et les
incapables un large droit à l'existence, dans la mesure des
ressources sociales.

On voit, d'après ce qui précède, combien il serait difficile
d'enfermer en une définition unique le collectivisme, les différents degrés de développement historique et les différentes
constitutions économiques des peuples se traduisant naturellement en divergences qui ne sont, à bien prendre, que
des adaptations diverses d'un même principe social. Cette
variété même est un signe de force, puisqu'elle indique une
doctrine qui peut se plier aux différentes situations économiques des peuples et aux divers degrés de leur évolution
politique et sociale.

Si toutefois nous devions en formuler une, nous propo-
serions la suivante :

Dans ses lignes générales, le collectivisme est une conception socialiste comportant :

1º L'appropriation commune, plus ou moins graduelle,
de la terre et des instruments de la production et de l'échange
(cette forme d'appropriation ne devant pas succéder à la
petite industrie et à la petite propriété, mais seulement à la
monopolisation de ces dernières par la nouvelle féodalité
financière et industrielle) ;

2º L'organisation corporative, communale ou générale
de la production et de l'échange ;

3º La faculté pour chaque travailleur d'user à sa guise de l'équivalent de la plus-value par lui créée ;

4º Le droit au développement intégral pour les enfants, le droit à l'existence pour tous les incapables de travail et l'assurance pour tous les valides d'un travail rémunérateur dans l'association de leur choix.

Vouloir cela, ce n'est pas, comme on l'a dit, tomber dans les errements du communisme utopique, c'est simplement combiner la nécessité du concours pour la production avec la justice économique et les justes exigences de la liberté humaine.

CHAPITRE VII

L'Évolution familiale et le Socialisme

Nous abordons ici — et non sans timidité — le problème le plus compliqué et le plus tragique de la destinée
humaine.

En effet, à tout stade de civilisation et quelque forme que
celle-ci ait revêtue, la réalisation familiale prédominante
enveloppe l'être humain par tous les côtés de son existence.

Comment en serait-il autrement? La famille a présidé à
sa naissance avant de le commander dans la vie; elle a été
la dispensatrice de ses facultés intrinsèques et de ses
facultés sociales; c'est elle, en un mot, qui, au point de
départ, a été l'arbitre de ses moyens d'action.

Elle fait plus encore.

Par ses promesses, ses exigences ou ses évictions, elle
pénètre en souveraine dans les abîmes mystérieux et insondables du cœur humain, pour y déterminer, tout au moins
y favoriser, tantôt l'éclosion des joies les plus ineffables,
des actes les plus louables, tantôt — et vu notre pauvre
nature, c'est le plus souvent — le débordement des plus
profondes douleurs et des plus irréparables erreurs. Un
sujet si grave mérite d'être traité avec circonspection et
sincérité, nous ne l'oublierons pas. C'est pourquoi, en rappelant les phases diverses de l'évolution familiale, nous
serons moins préoccupé de la critique du passé et du présent que de la recherche d'un avenir familial meilleur, en
vue de l'amélioration affective et morale, du plus grand
bonheur de l'être humain, dans l'accord cherché des sentiments intimes et du devoir social.

Valgami il lungo studio ed il grande amor,

a dit le poète italien. A défaut de la longue étude qui n'a
pas été permise à un militant que d'implacables circonstances ont toujours forcé aux travaux hâtifs, nous aurons
pour principe et pour source d'inspiration le grand amour
de nos semblables, il *grande amor*.

Que si maintenant nos libres investigations et apprécia-
tions historiques étonnent quelquefois le lecteur, nous le
prions d'attendre nos conclusions, avant de porter son
jugement sur cette imparfaite et trop sommaire étude, d'un
sujet si difficile, si complexe et si vaste.

I. Les premières formations familiales

Dans les formes diverses qu'elle a revêtue, l'organisation
familiale a été déterminée par l'organisme propriétaire, et
c'est ainsi que, comme la propriété elle-même, elle a été
tour à tour promisque, tribale, matriarcale, patriarcale

avant d'arriver, dans le monde occidental, au système monogamique actuel, tout enveloppé encore de servitudes,
comme le droit quiritaire de propriété dont il est le reflet.

D'après Lewis Morgan, le savant et perspicace ethnologue
américain, la famille a franchi jusqu'ici cinq stades principaux que l'on peut de la manière suivante énumérer :

Premier stade. — La famille est consanguine, c'est-à-dire
fondée sur le mariage des frères et sœurs d'un groupe.

Deuxième stade. — Plusieurs frères sont les maris
communs de leurs femmes, qui ne sont point sœurs.

Troisième stade. — Un homme et une femme s'unissent,
mais sans cohabitation exclusive et avec un divorce facultatif pour l'un et pour l'autre.

Quatrième stade. — Famille pastorale des Hébreux,
caractérisée par le mariage d'un homme avec une ou
plusieurs femmes.

Cinquième stade. — Enfin apparaît la famille des sociétés
civilisées, marquée par la cohabitation exclusive d'un
homme et d'une femme.

Pour que la nomenclature soit complète, il convient
d'insister davantage sur la primitive période promisque, si
bien décrite par Giraud-Teulon (1) et dont tant de témoignages et tant de vestiges attestent l'universalité temporaire.
C'est en partant de ce large fond de communisme promisque
préalable que Paul Lafargue (2) a pu dire fort judicieuse-
ment : « La restriction sexuelle primitive a dû commencer
par la séparation des individus de la tribu sauvage en
couches de générations et par l'interdiction du mariage
entre les individus des différentes couches. La première
couche est celle des géniteurs ; la deuxième, celle des enfants ;
la troisième, celle des petits enfants, et ainsi de suite. Tous
les individus sont les enfants d'une couche supérieure, et
les pères et mères de la couche inférieure ; ils se considèrent
comme frères et sœurs et se conduisent en maris et

---

(1) Giraud-Teulon : *Les Origines de la famille.*
(2) Paul Lafargue : *Le Matriarcat*, article dans la *Nouvelle Revue.*

femmes; mais il leur est interdit d'avoir des relations sexuelles avec les membres de la couche au-dessus et au-dessous. Il n'y a pas de mariage individuel; de ce que l'on naît mâle dans une tribu, on est le mari de toutes les femmes de sa promotion sans distinction de frère et sœur, et réciproquement pour la femme (1).

Lorsque la limitation s'accentue, on en vient à ce que Morgan appelle la *famille consanguine;* les rapports sexuels eurent lieu de préférence entre frère et sœur. Cela dura longtemps, si l'on en juge par l'universalité de la légende (2) et la multiplicité des survivances. Le mariage entre frère et sœur était encore d'usage et d'obligation pour les rois d'Egypte au temps de Cléopâtre, qui dut épouser son jeune frère Ptolémée, âgé de neuf ans. Dans le monde hellénique, l'inceste prohibé entre parents et enfants, comme l'attestent les terrifiants exemples d'Œdype et Myrrha, reste permis entre consanguins avec des restrictions arbitraires : un Athénien pouvait épouser sa sœur consanguine, non sa sœur utérine; un Spartiate sa sœur utérine, non sa sœur consanguine. Les Perses et les Assyriens pouvaient épouser leur sœur utérine. (*Voir* Lucien.) Le lévirat juif indique une persistance des mariages consanguins. Plus près de nous, les Francs étaient coutumiers des mariages incestueux puisqu'il fallut l'intervention du catholicisme pour les faire cesser. Il est aussi curieux de constater que la civilisation inca, si différente et si en dehors des civilisations

---

(1) Mythologie égyptienne : Osiris épouse sa sœur Isis; mythologie hellénique : Saturne épouse sa sœur Cybèle; Jupiter sa sœur Junon; Vulcain sa sœur Vénus; mythologie italique : Janus épouse sa sœur Camisia; mythologie germano-scandinave : Ereyr épouse sa sœur Freya, Siegmumd sa sœur Sieglinde; mythologie juive : les enfants d'Adam et d'Ève se marient forcément entre eux; Abraham épouse sa sœur utérine Sarah.

(2) Le mariage entre parents et enfants ne disparut pas non plus sans laisser de traces; mariage de Sémiramis et de son fils Nynias, mariage d'Attila et de sa fille Esca. Au dire de Montesquieu, les Perses et les Assyriens de l'époque historique pouvaient épouser leurs mères et les Tartares épousaient quelquefois leurs filles. Jéhovah lui-même était assez tolérant là-dessus, lui qui ne l'était guère. La Bible nous apprend, sans y voir grand mal, que du fruit des incestueuses amours de Loth et de ses deux filles sortirent deux grands peuples : Moab et Madian.

indo-européennes, avait conservé au moins pour les races royales, la coutume des mariages consanguins : Manco-Canpac, le dernier Incas, était l'époux de sœur Mama Oello.

Toutefois ce ne sont là que des survivances isolées ; dès que les hommes formèrent des sociétés un peu régulières, ils comprirent vite la nécessité hygiénique et sociale de l'interdiction des unions entre consanguins (1).

Il est à penser que les résistances qui s'appuyaient sur le fait si naturel de la parenté par les femmes furent très vives. Pour en avoir raison, on se jeta dans l'excès contraire : l'*exogamie*, ou rapt des femmes de tribu à tribu. Avec le mariage exogamique, une profonde révolution familiale avait transformé les relations humaines ; à la parenté par les femmes ou *matriarcat*, avait fait place (après un stage de parenté par promotion) la vigoureuse parenté masculine, un *patriarcat*, point de départ de la dégradation des femmes par les hommes et de l'asservissement de tous par quelques chefs omnipotents, à la fois prêtres, rois et propriétaires des gens et des choses.

Pour Letourneau aussi, la direction individualiste du *patriarcat* est évidente. Avec ce régime « chacun s'efforce de se faire une part aussi grande que possible dans ce qui jadis avait été commun ; chaque homme a visé à s'attribuer un droit de plus en plus exclusif sur les biens, les femmes et les enfants. De ces appétits, plus économiques qu'éthérés, sont sortis en fin de compte la famille patriarcale, la monogamie et la propriété familiale d'abord, individuelle ensuite ;

_____

(1) Il ne faut pas, comme l'ont voulu certains philosophes plus ou moins bien intentionnés, chercher des causes morales au changement de parenté ; les motifs sont d'ordre moins élevés. Giraud-Teulon que nous suivons volontiers comme un guide sûr, dit avec une précision parfaite: « L'organisation de la famille masculine semble avoir été universellement sollicitée par l'action d'une force aussi simple que brutale et multiple dans ses manifestations, *celle du droit de propriété* : aussi semble-t-il qu'il faille rechercher dans l'histoire du droit de propriété la loi qui a présidé au développement du mariage ; les deux institutions paraissent avoir obéi à la même formule restrictive graduelle des biens de la communauté au profit d'un cercle plus restreint d'individus ».

le régime de la famille et celui de la propriété ont évolué de conserve ».

Ce caractère violent et asservissant de la première forme matrimoniale a été expliqué d'une façon saisissante par Georges Guéroult dans une page que nous demandons la permission de reproduire :

« Au début des sociétés ou plutôt des tribus, ces différents groupes étaient en guerre perpétuelle. On se faisait de part et d'autre des captifs et des captives sur lesquels le vainqueur, le *capteur*, avait un droit absolu. Il aurait pu tuer sa prisonnière ou la manger; il avait bien le droit d'en faire sa femme, de s'en réserver la possession exclusive, de la renfermer chez lui.

» Les enfants de son esclave lui appartenaient au même titre, et il avait sur eux un droit de vie ou de mort, comme nous le voyons encore dans la famille romaine primitive. Par cela seul qu'il était le *maître* absolu de sa captive, l'homme avait le droit de la protéger, de la défendre, de la nourrir, elle et ses enfants. Les femmes de la tribu, au contraire, les femmes libres devaient se suffire à peu près à elles-mêmes; elles étaient exposées à toutes les privations, à toutes les souffrances, à toutes les entreprises. Bon nombre ne tardèrent pas à envier la condition moins tourmentée des captives, et l'usage s'établit partout que, par un consentement solennellement constaté, une femme de la tribu même pouvait, en faisant le sacrifice de sa liberté, devenir l'esclave d'un homme et se trouver ainsi dans les mêmes conditions que si elle avait été capturée par une guerre.

» C'est donc à un fait de guerre, de capture, qu'il faut rapporter l'origine du mariage et l'origine du sentiment de la paternité (1) ».

Il y parut bien aux conséquences; le chef de famille ne fut pas époux et père, il fut maître, maître absolu de son troupeau familial; quand il l'augmenta par la guerre, il

---

(1) Georges Guérould, cité par Louis Bridel : *La Femme et le droit.*

devint roi. Et lorsque, en vertu de ces concentrations, l'accroissement des agglomérations humaines fit forcément abandonner le mode exogamique de prendre femme, le système survécut. Dans le mariage endogamique qui succéda, même avec tendance à la monogamie, la femme ne fut pas plus libre; que dis-je, le symbole avilissant fut conservé. Ne pouvant plus prendre les femmes par capture, on simula la capture. L'horrible coutume se retrouve encore, même de nos jours, dans certains recoins écartés de nos campagnes. Là où l'on fut moins symbolique, on remplaça le rapt fictif par l'achat — non moins avilissant pour la femme — de la fille à son père. Ici encore les dieux donnent l'exemple, Homère nous en fournit une irrécusable preuve.

Vulcain, le mari malheureux de Vénus, ayant enveloppé de liens invisibles Mars et l'infidèle épouse qu'il avait surpris, fort mal à propos, s'écria devant les dieux amenés par le scandale et assemblés autour des amants pétrifiés par la honte : « Ces liens les retiendront jusqu'à ce que le père de Vénus m'ait rendu tous les présents que je lui ai faits pour obtenir cette femme impudique. » Et de fait, il ne consentit à délivrer les amants que lorsque Neptune, « dieu de la mer et soutien de la terre », se fut porté garant du remboursement, au nom de son frère Jupiter, « père des dieux et des hommes » (1).

Plus humaine, sur ce point, que les mœurs olympiques, la *Loi de Manou* porte interdiction formelle au père de vendre sa fille et même de recevoir des présents de son futur gendre. Les Germains n'eurent pas de ces scrupules, et chez eux le *Mundium* ou achat de la femme au père resta en usage jusqu'au VIIe siècle de notre ère. A Rome, le mariage patricien seul se fit de très bonne heure par *confarréation* (rite religieux); pour la foule, la forme usitée fut longtemps le mariage par *coemption*, par achat de la femme. Dans les deux cas, d'ailleurs — dans les trois en

_____

(1) *Odyssée*, ch. VIII, 5.

comptant le mariage par *usus*, sorte de consécration du concubinat — la femme était livrée au mari corps et biens : la *confarréation* patricienne n'était qu'une hypocrisie.

Il est si vrai que le mariage, qui est maintenant le plus digne état de la femme, ne fut d'abord qu'un asservissement pour elle que, par des hommages rendus à l'ancienne liberté promisque ou matriarcale, les traditions religieuses et les coutumes populaires protestèrent longtemps contre le mariage. Nous en avons des exemples éclatants dans les rites bizarres et scandaleux qui imposaient aux femmes de se prostituer, au moins une fois, dans les temples de Mylitta, d'Anaïtis, d'Aphrodite et autres déesses de la fécondité. Ce n'était pas une orgie volontaire, mais un sacrifice obligatoire aux anciens Dieux offensés par la loi nouvelle du mariage et de l'asservissement des femmes. Du reste, la protestation prit d'autres formes plus sérieuses : les survivances promiscuitaires ou matriarcales furent très nombreuses dans l'antiquité, au témoignage d'Hérodote, de Strabon et de Xénophon, auxquels on ne peut que renvoyer le lecteur.

Disons seulement que, d'après ces auteurs, le mariage était encore de leur temps chose inconnue dans un grand nombre de tribus de l'Asie, de l'Afrique, ainsi que chez les Scythes, les Massagètes, les Nasamons, les Auscins, les Garamantes.

Dans ces pays, au dire de Ch. Gide, «les hommes et les femmes s'accouplaient au hasard comme les mâles et les femelles d'un troupeau. Quand un enfant était devenu grand, la peuplade réunie l'attribuait à l'homme avec les traits de qui il avait le plus de ressemblance et qui était présumé en conséquence être son père. (*Mariage par promotion*) » (1).

L'Hellade même avait ses souvenirs promisques. « Chez les Athéniens, nous dit Cléarque, Cécrops fut le premier qui unit l'homme et la femme, en leur imposant une fidélité

---

(1) Ch. Gide : *Étude sur la condition privée de la femme*. Comparez Giraud-Teulon, loc. cit.

mutuelle. Jusque-là, les rapports entre les deux sexes étaient sans règle et sans loi, et nul enfant ne pouvait reconnaître son père. L'historien Théopompe parle presque dans les mêmes termes des premiers habitants de l'Italie : « Chez les Tyrrhéniens, dit-il, la loi voulait que toutes les femmes fussent communes; tous les enfants aussi étaient élevés en commun, car nul homme ne pouvait savoir de quel enfant il était père (1) ».

L'époque matriarcale eut aussi ses prolongements au grand étonnement d'Hérodote qui parle des « singulières » coutumes des Lyciens. « Ils se nomment, dit-il, d'après leurs mères et non d'après leurs pères. Si l'on demande à un Lycien qui il est, il indique sa généalogie du côté maternel en énumérant sa mère et les aïeules de sa mère. Si une citoyenne s'unit à un esclave, les enfants passent pour nobles; mais si un citoyen, fût-il du rang le plus élevé, prend une femme étrangère ou une concubine, les enfants ne jouissent pas des honneurs (2). »

Polybe mentionne des mœurs analogues chez les Locriens. Le matriarcat persista au moins partiellement en Étrurie : « Sur les tombeaux étrusques, c'est l'indication de la descendance maternelle qui figure le plus souvent. Mécène, qui était originaire d'Étrurie, portait le nom de sa mère, conformément à l'usage de son pays. Différentes traces du régime de la famille maternelle se retrouvent chez les Cariens, chez les Pélasges et dans la Grèce primitive, chez les Cantabres, dans l'Égypte ancienne et jusque chez les Basques (3). D'après Jules César. (*Commentaires sur la guerre des Gaules*) le matriarcat, avec polyandrie fraternelle, aurait existé chez les anciens Bretons. De nos jours, des survivances matriarcales ou polyandriques subsistent encore à Ceylan, au Thibet, à Sumatra, chez les Naïrs, chez certains Cosaques et enfin dans nombre de tribus plus ou moins sauvages.

---

(1) Louis Bridel : *La Femme et le Droit.*
(2) Hérodote : *Histoire*, I.
(3) Louis Bridel : *Op. cit.*

II. Lois et usages matrimoniaux de la période helléno-italique
à la Révolution française

Il est pénible d'avoir à constater que la philosophique et antique Héllade ne fit rien pour la dignification de l'épouse. Celle-ci, enfermée dans le gynécée, resta réduite au rôle de ménagère durement commandée et fut mise au-dessous de l'hétaïre, l'amie intellectuelle et effective. L'hétaïre fut en quelque sorte l'épouse extérieure ; chaque homme éminent eut la sienne. Au grand scandale de plusieurs, l'histoire a souvent associé les noms suivants :

Épicure et Léontium, Socrate et Théopompe (1), Platon et Archéanase, Aristote et Herpyllis, Ménandre et Glycère, Hypéride et Phryné, Anthistène et Laïs, Cratès et Hyparchie, Démétrius de Phalère et Aristagore, etc.

Bientôt les poètes célébrèrent sur le théâtre les hétaïres comme leurs prédécesseurs avaient célébré les héros. Et les Athéniens s'en allèrent applaudir sur la scène la *Thalassa* de Divèles, la *Coriana* de Phénécrate, la *Antée* de Philillius, la *Thaïs*, la *Phanium* de Ménandre, la *Clepsydre* d'Eumale, la *Nérée* de Timoclès, etc.

L'hétaïrat ainsi honoré devint une puissance : Cattina eut une statue sur une place de Sparte, Aristagore un trône à l'entrée du sanctuaire d'Eleusis, et Phryné devint si riche qu'elle proposa de rebâtir à ses frais les murs de Thèbes, à la condition qu'une inscription apprendrait « qu'Alexandre ayant détruit Thèbes, Phryné l'avait rebâtie ».

Enfin Laïs ne se contenta pas de former des projets de

---

(1) Platon en son *Banquet* fait dire à Socrate : « Je n'ai compris la divinité et la vie que dans mes entretiens avec l'hétaïre Théopompe ».

cette nature; elle les exécuta: Corinthe lui dut plusieurs édifices très remarquables (1).

Dans l'esprit des Hellènes il était si bien ancré que l'épouse
était serve, que l'hétaïre la plus glorieuse et la plus honorée
ne put être admise au mariage, même quand ce fut l'incomparable Périclès qui le demanda aux préjugés des patriciens
d'Athènes. On ne voulait pas dans la maison d'une éman-
cipée intellectuelle. Vainement Aspasie, femme d'Etat, phi-
losophe-poète; en un mot, la femme la plus illustre de
son temps, eut-elle une cour de philosophes et suspendit-
elle à ses lèvres éloquentes le Tout-Athènes de la pensée et
de l'art; vainement fut-elle, en fait, l'épouse irréprochable
de Périclès et l'amie si tendrement aimée du tout-puissant
tribun que celui-ci « ne sortait jamais, ne rentrait jamais, au
dire de Plutarque, qu'il ne la saluât d'un baiser ». Vainement enfin Périclès avait-il pu, avec le consentement du
peuple athénien, subjugué par son éloquence, faire inscrire
et reconnaître le fils qu'il avait eu d'Aspasie sur les registres
de la Phratrie de Cholarge; les préjugés ne capitulèrent pas,
Aspasie fut toujours tenue, malgré sa gloire et ses vertus,
pour une hétaïre, et un sous-Aristophane la qualifia impunément de « concubine aux yeux de chienne ».

Épouse et serve, ou *libre et hétaïre,* pas de milieu; dans
toute son horreur le dilemme menteur et abominable de
Proudhon : *Ménagère ou courtisane,* c'est-à-dire avilisse-
ment du mariage; telles furent la théorique et la pratique
matrimoniales des Hellènes. Et ce n'est pas à Rome, quoi
qu'on ait dit, que tout d'abord l'épouse fut plus honorée.
La séquestration romaine valait le gynécée hellénique.

« Elle resta à la maison et fila de la laine », voilà le plus
bel éloge que les Romains avaient pu concevoir pour celle
qu'on a improprement appelée la matrone romaine, car elle
était plus esclave encore que la triste habitante du gynécée.
« Son mari peut la condamner à toutes sortes de peines,
sauf à l'esclavage par vente ou donation; la peine de mort

(1) Cénac-Montaut : *Histoire de l'amour dans l'antiquité.*

même est applicable à cette victime de la tyrannie conjugale, pourvu que le jugement soit rendu en présence d'un tribunal domestique, formé dés proches parents de la femme. Chose plus étrange enfin, elle n'a d'autre rang dans la famille que celui de sœur consanguine de ses propres enfants, de fille adoptive de son mari ; c'est à ce titre qu'elle prend part à son héritage.

» Tant que le mariage existe, ses biens appartiennent à son mari ; elle ne tient les clefs de la maison qu'à titre de dépôt, comme ferait un intendant, un domestique de confiance. Veuve, elle ne peut quitter sa famille adoptive ; elle y reste attachée, sous la surveillance d'un tuteur légal, désigné par son mari, et à l'aide duquel le défunt continue, en dépit de la mort, à exercer sur elle sa puissance terrible ; il l'empêche de se remarier, de faire passer sa personne ou son patrimoine sous la puissance d'autrui, soit par la coemption, soit par l'usucapion.

» Tous ses biens *mancipi* deviennent inaliénables ; le tribunal du foyer reste chargé de juger son inconduite, de la punir à l'instant même des peines les plus rigoureuses. Elle relève de cette magistrature d'une manière si directe que, lorsque les juges ordinaires l'ont condamnée à mort pour quelque crime public, c'est le tribunal des parents qui doit exécuter la sentence.

» Il est même une autorité supérieure qui plane dans certains cas au-dessus de celle du mari : c'est l'autorité du *pater familias*, exercée par l'aïeul ou le bisaïeul. La femme unie en mariage légitime, *justæ nuptiæ*, à un citoyen en puissance de père, devient membre de la famille de ce père, qui exerce sur son fils, sur la femme de son fils et sur les membres de l'association domestique, le droit absolu du patriarche hébreu et du héros grec (1). »

Cela dura des siècles et il y eut même aggravation à l'avènement de la République. Caton l'ancien formula ainsi le nouveau code conjugal :

---

(1) Cénac-Montaut : *Histoire de l'amour dans l'antiquité.*

« Le mari est juge de la femme ; son pouvoir n'a pas de limites ; il peut ce qu'il veut. Si elle a commis quelque faute, il la punit ; si elle a bu du vin, il la condamne ; si elle a eu commerce avec un autre homme, il la tue. »

Le christianisme fortifia la monogamie, en faisant du mariage un sacrement ; mais si par ce fait, il tendit à élever la femme, il l'abaissa d'autre part par le dogme de la chute et par la malédiction de l'amour.

Ajoutons que l'enténèbrement, les violences et les souffrances de la triste époque féodale firent du mariage, tel que nous le comprenons, le privilège des seigneurs et des riches bourgeois. La confuse promiscuité de la misère était la règle pour les asservis des champs et des villes. « Les serviteurs même du château vivaient pêle-mêle entassés dans les galetas. Les *communs* succédèrent où tout était mêlé encore. Le logis à part ne commence que fort tard, et par la mansarde, sous Louis XIV.

« Pour les serfs ruraux, l'intérêt du maître n'était pas de les isoler par familles, mais de les tenir réunis dans une *villa* ou vaste métairie où un seul toit abritait, avec les bêtes, une tribu de même sang, un cousinage ou parentage d'une centaine de personnes. Quoique parents, le maître les considérait comme simples associés et pouvait à chaque décès reprendre les profits de tous. De famille ou mariage qui eût autorisé l'hérédité, il ne daignait s'en informer. La famille, pour lui, c'était cette masse de gens qui mangeaient « à un pain et à un pot », qui buvaient et couchaient ensemble.

» L'Église cependant exigeait le mariage, mais c'était une dérision. Pendant que le prêtre faisait sonner haut le sacrement, multipliait les empêchements et les difficultés de parenté, il absolvait, faisait communier le baron dont le premier droit était le mépris du sacrement. Je parle du droit du seigneur (si impudemment nié de nos jours). L'exigeait-il lui-même ? Qu'importe !

» Forcée de monter au château pour offrir le denier ou le plat de noces (Voyez Grimm et toutes les coutumes) la mariée dédaignée du seigneur était le jouet des pages.

» Faut-il s'étonner, après cela, de cette dérision univer- selle du mariage, qui est le fond de nos vieilles mœurs. L'Eglise n'en tenait compte, ne le faisant pas respecter. La noblesse n'avait d'autre roman que l'adultère, ni les bour- geois d'autre sujet de fabliau. Le serf n'y songeait même pas, mais il tenait beaucoup à sa famille, à cette grande famille ou cousinage où tout était à peu près commun. Il n'était jaloux que de l'étranger » (1).

Qui après cela pourrait s'étonner de ce que le mépris du mariage monogamique faisait au moyen âge le fond cri- tique de la littérature populaire. Dans le *Roman de la Rose*, Jean de Meung n'hésite pas à chanter :

> Car Nature n'est pas si sotte
> D'avoir fait fait nestre Marotte
> Tant seulement por Robichon
> Ne Robichon por Mariette
> Ne por Agnès, ne por Pérette
> Si nous a fait, beau fils n'en doutes,
> Toutes par tous et tous par toutes,
> Chascune par chascun commune
> Et chascun commun par chascune.

Pour la femme du peuple le mariage était la chaîne de la servitude; là-dessus l'opinion était générale, on ne laissait même pas à la jeune épousée l'illusion du début; dans toutes les chansons populaires du jour de noces contenaient des couplets de ce genre :

> Adieu, plaisirs et agréments!
> J'y mettrai mon habit noir,
> Mon chapeau de même couleur,
> Mon cordon de pénitence.

La seule note gaie des mélopées paysannes à l'occasion du mariage était la note de l'adultère, pour avertir le mari qu'il ne devait pas épargner les râclées.

Pour honorer le mariage, il faut respecter les deux con-

---

(1) J. Michelet : *Histoire de France*, t. XIII.

joints; or, en acceptant l'abominable droit de *cuissage*, l'Église avait perdu le droit de parler de moralité conjugale; aussi est-ce aux progrès économiques et non aux moralistes qu'est dû le resserrement de l'union conjugale. Cela est si vrai que dans les xvie, xviie et xviiie siècles, ce qu'on est convenu d'appeler la fidélité conjugale n'était de règle théorique que dans la bourgeoisie et dans la partie la moins pauvre du peuple.

Dans les cours des Valois, des premiers Bourbons, des Stuarts et des principicules allemands, la jalousie était tenue pour un préjugé populaire et la fidélité conjugale pour un ridicule. Les courtisans de Louis XIV n'eurent pas assez de huées pour le pauvre Montespan qui se permit d'être triste quand le roi lui prit sa femme; et au rapport d'Hamilton, un courtisan de Charles II d'Angleterre faillit être écharpé par le peuple, pour avoir fait un mauvais parti à sa jeune femme qui chaque jour se donnait ouvertement à un amant de passage.

Les rois, cela va sans dire, étaient ouvertement polygames, tels notamment François Ier, Henri II, Henri IV, Louis XIV, Charles II. Heureux encore quand les maîtres des nations ne roulaient pas dans toutes les fanges érastiques, comme le très catholique et très pieux Henri III, ou quand ils ne plongeaient pas dans toutes les dépravations de l'inceste et de la folie érotique, comme le dévot Louis XV.

En consacrant le triomphe de la bourgeoisie, la Révolution mit fin aux plus scandaleuses de ces impuretés : les rois eux-mêmes durent avoir au moins l'hypocrisie de la vertu et la monogamie devint, en théorie, la loi générale de l'Occident (1).

---

(1) Obligé d'enfermer la présente étude dans les modestes proportions d'un chapitre, nous avons dû n'envisager l'évolution familiale que dans le cercle restreint de la civilisation orientale, et c'est ainsi que nous sommes rapidement arrivés à la période monogamique. Il convient d'avertir le lecteur de cette limitation arbitraire du sujet et de lui donner au moins une énumération synchronique des exceptions, si l'on employait ce mot, car ici les exceptions débordent la règle.

III. La condition des femmes dans l'antiquité

On a vu que le patriarcat a été précédé d'une période matriarcale à forme plus ou moins polyandrique dans laquelle la parenté avait lieu par les femmes.

De ce fait incontestable, quelques auteurs, en tête desquels se place Bachofen, ont conclu à l'existence d'une phase gynécocratique, c'est-à-dire de suprématie féminine aux commencements de la civilisation.

En son livre célèbre sur le droit de la mère (1), Bachofen expose cette théorie historique que l'on peut résumer ainsi : Les femmes, plus lésées que les hommes par le régime de promiscuité primitive, se seraient révoltées contre cet état de choses, et victorieuses auraient pu instaurer une civilisation gynécocratique caractérisée par la suprématie de la mère et de la femme, la parenté féministe et par des religions fondées sur la nature et le principe féminin.

Une insurrection masculine — dont la légende de Thésée vainqueur des Amazones, celle d'Oreste absout du meurtre de sa mère Clitemnestre par Apollon le dieu solaire, et par Minerve la déesse née sans le concours de la femme, sont, dans l'Hellénie, la consécration mythique — aurait eu

---

La monogamie, presque exclusivement européo-américaine, est bien loin, en effet, d'embrasser la majorité des groupes humains.

Il y a d'abord à mentionner le vaste et encore croissant tourbillon polygamique du monde musulman qui écorne l'Europe, enveloppe l'Afrique et une grande partie de l'Asie, régnant sur plus de deux cent millions d'individus. La vaste agglomération chinoise, qui comprend plus de quatre cent millions d'individus, a conservé un patriarcat semi-polygamique singulièrement différent de la famille monogamique occidentale. Observation analogue pour ce qui regarde l'Inde, rapidement envahie par l'islamisme et jouissant aussi d'une constitution familiale propre.

L'hétéronomie va de soi pour les peuplades sauvages de l'Afrique intérieure, de l'Océanie et de quelques recoins américains non encore envahis par la race blanche.

(1) *Das Mutterrecht*, Stuttgard, 1864.

raison de cet ordre de choses, qui pourtant ne disparut pas entièrement et laissa dans le monde religieux et dans le monde social de nombreux et importants vestiges (1).

Sans entrer plus avant dans ce sujet, il est permis d'avancer que, générale ou partielle, une période matriarcale ou gynécocratique a précédé l'ère de la domination patriarcale, fautrice plus spéciale d'esclavage, de monarchisme et d'arbitraire propriétaire (2). Quoi qu'il en soit de l'importance de ce précédent historique, il est certain que chez la plupart des peuples l'assujettissement des femmes est complet dès qu'on arrive au seuil de l'histoire.

Il est à noter en effet que toutes les religions solaires qui datent de ce commencement historique sont hostiles à la femme.

Bien entendu l'esprit nouveau passe sous la législation religieuse. La loi de Manou, réaction contre l'ancienne égalité védique, tient pour une calamité la naissance d'une fille, tandis qu'à ses yeux le fils nouveau-né délivre le père de puissances inférieures.

Pour Manou, la femme est toutefois un instrument de

_____

(1) Réminiscences religieuses d'une primitive *gynécocratie* ou domination des femmes; culte de Déméter, la Terre-Mère; de Diane d'Ephèse, la Vierge-Mère qui présidait à la fécondité. Moins édifiants, mais tout aussi significatifs, les cultes de Mylita, d'Anaïtis, d'Aphrodite qui se perpétuèrent, en se transformant, dans les *Bacchanales* de l'Antiquité et jusque dans les *Sabbats* du Moyen-Age. (Voir, sur les religions chtoniennes ou féministes, la savante et consciencieuse étude de J. Baissac, *Les Origines de la Religion.*)

Non moins notables sont les survivances politico-sociales féministes observées chez les Lyciens, les Locriens, les Etrusques, dans l'Egypte démocratique, et celles relevées dans les temps modernes au Thibet, à Sumatra, chez les Naïrs dans l'île de Ceylan et chez certaines peuplades arriérées.

(2) « Les écrivains latins eux-mêmes, quoique sans doute éloignés de cette époque, nous font pressentir, par des expressions singulières, que la puissance maritale n'a pas toujours existé, quand ils disent : (Caton, *Pro lege Oppia;* Tite-Live, xxxiv, 2):

« Nos pères *ont voulu (voluerunt)* que les femmes fussent en la puissance de leurs pères, de leurs frères, de leurs maris... rappelez-vous toutes les lois par lesquelles ils les ont courbées sous le pouvoir des hommes. Aussitôt seulement qu'elles auront commencé à devenir vos égales, elles seront vos supérieures. » (Louis Bridel : *La Femme et le Droit.)*

plaisir, mais elle n'est que cela : c'est pourquoi ce très antique législateur la marie à huit ans.

Plus défavorable encore, le parsisme refuse originellement à la femme l'âme immortelle qu'il accorde à l'homme (ainsi fera plus tard l'islamisme). Le judaïsme déclare la femme impure et serve ; le polythéisme lui oppose Minerve, conçue sans le secours de la femme et en fait, par Pandore, l'introductrice des maux sans nombre qui, depuis la défaite du bon Titan Prométhée, affligent la pauvre humanité. Pour le christianisme aussi, la femme est responsable de tous les maux ; elle est l'infernale initiatrice du péché originel ; bref la perdition de l'homme.

Socialement la femme n'est pas mieux traitée ; on en jugera par sa situation dans l'Hellade, cette première née de la civilisation occidentale.

Épouse, la femme est confinée au gynécée et sevrée de toute vie intellectuelle et sociale. En la conduisant au gynécée, l'époux lui disait : « Apprends le devoir par ma bouche. Tu te lèveras chaque matin avant l'aurore ; tu vivras parmi les esclaves, tu mesureras leur travail, tu surveilleras leur activité, tu rangeras les meubles de la maison, tu secoueras la poussière de mes habits, tu pétriras les bras nus jusqu'au coude, la fleur de la mouture, pour entretenir par l'exercice la vigueur de ta jeunesse ; tu te souviendras enfin que l'ombre est ta destinée. Ta gloire consiste à être inconnue ; tu es née du mystère : ta vie appartient à l'oubli. » Ainsi condamnée à la reclusion et à l'obscurité, muette et inaperçue à l'intelligence, la femme affranchie dans son corps, esclave dans son âme, était une transition vivante entre la liberté et la servitude. Chassée du banquet et du spectacle, elle ignorait l'art, la musique, l'écriture, la poésie. Sa vie morne et monotone coulait sous la voûte épaisse du gynécée comme une eau souterraine en étouffant son murmure. Elle n'avait aucune intimité de cœur ou de pensée avec son mari. Dis-moi, est-il une créature sous le soleil, demandait le philosophe à l'Athénien, qui touche de plus près que ta femme à ton existence ? — Non. — Est-il encore une créature à qui tu adresses moins souvent la parole ? — Non, répondait toujours l'Athénien (1).

Sur ce point, la légende s'accorde avec l'histoire : La femme chaste entre toutes les femmes, l'héroïne de l'Odyssée n'échappe pas à l'injure de cette dégradation.

Lorsqu'elle tente modestement un conseil dans le palais d'Ulysse, qu'elle remplit de sa vertu : « Retourne à ton fuseau, lui répond durement son fils. L'homme seul a la parole : la femme appartient au silence. » Et au moment même où Pénélope, penchée nuit et jour sur sa trame, adorait dans les larmes ce génie de la fidélité qui a fait de son nom l'idéal de la constance, le roi des rois donne à Ulysse ce conseil : Rentre mystérieusement dans ta patrie, ne confie pas à ta femme ton secret (2).

Chassée de la vie intellectuelle et de la vie sociale, au bénéfice de l'hétaïre, l'épouse héllénique est ausssi chassée du sanctuaire de l'amour, par je ne sais quelle honteuse déviation érastique, apothéosée chez les dieux par la préférence que donne Jupiter à l'éphèbe Ganymède sur la ravissante Hébé, vainement resplendissante d'une adolescence éternelle. Et ce sont les philosophes les plus vantés que nous aurons ici à mettre en cause. Il existe deux Vénus, disait Socrate : l'une céleste, qui s'appelle Uranie ; l'autre terrestre et populaire (Pandemos), qui a nom Polymnie. Uranie préside à toutes les affections pures et spiritualistes. Polymnie attise tous les attachements sensuels et grossiers. C'est très bien, direz-vous. Attendez. Platon compléta l'idée de son maître en excluant de cet amour élevé et pur les femmes réservées par lui aux voluptés basses et grossières dans le temple de Vénus Pandémos. Plutarque fit écho en proclamant, lui aussi, que les femmes n'ont pas de part au véritable amour (3).

_____

(1) Eugène Pelletan : *Profession de foi du* xixe *siècle*.
(2) E. Pelletan : *Loc. cit.*
(3) Voici les paroles de Plutarque, en son *Traité de l'amour* : « Quant au vrai amour, les femmes n'y ont ni part ni portion, et je n'estime pas que vous autres, qui êtes affectionnés aux femmes et aux filles, les aimiez plus que la mouche n'aime le lait, ni l'abeille la gaufre à miel. »

Ajoutons qu'Aristote n'avait que des éloges pour l'érastie organisée des Crétois.

Si le *sage* Socrate, le *divin* Platon, le *pieux* Plutarque, si l'*encyclopédique* Aristote parlaient ainsi, quelles devaient être les mœurs? Le vice infâme, d'institution nationale en Crète, était par le réactionnaire Aristophane ignoblement célébré sur la scène; il était si commun qu'au dire d'Hérodote les Hellènes le communiquèrent aux Perses, et qu'un écrivain très mesuré a pu écrire : « Uranie n'eut pour orateurs que les hommes seuls; ce ne fut que par eux et pour eux que s'exerça son noble empire. L'amour exista en Grèce, l'amante n'exista pas, la femme ne put jamais être que maîtresse (1). »

Un enseignement découle de cette affligeante constatation historique. Le mépris des femmes a pour conséquence forcée non seulement la dureté et la grossièreté des mœurs, mais encore la dépravation dans ce qu'elle a de plus déprimant. Faut-il ajouter qu'au lieu de protester les poètes firent chorus.

« O Jupiter! quel présent tu nous a fait? Les femmes, quelle race! » s'écriait Eschyle; et le fécond Euripide ne voyait dans la plus belle moitié du genre humain qu' « un fléau pire que la flamme et que la vipère ».

Iniquité semblable en Italie (exception faite de l'Etrurie qui avait conservé une partie de ses mœurs matriarcales). Même avant les Romains, le mépris de la dignité féminine sévissait dans la péninsule avec une rudesse qu'illustre tristement la coutume samnite qui faisait de la femme un simple objet de récompense pour l'homme (1).

A Rome, nous l'avons vu, la femme appartenait âme, corps et bien au mari qui pouvait la torturer ou la tuer

---

(1) E. Legouvé : *Histoire morale des femmes.*
(1) A certaines époques, les Samnites assemblaient tous les jeunes gens de leur contrée et les soumettaient à un jugement public; puis le jugement porté, le jeune homme qui était déclaré le meilleur prenait pour sa femme la fille qu'il voulait; celui qui avait les suffrages après lui choisissait encore et ainsi de suite. (Montesquieu, *Esprit des lois*, liv. VI.).

selon son bon plaisir, en vertu de la *patria potestas* dont Proudhon a osé demander la résurrection parmi nous. Il est bien entendu que là où la femme est esclave l'enfant l'est aussi. L'infanticide était, avec la haute approbation d'Aristote et de Platon, un droit pour le père dans l'Hellénie, il était même un devoir dans certains cas de mauvaise conformation. Chez les durs nourrissons de la Louve, ce droit de vie et de mort du père sur le nouveau-né revêtait des formes terribles. L'enfant nouveau-né était déposé à terre, aux pieds du père, qui pouvait le refuser : c'était la condamnation à mort. Quand, s'approchant, il disait : « Je le ramasse (*suscipio*)il en devenait le maître absolu jusqu'au droit de vie et de mort sur lui. Il va sans dire que c'est surtout quand le nouvel être était une fille que ce droit effroyable du *pater familias* se traduisait par le meurtre du nouveau-né.

Sur la femme aussi le droit impie avait des applications terrifiantes. La femme accusée ou soupçonnée ou qui simplement déplaisait (pour qu'il en soit ainsi, les prétextes ne manquent jamais) était traduite devant le *tribunal domestique,* et exécutée par les parents mêmes : *Cognanti necanto uti volent*, dit la féroce loi des *Douze Tables* : « *Que les parents tuent comme ils voudront !* » Et le lendemain rien ne parlait au peuple de cette ténébreuse tragédie que l'absence de cette femme qu'on ne voyait plus (1).

Les femmes ainsi foulées aux pieds dans leur être tout entier étaient en outre l'objet des flétrissures publiques des censeurs qui, on ne sait pourquoi, s'en prenaient toujours à elles. On connaît l'opinion de Caton l'ancien. Elle n'était pas plus favorable celle du censeur Metellus Numidicus, qui disait au peuple assemblé dans le *Forum* : « Si la nature eût été libre de nous donner l'existence sans le secours de la femme, nous serions délivrés d'une compagnie fort importune. »

Comme le jeune Romain devait respecter sa mère !

***

(1) E. Legouvé, *Histoire morale des femmes.*

Opposons à ce triste exemple de l'omnipotence maritale chez les plus nobles et les meilleurs un exemple touchant d'amour paternel, premier jalon glorieux dans la voie de l'émancipation féminine à Rome.

Vers l'an 600, vivait un riche citoyen, Annius Asellus, père d'une fille qu'il adorait et à laquelle il aurait voulu léguer ses biens. La loi Vaconia s'y opposait pour les cinq classes de citoyens payant le *cens* (censi) et qui seules jouissaient des droits politiques. Mais au-dessous de ces cinq classes étaient les *œrarii*, classe méprisée et sans droits. Comme la loi ne s'occupait pas de ces pauvres parias : *de minimis non curat prœtor*, la loi Voconia ne les concernait pas. Annius Asellus n'hésita pas ; il se rangea dans la classe flétrie pour que sa fille pût être héritière. De ce jour la loi Voconia fut frappée dans l'opinion et la femme, grâce à un bel acte d'amour paternel, put espérer plus de justice. Il devint de mode d'accorder aux filles une dot (1) dont le père se réservait la haute direction, en même temps que la direction de sa fille elle-même qu'il pouvait, à son gré, arracher à un mari pour la donner à un autre. Conflits de pouvoirs dont la femme profita, comme il arrive toujours en pareils cas ; elle gagna en liberté, en dignité, tout ce que le mariage, battu en brèche par le prolongement du pouvoir paternel, perdait en solidité. La matrone romaine dont Sénèque nous a dit qu'elle comptait les années non par le nom des consuls mais par le nom de ses maris successifs et dont Juvénal nous a peint la luxure et la cruauté, pouvait n'être pas très intéressante, mais elle était libre et la liberté est toujours mère de vertus futures.

Les faits parlent ici : l'épouse romaine asservie n'a pas d'autre héroïne que Lucrèce qui se tua pour avoir été déshonorée, mais n'avait pas osé résister au séducteur ; tandis que l'épouse romaine libre nous a donné la Pauline de Sénèque, l'Arria de Pétus et surtout cet admirable type

---

(1) V. sur ce point l'*Asinaire* de Plaute et notamment l'apostrophe fameuse de l'un des personnages : « *Pas de dot ! Pas de dot !* avec une dot une femme vous égorge ; tu t'es vendu pour une dot ! »

de l'épouse gauloise; Eponine, qui est à l'amour conjugal
ce qu'Héloïse sera, dix siècles plus tard, à l'amour libre.

Sabinus, un des lieutenants de Civilis, venait d'être
vaincu. Pour échapper aux poursuites, il brûla sa maison
dans les environs de Langres et, se faisant passer pour
mort, se réfugia dans un souterrain de la région. Eponine,
désespérée et ne voulant pas survivre à son époux, refusa
immédiatement toute nourriture. Elle allait se laisser mourir de faim, quand, le quatrième jour, un serviteur fidèle
lui apprit la vérité. Folle de bonheur, elle courut au sombre
refuge. Sabinus pleura en la voyant :

— C'est un palais de marbre que je rêvais pour toi et
voilà où je te reçois... J'avais une armée brillante... et
maintenant...

— Qu'importe, si tu me restes, répondit-elle, les yeux
brillants de tendresse. Vois si je pleure, Sabinus. Nous
nous aimerons ici.

Vespasien était cruel et défiant; pour écarter les soup-
çons, Eponine dut continuer à jouer dans le jour son rôle
de veuve désespérée. Pendant neuf ans, elle vint tous les
soirs dans le souterrain par des chemins détournés; elle
donna deux enfants à Sabinus et les allaita par des prodiges
de dévouement. Mais la retraite du conjuré gaulois finit par
être découverte : Sabinus arrêté fut destiné au supplice.
Eponine alla se jeter aux pieds de Vespasien avec ses deux
enfants. — Je les ai conçus dans un tombeau, dit-elle, pour
que nous fussions trois à demander la grâce de leur père.
Un tigre aurait été attendri, l'avare et dur Vespasien ne le
fut pas: il refusa avec toute la cruauté romaine.

— Puisqu'il en est ainsi, tyran cruel et lâche, s'écrie Éponine, fais-moi partager le sort de Sabinus, je veux mourir
avec mon mari. Et le bourreau romain trancha les deux
têtes sur le même billot. Cet acte glorieux de piété conjugale
appartient tout entier à la Gaule où de temps immémorial la
jeune fille avait le droit de choisir parmi ses prétendants (1).

_____

(1) A cet effet le père donnait un banquet; à la fin du repas, la
jeune fille paraissait sur le seuil, tenant à la main une coupe pleine

IV. La condition des femmes dans la société chrétienne.

« Le mari est le chef de la femme, comme le Christ est le chef de l'Église... De même que l'Église est soumise au Christ, les femmes aussi doivent l'être à leurs maris en toutes choses » (1).

L'apôtre fit loi et la condition de l'épouse chrétienne put être esquissée en ces lignes par Augustin, le second théoricien du christianisme, l'apologiste, comme Paul, de l'arbitraire divin et de la servitude humaine : « Ma mère obéis-
» sait aveuglément à celui qu'on lui fit épouser ; aussi lors-
» qu'il venait chez elle des femmes dont les maris étaient
» bien moins emportés que le sien, mais qui ne laissaient
» pas que de porter jusque sur leur visage des marques de
» la colère maritale, ma mère leur disait : C'est votre faute,
» prenez-vous-en à votre langue ; il n'appartient pas à des
» *servantes* de tenir tête à leurs maîtres. Cela n'arriverait
» pas si, lorsqu'on vous lut votre contrat de mariage, vous
» aviez compris que c'était un contrat de servitude que vous
» passiez » (2).

Voilà pour l'épouse. La femme est encore plus mal traitée par les Pères de l'Église qu'elle ne l'avait été par la loi de Manou, par la Bible, par les philosophes et poètes helléniques ou même par les durs légistes italiques. « Souveraine peste que la femme ! s'écrie *saint Jean Chrysostome*, dard aigu du démon ! Par la femme, le diable a triomphé d'Adam et lui a fait perdre le paradis. « Elle est la cause

---

d'un doux breuvage. On attendait en silence, elle le portait à l'homme de son choix. C'est ainsi que Gyptis, fille de Nans, chef des Ségobriges, choisit, six siècles avant notre ère, Protos, le chef des immigrés phocéens et le futur fondateur de Marseille.
(1) Saint Paul : *Ep. aux Ephésiens*, V, 23.
(2) Saint Augustin : *Confessions*, liv. IX.

du mal, l'auteur du péché, la pierre du tombeau, la porte de l'enfer, la fatalité de nos misères. »

Saint Antonin : « Tête du crime, arme du diable, quand vous voyez une femme, croyez que vous avez devant vous, non pas un être humain, non pas même une bête féroce; mais le diable en personne; sa voix est le sifflet du serpent. »

Saint Jean de Damas : « La femme est une méchante bourrique, un affreux ténia qui a son siège dans le cœur de l'homme; fille de mensonge, sentinelle avancée de l'enfer qui a chassé Adam du paradis, indomptable Bellone, ennemie jurée de la paix. » Saint Cyprien aimerait mieux entendre le *sifflement du basilic* que le chant d'une femme; *Saint Bonaventure* la compare au scorpion, toujours prêt à piquer : il l'appelle *larve du démon.* C'est aussi l'avis d'Eusèbe, de Césarée, que la femme est *la flèche du diable.* Pour *saint Grégoire le Grand :* « La femme n'a pas le sens du bien. »

Saint Jérôme : « La femme, c'est la porte du démon, le chemin de l'iniquité, le dard du scorpion; au total, une dangereuse espèce.

» Mettons, mettons la main à la cognée (?) et coupons par ses racines l'arbre stérile du mariage. Dieu avait permis le mariage, j'en conviens; mais Jésus-Christ et Marie ont consacré la virginité. »

Conclusion. — Laissons périr l'espèce humaine par haine de la femme.

Tertullien ne le cède pas en rage folle : « Femme, tu devrais toujours être vêtue de deuil et de haillons, n'offrant aux regards qu'une pénitente noyée de larmes et rachetant ainsi la faute d'avoir perdu le genre humain! Femme, tu es la porte du démon; c'est toi qui la première as violé la loi divine, toi qui as corrompu celui que Satan n'osait attaquer en face... C'est toi qui as fait mourir Jésus-Christ... » Ainsi parle Tertullien, en croyant logique du dogme chrétien. Quiconque l'admet, ce dogme monstrueux du péché originel, ne peut pas penser autrement de la femme. Ainsi envisagée, la femme est un objet de terreur et Tertullien, aggravant encore saint Paul, veut que la femme « cache son front, toujours, partout, à tout âge ; fille à cause de son père, épouse à cause de ses frères, mère à cause de ses fils ».

Inutile de multiplier les exemples. On sait d'ailleurs que le concile de Mâcon ne décida qu'à trois voix de majorité que la femme avait une âme, c'est-à-dire appartenait à l'humanité.

L'épouse hellénique idéale se personnifia dans la fidèle Pénélope, gourmandée à tout propos, en l'absence d'Ulysse, par son jeune fils Télémaque ; l'épouse romaine, selon le cœur patricien, « restait à la maison et filait de la laine » ; l'épouse gauloise sublime fut la glorieuse héroïne d'amour et de dévouement qui a nom Éponine. On se complut dans la mythologie germano-scandinave à saluer la dignité de la femme, à l'admirer dans la *mâle vierge* Halgerda, qui tua l'époux qu'on lui avait imposé ; dans la fière Brunehilde des *Niebelungen*, qui ne se livra à son époux Gunther que lorsque celui-ci, d'abord vaincu et moqué par elle, l'eut finalement terrassée. Le type de l'épouse christiano-féodale fut consacré par la légende de la patiente Griselidis, épouse du comte de Saluces. Elle accepta sans murmures tous les opprobres, tous les mauvais traitements qui lui vinrent de son mari. Son mari la fit abreuver d'insultes par une rivale, Griselidis s'humilia ; elle resta douce et obéissante, même quand le barbare lui enleva ses enfants, soi-disant pour les égorger. On ne pouvait pousser la servile abnégation plus loin. Si telle était la poésie, s'écrie Elie Reclus, quelle devait donc être la réalité ! « Pour rappeler cette réalité, dirons-nous comment de jeunes barons, inopinément, expédiaient leur mère à tel ou tel, auquel ils en faisaient cadeau pour épouse ? Dirons-nous les coups de pied dont, en plusieurs cantons, on gratifiait officiellement la nouvelle épousée, les soufflets que lui administraient beau-père et belle-mère ? Quand le grand-duc de Moscovie mariait sa fille, il la remettait entre les mains du futur époux, auquel il passait certain knout à tresses de cuir : « Mon gendre, à ton tour ! » Le knout, instrument grossier, fut, avec le progrès des belles manières, remplacé par un fouet à manche sculpté, avec des cordes en soie rouge, que les gentilhommes déposaient délicatement dans les corbeilles de leurs promises.

« Femme mariée n'a ni vouloir ni noloir, » est-il dit en l'article 10 de la coutume d'Arras. Oyez maintenant ceci : « Tout seigneur pourra contraindre sa vassale à prendre le mari qu'il voudra dès qu'elle aura douze ans accomplis ».

Qu'en dites-vous, apologistes du Moyen-Age ? « Une enfant de douze ans ! commente Ernest Legouvé (1), quelles malédictions seraient aussi accablantes qu'un tel chiffre !

« Restait cependant pour la jeune fille une servitude plus affreuse encore, c'est le droit de *marquette* ou le droit du seigneur. En vain les défenseurs du passé nient-ils ce privilège comme une fable, ou l'expliquent-ils comme un pur symbole, le grave du Cange et Bœtius l'établissent comme un fait dans des textes qu'il suffit de citer. « Ce n'était là, du reste, qu'une conséquence forcée de tout le système féodal, qui faisait avant tout reposer le vasselage sur la personne.

» Les jeunes gens payaient de leur corps en allant à la guerre, les jeunes filles en allant à l'autel ; et quelques seigneurs ne croyaient pas plus mal faire de lever une dîme sur la beauté des jeunes fiancées que de demander moitié de la laine de chaque troupeau. Leurs vassales étaient leur chose » (2).

On peut conclure : Pas plus dans le Moyen-Age que dans l'antiquité, l'affranchissement des femmes ne vint du mariage.

C'est de la profondeur des sentiments affectifs qu'à treize

---

(1) *Histoire morale des femmes.*
(2) Legouvé, *loc. cit.*

siècles de distance et dans deux civilisations différentes il
faut chercher la première protestation en faveur de la femme
asservie. Et la coïncidence est assez curieuse pour être
relevée. Comme il en avait été chez les Romains du
IIe siècle de Rome, chez les barbares du VIIe siècle de l'ère
chrétienne, l'amour paternel protesta en faveur de la femme
exclue de l'hérédité. La *formule* de Marculfe contre l'exhé-
rédation des filles est le noble pendant de l'acte d'Asellus
cité plus haut (1).

Malheureusement nous devons ajouter que si la *formule*
de Marculfe marque une généreuse tendance, elle resta à
peu près lettre morte, devant l'inique et régressive loi féodale du droit d'aînesse. C'est à l'idéalisation de l'amour que
la femme déclarée battable à merci par Beaumanoir(2), dut
ses premières couronnes de purs et purifiants hommages ;
ce sont les *cours d'amour* et les *jeux floraux* qui fondèrent
le culte de l'amour sur l'adoration chevaleresque de la
femme, qui annoncèrent et préparèrent ses futurs triomphes.

---

(1) Voici cette *formu.'*, dans son texte touchant, d'après la traduction de Legouvé.
    A ma douce fille.
Il règne parmi nous une coutume ancienne, mais impie, qui défend
aux sœurs de partager avec leurs frères l'héritage paternel ; mais
moi songeant à cette iniquité, vous aimant tous également, puisque
Dieu vous a tous également donnés à moi comme mes enfants, je
veux qu'après ma mort vous jouissiez tous également de ma fortune.
Ainsi, et par cet écrit, ma chère fille, je t'institue ma légitime héritière, et te donne dans toute ma succession part égale avec tes frères,
mes fils ; je veux qu'après ma mort, tu partages avec eux et l'alleu
paternel, et les acquêts, et les esclaves, et les meubles, et qu'en
aucune façon tu n'aies une part moindre que la leur, et maudit soit
celui qui voudrait porter atteinte à mon testament.
(2) Dans la célèbre *lettre à un ami*, qui nous a valu l'immortelle
correspondance d'Héloïse, Abélard relate que le chanoine Fulbert, en
l'acceptant comme professeur d'Héloïse, lui avait bien recommandé
« de ne pas craindre de la châtier » quand il la trouverait en faute,
ce dont le professeur dut tenir compte.
    « Pour mieux éloigner les soupçons, dit-il, j'allais jusqu'à la
» frapper, coups donnés par l'amour, non par la colère ; par la ten-
» dresse, non par la haine, et plus doux que les baumes. »
Notons bien que cette Héloïse, que son précepteur devait battre
pour ne pas être soupçonné, était la femme la plus célèbre de son
temps par son savoir et ses talents. Est-il rien de plus probant pour
démontrer la brutalité et l'opprobre des procédés dont on usait
envers les femmes, en ces tristes temps du Moyen-Age.

A ce sujet, nous devons noter une curieuse revanche. Les Hellènes, contempteurs de l'épouse et de l'amante, avaient exclu les femmes de l'amour idéal; les troubadours, les dames des *cours d'amour* déclarèrent l'amour et le mariage incompatibles (1).

Que les tyranneaux de famille ne se hâtent pas de crier au dévergondage : rien de plus moralisant, dans la plus haute acception du mot, que l'amour chevaleresque, puissant inspirateur du génie, pénétrant adoucisseur des âmes. « Qui s'étonnerait, dit Bernard de Ventadour, que je chante mieux que nul autre, j'aime tant... Il y a des hommes qui, s'il leur vient quelque bonne aventure, en sont plus orgueilleux et plus sauvages; moi, quand Dieu m'envoie un regard de ma dame, je me sens encore plus de tendresse pour ceux que j'aimais déjà!... »

L'amour était encore une source d'héroïsme :

« Quels prodiges j'accomplirais, s'écrie Guillaume de Saint-Dizier, si elle m'accordait seulement un des cheveux qui tombent sur son manteau, ou un des fils qui composent son gant!... »

J'étais un pauvre chevalier, dit Raimbaud de Vaqueiras, et je suis un riche seigneur; nous avons conquis le royaume de Thessalonique, mais je me sentais bien plus puissant, quand j'aimais et que j'étais aimé. »

_____

(1) Question posée à la *Cour d'amour*, présidée par la comtesse de Champagne :

Le véritable amour peut-il exister entre personnes mariées?

Réponse : « Nous disons et assurons par la teneur de ces présentes que l'amour ne peut étendre ses droits sur les personnes mariées. En effet, les amants s'accordent tout naturellement et gratuitement, tandis que les époux sont tenus par devoir de subir réciproquement leurs volontés et de ne se rien refuser les uns aux autres.

» Que ce jugement que nous avons rendu avec une extrême prudence et d'après l'avis d'un grand nombre d'autres dames soit pour vous d'une vérité constante et irréfragable. Ainsi jugé l'an de grâce 1174, le troisième jour des Calendes de mai, indiction septième. La jurisprudence de la *Cour d'amour* de Champagne faisait loi dans les cours d'amour que présidaient les dames de Gascogne, la vicomtesse de Narbonne, la comtesse de Flandre et la reine Eléonore. » Les troubadours et chevaliers dignes de ce nom furent toujours unanimes là-dessus. Quelle plus violente satire de l'asservissement matrimonial des femmes !

Ainsi, l'empire de l'amante divinisée embrassait la vie tout entière. Juges des actions de leurs amis, arbitres de leurs pensées, consolatrices, conseillères, les femmes des cours d'amour semblaient vraiment, alors, les créatrices de l'homme. Le troubadour appelle sa dame *mon seigneur* (1).

Les illustres exemples de cet amour glorieux et infini ne manquèrent pas : amour d'Héloïse pour Abélard, du Dante pour Béatrice, de Pétrarque pour Laure de Sade, du chevalier Bayard pour Mme de Fluxas, de Marianna Alcaforada pour le marquis de Chamilly, de Mlle d'Espinasse pour de Guibert.

L'amour glorifié, ce fut l'asservissement des femmes entamé. On le vit, après le xvie siècle, par l'entrée des femmes dans les salons de la « bonne compagnie » en suite du succès de l'*Astrée*, d'Honoré d'Urfé, et des imitateurs qui s'en inspirèrent; on le vit encore par le rayonnement de l'Académie féminine de Rambouillet dont Molière, très malheureusement, ne releva que les défauts dans ses *Précieuses ridicules*.

Mais pendant que la noblesse s'affinait, la bourgeoisie s'élevait en richesse et en puissance. Son rigorisme étroit et son réalisme égoïste étant donnés, ses progrès eurent pour conséquence, dans l'ordre familial, le resserrement des liens du mariage quiritaire, fondé sur l'abaissement de la femme.

Pour les philosophes influents de la classe montante, la nécessité de la subordination féminine ne faisait pas de doute. Les plus généreux croyaient donner beaucoup au sexe faible en lui accordant le droit de plaire à l'homme (2).

---

(1) E. Legouvé : *Histoire morale des femmes.*

(2) « La nature, qui a distingué les hommes par la force et par la raison, n'a mis à leur pouvoir d'autre terme que celui de cette raison ou de cette force. Elle a donné aux femmes des agréments, et a voulu que leur ascendant finit avec ces agréments ». (Montesquieu, *Esprit des lois*). C'est la théorie de l'infaillibilité du pape appliquée au mari.

« La femme est faite spécialement pour plaire à l'homme; si

Voltaire ne s'occupa de la femme que pour maudire son inconstance à l'occasion de la savante Émilie. Diderot, qui pourtant fut digne du noble amour de Mlle Voland, et aurait dû s'en inspirer mieux, ne sut guère que préconiser la liberté amoureuse (1).

Grandes espérances lorsqu'éclata la Révolution. Les femmes héroïnes du 6 octobre participent à toutes les grandes journées; elles ont pour porte-paroles de leur sexe: Mmes Roland, Théroigne de Méricourt, Olympe de Gouge, qui toutes auront une destinée tragique; elles ont pour défenseurs les meilleurs des Girondins : Condorcet, Claude Fauchet, Vergniaud, Buzot et le plus impénétrable des Jacobins : Saint-Just. Il eût fallu davantage pour résister au bourgeoisisme, fauteur de servage économique et familial.

Les femmes obtinrent toutefois l'égalité des partages, diverses prérogatives civiles et consulaires et quelques lois protectrices en faveur des enfants et des filles-mères... mais à quoi bon énumérer ces conquêtes, le Code civil napoléonien allait les annuler partie en droit, toutes en fait.

V. Le Mariage d'après le Code civil.

Arrivés à l'époque contemporaine, nous pouvons certes constater — répercussions bienfaisantes du progrès général — d'importantes améliorations dans la situation morale, familiale et sociale des femmes; mais que d'iniquités, que de servitudes encore dans le mariage tel que le règle le Code civil !

---

l'homme doit lui plaire à son tour, c'est d'une nécessité moins directe, son mérite est dans sa puissance ; il plaît par cela seul qu'il est fort. » (J.-J. Rousseau, *Émile*, liv. V.)

(1) Diderot: *Jacques le fataliste; Supplément au voyage de Bougainville.*

L'homme funeste de Brumaire qui, malheureusement pour la France et pour l'Europe, présida à l'œuvre législative, qui, sous un tel patronage, ne pouvait que mutiler la pensée généreuse de la Révolution, disait cyniquement devant les serviles robins dont il avait fait ses conseillers d'Etat :

« Un mari doit avoir un empire absolu sur les actions de » sa femme, il a le droit de lui dire : Madame, vous ne sor- » tirez pas ; madame, vous n'irez pas à la comédie ; madame, » vous ne verrez pas telle ou telle personne, c'est-à-dire, » madame, vous m'appartiendrez corps et âme (1). »

Ce mot si brutal d'*obéissance* amena cette timide objection de Crétet :

— Les lois ont-elles imposé l'obéissance maritale à la femme ?

Bonaparte répondit (séance du Conseil d'État, 27 décembre 1801) : « *L'ange l'a dit à Adam et Ève*. On le prononçait en latin, lors de la célébration du mariage et la femme ne l'entendait pas. Ce mot-là est bon, pour Paris surtout où les femmes se croient en droit de faire ce qu'elles veulent... Ne devrait-on pas ajouter que la femme n'est pas maîtresse de voir quelqu'un qu'il ne plaît pas à son mari ? »

Ainsi, comme Pothier, le prince des légistes de l'ancien droit, Bonaparte, le prince du nouveau droit bourgeois, invoque des autorités chrétiennes pour justifier l'asservissement complet de l'épouse. Et il se trouve encore, malgré la Bible, malgré Paul, malgré Augustin, malgré tous les Pères de l'Église, malgré tous les jurisconsultes et philosophes chrétiens, des plaisantins pour dire que le christianisme a affranchi la femme (2).

_____

(1) Thibaudeau : *Mémoires sur le Consulat.*
(2) Voici les paroles de Pothier, jurisconsulte, qui est encore classique dans les écoles ; il vivait à la veille de 89, au moment convenable pour résumer tout l'ancien régime : « Il n'est pas douteux, écrit-il dans son *Traité du contrat de communauté*, § 4, que s'il était dit par un contrat de mariage que la femme serait le chef de la communauté des biens qui aurait lieu entre les conjoints, une telle convention ne serait pas valable, étant contre la bienséance publique que l'homme, que Dieu a fait pour être le chef de la femme, *vir est*

Conformément ' .s principes de droit servile de l'aven-
turier corse et a. s que Portalis eût déclaré que « rien
n'était plus vain que cette discussion, que la discussion sur
l'égalité de l'homme et de la femme », la nouvelle législation édicta entre autres prescriptions rétrogrades les suivantes :

« La femme doit obéissance à son mari, et même pour ses
biens à elle, elle est sous la tutelle de son mari. Elle ne peut
pas ester en justice.

» Surprise en flagrant délit d'adultère, elle peut être tuée
impunément (1). »

Non mariée, elle n'est pas protégée contre la séduction ;
quoiqu'éternelle mineure, elle répond d'elle dès l'âge de
quinze ans et elle a seule charge des enfants naturels, la
recherche de la paternité étant interdite.

Jetée par la misère dans les avilissements de l'amour
vénal, elle est rivée par une police inexorablement corruptrice
aux hontes sans nom de la prostitution réglementée, véritable survivance, dans nos sociétés modernes, de l'esclavage dans ce qu'il a de plus douloureux et de plus ignominieux.

La Révolution avait fait la femme héritière (2); en l'enfer-

caput mulieris, ne soit pas le chef de leur communauté de biens, et
qu'au contraire cette communauté ait la femme pour chef. »
Marcadé, autre jurisconsulte chrétien, ne raisonne pas autrement :
« Le mari, dit-il, est établi par la nature même le protecteur et le
surveillant de l'épouse, le chef de la société intime et sacrée qui se
forme entre eux. L'épouse doit donc soumission au mari, selon ce
précepte de saint Paul : _Mulieres viris suis subditæ sint_ »
Ainsi le dogme chrétien a, pendant des siècles, appesanti le joug
sur la tête de la femme, en inspirant, à son détriment, l'ancien et le
nouveau droit.
(1) Le meurtre commis par l'époux sur l'épouse ainsi que le com-
plice, à l'instant où il les surprend en flagrant délit dans la maison
commune, est excusable. (Art. 324 du Code pénal.)
(2) Grande joie de la _Mère Duchesne_ à cette occasion : « Réjouis-
sez-vous, belles filles du pays de Caux, vous n'aviez pour vous que
votre bonne mine et vos attraits, et ça ne pèse pas lourd dans ces
temps-ci, mais voilà la loi sur l'égalité des partages, qui est une fameuse idée ! Vous ne serez plus séquestrées dans des cloîtres à maudire les créateurs de vos jours. Vous ne serez plus les premières
servantes de vos frères. » (Extraits de la feuille de la _Mère Duchesne_.
Lairtuillier, _Femmes de la Révolution._)

mant dans un minorat éternel, les légistes de Bonaparte l'atteignirent dans ce droit sacré que même la dure législation romaine avait fini par reconnaître.

Privée de la libre disposition de ses biens, elle n'a pas même la faculté de se défendre sans la permission de son mari, contre qui veut la dépouiller; la femme n'a pas le droit d'ester en justice !

Elle pouvait toujours, de par le droit révolutionnaire, participer aux élections consulaires, être témoin pour les actes de l'état civil; Bonaparte et les robins de l'an VIII y mirent bon ordre. Nous n'en finirions pas s'il fallait, article par article, énumérer les textes de servitude (1).

Disons seulement que la législation qui consacre, parmi tant d'autres non moins révoltantes, de telles iniquités est si odieuse qu'elle a arraché à l'académique Legouvé, pourtant si mesuré, si atténué, si édulcoré toujours, ce cri d'indignation : « Pour tout homme de cœur, une pareille loi est une loi cynique ou informe, qui explique bien des haines et légitime bien des révoltes. Honte et malédiction ! Mais le cri du faible ne retentira pas toujours en vain, et la justice aura son jour. *Vous vivez en des temps mauvais, mais ces temps passeront* » (2).

VI. Réalités du mariage mercantile.

Malheureusement le mal n'est pas que dans la loi civile. Une société basée sur le *chacun pour soi*, sur le déchaînement des intérêts antagoniques, où tout — y compris les facultés productives de l'être humain — revêt la forme de

---

(1) Ce travail a été fait et parfait par M. Léon Richer, directeur du journal *Le Droit des Femmes*, auquel nous ne pouvons que renvoyer le lecteur.
(2) Lamennais : *Le Livre du Peuple.*

marchandise, une telle société devait *mercantiliser* le mariage et ce qu'il y a de plus profond dans les sentiments humains. Ainsi a-t-elle fait, la bourgeoisie impérant et régnant. En effet, celui qui va au fond des choses peut-il donner un autre nom que celui de *mariage mercantile* à une forme matrimoniale qui — les conditions économiques et le droit propriétaire le veulent ainsi — n'est qu'une juxtaposition de fortune, un arrangement commercial.

On sait comment se passent les choses dans le monde bourgeois.

En attendant d'avoir une « position » qui lui permette de prétendre à une dot, le jeune homme peut jeter sa gourme en séduisant les filles du peuple ou les épouses bourgeoises, et cela dure dix ou quinze ans. Après ce peu édifiant stage, il trouve, ou on lui trouve, une pensionnaire dont il ne sait rien, comme elle ne sait rien de lui, mais qui est fournie d'écus. Pauvre fille que l'on fait entrer dans la vie par la porte de l'infamie, en l'obligeant à marcher sur son pauvre cœur et sur sa dignité intime de vierge qui sent vaguement, quoi que lui ai dit sa mère dressée aux pratiques bourgeoises, que l'amour seul peut justifier le don de tout son être. Puis, comme si ce n'était pas assez pour elle d'avoir à se donner sans amour, à la suite de combinaisons d'intérêt qui la dégradent, elle doit, en surplus, faire abnégation de toute sa liberté civile et domestique.

C'est aussi humiliant que douloureux.

« Si la monogamie place une personne dans le servage d'une autre, dit un de nos plus distingués professeurs de philosophie, elle est la plus monstrueuse iniquité sociale » (1).

Or, que font autre chose et le mariage religieux et le mariage civil, ces frères ennemis qui consacrent la même servitude et la même iniquité?

Aussi bien, les socialistes ne sont pas seuls à protester contre cette persistance esclavagiste ; un philosophe chrétien éminent a porté contre elle cette condamnation sans appel.

(1) Jules Thomas : *Principes de Philosophie morale.*

Les parangons de la morale courante qui nous accusent d'immoralité parce que nous voulons que l'amour préside à l'union des sexes, liront avec fruit ces lignes de l'auteur très peu subversif de la *Philosophie de la liberté* :

« Le mariage résultant d'un accord librement stipulé entre deux être raisonnables, ce contrat ne doit renfermer aucune clause immorale, et rien ne saurait être plus immoral que de renoncer à sa liberté personnelle.

» Aussi ne pouvons-nous pas réprouver avec trop d'énergie les législations qui ne permettent à la femme de concilier l'honneur, l'amour et la maternité qu'au prix de cette chose abominable, le sacrifice de sa personnalité. Si le devoir de l'individu n'était pas un compromis perpétuel entre la raison et la coutume, si la nature ne rétablissait pas le plus souvent elle-même l'ordre renversé par la loi, nous serions contraints d'avouer que la *condition faite à la matrone est plus abjecte encore et plus immorale que la profession de la courtisane; puisque celle-ci ne prête que son corps et peut toujours se reprendre,* tandis que l'*honnête femme se livre tout entière et pour jamais* (1).

Le mercantilisme matrimonial, auquel il nous faut revenir, n'est pas seulement le fait de l'homme. Si l'homme fait la chasse à la dot, la femme doit faire (ou l'on doit faire pour elle) la chasse à la position. Comment autrement ? Toute la vie de la femme est perpétuellement infériorisée par la loi et par les mœurs; ce n'est pas sa faute si la législation et les conditions économiques du monde ont *commercialisé* l'acte sacré de l'union des deux êtres, qui ne devrait être faite qu'en vue d'une heureuse et amélioratrice vie commune et de la perpétuation de l'espèce.

Inconsciente profanatrice de ce qu'il y a de plus pur, de plus suave, de plus saint dans une âme virginale en tout l'éclat de son ineffable floraison, une mère que tout le monde tient pour très honorable, qui, elle-même, se croit très sé-

---

(1) Ch. Secrétan, article dans la *Revue du Christianisme pratique,* janvier 1890.

vère sur les mœurs, présen'e à sa fille un prétendant riche et s'efforce de triompher de l'indifférence naturelle de sa fille par d'habiles exhorta¹ons et par des préceptes de ce genre : « Il y a folie à repo: sser un sort convenable, il serait imprudent au plus haut degré d'attendre une seconde occasion, qui probablement ne se présenterait pas ; une jeune fille doit penser à des buts pratiques et se débarrasser la cervelle de toutes les sotte; histoires romanesques. » Cette mère modèle est une entremetteuse (1).

Le mot est dur ; n'est-il pas mérité ? Et le même auteur n'est-il pas autorisé à dire : « Toute alliance entre homme et femme, en vue d'une situation matérielle ou d'autres avantages égoïstes, est de la prostitution ; peu importe que cette alliance soit conclue avec le concours d'un employé de l'état civil, d'un prêtre ou seulement d'une ouvreuse de loges au théâtre ? (2) »

On dira que c'est là surtout un mal bourgeois. En effet, de même que chez les Romains, certaines lois iniques n'atteignaient pas les *œrarii*, hommes de la dernière classe, de même les prolétaires industriels et les prolétaires agricoles échappent à certaines coutumes déprimantes des classes moyennes et des classes riches; chez eux les mariages sont plus fréquemment décidés par les convenances et attractions personnelles, et c'est encore parmi eux que l'on voit le plus souvent des mariages se rapprochant du type idéal de l'amour partagé et de la vie intellectuelle, affective et morale commune. Mais nombreuses sont là aussi les causes

---

(1) Max Nordau : *Les Mensonges conventionnels.*
(2) Max Nordau : *loc. cit.*
Nous sommes heureux d'inscrire, en confirmation de ce jugement, le témoignage vieux de neuf siècles de la plus parfaite amante de l'histoire, de la glorieuse Héloïse. « C'est se vendre, qu'on le sache bien, que d'épouser un riche de préférence à un pauvre, que de chercher dans un mari les avantages de son rang plutôt que lui-même. Certes, *celle qu'une telle convoitise conduit au mariage, mérite d'être payée plutôt qu'aimée,* car il est clair que c'est à la fortune qu'elle est attachée, non à la personne, et qu'elle n'eût demandé que l'occasion, le cas échéant, de se prostituer à un plus riche. » (*Lettres complètes d'Abélard et d'Héloïse.*)

destructives de l'harmonie familiale, en dehors même de l'infériorité légale de la femme, qui ne se traduit que trop de fois par une déshonorante brutalité maritale! Il n'y a que trop souvent ces coupables voies de fait qui ont fait dire à Sully-Prud'homme :

> Brute qui bats ta femme et dis : Mort aux tyrans !

A qui prétendrait que ce ne sont là que les accidents, nous répondrions que de tels accidents sont la manifestation d'humiliantes et insondables douleurs, la marque d'un mépris lamentable de la dignité humaine.

Où donc apprendrait-il à respecter la personne humaine, cet homme ignorant, maltraité par la destinée, aigri par la lutte au jour le jour pour l'existence, victime lui-même dans le monde du salariat, de l'oppression et des iniquités d'autrui? La loi lui livre pour la vie un être plus faible, qui lui doit l'obéissance et qui dépend de lui entièrement, quand viennent les enfants ; rien d'étonnant si, étant au foyer dans une situation abusive, il abuse et se venge obscurément des souffrances de la vie, en faisant son souffre-douleur de la femme dont la loi et les mœurs l'ont sacré le maître, sans jamais intervenir pour lui rappeler ses devoirs.

L'amour, le lien divin, qui pouvait tout unir dans une harmonie de solidarité et de justice, est dès le principe battu en brèche par le travail mercenaire, qui de l'aube à la nuit, souvent même de l'aube à une heure avancée de la nuit, sépare les conjoints et leurs enfants pour les exténuer séparément.

On a brodé sur les bonnes soirées du père de famille modèle. Qu'elles sont rares, ces soirées idéales !

Règle générale, il n'y a pour le prolétaire, ni bons loisirs du soir après un travail honoré, modéré et fructueux, ni repas en commun, ni éducation commune des enfants — ce lien si doux — ni rien de ce qui constitue la famille normale. Père, mère, enfants ne se retrouvent qu'après une journée épuisante, qui ne leur laisse plus que la force de tomber, brisés de fatigue, pour les quelques heures de nuit qui restent, sur un pauvre grabat dans le logis, sans confort et sans joie.

Et que devient le pauvre ménage quand, amenée par le chômage, la faim tortueuse, implacable, vient briser les âmes, broyer les cœurs, épuiser les corps et livrer à la mort — à la mort par misère, les êtres les plus chéris? Un père, une mère qui voient leurs enfants périr de besoin sous leurs yeux, devant leur bon vouloir impuissant; connaissez-vous une douleur plus grande, plus capable d'inspirer la haine du régime capitaliste qui l'engendre et l'entretient?

> Ahi, dura terra perchè non t'apristi,
> E se di ciò non piangi, di che pianger suoli?

Devant un tel spectacle, ô terre, comment ne t'ouvres-tu pas d'horreur, et si de cela tu ne pleures pas, de quoi pleureras-tu? chante le sombre poète.

Quelquefois l'ivrognerie, cette fille du pénible travail et de l'insuffisante nourriture, est pour quelque chose dans le dénuement; dans ce cas, la douleur de la mère, impuissante à ramener au devoir austère le père oublieux et sans ressort contre l'alcoolisme, s'en accroît de toute l'inutilité de ses efforts, devant le navrant dénouement des siens (1).

Sans tellement pousser les choses au noir, n'en reste-t-il pas acquis toujours que la lutte si douloureuse contre l'inévitable misère, la crainte du lendemain si incertain et si triste, en ce temps de croissance et d'empirante exploitation capitaliste, sont de terribles aigrisseuses de caractères, de terribles destructrices de sentiments affectueux entre époux?

---

(1) Le fait est malheureusement trop fréquent, l'homme n'ayant que le cabaret pour lieu de distraction, et le cabaret étant un insatiable engloutisseur du pain des enfants. Touchant de plus près à la famille et plus attachée que l'homme aux fruits de ses entrailles, la femme trouve, le jour de la paye, des prodiges de câlineries, de patience et de persistance pour ramener le mari, grisé par le premier verre et le son inaccoutumé de l'argent de la paye dans sa poche. Mais que de fois elle est vaincue, la mère éplorée et désespérée!

Quand il n'y a pas de foin au râtelier, les chevaux se battent, dit l'énergique proverbe populaire.

Il nous faut encore descendre d'autres cercles de l'enfer de la famille prolétarienne.

Les écrivains bourgeois ont flétri, avec raison et en beau langage, le *droit de marquette* qui fut, en effet, une des hontes de la féodalité. Mais au moins cet ignoble droit était-il basé sur le principe tel quel de la redevance personnelle.

Or, ce droit impie il existe encore dans les ateliers capitalistes, où il est exercé quelquefois par des patrons, plus fréquemment par de grossiers contremaîtres, qui, arbitraires dispensateurs du travail ou des chômages, c'est-à-dire de la vie ou de la mort, peuvent tout imposer à leurs malheureuses dépendantes.

Quelle possibilité de résistance pour ces dernières, leur pain, le pain des frères, des sœurs plus jeunes, quelquefois celui des parents impotents en dépend !

Il y a en plus ceci d'horrrible pour la plupart des ouvrières, que leur travail, même si chèrement acheté, ne peut les nourrir.

Que généralement la femme ouvrière ne puisse pas vivre de son travail, c'est un fait tellement hors de doute que tous les économistes qui ont traité du salaire le reconnaissent et le proclament ; Villermé, Eugène Buret, Adolphe Blanqui le constataient il y a un demi-siècle, avec une généreuse indignation.

De nos jours Paul Leroy-Beaulieu (*Le travail des femmes au* XIXᵉ *siècle*) et Jules Simon (*l'Ouvrière*) doivent aussi en convenir et ils citent des faits navrants.

A quoi bon d'ailleurs tant de preuves ?

Peu nombreux sont maintenant ceux qui ne reconnaissent pas l'insuffisance des salaires masculins. Or les salaires des femmes oscillent entrent les deux cinquièmes et la moitié des salaires des hommes ; la funèbre conclusion est d'autant plus affligeante que dans le monde industriel, le nombre des femmes (filles non mariées ou veuves) qui doivent vivre de leur travail s'élèverait, d'après Élisée Reclus, au 40 % de la population féminine (1).

Que faire? Mourir lentement d'épuisement, *ou se mettre avec quelqu'un*, sans que le cœur ait pu choisir, et ainsi ajouter au servage industriel un autre genre de servitude qui brise l'être tout entier. Quelques-unes allument un réchaud ou se jettent dans le fleuve, martyres ignorées des iniquités sociales; les impulsives et les faibles se laissent glisser dans l'horrible gouffre de la prostitution, pire que la mort.

Sur ce mot de prostitution, le bon bourgeois vous arrête :

— Des prostituées il en faut, pour les soldats, pour la jeunesse.

---

(1) La différence des salaires au détriment des femmes est en France de la moitié au moins; en Russie, le salaire féminin ne serait que le cinquième du salaire masculin. Pour les autres pays, voici quelques chiffres publiés par l'économiste américain Ch.-W. Elliot dans *North american Review*. Le *dollar* vaut environ 5 francs, et le *cent* environ 5 centimes.

	dollars	cents
A Kenmits (Prusse), les blanchisseurs gagnent par semaine	3	12
— les blanchisseuses —	1	44
— les tisseurs —	4	32
— les tisseuses — 4.44 à	1	92
— dans les étoffes damassées, les hommes gagnent par semaine...... 3.24 à	3	60
— sous les mêmes conditions, les femmes gagnent par semaine............	1	99
— les hommes maçons gagnent par semaine......................	3	60
— les femmes aides-maçons (en général de la Bohème) gagnent par semaine.	2	88
En Italie, à Gênes, l'ouvrier gagne en moyenne par jour..		36
— l'ouvrière (l'un et l'autre sans être nourris) gagne en moyenne par jour...........................		18
A Huddersfield, les tisseurs gagnent par semaine 5.88 à	9	68
— les tisseuses — ...... 3.63 à	4	64

On le voit, la différence, au détriment des femmes, est de plus de moitié. Notez qu'il n'est ici question que de moyennes, et l'on sait ce que les moyennes voilent de criantes iniquités, de déchirantes misères. Le congrès ouvrier de 1876 établissait qu'un grand nombre de couturières ne gagnent pas, à Paris, plus d'un franc par jour. Leroy-Beaulieu parle de 120,000 ouvrières environ du centre de la France qui gagnent moins de 50 centimes par jour, et l'Américain Elliot affirme qu'un grand nombre d'ouvrières allemandes sont obligées de se suffire avec 2 fr. 85 par semaine.

— Oui, il nous faut des prostituées pour les soldats, puisque notre société ne tient debout que par les armées permanentes, ruine du présent, effroi de l'avenir; oui, il vous faut encore des prostituées pour votre jeunesse et aussi pour les déshérités que votre mercantilisme familial éloigne du mariage. Mais ne comprenez-vous pas, imprudent satisfait! que c'est pour cela que votre société doit se transformer ou périr, pour que l'humanité vive, pour que la morale, prêchée par vos moralistes, soit accessible à tout le monde? Du reste, ce n'est pas seulement dans le peuple que le capitalisme et son succédané le mercantilisme matrimonial impose le célibat! Regardez autour de vous, honnête père de famille, et vous aurez aussi à pleurer sur les vôtres. Elles sont de toutes les classes ces filles non mariées que le préjugé cruel et bête croit flétrir du titre de vieilles filles. Par un ensemble de fatalités sociales, toutes à l'honneur de ces innombrables sacrifices, ce sont les plus méritantes qui sont ainsi privées de famille. Ah! qui dira jamais ce que les hommes perdent de bonheur, la société de dévouement, la race de perfectionnements physiques et moraux, dans la condamnation au dessèchement sur la lande stérile, désolée et froide du célibat, de tant de magnifiques épanouissements de la force humaine?

Et nous osons nous dire civilisés!

Quant à vous, méritantes victimes, consolez-vous à la pensée que des justices germent dans le sol qu'arrosent vos silencieuses et pudiques larmes. La sympathie qui va en ce moment vers vous est enveloppée de l'espérance qu'un jour toutes les forces, toutes les beautés morales, affectives et physiques de l'humanité s'épanouiront dans le bonheur et le devoir universalisé. Que ce vous soit une consolation, à vous qui souffrez surtout, de ne pas pouvoir vivre assez pour autrui. Mais comme nul effort n'est perdu de tous ceux qui travaillent aux pétrissements des justices, venez pour hâter le jour des grandes réparations, venez prendre votre place dans l'armée grossissante de l'émancipation humaine. Venez, vous aussi, femmes de toutes les conditions; la femme et le prolétaire, ces deux grands opprimés collectifs de l'ordre actuel, doivent unir leurs efforts, car leur cause est commune, comme sera commun leur triomphe.

Une autre considération, ô femmes, doit vous attirer dans l'église militante du peuple : vous seules pouvez éloigner de la société moderne l'horrible menace de guerre qui prépare dans l'ombre d'effroyables égorgements et d'irréparables destructions. Vous avez d'autres pouvoirs salvateurs et par conséquent d'autres devoirs. Partout les guerres civiles s'ajoutent aux guerres nationales ; le rouge étendard du socialisme et le noir drapeau de la faim flottent menaçants au-dessus des masses profondes du prolétariat à bout de patience ; les haines s'enveniment et le conflit devient de plus en plus inévitable ; vous seules pouvez prévenir le cataclysme des guerres sociales, en vous jetant, Sabines nouvelles et autrement bienfaisantes et glorieuses, entre les hommes du passé et les hommes de l'avenir, entre les privilégiés et les déshérités, entre les conservateurs et les revendicateurs, pour les réconcilier dans la justice et la solidarité...

Si douloureux, si compliqué est le sujet qu'à tout instant nous sommes retenus par quelques ronces du chemin, et nous voilà loin encore du mariage mercantile et de ses principales nuisances, que pour nous résumer finalement et sans autres digressions nous classerons comme suit :

1° *Nuisance au détriment de l'espèce* par la préférence donnée aux mesquines questions d'argent et de position sur les attractions affectives, les convenances d'âge, de tempérament, de caractère, de complexion, de développement ; en un mot, sur toutes les affinités électives génératrices de l'amour, le plus efficace perfectionneur de la race au moral et au physique et le plus fécond générateur du bonheur intime.

2° *Nuisance au détriment de la majorité laborieuse* par l'impossibilité où sont les plus pauvres et un grand nombre des plus dignes parmi les femmes, d'arriver à la vie de famille, d'où pour eux souffrance et dépression; pour l'humanité, déperdition de forces.

3° *Nuisance au détriment de la femme* par la consécration de la servitude domestique et de l'infériorité civile et l'infériorité civile et politique de cette dernière.

4° *Nuisance au détriment de la société* par la surexcitation d'égoïsme, de sordidité, de rapacité familiale, que traduit au dehors un particularisme malhonnêtement avide, allant à ses buts sans scrupule et surtout sans aucun souci du devoir social, ce dernier étant étouffé par le *tout pour soi et ses petits* de la famille mercantile.

5° *Nuisance au détriment de la morale* par le maquignonnage matrimonial généralisé, par l'hypocrisie, le mensonge, la déloyauté qu'il tend à créer chez les conjoints, lorsque chez eux la nature foulée aux pieds reprend ses droits; par la prostitution, qui est en quelque sorte la contre-partie obligée du mariage mercantile; par l'état de guerre créé entre les sexes, état de guerre qui en ce moment, en France, en suite de la déshonorante indignité des jurés bourgeois, de la complicité d'une presse sans conscience, sans clairvoyance et sans principes, va jusqu'à la pratique glorifiée, encouragée, généralisée, du plus lâche des assassinats, l'assassinat par jalousie (1); par le dévergondage, là cynique, ici hypocrite, qui pousse fatalement sur l'antihumaine, l'antinaturelle famille mercantile, comme le champignon noir sur le fumier.

---

(1) Rien de plus honteux et de plus démoralisant que ce parti pris des jurés bourgeois français d'absoudre tout homme et toute femme qui tuent pour cause sexuelle.
C'est le retour pur et simple à l'état sauvage. Les résultats de cette déshonorante particularité dans notre patrie se font déjà sentir. La France, à elle seule, a trois fois plus d'assassins conjugaux et de vitrioleuses que toutes les nations européennes et américaines réunies. Ce fait indique suffisamment l'action régressive de ces verdicts ignominieux pour ceux qui les prononcent et pour ceux qui, démoralisés par la basse presse, approuvent sans comprendre. Parmi les trop rares journalistes qui se sont élevés contre ce fléau — passager, espérons-le — des mœurs françaises, je me fais un devoir de citer M. Léon Millot, du journal *la Justice*.

6° *Nuisance au détriment des enfants* par l'inégalité des conditions et des éducations, par l'horrible sort fait aux enfants pauvres et surtout aux enfants naturels.

7° *Nuisance au détriment des conjoints* qui, unis par le seul hasard des conditions, et sans que l'amour embellisseur, régénérateur, consolateur, améliorateur des êtres y ait part, plient sous le vent après des dépressions et des souffrances intimes, dans la vie froide et sombre que n'ensoleille aucune affection partagée, que n'élargit aucun noble but commun.

VII. L'Amour et le mariage d'après les idées socialistes

Certaines critiques sont des actes de foi. Après avoir, trop incomplétement, énuméré les iniquités que consacre et les démoralisations que favorise le mariage mercantile, nous pouvons laisser au lecteur le soin de dire lui-même ce que doit être le mariage de l'avenir, fondé sur l'amour, seul lien valable ; sur la liberté, limitée par le devoir moral vis-à-vis du conjoint et par le devoir positif vis-à-vis des enfants ; enfin, sur le respect et la dignité humaine et les grands intérêts de l'espèce. Ainsi ferons-nous.

Fort divergentes sont d'ailleurs, relativement au mariage, les vues des socialistes.

Préoccupés des conflits passionnels dérivant de l'opposition entre les constants et les volages, les saint-simoniens, après avoir élevé les femmes à l'égalité, proclamèrent la prédominance de l'amour sous la direction conciliatrice et harmonisante d'un sacerdoce androgyne, qui fut fort mal accueilli par l'opinion. La complète liberté amoureuse dont Fourier dota la société harmonienne de ses rêves n'eut pas plus de succès.

Owen se contenta de flétrir le mariage légal. Les successeurs, Pierre Leroux, Pecqueur, Vidal, Louis Blanc, etc., se bornèrent à réclamer plus d'égalité pour les femmes, plus de choix personnel dans les unions, et acceptèrent, ainsi amélioré, le mariage actuel, que Colins et Cabet maintinrent bourgeoisement tel quel et que Proudhon aurait voulu faire rétrograder, en fait et en droit, à la barbare *patria potestas* romaine.

Les socialistes des partis ouvriers sont tous partisans de l'émancipation de la femme, de l'entretien et de l'éducation des enfants par la Commune ou par l'État ; ils diffèrent sur le point de savoir si les unions de l'avenir seront ou non consacrées par la loi ; mais tous admettent qu'elles doivent être fondées sur le libre choix affectif et être résiliables quand le sentiment qui les inspira n'existe plus. Compte tenu, bien entendu, des devoirs moraux contractés vis-à-vis de l'autre conjoint, si soi seul on s'est détaché, et vis-à-vis des enfants.

Ce sont là questions complexes que l'amélioration morale, le développement intellectuel des contractants et l'harmonisation de leurs sentiments affectifs pourront seuls complètement résoudre. Et encore l'amour cessera-t-il jamais d'être lié à de grandes douleurs ?

« Nous sommes là — disions-nous, il y a longtemps déjà, et la vie n'a pas modifié notre opinion — nous sommes là en présence d'une fatalité naturelle que même la rénovation par la transformation sociale et par l'éducation ne fera pas entièrement disparaître. Toujours celui qui aimera plus qu'il est aimé souffrira ; disons même plus, sauf des cas très rares, l'amour profond est une souffrance. Sera-t-il jamais autre chose ?

» Il n'y a qu'à en appeler à la liberté, en développant, en nous et autour de nous, la dignité, l'altruisme et le sentiment de la justice. Par là, les souffrances affectives seront plus rares, et quand elles viendront, au lieu d'abattre celui qui les subit, elles contribueront à le fortifier pour d'autres combats et à le rendre meilleur (1). »

---

(1) B. Malon : *Le Nouveau Parti* (1880).

Des hypothèses ont été faites ; de Girardin, dans un livre retentissant : *l'Égalité des enfants devant leur mère*, après avoir établi que « le régime de paternité, c'est la femme possédée et ne possédant pas », demande l'abolition pure et simple du mariage et le retour à la parenté par les femmes, la femme devant jouir dans le nouvel ordre d'une protection légale et sociale efficace.

Alfred Naquet conclut d'une manière analogue, en profitant de l'occasion pour rompre une lance, fort habilement d'ailleurs, en faveur de la polygamie (1).

Nous ne le suivrons pas sur ce terrain. Le mauvais de la famille actuelle, ce n'est pas la monogamie, qui est la forme la plus digne de l'union des sexes et qui subsistera avec de nombreuses améliorations. C'est plutôt la quasi-indissolubilité légale, la subordination légale de la femme, l'étouffement des plus incompressibles sentiments de l'être sous de viles préoccupations mercantiles. Voilà où est le mal, d'autant plus étendu qu'il plonge à la fois dans la loi et dans les mœurs. Comprendra-t-on bientôt que l'on ne fait pas œuvre morale en mettant purement et simplement la foi conjugale dans les chaînes et sous les verroux ?

Montaigne l'avait déjà vu, lui, lorsqu'il disait avec son impeccable bon sens : « Nous avons pensé attacher plus ferme le nœud de nos mariages, pour avoir osté tout moyen de les dissoudre ; mais d'autant s'est desprins et relasché le nœud de la volonté et de l'affection que celui de la contrainte s'est estrecy (2) ».

Dans le même esprit, le chef illustre de l'école évolutionniste moderne, Herbert Spencer, qui ne passe pas précisément pour socialiste, a dit de son côté : « Dans les phases primitives pendant lesquels la monogamie permanente se développait, l'union de par la loi, c'est-à-dire originairement l'acte d'achat, était censé la partie essentielle du mariage et l'union de par l'affection n'était pas essentielle. A présent, l'union de par la loi est censée la plus importante et l'union

_____

(1) Alfred Naquet : *Religion, propriété, famille.*
(2) Montaigne : *Essais.*

par l'affection la moins importante. Un temps viendra où l'union par affection sera censée la plus importante et l'union de par la loi la plus insignifiante, *ce qui vouera à la réprobation les unions conjugales où l'union par affection sera dissoute.* »

Un homme d'esprit, qui ne croyait pas certes émettre une pensée subversive, a, d'une phrase ailée, porté la question du mariage sur le terrain du plus audacieux socialisme.

« Tant que, dit-il, il y aura forcément entre vous une preuve de votre infirmité, des contrats, des actes, des précautions, des liens autres que ceux de votre conscience et de votre volonté, au lieu d'être des êtres qui s'aiment, vous ne serez que des fous, que des malades, que des ennemis sans cesse en garde les uns contre les autres » (1).

C'est en somme l'adornement du précepte si laconique et si complet de Saint-Just : *Ceux qui s'aiment sont époux.*

En l'état actuel de la civilisation européenne, nous ne pouvons aller si loin ; nous devons nous borner à travailler à l'avènement du « proche avenir qui inaugurera le régime des unions monogamiques librement contractées et au besoin librement dissoutes, par simple consentement mutuel, ainsi que se font déjà les divorces dans divers pays européens, à Genève, en Belgique, en Roumanie, etc., et la séparation en Italie.

» Dans ces divorces futurs, la communauté n'interviendra que pour sauvegarder ce qui est pour elle d'intérêt vital, le sort et l'éducation des enfants. Mais cette évolution dans la manière de comprendre et de pratiquer le mariage s'opèrera lentement, car elle suppose toute une révolution correspondante dans l'opinion publique ; en outre, elle a pour corollaires de profondes modifications dans tout l'organisme social. Le régime de la liberté et de la désagrégation de notre type familial actuel ne sont possibles que si dans un grand nombre de cas l'Etat où le district est prêt à assu-

----

(1) P.-J. Sthal : *L'esprit des femmes et la femme d'esprit,*

mer le rôle de tuteur et au besoin d'éleveur d'enfants. Mais, pour vaquer à ces importantes fonctions, il lui faudrait des ressources considérables, qui lui font aujourd'hui défaut.

» Dans notre régime actuel, la famille, si défectueuse qu'elle puisse être, constitue encore pour l'enfant l'abri le plus sûr, presque l'unique, et cet abri, on ne saurait songer à le détruire avant d'en avoir construit un autre plus vaste et meilleur » (1).

En résumé, le mariage antique était fondé sur le mépris et l'esclavage de la femme ; le mariage chrétien a pour principe la malédiction et l'asservissement de la femme ; le mariage bourgeois actuel se base sur la seule convenance des intérêts mercantiles dans la subordination adoucie mais maintenue de la femme. Dans la première de ces formes matrimoniales, l'enfant était la chose du père ; dans la seconde, son asservi ; dans la troisième, il est encore presque sans droits. Il faut affranchir la femme et donner des droits à l'enfant. Voilà le plus pressé, et la réalisation de ce plus pressé entraîne l'instauration corollaire d'une société dans laquelle le travail, le bien-être et le savoir seront universalisés dans la justice économique et la solidarité, enfin passées dans les faits. Après cela, on peut concevoir que le mariage futur aura pour condition le choix révocable des intéressés, choix libre et basé uniquement, comme il convient, sur les affinités intellectuelles morales et physiques. Ainsi seront assurés le bonheur et le perfectionnement mutuel des conjoints ; ainsi la perpétuation de l'espèce pourra s'effectuer dans les meilleures conditions morales et physiques. Le reste dépendra de l'intervention sociale, qui s'exercera tout d'abord pour assurer le développement intégral et l'éducation de l'enfant, ensuite pour harmoniser les devoirs familiaux et les devoirs sociaux, ou, pour parler le langage de la philosophie, les aspirations eudoméniques des individus avec les finalités éthiques nécessaires aux collectivités progressistes.

_____

(1) Ch. Letourneau : *L'évolution du mariage et de la famille.*

CHAPITRE VIII

L'Évolution de l'État et le Socialisme

En abordant la question de l'État, on espère soulever moins de contestations que dans les deux précédents chapitres. Ici, la discussion est d'ordre plus général et on a eu le soin de se placer strictement sur le terrain de l'histoire. Les conclusions pourtant sont socialistes et elles ne pourraient être autres, ce que l'on va s'efforcer de démontrer.

I. La Genèse de l'État

« C'est le but même de l'État, dit Hégel dans sa *Philosophie de l'Histoire*, c'est le but même de l'État de formuler d'une façon positive tout ce qu'il y a d'essentiel dans l'activité de l'homme et dans ses tendances. C'est l'intérêt absolu de la raison que ce tout moral soit réalisé, et c'est le mérite et la justification des fondateurs d'Etats... La dignité tout entière de l'être humain, la réalité au point de vue intellectuel et moral ne lui viennent que de l'État.

» Par lui seul, il est pleinement conscient; par lui seul, il prend sa part d'une vie sociale et politique, à la fois juste et morale... L'État, c'est l'incarnation de l'idée divine sur la terre. »

Ce qui veut dire, commente Albert Regnard (1), que la perfection de l'être humain se réalise dans l'Etat, qui est ainsi le but suprême, la fin de la nature humaine, en son plein épanouissement.

En revanche, pour les chefs de la Bourgeoisie impérante, l'État n'est, a très bien remarqué Lassalle (1), que le *veilleur de nuit*, fonctionnant au profit des possédants et des privilégiés. Combien éloigné, par conséquent, des buts éducatifs, justiciers et solidaristes que lui assignent, en même temps que les socialistes, les plus éminents philosophes des derniers siècles!

Que si cette haute conception de l'État est étrangère aux dirigeants modernes, à plus forte raison n'en eurent pas soupçon les primitifs des agglomérations premières.

Le fameux contrat social initial de J.-J. Rousseau n'est que le rêve d'un sophiste imaginatif. D'inénarrables nécessités instinctivement ressenties et les liens confus d'une parenté promiscuitaire déterminèrent seuls, autour de quelques plus forts qui imposèrent leur loi, les premières agglomérations humaines enfermées d'abord dans les limites du clan consanguin.

Par ce qui a été dit des origines de la propriété et de la famille, ce caractère parental des premiers embryons de l'État est suffisamment démontré. Après la crise individualiste et la réaction subséquente, contre le communisme

---

(1) Albert Regnard : *L'État, son origine, son but.*
(2) Ferdinand Lassalle : *Capital et travail,* traduction française par B. Malon.

promisque et la gynécocratie, la forme patriarcale domina dans les groupes primitifs et ce furent les commencements de l'histoire. Pour éviter les redites, nous partirons donc du clan patriarcal.

C'est d'ailleurs remonter assez haut; qui dit patriarcal dit monarchique, et monarchique dans le sens étroit du mot, le patriarche étant, à la fois, prêtre, roi, propriétaire; *maître* enfin, dans le sens absolu du mot, maître des âmes, des corps et des biens.

Ces maîtres de tribus monarchiques devaient se faire et se firent la guerre. On devine vite les résultats.

Les plus forts et les plus guerriers subjuguent leurs voisins, tuant d'abord tous les adultes mâles, réduisant femmes et enfants en esclavage, puis asservissant durement tout le monde; en tout état de cause, confisquant le sol de la tribu, au profit du chef et de ses plus féroces serviteurs. Ainsi se forma la propriété individuelle; ainsi furent constitués les premiers États du despotisme le plus brutal, le plus déprimant, sur la guerre de conquête et de pillage; en un mot, sur le droit brigand du plus fort.

Nous voilà loin de l'idyllique état de nature inventé par l'auteur du *Contrat social*.

Deux fléaux naquirent de ces violentes formations: l'*esclavage* et l'*extension de la polygamie*, c'est-à-dire l'asservissement général des travailleurs et des femmes.

Et le mal ne pouvait aller qu'en empirant, car une fois intronisés, les chefs de la tribu monarchique s'appliquèrent à faire l'éducation de leurs anciens compagnons. « Leur premier soin fut de rendre leur autorité héréditaire. En cela, ils furent imités et soutenus par tous ceux de leurs sujets qui, trouvant avantage à s'humilier d'un côté pour dominer de l'autre, formèrent vite une sorte de noblesse. Parmi ces sous-dirigeants, aussi grossiers que leurs maîtres, il y avait ordinairement des sorciers, qui, sans grand effort, devinrent des prêtres. Bien souvent aussi, le prêtre cumula le pouvoir temporel et le pouvoir surnaturel (1). »

—————

(1) Ch. Letourneau : *L'Evolution politique.*

Il est clair que le chef dut faire des concessions à ses auxiliaires immédiats. De cette nécessité naquit la troisième grande iniquité des groupements pré-antiques : *le régime des castes*, dont les délimitations ont persisté pendant des dizaines de siècles. En effet, dans toutes les anciennes civilisations, nous trouvons le quartenaire : *Prêtres, Aristocrates ou Militaires, Marchands ou Travailleurs libres, Esclaves* (1).

L'inique division sociale en classes fermées ayant des droits et des devoirs inégaux, favorisa la concentration du despotisme monarchique, « résultat fort naturel, puisque la servitude est la raison d'être des sociétés fondées sur le régime des castes. Les classes privilégiées finissent par subir plus ou moins le joug qu'elles trouvaient légitime d'imposer aux classes subalternisées, et contre lequel la conscience même de l'esclave ne protestait pas (2). »

Du reste, le monarchisme croissant était, en outre, propulsé par la nécessité où était chaque agglomération de s'étendre par la conquête sous peine de destruction. En ces époques de force, la force seule pouvait décider entre les chefs de clans rivaux, d'où la permanence de l'état de guerre.

Or, comme en toute guerre, le vainqueur était sans pitié, à la suite de chaque conflit, le despotisme s'étendait et s'intensifiait par la confiscation d'autres terres, par l'asservissement d'autres hommes et bientôt aux petites monarchies rivales succédèrent les grands empires qui soumirent à leur discipline de fer des millions d'hommes qui s'appelèrent l'Inde de Manou, la Chine, l'Égypte, l'Assyrie, la Perse, le Pérou, le Mexique, etc.

Par une loi de facile compréhension, plus la monarchie

---

(1) A signaler une exception pour la Chine, qui s'organisa de bonne heure sur les bases du despotisme patriarcal, servi par une classe de lettrés promus par voie de concours. Mais, trop fière de sa hâtive civilisation, la Chine renonça à tout progrès et se pétrifia. Cela dure depuis vingt-cinq siècles et atteste expérimentalement qu'en dehors du développement progressif continu, il n'y a pour la civilisation et les peuples que l'impuissance, la stérilité et la mort.

(2) Ch. Letourneau : *Sociologie.*

croissait en étendue et en puissance, plus s'alourdissait le joug de la servitude générale (1).

Des tristes constatations qui précèdent, il résulterait que les agglomérations pré-antiques furent le fruit de la violence et de la guerre et qu'elles portent le double stigmate du vol et du sang.

Sur ce point, notre conviction est entière. Quelques auteurs voient les choses sous un jour moins sombre, tel Albert Regnard qui, dans son livre déjà cité, s'exprime ainsi :

« Il est facile de comprendre comment, à un moment donné, des clans sédentaires et voisins, poussés par un intérêt commun et parfois dirigés par des chefs plus éminents, s'unirent d'une façon plus permanente; de cette agrégation naquit l'*Etat*. L'union, d'abord simplement personnelle, s'étendit ensuite au territoire. Ce fut là le plus grand progrès peut-être, à coup sûr le pas le plus difficile à franchir dans la marche de l'humanité; alors seulement, la société existe, seule digne de ce beau nom parmi les hommes, j'entends la *société politique* qui se fonde non plus sur les liens du sang, non sur l'identité du culte, mais sur le fait d'occupation d'un territoire commun. A la notion de la *consanguinité* s'est substituée celle de la *contiguïté*, au sentiment exclusif de l'amour des proches va se mêler

---

(1) Un exemple relativement récent. Avant Mahomet, l'Arabie, composée de tribus fédératives, jouissait, malgré la cruauté des mœurs, de quelques restes de liberté. Dès qu'elle fut sous l'autorité de l'inventeur de l'Islamisme — la plus haïssable et la plus funeste des religions modernes — l'Arabie vit se développer la servilité de la plus honteuse façon.

Qu'on en juge :

« Les sujets de Mahomet recueillaient pieusement l'eau dont il s'était servi, les cheveux qui tombaient de sa tête; ils allaient même jusqu'à lécher ses crachats. Cependant Mahomet n'était qu'une sorte de juge théocratique, comparable à Moïse; après lui, les premiers Khalifes furent encore électifs, mais à partir de Moawiah, le Khalifat devint héréditaire. Dès lors, un niveau oppresseur pesa sur toute la race, et bien plus lourdement encore sur les peuples conquis, qui payaient au maître une lourde capitation, en remerciant de la bonté grande avec laquelle il leur permettait de cultiver leurs terres, qui, par droit de conquête, appartenaient au vainqueur. » (Letourneau : *Sociologie*).

24

désormais celui de l'amour des hommes; l'intérêt genéral va primer celui de la famille ou de la tribu. »

Dans un petit nombre de cas, les choses ont pu se passer ainsi; mais le fait général, signalé plus haut, n'en domine pas moins l'histoire avec une évidence tragique.

D'autres ont voulu établir des différences entre la race sémitique, selon eux plus monarchique, et la race aryenne prétenduement plus républicaine. L'histoire ne ratifie pas une pareille distinction. Chez les Aryens, comme chez les Sémites, comme chez les Touraniens, la conquête créa et développa l'esprit et les institutions de servitude. Un exemple frappant nous en est fourni par la race mère aryenne, après sa descente des plateaux de l'Asie Centrale.

Pendant la période védique, c'est-à-dire avant la conquête de l'Inde, nos ancêtres jouissaient d'une liberté et d'une égalité relatives, fondées sur une sorte de patronage hiérarchique, s'inspirant d'une théorie de devoirs différents, mais réciproques.

Après la conquête, tout changea; le chef féodal devint un monarque absolu; les trois classes védiques, ayant de nombreux rapports, firent place aux quatre castes fermées d'une si révoltante iniquité qui furent régies par le code régressif de Manou; les femmes furent asservies et l'esclavage devint plus général et plus dur.

Bref, rétrogradation lamentable et génératrice de maux incalculables, car les Aryas, les plus vaillants des hommes et les plus puissants fondateurs d'empires de la race blanche, portèrent partout, au lieu de la liberté védique, la fixité des castes, la servitude théocratique et militaire, de la monarchie manavienne.

Les choses étant pires dans les vastes et sombres empires sémitiques de l'Assyrie, de la Babylonie, et aussi dans la vieille Egypte — pourtant si supérieure au point de vue religieux (1) — il peut paraître que cette triste période

---

(1) Si la théocratie égyptienne n'était qu'un vestige de quelque grande civilisation antérieure, épanouissement d'une race détruite à la suite des cataclysmes successsifs qui engloutirent la Lémurie et

promisque et la gynécocratie, la forme patriarcale domina dans les groupes primitifs et ce furent les commencements de l'histoire. Pour éviter les redites, nous partirons donc du clan patriarcal.

C'est d'ailleurs remonter assez haut ; qui dit patriarcal dit monarchique, et monarchique dans le sens étroit du mot, le patriarche étant, à la fois, prêtre, roi, propriétaire ; *maître* enfin, dans le sens absolu du mot, maître des âmes, des corps et des biens.

Ces maîtres de tribus monarchiques devaient se faire et se firent la guerre. On devine vite les résultats.

Les plus forts et les plus guerriers subjuguent leurs voisins, tuant d'abord tous les adultes mâles, réduisant femmes et enfants en esclavage, puis asservissant durement tout le monde ; en tout état de cause, confisquant le sol de la tribu, au profit du chef et de ses plus féroces serviteurs. Ainsi se forma la propriété individuelle ; ainsi furent constitués les premiers États du despotisme le plus brutal, le plus déprimant, sur la guerre de conquête et de pillage ; en un mot, sur le droit brigand du plus fort.

Nous voilà loin de l'idyllique état de nature inventé par l'auteur du *Contrat social*.

Deux fléaux naquirent de ces violentes formations : *l'esclavage* et *l'extension de la polygamie*, c'est-à-dire l'asservissement général des travailleurs et des femmes.

Et le mal ne pouvait aller qu'en empirant, car une fois intronisés, les chefs de la tribu monarchique s'appliquèrent à faire l'éducation de leurs anciens compagnons. « Leur premier soin fut de rendre leur autorité héréditaire. En cela, ils furent imités et soutenus par tous ceux de leurs sujets qui, trouvant avantage à s'humilier d'un côté pour dominer de l'autre, formèrent vite une sorte de noblesse. Parmi ces sous-dirigeants, aussi grossiers que leurs maîtres, il y avait ordinairement des sorciers, qui, sans grand effort, devinrent des prêtres. Bien souvent aussi, le prêtre cumula le pouvoir temporel et le pouvoir surnaturel (1). »

_____

(1) Ch. Letourneau : *L'Évolution politique.*

C'était donc le principe républicain sauvegardé, sinon la vivante et sympathique protestation libertaire des Méditerranéens, celtes, italiques, helléniques. L'Hellade surtout est ici intéressante à étudier, car c'est sur son glorieux territoire que fut vaincu, pour des siècles, le monarchisme asiatico-africain.

Jamais l'héroïque peuple hellénique n'avait complétement aliéné sa liberté. Les rois homériques étaient plutôt des chefs militaires que des monarques proprement dits. Ils devaient justifier leurs résolutions devant les guerriers assemblés et, très souvent, il fallut toute l'éloquence d'Ulysse, toute la sagesse de Nestor, pour empêcher les révoltes.

Bientôt même, on repoussa ces chefs militaires, et des révolutions successives firent succéder aux principats héréditaires les immortelles cités républicaines auxquelles était réservée l'impérissable gloire de sauver la liberté et de présider à la plus magnifique efflorescence philosophique et esthétique qui ait jamais élevé les esprits et réjoui les cœurs.

Nous entrons ainsi dans les plus brillantes réalisations de l'État antique.

II. L'État antique

L'État antique, dans sa haute expression hellénique, est à proprement parler l'organisation de la Cité, après le stage patriacal et le stage monarchique; et la cité antique ne fut elle-même, tout d'abord, selon la juste remarque de Fustel de Coulanges, qu'une fédération des familles.

Les chefs de famille formèrent l'aristocratie héréditaire et dirigeante dont tous les efforts tendirent à maintenir dans une subordination inexorable l'ensemble de la population militaire pourvue de droits civiques et politiques et ayant au-dessous d'elle le monde dolent des esclaves, constamment alimenté, toujours grossi, par la guerre, par a piraterie, par les immondes trafics phéniciens, et par les cruelles lois propriétaires édictées contre les débiteurs (1).

En résumé, moins l'absolutisme monarchique, toutes les iniquités fondamentales du monde antique : *l'asservissement des femmes, l'esclavage, la fixité des castes, le culte de la force* furent conservés dans les cités républicaines.

Nous n'avons pas à revenir sur la condition des femmes, traitée dans l'étude précédente; de l'esclavage nous dirons seulement que la civilisation antique en développa le fléau au lieu de le diminuer. La plaie saignante s'élargit surtout après la victoire de Rome, la ville funeste qui asservit des peuples entiers et, dans les derniers siècles de son impudent et néfaste triomphe, en arriva à jeter par centaines de milliers les malheureux vaincus aux fauves de ses cirques, pendant qu'elle empirait la triste condition de tous les asservis.

Avant cette généralisation du plus mauvais par l'hégémonie romaine, le sort des esclaves variait selon les cités. Nulle part ils ne furent moins maltraités que dans la vivante et démocratique Athènes.

« Sur la voie publique, dit Billiard (2), il était défendu de faire aucune différence entre eux et les citoyens; la loi infligeait des peines aux maîtres trop rigoureux. » Ce n'est pas tout, Montesquieu (3) nous apprend que les tribunaux athéniens punissaient très sévèrement, quelquefois même de mort, celui qui avait maltraité l'esclave d'un autre.

Telles étaient les sages et humaines prescriptions de Solon qu'adoucit encore la *loi d'outrage* obtenue par Démosthène.

(1) L'horrible loi prescrivant de vendre les débiteurs non en état de payer fut abolie à Athènes par les lois de Solon; mais elle resta en vigueur à Rome en vertu de la fameuse *Loi des XII tables*. En cas de pressant besoin, ou par simple cupidité, en Grèce comme à Rome, les pères avaient le droit de vendre leurs enfants.

(2) A. Billiard : *De l'organisation de la République depuis Moïse jusqu'à nos jours.*

(3) *De l'Esprit des Lois.*

Combien différent, combien plus triste était le sort des esclaves dans la dure Sparte de Lycurgue!

Là, de même que les enfants étaient à la merci de la correction de tous les pères de famille, les esclaves étaient la chose de qui voulait les injurier, les maltraiter, les tuer. Ils étaient livrés même à la discrétion des enfants, dressés à la férocité par d'abominables mœurs, empirant encore les abominables lois que, sur la foi des réacteurs socratiques (Platon, Xénophon, Aristote), les historiens ont si légèrement et si coupablement louées.

« L'excès du malheur des esclaves était tel qu'ils n'étaient pas seulement les esclaves d'un citoyen, mais encore du public ; ils appartenaient à tous et à un seul. A Rome, dans le tort fait à un esclave, on ne considérait que l'intérêt du maître. On confondait, sous l'action de la loi aquilienne, la blessure faite à une bête et celle faite à un esclave ; on n'avait attention qu'à la diminution de leur prix (1). »

Qu'importe, après cela, que, comme à Athènes par exemple, l'ensemble des hommes libres en fussent arrivés à recevoir assez de l'État pour vivre de l'exercice de leurs droits de citoyens et de leur fonction de jurés?

Qu'importe encore que l'assistance publique y fût organisée avec une générosité que n'ont pas toujours les législateurs modernes (2)?

Oui, qu'importe si cet épanouissement plongeait dans l'immense douleur de l'esclavage, dans l'iniquité de l'asservissement des femmes et du perpétuel sacrifice des faibles (3)?

---

(1) Montesquieu : *Esprit des Lois.*

(2) « A Athènes, l'individu n'était pas, comme dans nos sociétés modernes, abandonné à lui-même dans les hasards de la lutte pour l'existence. Doter les filles pauvres, distribuer à bas prix ou même gratuitement du blé aux citoyens dans la gêne, divertir le peuple par des représentations théâtrales, etc., tout cela constituait des devoirs que l'Etat avait à remplir. Il y a loin de cette solidarité au « chacun pour soi » de notre moderne égoïsme. En sociologie, comme en bien d'autres choses, Athènes a donné à l'humanité plus d'un bon exemple. » (Letourneau : *Sociologie;* Albert Regnard : *Du droit de l'Assistance publique.*)

(3) « Si la loi du pays, dit Aristote (*Politique,* livre VIII, ch. xvi), défend d'exposer les enfants, il faudra borner le nombre de ceux que

A côté de cela, les théoriciens avaient de belles phrases.
Platon voulait fonder la politique sur la morale (1), Aristote
déclarait que le but de la société était le bonheur commun
(de la minorité libre), et que, pour qu'il en soit ainsi, le
gouvernement doit être dévolu aux classes moyennes.

Mais il faut citer :

« Tout État, disait l'illustre chef de l'école péripatéticienne,
renferme trois classes de citoyens : les riches, les pauvres
et les citoyens aisés dont la position tient le milieu entre ces
deux extrêmes. Si donc l'on admet que la modération et le
milieu de toutes choses sont préférables, il s'ensuit, évidemment, qu'en fait de fortune, la moyenne propriété sera aussi
la plus convenable de toutes. Elle sait, en effet, se plier aux
ordres de la raison, qu'on écoute si difficilement quand on
jouit de quelque avantage supérieur, en beauté, en force, en
naissance, en richesse ; ou quand on souffre de quelque in-

---

chacun doit engendrer. » Si l'on a des enfants au-delà du nombre
défini par la loi, il conseille de « faire avorter la femme avant que
le fœtus ait vie ».

« Le moyen infâme qu'employèrent les Crétois pour prévenir le
trop grand nombre d'enfants est glorifié par Aristote, et j'ai senti la
pudeur effrayée, quand j'ai voulu le rapporter. (Montesquieu : *Esprit des Lois.*)

(1) « Le législateur habile engagera le poète, et le contraindra
même, s'il le faut, par la rigueur des lois, à exprimer par des paroles belles et dignes de louanges, ainsi que dans ses mesures, ses
figures et ses accords, le caractère d'une âme tempérante, forte,
vertueuse.

» Il l'engagera surtout « à persuader que la santé, la richesse, une
autorité sans bornes pour l'étendue et la durée, j'y ajoute encore
une vigueur extraordinaire, du courage, et, par dessus tout cela
l'immortalité avec l'exemption de ce qu'on tient communément pour
des maux, loin de contribuer au bonheur de la vie, rendraient au
contraire un homme souverainement malheureux, s'il logeait en
son âme l'injustice et le désordre. Car si j'étais législateur, je ne
négligerais rien pour forcer les poètes et tous mes concitoyens à
tenir les mêmes discours ; je n'aurais point de châtiments assez
grands pour punir quiconque oserait dire qu'il y a des méchants qui
vivent heureux, et que l'utile est une chose et le juste une autre. En
sorte que l'objet essentiel du législateur est de trouver le point dont
il importe le plus pour le bonheur de ses concitoyens qu'ils en soient
pleinement convaincus ; et quand il l'aura trouvé, d'imaginer les
moyens de leur faire tenir, sur ce point, un langage uniforme en
tout temps et en toutes rencontres, dans leurs chants, dans leurs
discours et dans leurs fables. » (Platon ; *Lois.*)

fériorité excessive de pauvreté, de faiblesse et d'obscurité. Dans le premier cas, l'orgueil que donne une position si brillante pousse les hommes aux grands attentats contre la chose publique; dans le second, la perversité se tourne aux délits particuliers, et les crimes ne se commettent jamais que par orgueil ou par perversité. Négligentes de leurs devoirs politiques dans le sein de la ville ou au Sénat, les deux classes extrêmes sont également dangereuses pour la cité. »

Cet habile plaidoyer sur les classes moyennes ne manque pas d'être fort spécieux. La conclusion est d'une indiscutable logique :

« Il est évident que l'association politique est surtout assurée par les citoyens de fortune moyenne ; les États les mieux administrés sont ceux où la classe moyenne est plus nombreuse et plus puissante que les deux autres réunies, ou du moins que chacune d'elles séparément. En se rangeant de l'un ou de l'autre côté, elle rétablit l'équilibre et empêche qu'aucune prépondérance excessive ne se forme ; c'est un grand bonheur que les citoyens aient une fortune médiocre, mais suffisante à tous leurs besoins. Partout où la fortune extrême est à côté de l'extrême indigence, ces deux excès amènent ou la démagogie absolue, ou l'oligarchie pure, ou la tyrannie ; la tyrannie sort du sein d'une démagogie effrénée, ou d'une oligarchie extrême, bien plus souvent que du sein des classes moyennes et de celles qui les avoisinent (1). »

Pourquoi faut-il ajouter que le même Aristote qui parlait, il y a 2.200 ans, comme un bourgeois démocrate du XIXe siècle, disait que la guerre, c'est-à-dire le pillage à main armée, était un moyen légitime d'acquérir (2), que le sacrifice des enfants faibles ou mal conformés était un droit

---

(1) Aristote : *Politique*.

(2) Voici ce que dit Aristote : *Politique*, liv. I, ch. IV : « L'art de la guerre est un moyen d'acquisition naturel. Il semble que la nature imprime le sceau de la justice à de pareilles hostilités, voilà l'espèce d'acquisition conforme à la nature qui fait partie de l'économie domestique. C'est par elle que le sage administrateur doit avoir d'avance sous la main, ou bien être en état d'acquérir les moyens

et un devoir, que l'esclavage est un droit légitime et éternel (1) ; bien plus, qu'on ne saurait être trop rigoureux avec les esclaves ?

« S'il est un point, dogmatise-t-il, qui exige une laborieuse sollicitude, c'est bien certainement la conduite qu'on doit tenir envers les esclaves ; traités avec douceur, ils deviennent insolents et osent bientôt se croire les égaux de leurs maîtres ; traités avec sévérité, ils conspirent contre eux et les abhorrent (2). »

---

d'abondance nécessaires. C'est là ce qu'on doit appeler la vraie richesse. »

« Une pareille morale, dit Saint-Yves dans la *France vraie* est fort semblable à celle de Papavoine, de Troppmann, de Marchandon. » C'est vrai ; elle n'en fait pas moins loi dans les rapports des Etats entre eux, ignominieusement dominés par le droit du plus fort. Il s'est même trouvé un faux socialiste français et un vrai reitre allemand pour glorifier la guerre dans la dernière moitié du xixe siècle.

Voilà ce qu'a osé écrire Proudhon :

« La guerre est le phénomène le plus profond, le plus sublime de notre vie morale. Aucun autre ne peut lui être comparé : ni les célébrations imposantes du culte, ni les actes du pouvoir souverain, ni les victoires gigantesques de l'industrie. C'est la guerre qui, dans les harmonies de la nature et de l'humanité, donne la note la plus puissante : elle agit sur l'âme comme l'éclat du tonnerre, comme la voix de l'ouragan... La guerre, dans laquelle une fausse philosophie, une philanthropie plus fausse encore, ne nous montrait qu'un épouvantable fléau, l'explosion de notre méchanceté innée et la manifestation des colères célestes, la guerre est l'expression la plus incorruptible de notre conscience, l'acte qui, en définitive et malgré l'influence impure qui s'y mêle, nous hausse le plus devant la création et devant l'Eternel. »

Pour ne pas trop blâmer ce sophiste, on doit plaider pour lui l'inconscience.

Le vieil homme de proie qui s'appelle Moltke a dit de son côté, dans le même style mystique et abominable :

« *La paix perpétuelle est un rêve, et ce n'est pas même un beau rêve. La guerre est un élément de l'ordre du monde établi par Dieu. Les plus nobles vertus de l'homme s'y développent* : le courage et le renoncement, la fidélité au devoir et l'esprit de sacrifice : le soldat donne sa vie. *Sans la guerre, le monde croupirait et se perdrait dans le matérialisme.* »

(1) N'est-il point démontré que la nature elle-même a créé l'esclavage? La nature, conséquente à elle-même, a créé des corps différents à l'homme libre et à l'esclave. Elle donne à l'esclave des membres robustes pour les travaux grossiers ; elle donne à l'homme libre un corps droit, sans destination pour les ouvrages serviles. «Concluons de ces prémisses que la nature crée des hommes pour la liberté et d'autres pour l'esclavage, qu'il est utile et qu'il est juste que l'esclave obéisse. » (Aristote : *Politique*, liv. I, ch. iii.)

(2) Aristote : *Politique*.

Entre parenthèse, cette diatribe, indigne du glorieux philosophe, indique bien que, déjà 350 ans avant l'ère actuelle, la conscience des esclaves n'était pas aussi morte qu'on a bien voulu le dire, et cela aggrave singulièrement la responsabilité de la civilisation antique.

Revenons au *punctum saliens* de notre sujet.

La cité romaine, que la réussite militaire transforma en immense empire d'assyrienne cruauté, de babylonienne corruption, de phénicienne rapacité et de persique servitude, la cité romaine fut un pas en arrière de la cité hellénique (1). Aristocratie plus bornée, plus pillarde et plus cruelle ; classe moyenne plus avide, plus implacablement usurière (2) ; plèbe plus opprimée, plus spoliée ; esclaves plus férocement traités, droit des gens plus sau-

---

(1) « Cette épouvantable tyrannie des empereurs venait de l'esprit général des Romains. Comme ils tombèrent tout à coup sous un gouvernement arbitraire, et qu'il n'y eut presque point d'intervalle chez eux entre commander et servir, ils ne furent point préparés à ce passage par des mœurs douces : l'humeur féroce resta, les citoyens furent traités comme ils avaient traité eux-mêmes les ennemis vaincus, et furent gouvernés sur le même plan. Sylla entrant dans Rome ne fut pas un autre homme que Sylla entrant dans Athènes ; il exerça le même droit des gens. Pour les États qui n'ont été soumis qu'insensiblement, lorsque les lois leur manquent, ils sont encore gouvernés par les mœurs.

La vue continuelle des combats des gladiateurs rendait les Romains extrêmement féroces ; on remarqua que Claude devint plus porté à répandre le sang à force de voir ces sortes de spectacles. L'exemple de cet empereur, qui était d'un naturel doux et qui fit tant de cruautés, fait bien voir que l'éducation de son temps était différente de la nôtre.

Les Romains, accoutumés à se jouer de la nature humaine dans la personne de leurs enfants et de leurs esclaves, ne pouvaient guère connaître cette vertu que nous appelons humanité. D'où peut venir cette férocité que nous trouvons dans les habitudes de nos colonies, et cet usage continuel des châtiments sur une malheureuse partie du genre humain ? Lorsque l'on est cruel dans l'état civil, que peut-on attendre de la douceur et de la justice naturelles ?» (Montesquieu : *Considérations sur les causes de la grandeur des Romains et de leur décadence.)*

(2) La classe moyenne était représentée à Rome par les chevaliers dont Montesquieu a dit : « Les chevaliers étaient les traitants de la République, ils étaient avides ; ils semaient les malheurs dans les malheurs, et faisaient naître des besoins publics, des besoins publics. Bien loin de donner à de telles gens la puissance de juger, il aurait fallu qu'ils eussent été sans cesse sous les yeux des juges. »

vage (1), mépris plus profond du travail, rien ne manqua à l'iniquité romaine.

Bref, chez ces vainqueurs si lâchement loués par la servile histoire, l'État fut simplement envisagé comme une association de brigands, organisés en vue du pillage et de l'asservissement des autres peuples et au profit exclusif d'une oligarchie sans foi ni loi (2), même vis-à-vis de la plèbe à laquelle elle devait tout. Au-dessous de cette rapace et inexorable aristocratie, la classe dite des chevaliers, composée des plus vils et plus cruels usuriers, acheva l'œuvre de servitude. Lorsque surtout une erreur des magnanimes Gracques leur eut livré la judicature, ce fut une inexprimable désolation :

« Les provinces étaient ravagées par ces traitants de la République... l'histoire est pleine de leurs vexations.

» — Toute l'Asie m'attend comme son libérateur, disait Mithridate, tant ont excité de haine contre les Romains les

---

(1) Les peuples, disait le jurisconsulte Pomponius, avec lesquels nous n'avons ni amitié, ni hospitalité, ni alliance, ne sont point nos ennemis : cependant, si une chose qui nous appartient tombe entre leurs mains, ils en sont propriétaires, les hommes libres deviennent leurs esclaves, et ils sont dans les mêmes termes à notre égard.

(2) Que ceux qui trouveront le jugement excessif lisent ces lignes de l'indulgent Montesquieu :

« Comme ils (les Romains) ne faisaient jamais la paix de bonne foi, et que dans le dessein d'envahir tout, leurs traités n'étaient proprement que des suspensions de guerre, ils y mettaient des conditions qui commençaient toujours la ruine de l'État qui les acceptait. Ils faisaient sortir les garnisons des places fortes, ou bornaient le nombre des troupes de terre, ou se faisaient livrer les chevaux et les éléphants; et si ce peuple était puissant sur la mer, ils l'obligeaient de brûler ses vaisseaux et quelquefois d'aller habiter plus avant dans les terres.

» Après avoir détruit les armées d'un prince, ils ruinaient ses finances par des taxes excessives ou un tribut sous prétexte de lui faire payer les frais de la guerre ; nouveau genre de tyrannie qui le forçait d'opprimer ses sujets et de perdre leur amour.

» Lorsqu'ils accordaient la paix à quelque prince, ils prenaient quelqu'un de ses frères ou de ses enfants en otage, ce qui leur donnait le moyen de troubler son royaume à leur fantaisie. Quand ils avaient le plus proche héritier, ils intimidaient le possesseur; s'ils n'avaient qu'un prince d'un degré éloigné, ils s'en servaient pour animer les révoltes des peuples. » (Montesquieu : *Considérations sur les causes de la grandeur et de la décadence des Romains.*)

rapines des proconsuls, les exactions des gens d'affaires et
les iniquités des jugements.

» Voilà ce qui fit que la force des provinces n'ajouta rien
à la force de la République, et ne fit au contraire que l'affai-
blir. Voilà ce qui fit que les provinces regardèrent la perte
de la liberté de Rome comme l'époque de l'établissement de
la leur (1). »

Une observation ici s'impose, déjà faite, d'ailleurs, par
Emile de Laveleye.

C'est toujours par l'inégalité des conditions que périrent
les anciennes républiques.

Les *Tyrans* helléniques et les *Césars* romains sont le
produit des colères plébéiennes excitées par les spoliations,
par l'égoïsme patricien (2). A la même cause, et avec un
odieux de plus, doit être attribuée la perte de l'indépendance ; les oligarques grecs livrèrent leurs patries respectives aux Romains par haine de la démocratie égalitaire et
patriote. Les ploutocrates de Carthage n'agirent pas autrement quand ils dénoncèrent Annibal aux mêmes Romains,
et livrèrent leur flotte plutôt que d'écouter les virils conseils
du vainqueur de Cannes, démocrate par tradition, que le
peuple venait d'élire suffète. Ces conseils pourtant, auraient
sauvé la République, comme le prouva l'héroïque résistance
de trois ans au perfide et féroce ennemi qui put à peine
vaincre un peuple que, par ses parjures et ses trahisons,
il avait au préalable décimé et désarmé (3).

---

(1) Montesquieu · *De l'esprit des lois.*
(2) Pour le césarisme romain, la preuve est trop éclatante pour
avoir besoin d'être rappelée. Pour les tyrans grecs, voici l'attesta-
tion d'un conservateur :
« C'est un fait général et presque sans exception dans l'histoire de
la Grèce et de l'Italie, que les tyrans sortent du parti populaire et
ont pour ennemi le parti aristocratique. « Le tyran, dit Aristote, n'a
pour mission que de protéger le peuple contre les riches ; il a toujours
commencé par être un démagogue, et il est de l'essence de la tyrannie de combattre l'aristocratie. » Le moyen d'arriver à la tyrannie,
dit-il encore, c'est de gagner la confiance de la foule ; or, on gagne
sa confiance en se déclarant l'ennemi des riches. Ainsi firent Pisistrate à Athènes, Théagène à Mégare, Denys à Syracuse. » (Fustel de
Coulanges : *La Cité antique.*)
(3) Les Romains ont osé dire la *foi punique ;* aussi peu que valus-

Plus coupable, plus douloureuse encore que l'inégalité entre patriciens et plébéiens, était l'asservissement des trois quarts de l'humanité, plus complet fut le châtiment. C'est toute la civilisation gréco-romaine, qui s'effondra devant la propagande chrétienne et les invasions barbares qui firent justice des sanglantes et turpides abominations de l'État romain, dont, au dire de Salvien qui a raconté les désolations de ces horribles temps, même les hommes libres s'évadaient comme d'un bagne, lui préférant la vie sauvage dans les bois (1).

L'État antique était déjà dur, l'absorption romaine l'atrocisa. Il périt justement; mais ce n'est pas l'aurore qui suc-

---

sent les Carthaginois. ils ne purent égaler les Romains dans les mépris de la foi jurée.

Écoutons encore Montesquieu :

« Quelquefois, ils abusaient de la subtilité des termes de leur langue. Ils détruisaient Carthage, disant qu'ils avaient promis de conserver la cité et non pas la ville. On sait comment les Étoliens, qui s'étaient abandonnés à leur foi, furent trompés ; les Romains prétendirent que la signification de ces mots : *s'abandonner à la foi d'un ennemi*, emportait la perte de toutes sortes de choses, des personnes, des terres, des villes, des temples et des sépultures mêmes.

« Ils pouvaient même donner à un traité une interprétation arbitraire ; ainsi, lorsqu'ils voulurent abaisser les Rhodiens, ils dirent qu'ils ne leur avaient pas donné autrefois la Lycie comme présent, mais comme amie et alliée.

« Lorsqu'un de leurs généraux faisait la paix pour sauver son armée prête à périr, le Sénat, qui ne la ratifiait point, profitait de cette paix et continuait la guerre. Ainsi, quand Jugurtha eut enfermé une armée romaine et qu'il l'eut laissée aller sous la foi d'un traité, on se servit contre lui des troupes mêmes qu'il avait sauvées ; et lorsque les Numantins eurent réduit vingt mille Romains, près de mourir de faim, à demander la paix, cette paix, qui avait sauvé tant de citoyens, fut rompue à Rome, et l'on éluda la loi publique en envoyant le consul qui l'avait signée.

« Quelquefois ils traitaient de la paix avec un prince sous des conditions raisonnables, et lorsqu'il les avait exécutées, ils en ajoutaient de telles qu'il était forcé de recommencer la guerre. Ainsi, quand ils se furent fait livrer par Jugurtha ses éléphants, ses chevaux, ses trésors, ses transfuges, il lui demandèrent de livrer sa personne, chose qui, étant pour un prince le dernier des malheurs, ne peut jamais faire une condition de paix. (Montesquieu : *Considérations sur les causes de la grandeur des Romains et de leur décadence.*)

(1) Salvien : *Contre l'avarice*. De son côté, dans le tome Ier de son *Histoire de France*, notre Michelet a écrit avec une poignante précision : « Si l'on veut se donner le spectacle d'une agonie du peuple, il faut parcourir l'effroyable code par lequel l'Empire essaie de retenir le citoyen dans la cité qui l'écrase. »

céda à cette nuit d'iniquités, de sang et de larmes, c'est le prolongement d'une nuit de mille ans, tout le long du funèbre Moyen-Age.

III. L'État moderne

Lorsque nous retrouvons l'État après dix longs siècles de zélotisme chrétien et d'anarchie féodale, il n'est guère moins oppressif que l'ancien. Une précieuse amélioration toutefois, la conception d'une filialité religieuse, commune à tous les êtres humains, conception qui avait au moins amené la fermeture des cirques.

L'esclavage aussi s'était réduit et peut-être adouci, un peu sous la pression de la nouvelle idée religieuse, beaucoup sous la pression de conditions économiques qui, en ramenant les activités vers l'agriculture, transformèrent graduellement les anciens esclaves en serfs de la glèbe; encore asservis, encore broyés, mais traités en êtres inférieurs et non plus en simple chose, comme au temps de la domination romaine.

Les conquérants germaniques ayant transformé en judicature asservie l'ancienne aristocratie romanisée, le monde dolent et obscur du travail artisan, se groupa peu à peu dans les cités, donnant naissance à une bourgeoisie active, intelligente qui commença à regarder en face et les féodaux et leurs légistes domestiqués.

Ce fut une nouvelle guerre des classes, plus noble qu'au temps de Rome, car alors la lutte entre patriciens et chevaliers d'une part, plébéiens d'autre part, n'avait qu'un objectif, le partage du butin fait sur les peuples asservis, sur les nations détruites, tandis que la nouvelle classe moyenne combattait pour la conquête de sa liberté de classe et pour la légitime possession du produit de son travail et de son commerce.

Bien entendu, de plénière liberté humaine il ne pouvait être question encore ; l'intolérance chrétienne déformait les âmes et le monarchisme absolu, mortifère survivance de l'impérialisme romano-byzantin, stérilisait ou broyait les volontés ; mais restait toujours le fait de travailleurs et de marchands luttant pour leurs intérêts contre le féodalisme parasitaire, contre le despotisme compresseur et affirmant leur force par la fondation des grandes communes, ces premières motrices des libertés modernes et, par les républiques italiennes, ces brillantes réalisations de la Bourgeoisie naissante.

L'affranchissement de l'Helvétie, la révolution anglaise, l'émancipation de la Hollande, puis celle de l'Amérique du Nord ; enfin le couronnement triomphal de tant d'efforts : la Révolution française, jetèrent les indestructibles fondements de l'État moderne.

Dans tout cela, le mouvement est essentiellement révolutionnaire, et c'est bien compréhensible. Nul réformisme n'était possible et l'on ne pouvait même avoir l'idée d'une action évolutionniste quelconque dans des monarchies à la Philippe II ou à la Louis XIV. Il faut que le vent souffle en tempête pour emporter certains miasmes, de même des ouragans de révolte populaire peuvent seuls emporter certaines couches épaisses d'iniquité et de servitude déposées par les siècles. La pensée même faiblit en l'absence de la liberté.

Voyez dans le grand XVIIIᵉ siècle, un Montesquieu justifier l'esclavage des Noirs. Le texte est formel :

« Il faut donc *borner la servitude naturelle à de certains pays particuliers de la terre.* Dans tous les autres, il me semble que, quelque pénibles que soient les travaux que la société y exige, on peut tout faire avec des hommes libres » (1).

---

(1) Montesquieu : *De l'Esprit des lois.*

L'illustre écrivain bordelais se croyait très progressiste en avançant que l'esclavage n'était pas de nécessité européenne; mais qu'aurait-il dit s'il eût encore existé dans nos climats? Très probablement il aurait comme pour les Noirs maximé le fait accompli. Oh! la déprimante puissance de l'injustice que les lois et les mœurs consacrent!

Comment, sans cette explication, comprendrait-on que les magistrats de ce même XVIIIe siècle n'aient pas eu une protestation contre cette autre abomination, la torture, dont pourtant ils reconnaissaient et l'effroyable injustice et la nocuité (1)?

Combien de temps ces iniquités et d'autres non moins odieuses auraient encore duré, si le souffle irrésistible des colères plébéiennes ne les avait emportées dans un ouragan de colères, comme fait le torrent de digues impuissantes?

Ainsi l'État libéral moderne est d'origine révolutionnaire. Ce sont, en effet, des révoltés encore sous les armes et en pleine guerre contre la spoliation anglaise, qui, en 1776, à Washington, burinèrent sur l'airain de l'histoire cette fière déclaration :

« Nous, peuple des États-Unis, afin de nouer une union plus parfaite, d'établir la justice, d'assurer la tranquillité domestique, de pourvoir à la défense commune, de promouvoir le bonheur général et de garantir les bienfaits de la liberté à nous et à notre postérité, instituons et établissons cette constitution pour les États-Unis d'Amérique. »

---

(1) Voltaire a marqué au fer rouge toute la féroce magistraille du temps dans ces lignes immortelles d'un conte badin :
« D'autres occupés en plus petit nombre étaient les conservateurs d'anciens usages barbares, contre lesquels la nature effrayée réclamait à haute voix ; ils ne consultaient que leurs registres rongés des vers. S'ils y voyaient une coutume insensée et horrible, ils la regardaient comme une loi sacrée. C'est par cette lâche habitude de n'oser penser par eux-mêmes, et de puiser leurs idées dans les débris des temps où l'on ne pensait pas, que dans la ville des plaisirs il était encore des mœurs atroces. C'est par cette raison qu'il n'y avait nulle proportion entre les délits et les peines. On faisait quelquefois souffrir mille morts à un innocent, pour lui faire avouer un crime qu'il n'avait pas commis. (Voltaire : *La Princesse de Babylone*.)

De ce moment, une ère nouvelle était ouverte qui allait s'affirmer d'une manière plus éclatante encore.

Le 24 janvier 1793, « le peuple français soulevé et debout contre les tyrans », promulgua l'impérissable *Déclaration des Droits de l'homme et du citoyen*, commentaire héroïque de la mystérieuse devise : *Liberté, Égalité, Fraternité*. Jamais rien de si grand n'avait été proclamé par aucun peuple (1); et lorsqu'on songe que cet acte de foi fut fait à un moment où la France révolutionnaire avait à lutter contre toute l'Europe monarchique et la moitié des provinces françaises, on est pris d'une admiration sans bornes, et l'on salue avec respect, avec confiance en des justices futures ce miracle de volonté et de foi humaine.

Si l'espace nous l'eut permis, nous aurions voulu, à cette place, reproduire dans son texte intégral, ce testament glorieux de la Révolution libératrice, qu'au milieu des éclairs et des tonnerres du Sinaï révolutionnaire parisien, dans les plus sombres jours d'une lutte désespérée contre toutes les réactions et toutes les monarchies européennes coalisées, la Convention fit flamboyer sur le monde bouleversé, comme le *Credo* de l'État moderne, comme l'acte inauguratif de l'Humanité affranchie.

On n'exagère pas en disant que la *Déclaration des Droits de l'homme et du citoyen*, vrai fondement de l'État idéal moderne, si elle n'a pas compris toutes les justices, les a pressenties toutes. « La Révolution française, a dit un philosophe allemand contemporain, divise en deux l'histoire du monde, et ouvre pour la société une ère toute nouvelle. Le XIXe siècle demeure encore sans doute essentiellement réactionnaire. Il l'est même plus que le précédent au point de vue intellectuel. Malgré cependant la réaction étendue qu'a provoquée chez lui la Révolution précipitée de 1793, il porte dans son sein les germes d'une transforma-

---

(1) « *Liberté, Egalité, Fraternité;* la constitution de l'univers est » au-dessus de la constitution de la France. Voilà ce qu'ont déclaré » quarante millions d'hommes. C'est la plus grande chose qu'une » nation ait jamais proclamée dans l'histoire. » (Théodore Parker.)

398   L'ÉLECTORAT ET LE PARLEMENTARISME

tion bien autrement profonde que celle à laquelle avaient
songé les précurseurs et les héros de la Révolution. Le
socialisme communiste est devenu le programme universellement accepté dans le dernier quart du xixe siècle » (1).

On n'aurait pu dire mieux, ni plus, en si peu de lignes.
Mais pour que le socialisme puisse, lui aussi, promulguer
sa *Déclaration des Droits et des Devoirs*, pour que l'État
bourgeois actuel, détourné des voies que lui avait tracées
l'acte conventionnel par le capitalisme et le militarisme,
devienne l'État socialiste attendu par tous les souffrants,
combien longue est la montée que, sous le feu croisé de
l'ignorance et des réactions, les militants devront gravir
pour arracher, une à une, ou en bloc, les réformes politiques et économiques indispensables !

Ces réformes elles-mêmes sont de trois sortes; elles
portent sur le système représentatif, sur l'ordre politique et
sur l'organisation économique. Les pages suivantes n'en
donneront forcément qu'une idée incomplète et succincte.

IV. L'Électorat et le Parlementarisme

Depuis que les peuples ont trouvé insuffisante la formule
bien romaine, bien impériale qu'Ulpien a développée en son
Digeste : La loi, c'est la volonté du prince, il a bien fallu
demander à l'électorat une légitimité et une sanction.

C'est ainsi qu'après un siècle de luttes, en partant de la
Révolution française, un système représentatif, appliqué
plus ou moins complètement, sous son nom modernisé de
Parlementarisme, a prévalu chez toutes les nations européennes (moins trois) (2), et dans les deux Amériques.

---

(1) Duhring : *Cursus der Philosophie*, compte rendu de la *Revue
philosophique*.

(2) Les trois qui font peu méritoirement exception sont la Russie,
la Turquie et le Monténégro.

Mais là encore les vieux préjugés et les vieux priviléges n'ont pas facilement lâché prise. Elle a été âpre et longue la lutte pour le suffrage universel, que la Révolution française semblait pourtant avoir entraîné de soi : elle a été âpre et longue et elle n'est pas encore terminée; que dis-je, c'est seulement depuis février 1848 que l'issue a cessé d'être douteuse. Ceci nous remet en mémoire un instructif précédent historique.

Le 26 mars 1847, Guizot disait à la Chambre des députés :

« — Le suffrage universel est en soi-même si absurde qu'aucun de ses partisans même n'ose l'accepter et le soutenir tout entier.

» — Son jour viendra, s'écria Garnier-Pagès.

» — Il n'y a pas de jour pour le suffrage universel, répliqua impudemment le dur bourgeois, la question ne mérite pas que je me détourne en ce moment de celle qui nous occupe. »

Telle est la sagesse des sages; clairvoyance de hibou, quand elle incarne les intérêts surannés ou injustes des classes dominantes et déclinantes.

Onze mois après l'insolent défi du Richelieu de la bourgeoisie censitaire, trois cent mille prolétaires parisiens victorieux déclarèrent, après avoir proclamé la République sur la place de l'Hôtel-de-Ville, que le droit public des Français aurait désormais le suffrage universel pour principe et pour base.

Comme toujours, l'expansivité révolutionnaire française se donna carrière; le suffrage universel a vu son jour non seulement en France et dans la vaillante Helvétie qui, la première en Europe, l'avait déjà réalisé; mais encore en Allemagne, en Italie (1), en Grèce, en Portugal, en Serbie, en Roumanie, en Bulgarie, en Norwège, en Espagne. L'Angleterre y arrive, l'Autriche-Hongrie s'en rapproche, et l'on peut dire que l'agitation électorale de Belgique et de

---

(1) Avec cette restriction, en Italie, qu'il faut savoir lire pour jouir du droit de suffrage.

Hollande fait prévoir que dans ces deux pays le suffrage restreint devra bientôt faire place à un système plus juste.

En un mot, il est visible que le mouvement aura pour aboutissant la généralisation en Europe du suffrage universel, comme c'est déjà le cas dans toutes les républiques américaines.

Mais combien variées sont encore les applications !

Par exemple, le majorat électoral est fixé à 20 ans en Suisse, en Hongrie, en Bulgarie; à 21 ans en France, en Grèce, en Angleterre, en Bavière, en Portugal, en Roumanie, en Serbie, en Finlande, en Australie; à 23 ans en Hollande, à 24 ans en Prusse et en Autriche; à 25 ans en Allemagne (pour les élections de l'empire), en Italie, en Espagne, en Suède et en Norwège; à 30 ans en Danemarck.

Variations également dans la procédure du vote.

Le vote est secret et a lieu par bulletins dans les pays suivants : Allemagne (pour le *Reichstag*), Angleterre, Autriche, Bade, Belgique, Bulgarie, Espagne, Finlande, France, Hollande, Italie, Norwège, Portugal, Roumanie, Suisse, Wurtemberg. Il est secret, mais a lieu au moyen de boules en Grèce; il a lieu par bulletin signé en Bavière; il est public et a lieu de vive voix en Danemark, Hongrie, Prusse et Serbie.

Ordinairement direct pour l'élection des députés, le suffrage est généralement à deux degrés pour l'élection des membres des Chambres hautes du Sénat. La formation des Chambres hautes est même soumise à des limitations d'un autre ordre.

Le Sénat espagnol comprend 180 sénateurs nommés à vie par le roi et 180 nommés par le clergé et les sociétés savantes.

Dans le grand-duché de Bade, les membres sont de trois catégories : ceux nommés par le souverain, ceux héréditaires, ceux élus par la noblesse et les universités.

En Hongrie, la *Chambre des Magnats* est composée de grands dignitaires, d'ecclésiastiques et de nobles nommés par le roi. Il en est de même pour la Chambre des seigneurs de Prusse, d'Autriche, de Bavière.

Le Sénat italien et le Sénat portugais sont nommés par le roi (1).

Voilà bien des adultérations au système représentatif, et combien l'action en est réduite !

Sur quinze cent millions d'êtres humains qui peuplent la planète, trois cent quarante millions seulement vivent dans des pays jouissant du droit de suffrage, et, dans le nombre, cent quatre-vingt millions seulement habitent les pays de suffrage universel.

Là ne s'arrêtent pas les exclusions.

En attribuant le droit de suffrage à tous les adultes mâles sur la terre entière, on aurait *cinq cent millions* d'électeurs. Or, le nombre total des électeurs notamment européo-américains, est de *soixante-dix millions*, soit un vingtième de l'humanité.

Conclusion, l'électorat est encore un privilège. Et il en est ainsi, non seulement par la comparaison avec l'ensemble de la population, mais encore en ne prenant pour base que la population des pays à système représentatif, qui est au nombre des électeurs effectifs comme cinq est à un.

Nous rétrécirons encore l'efficacité relative de l'électorat pour le gouvernement des choses humaines, si nous faisons entrer en ligne de compte la force enrayante et progressive des Chambres Hautes, toutes issues, soit de nominations royales, soit d'un droit monstrueux d'hérédité politique, soit du suffrage restreint.

Et qu'est l'action déprimante des Chambres Hautes à côté du mal régressif produit par la monarchie, cette impudente anomalie historique qui trouble, ruine, déshonore, hostilise l'Europe contemporaine, ainsi replongée dans le militarisme corrupteur et rétrograde, ainsi ployant sous le poids des armes et tenue toujours haletante sous la menace d'effroyables dévastations et de criminelles destructions ?

Rien ne justifie la survivance monarchique ; inutile en

(1) Louis Combes : *Les systèmes de votation des peuples libres.*

fait, elle est absurde en droit. Comment, en effet, faire concorder avec le droit moderne de la Révolution cette prétention de quelques individus, que nulle supériorité intellectuelle ou morale ne distingue, d'hériter des peuples comme on hérite des troupeaux; et de les régir, à perpétuité, par eux-mêmes ou par leurs descendants? Aussi ne s'avance-t-on pas trop en disant que voilà une perpétuité que le socialisme ne respectera guère, quand viendra le jour prochain de la libération politique et de la rédemption sociale.

En résumé, la civilisation individualiste, si inférieure au point de vue économique, est bien loin d'avoir résolu le problème politique que lui a légué la Révolution; elle n'a su ni généraliser, ni organiser le système représentatif.

Car, qui oserait parler de généralisation devant les persistances censitaires et monarchiques, devant le fait de la femme exclue de tous droits civils et politiques, de toute participation électorale même consulaire?

Est-on plus autorisé à parler d'organisation du droit de suffrages?

Pas davantage.

Nulle sériation logique d'attribution, en effet.

Supposé aussi fort que le jeune prodige qui fut *Pic de la Mirandole,* le député est nommé pour se prononcer sur tout, sans avoir rien étudié.

Le siècle est scientifique, inventeur, industriel, administratif, éducatif; il est débordé par les spécialités productives de tout genre, et ni les savants, ni les inventeurs, ni les producteurs, ni les administrateurs n'ont voix prépondérante.

Otez des assemblées délibérantes cette cohue d'incompétences, d'intérêts particularistes ou pernicieux que représentent les parleurs, les gens de lois, les gens de finance, les riches propriétaires, les chefs d'exploitation, et vous verrez ce qui restera.

Toute la désolante stérilité parlementaire de la politique vient de là.

On s'en prend aux hommes, d'où les haines injustes qui aggravent le mal; ce sont les institutions qu'il faudrait modifier, en commençant par une meilleure division du travail administratif.

Ce sera l'œuvre politique première du socialisme et le fondement de cette stabilité constitutionnelle que l'on demande vainement aux combinaisons artificielles de la classe dominante qui manque au premier chef du sens large dur devoir social (1).

V. La Réforme politique

La République socialiste ayant tout d'abord à compléte l'exercice du droit de suffrage, se heurtera tout de suite à une question grave : l'électorat de la femme.

---

(1) La France seule a déjà essayé de vingt-six constitutions dont voici la liste :
Depuis la réunion des Etats-Généraux, en 1789, la France a eu les vingt-six constitutions suivantes :
1re Constitution du 14 septembre 1791.
2e — du 24 juin 1793.
3e — de l'an II (décembre 1799).
4e — de l'an III (août 1795).
5e — de l'an VIII (décembre 1799).
6e Sénatus-consulte de l'an X (août 1802).
7e — de l'an XII (mai 1804).
8e — de septembre 1807.
9e — du 5 février 1813.
10e Constitution du 6 avril 1814.
11e Charte du 4 juin 1814.
12e Acte additionnel du 22 avril 1815.
13e Constitution inachevée de juin 1815.
14e Retour à la charte de 1814 (7 juillet 1815).
15e Charte du 14 août 1830.
16e Constitution du 12 novembre 1848.
17e — du 14 janvier 1852.
18e Sénatus-consulte du 7 novembre 1852.
19e — du 1er février 1861.
20e — du 18 juillet 1866.
21e — du 9 septembre 1869.
22e — du 21 mai 1870.
23e Décret provisoire du 17 février 1871.
24e Constitution Rivet du 30 août 1871.
25e Établissement du septennat 10 novembre 1873.
26e Constitution du 25 février 1875.
Or, la 26e est si défectueuse qu'il n'y aura de paix politique et de véritable progrès socialiste en France que lorsqu'une révision démocratique sérieuse et sincère aura éclairci l'horizon.

Être humain doué de raison, la femme ne peut être équitablement dépouillée de son droit électoral; *voilà le droit.*

Mais nous sommes à un moment de luttes ardentes, d'incertains progrès, de régressions possibles; l'octroi immédiat de l'électorat aux femmes qui, pour la plupart, suivent les inspirations du cléricalisme réactionnaire et monarchique, pourrait mettre en péril les libertés incomplètement acquises; *voilà l'obstacle.*

On trouvera la solution de cette antinomie dans la reconnaissance immédiate des droits civils et consulaires de la femme, et dans la reconnaissance graduelle de ses droits politiques.

Cela admis, on commencerait par accorder à la femme tous les droits civils et familiaux que lui dénie le Code civil, puis on lui octroierait l'électorat et l'éligibilité consulaires?

En ce qui touche l'électorat politique, on pourrait procéder sériellement, en commençant par l'adjonction des femmes instruites; on n'aurait plus qu'à étendre le cercle, d'année en année, jusqu'à ce que l'éducation féminine nouvelle ait fait cesser le divorce d'opinion entre hommes et femmes, ce qui sera autant le fait de l'éducation nouvelle que d'une organisation sociale plus rationnelle et plus égalitaire.

Cet ordre d'idées nous ouvre une nouvelle voie.

S'il est urgent au nom des principes d'étendre le droit de suffrage, il ne l'est pas moins de l'organiser.

En l'état actuel, nous nous heurtons tout d'abord à l'indétermination du mandat qui est, nous l'avons indiqué, une cause de stérilité; elle est, en outre, une cause permanente de conflits.

Souverain parvenu et peu compétent, l'électeur demande, selon la locution fameuse, la lune sur une assiette; le candidat qui veut plaire ne manque pas de tout promettre; souvent même il le fait de très bonne foi. Mais l'élu, aux prises avec les faits, ne tarde pas à comprendre qu'il y a loin des exigences sectaires aux possibilités effectives. Assagi, il tente d'assagir ses mandants; mais une partie de ceux-ci crient à la trahison, et l'ère est ouverte des récriminations sans fin, des haines injustes et des luttes stériles.

Dans certains milieux socialistes, on a cru remédier au mal par le *mandat impératif* imposé au candidat et par le dépôt préalable de sa démission en blanc entre les mains d'un groupe d'individus quelconques qui d'eux-mêmes se sont sacrés membres d'un comité électoral.

Ce n'est que reculer la difficulté.

Au lieu d'avoir pour garantie la conscience et l'intelligence d'un homme de quelque valeur, puisqu'on l'a élu, on est en présence d'une vingtaine ou d'une quarantaine d'hommes inconnus et irresponsables qui, en mettant les choses au moins mal, ne manqueront pas de faire épouser à l'élu qu'ils tiennent en laisse leurs étroitesses de conception, leurs petits intérêts de parti et leur prétentieuse incapacité (1).

Mieux vaudrait le suffrage à deux degrés que cette hypocrite mainmise de quelques individus sans valeur et que personne n'a désignés, sur la volonté de l'élu de toute une population.

Pourtant, dira-t-on, il ne faut pas que les électeurs soient livrés à la discrétion de l'élu. D'accord; mais alors trouvez un moyen plus efficace et plus conforme à la justice.

Comme on va d'abord aux extrêmes, d'estimables socialistes, jugeant le parlementarisme à ses premiers fruits, le condamnèrent comme fauteur de réaction bourgeoise et comme impuissant à défendre la liberté contre les mor-

---

(1) Sans avoir étroitement réglé le mandat impératif comme ont fait les possibilistes, les comités électoraux bourgeois de province n'en pèsent pas moins désastreusement sur les élus, dont ils commandent les votes selon leurs petits intérêts professionnels ou régionaux et qu'ils transforment impudemment en quémandeurs de faveurs imméritées. C'est là la grande plaie administrative de la France et le ver rongeur de l'organisation démocratique. Le wilsonnisme n'a pas une autre origine, le boulangisme aussi, qui en fut le réactif par trop mélangé. Ceux qui n'avaient pas pu avoir leur part des avantages convoités, ont crié : A bas les voleurs ! et poursuivi, de concert avec la réaction qui les trompait et qu'il trompaient, semble-t-il, l'implacable guerre qui a échoué en septembre 1889 et en mai 1890.

tifères dictatures césariennes. On lui opposa *le Gouvernement direct.*

C'est au parlement démocratique de Francfort, issu de la Révolution française de Février, que le socialiste Rittinghausen proposa le remplacement du système représentatif par une organisation politique, démocratique et sociale de la *Législation directe*, ou gouvernement direct du peuple par le peuple.

Le novateur ne put pas même développer sa proposition, qui fut enterrée sous le lourd rocher de la question préalable.

Lorsque la réaction prussienne de 1849 eut dispersé le *Vorparlement* de Francfort, Rittinghausen vint demander à l'opinion publique française la consécration de son idée et trouva un accueil cordial à la *Démocratie pacifique*, organe des socialistes phalanstériens.

Fourier avait dit : « Si vous voulez soustraire le grand nombre à l'oppression du petit nombre, cherchez l'art de *corporer* le grand nombre et de lui donner une *puissance active* qui ne soit jamais *déléguée.* »

C'était le principe même de la *Législation directe* qui, d'après l'école phalanstérienne, avait son *substratum* dans la commune sociale.

Victor Considérant fit écho à Rittinghausen dans la *Démocratie pacifique* et bientôt, notamment après la coupable loi Thiers-Berryer-Montalembert contre le suffrage universel (31 mai 1850), l'idée nouvelle prit corps.

La première brochure de Rittinghausen (1) souleva un véritable orage de polémiques brillantes. Louis Blanc, E. de Girardin, Proudhon, toujours si divisés, se trouvèrent d'accord pour combattre violemment le démocratisme socialiste.

En revanche, Ledru-Rollin, dans la *Voix du Proscrit* du

---

(1) *La législation directe par le peuple ou la véritable démocratie*, par Rittinghausen, avec préface par Allyre Bureau. Paris, décembre 1850.

16 février 1851, se prononça pour le principe de la *Législation directe par le peuple*, en demandant toutefois que l'on commençât par le *referendum* : les députés élaborant, proposant, le peuple se prononçant en dernier ressort.

Plus audacieux, Victor Considérant et J.-B. Millière (1) acceptèrent dans son entier l'idée de législation directe et s'efforcèrent d'en démontrer la praticabilité. Toute la presse républicaine se passionnait, lorsque Louis Bonaparte frappa du même parjure, du même coup de poignard, la République et la liberté.

Toutefois, le crime du Deux Décembre ne pouvait que confirmer les critiques anti-parlementaires de Rittinghausen, qui publia en 1852 l'œuvre maîtresse de la théorie à laquelle il a attaché son nom (2).

Vous le voyez bien, dit en substance le socialiste allemand, le parlementarisme impuissant à donner les réformes économiques que le peuple attend, ne peut même pas défendre la liberté contre le césarisme.

Vous avez compté sur la bourgeoisie, en vous fiant à son instinct d'opposition ; mais vous avez oublié que les classes moyennes ne frondent l'autorité, le cléricalisme et l'aristocratie qu'autant que les revendications de la classe populaire ne les effraient pas. Or, le socialisme, ce juste vainqueur de demain, a effrayé la bourgeoisie et la voilà passée tout entière à la réaction.

Le temps du parlementarisme ou de la discussion bourgeoise est fini, il ne vous reste plus qu'à choisir entre la dictature monarchique ou césarienne et la législation directe.

Voulez-vous d'ailleurs que nous analysions ce régime représentatif auquel vous avez cru à tort ?

---

(1) Le même qui, bien que député encore et que n'ayant pas participé à la Commune, mourut glorieusement au cri de : *Vive l'humanité!* sous les portiques du Panthéon, aux sombres jours de la répression versaillaise, fusillé par le capitaine Garcin, sur l'ordre exprès de Thiers, de Jules Favre et de Cissey.

(2) *La Législation directe par le peuple et ses adversaires* (Louis Blanc, E. de Girardin, Proudhon), par Rittinghausen.

Voici quelques-unes de ses défectuosités :

« 1° Le régime représentatif est un reste de l'ancienne féodalité, reste qui aurait dû tomber sous les coups de la Révolution française. Il avait sa raison d'être, lorsque la société était *un composé de corporations* donnant à leurs députés un *mandat déterminé.*

» 2° Il est absurde de vouloir faire représenter une chose par ce qui lui est diamétralement opposé : *l'intérêt général d'un peuple par un intérêt particulier* qui est son contraire.

» 3° La représentation nationale est une fiction. Le délégué ne représente que lui-même, puisqu'il vote selon sa propre volonté et non selon la volonté de ses commettants. Il peut dire *oui* quand ceux-ci diraient *non*, et il le fera dans la plupart des cas. La représentation n'existe pas, à moins que l'on ne veuille nommer ainsi l'action de heurter continuellement l'intérêt et l'opinion de ceux que l'on est censé représenter.

» 4° Y eût-il représentation véritable, la majorité des électeurs du pays ne serait jamais représentée, et la moitié à peu près des électeurs victorieux se trouverait dans le même cas par la division des assemblées en majorité et en opposition.

» 5° Dans les élections, l'intrigant a l'avantage sur l'honnête homme, parce qu'il ne reculera pas devant une foule de moyens qu'un candidat honorable dédaigne; l'ignorant a l'avantage sur l'homme de talent, parce que les trois quarts des électeurs voteront et devront toujours voter sans connaître et sans pouvoir juger le candidat.

» D'ailleurs, l'élection elle-même est une fiction absurde; ou vous demandez que l'électeur dépose son vote d'après sa conviction personnelle, d'après la connaissance qu'il a du talent, de la probité et des opinions du candidat, et alors vous demandez l'impossible; ou vous voulez que l'électeur vote pour un candidat désigné par un comité électoral, et alors vous n'aurez plus d'élection, vous n'avez qu'une nomination opérée par une petite coterie. Aussi l'histoire prouve-t-elle que, dans toute assemblée, les cinq sixièmes des députés sont des hommes médiocres.

» 6° Dans l'assemblée, beaucoup de personnes honorables changeront de caractère ; l'honnête homme y reniera le plus souvent ses convictions. Il y a des tentations auxquelles il ne faut pas exposer les hommes, sous peine de les voir succomber.

» Tournez et retournez la question, pour sauver la liberté politique et préparer l'égalité sociale, un seul moyen : Ne plus appliquer le suffrage universel aux personnes que l'on ne connaît pas et qui changent ; l'appliquer aux choses, aux faits que chacun peut approfondir avec le secours et la lumière de tous. Cette application du suffrage universel, c'est la *Législation directe par le peuple*. »

Pendant les dix-huit années de réaction qui suivirent, la démocratie eut assez à faire à rouler vers les sommets le rocher sisyphien de la liberté, tant de fois précipité par les réactions successives dans les bas-fonds du despotisme. D'ailleurs, le moment eût été mal choisi pour attaquer le parlementarisme.

L'idée de législation directe n'a donc pas été reprise, en revanche, la proposition de Ledru-Rollin, consacrant la sanction populaire des lois, idée dont le *referendum* suisse est une application, a paru à Émile de Laveleye le moyen terme entre le parlementarisme et la démocratie.

Après avoir démontré qu'une réforme du système représentatif s'impose, le célèbre économiste-socialiste belge argumente comme suit :

« En général, on est d'accord pour préconiser une seconde Chambre et une seconde délibération. Seulement, constituer une seconde Chambre, douée de vie et d'autorité, dans un pays démocratique est fort difficile. L'appel au peuple en tiendra lieu. Il fait l'effet d'un conseil de revision qui cassera ou ratifiera les décisions de l'Assemblée représentative, après un long et nouveau débat transporté cette fois sur le *Forum*.

« ... Lorsque les lois devront être acceptées par le peuple,

la Chambre ne les votera que si elles répondent à un besoin
général. On ne votera plus tant de mesures emportées
d'assaut, à la suite du discours d'un tribun éloquent ou
pour complaire à un ministre influent. C'en sera fait aussi
de ce jeu de coteries parlementaires qui, en certains pays,
comme en Grèce, en Espagne et en Italie, font et défont les
cabinets au profit de certaines rancunes, ambitions ou intrigues personnelles. Il se peut que des progrès utiles se trouvent ajournés ; mais que d'excès et d'abus de législation
seront évités !

« Des deux formes de *referendum*, le facultatif et l'obligatoire, c'est le second que préfère M. Numaz Droz, et
l'opinion paraît de plus en plus incliner dans ce sens. Le
referendum facultatif, c'est-à-dire la consultation populaire
dans les cas où elle est demandée par un certain nombre
d'électeurs, soulève de sérieuses critiques. « L'agitation,
» dit M. Droz, qui a lieu pour recueillir les signatures
» nécessaires, presque toujours passionnée, détourne les
» esprits de l'objet en cause, fausse d'avance l'opinion
» publique, ne permet plus ensuite une discussion calme
» de la mesure projetée et établit un courant de rejet pres-
» que irrésistible. Le système qui soumet régulièrement,
» deux fois par an, au vote populaire toutes les lois votées
par le conseil n'a point ce grave inconvénient. » L'objection
la plus fondée que l'on puisse adresser au *referendum* est
qu'il ne se prête pas à la direction des affaires extérieures.
Lorsqu'un traité a été conclu avec une puissance étrangère,
il serait difficile de le soumettre au vote du peuple ; aussi, la
constitution fédérale, interprétée par différents précédents,
soustrait les traités à l'acceptation populaire. N'oublions
pas, toutefois, que tout traité signé par l'exécutif doit être
ratifié par le Sénat aux États-Unis et par le Parlement tout
entier dans la plupart des autres pays, du moment qu'il
touche à un intérêt financier ou économique. »

Après avoir cité de nombreux exemples d'applications,
toujours empruntées aux cantons suisses, M. de Laveleye
continue sa démonstration des exemples :

« M. G. de Niederer de Trogen a publié dans le *Journal de statistique suisse* (1882) un tableau des votes populaires au *referendum* qui ont eu lieu dans le canton de Zurich, depuis la révision de la constitution, en 1869, jusqu'en 1882. Le peuple s'est prononcé dans 28 *referendum* sur 91 lois et décrets, dont 11 émanés du droit d'initiative. Contrairement à ce qui s'est passé au vote fédéral, nous avons ici 66 acceptations et seulement 25 rejets. Les questions les plus difficiles ont été soumises au vote populaire : ainsi une révision de certains livres du code de procédure civile et du code de procédure criminelle, des lois sur les faillites, sur les expropriations, sur l'organisation de l'enseignement, sur le monopole des banques d'émission et même sur un règlement pour la destruction des hannetons. Les votes sont à peu près semblables à ceux que pourrait émettre une bonne Chambre ordinaire, avec cette différence que le peuple est férocement hostile à toute dépense, même justifiée, pour ses fonctionnaires.

» Le nombre des électeurs prenant part au vote des *referendum* est toujours très considérable ; il s'élève parfois jusqu'à 80 °/₀ des inscrits, et il n'est pas descendu au-dessous de 66. Ce qui est très honorable, c'est que les abstentions ont été le moins nombreuses quand il s'est agi des lois concernant l'enseignement. En ceci, le peuple s'est départi de son goût pour l'économie ; ainsi il a approuvé l'intervention de l'État dans les dépenses faites par les communes pour les locaux d'école ; il a facilité l'admission des élèves pauvres dans l'enseignement supérieur ; il a repoussé aussi la proposition faite par l'initiative de 5.000 citoyens de supprimer l'obligation de la vaccine, et récemment, par 25.577 voix contre 21.377, il a refusé de réintroduire la peine de mort dans le code pénal zuricois. »

Cette preuve expérimentale du bon fonctionnement du *referendum* donnée par le peuple suisse n'est pas isolée dans le monde moderne.

« Nous le trouvons, ajoute Emile de Laveleye, dans le *Tunscipmot* des Anglo-Saxons, comme dans les meetings

des *Townships* en Amérique et des *Vestrys* en Angleterre ;
dans les réunions sur la place publique au sein des républiques italiennes, et récemment encore dans les assemblées des villages du lombard-vénitien. Dans la *Dessah*
javanaise, dans le *Mir* russe, dans l'*Almend* germanique,
comme dans le clan écossais et dans la tribu indienne, les
résolutions d'intérêt général sont prises par tous les intéressés. Quoi de plus naturel ? Une loi a introduit le *referendum*, en Angleterre, pour décider la création de bibliothèques communales (*Free librairies*), et on a vu récemment, à Glasgow, la question décidée par un plébiscite où
28.946 voix s'étaient prononcées contre, et 22.755 pour.
Toutefois, pour que le *referendum* donne de bons fruits, il
faut que le peuple soit éclairé, habitué à se gouverner lui-
même, et que tout ne se décide pas au centre. Dans les pays
catholiques, où le clergé est maître dans les campagnes, ce
serait lui seul qui dicterait les plébiscites. »

Là, est le point dolent. Une période éducative est nécessaire. Est-ce une raison pour refuser d'examiner le problème ?

« Il se peut, dit en terminant l'éminent professeur de
Liège, que les institutions démocratiques ne parviennent
pas à garantir suffisamment l'ordre dont nos sociétés
industrielles et à travail divisé ont bien plus besoin que les
sociétés de l'antiquité et du moyen-âge, et dans ce cas nous
serons ramenés au despotisme ; car, avec une grande armée
permanente, le pouvoir exécutif, obéissant au vœu des
classes supérieures, peut toujours supprimer la liberté.
Mais si la liberté et la démocratie se maintiennent et nous
préservent du césarisme, il est certain que le peuple voudra
prendre en main la direction des affaires publiques, de plus
en plus, à mesure qu'il s'instruira et qu'il verra mieux le
rapport intime qui existe entre la législation et ses intérêts
individuels. Dès lors, il introduira sous l'une ou l'autre
forme le gouvernement direct. La Suisse, qui marche à
l'avant-garde des réformes démocratiques, nons a montré
le chemin. S'il faut que la volonté du peuple se fasse, ne

vaut-il pas mieux qu'elle se manifeste paisiblement et régulièrement par un plébiscite, comme dans les cantons suisses, plutôt que tumultueusement et d'une façon peu décisive, comme cela a lieu en Angleterre au moyen des meetings, des processions et des démonstrations, et en Irlande au moyen de batailles entre nationalistes et orangistes?

» Si les masses sont appelées à voter les lois, ou elles s'instruiront, ou on les instruira; et, en tous cas, la vraie civilisation, qui consiste dans la diffusion des lumières et des idées justes, y gagnera. Un mot profond de Tocqueville se réaliserait : « L'extrême démocratie prévient les dangers de la démocratie » (1).

En France, le *referendum* a été écarté sans discussion, parce qu'accepté par la coalition boulangiste de 1889; le motif d'écart ne nous paraît pas suffisant, et, pour notre part, nous demandons sa réinscription dans le programme de la démocratie sociale.

Il est néanmoins une autre réforme du système représentatif qui s'impose plus impérieusement encore : *la précision du mandat*.

Dans le système électoral actuel, le conseiller municipal est appelé à gérer *tous* les intérêts de la Commune, le député à diriger *toutes* les affaires de l'État. De connaissances particulières, de compétences spéciales, de capacités, en telle ou telle branche de la vie sociale, il ne peut être question dans les choix électoraux; comme il s'agit de tout savoir, personne ne sait rien, et les suffrages sont à qui a le plus promis ou le mieux parlé. Beaumarché est éternel : toujours le danseur est préféré au calculateur, qu'il eût fallu.

Il n'en serait plus de même, si la *politique* et l'*économie* étaient nettement séparées et avaient leur représentation séparée.

C'est un fait reconnu par tous que dans la société moderne l'*économie sociale*, ou administration des choses,

---

(1) Emile de Laveleye : *Le Referendum.*

prend de plus en plus le pas sur la *politique* pure, ou gouvernement des hommes.

Or, de ce fait nouveau, éclatant, capital, les constitutions bourgeoises, même républicaines, ne tiennent nul compte. On en est encore à la stérile division parlementaire, qui ne répond à rien de réel, de *Chambre haute* et de *Chambre basse*, qui se neutralisent mutuellement et font de la vie politique une arène aux combats stériles, que les révolutions violentes doivent périodiquement déblayer.

A tout homme de bonne foi, je le demande, un Parlement composé d'une *Chambre économique* et d'une *Chambre politique*, ne répondrait-il pas mieux aux nécessités contemporaines ?

La *Chambre politique* pourrait être élue au suffrage universel, comme il en est de nos Assemblées actuelles ; mais la *Chambre économique*, plus nombreuse et plus importante, devrait être le produit d'élections professionnelles (1), s'appliquant à des éligibilités spéciales, pour que l'on soit bien en présence d'une sincère représentation des producteurs et travailleurs de toutes catégories.

Dans une suggestive brochure, l'économiste-socialiste Hector Denis, professeur à l'Université de Bruxelles, préconise la formation d'une *Chambre du travail* qui serait divisée en deux grandes sections : la *section des intérêts spéciaux* et la *section des intérêts généraux*. Hector Denis se place dans l'hypothèse de la simple amélioration de ce qui est. Nous demanderions davantage à la *Chambre économique*, et lui attribuerions ainsi une *section*, spécialement dynamique, *des applications sociales*.

On aurait ainsi :

La *section des intérêts spéciaux*. — Agriculture. — Industries agricoles. — Pêche. — Mines. — Carrières ardoisières. — Métallurgie. — Objets en métal. — Verrerie.

---

(1) Cela sous-entend une organisation corporative obligatoire, dont nos syndicats professionnels facultatifs ne sont qu'un imperceptible embryon. On doit se borner à indiquer l'idée qui sera développée dans une étude subséquente.

Céramique. — Produits chimiques. — Industrie lainière. —
Industrie linière. — Industrie cotonnière. — Bâtiment. —
Ameublement. — Vêtement. — Industries de luxe. — Ali-
mentation. — Transports. — Industries accessoires des
sciences et arts. — Industries diverses. — Employés. —
Science et pédagogie. — Beaux-arts.

La *section des intérêts communs*. — Statistique. — Assurances. — Assistance publique. — Subsistances. — Crédit.
— Échange. — Commerce international et relations extérieures. — Voies de communication et tarifs. — Hygiène
générale. — Travaux publics. — Finances. — Rapports des
industries. — Rapports du capital et du travail. — Enseignement. — Institutions scientifiques et artistiques. —
Législation. — Administration (3).

La *section des applications sociales*, qui aurait dans ses
attributions principales : l'accroissement et l'amélioration
du domaine de l'État, le crédit aux sociétés ouvrières (agricoles et industrielles), l'administration directe ou déléguée
des mines, des chemins de fer, des canaux, des messageries
maritimes, des manufactures de l'État, des arsenaux, des
entrepôts, des minoteries, des grands établissements sidérurgiques, et en général l'organisation du travail collectif
dans tous les foyers de production, de transport et d'échange,
pouvant entrer dans la catégorie croissante des services
publics. De la même section relèverait la direction des travaux publics en vue de l'amélioration et de l'embellissement du territoire, et destinés, par surcroît, en attendant
l'avènement du collectivisme, à faire du droit au travail
une réalité.

Les encouragements aux inventions et découvertes, la
direction des assurances et de l'assistance publique, entre-
raient aussi tout naturellement dans les attributions de la
section des applications sociales.

A la Chambre politique resterait la direction de l'administration proprement dite, de la politique étrangère, de

(3) Hector Denis : *Organisation représentative du travail.*

l'éducation, des cultes, des beaux-arts, des fêtes publiques, de la justice, de la police, etc.

Est-il besoin d'ajouter que la même division devrait être introduite dans l'organisation communale, organisation qui ne pourrait s'appliquer, bien entendu, qu'à la commune cantonalisée, c'est-à-dire formée d'une agglomération assez importante pour comporter une vie politique, philosophique, esthétique et économique relativement développée?

En partant du présent pour préparer l'avenir, de cette Commune agrandie, on pourrait classer ainsi les services généraux :

1° *Domaine communal.* Reconstitution et agrandissement rapide du domaine communal (terres, maisons, établissements divers, etc.), premiers pas vers la propriété communale et dans le but de permettre à la municipalité d'activer la vie économique et de se créer des ressources, en recourant le moins possible à l'impôt.

2° *Travaux publics.* Construction et entretien des divers édifices d'utilité publique, construction de maisons modèles répondant aux nécessités de bon marché et d'hygiène; construction et entretien des rues, chemins et toutes voies quelconques. Usines et ateliers de construction pour le matériel des services maintenant monopolisés (éclairage, omnibus, tramways, petites voitures), navigation fluviale et établissement d'industries municipales de réserve, devant surtout fonctionner en temps de chômage au bénéfice des travailleurs établis depuis plus d'un an dans la Commune.

3° *Crédit communal.* Banque communale, succursale ou correspondante de Banque nationale. Fonctionnement à déterminer.

4° *Alimentation, commerce.* Approvisionnement de blé devant être cédé à prix rationnel. Greniers d'abondance, minoteries. Boulangeries et boucheries municipales destinées surtout à l'approvisionnement des établissements communaux, hôpitaux, asiles, écoles et institution de comptoirs d'échanges pour recevoir et mettre en vente les produits salariés qui leur seront confiés moyennant un droit de dépôt et de vente très modéré; service des halles et marchés et des foires régionales.

5° *Assistance publique* réglée avec le concours de l'État, de façon que le concours social suffisant ne manque à aucun malade, à aucun infirme, à aucun vieillard, et que l'existence de tous les incapables de travail soit assurée dans la mesure des ressources communes. Amélioration du service hospitalier. Adoption de tous les enfants abandonnés ou confiés et fondation de nourriceries et établissements spéciaux dans ce but. Réfectoire de secours, asiles de nuit démocratiquement organisés, etc.

6° *Enseignement public.* Instruction générale à tous les enfants, avec bifurcation pour les spécialités professionnelles jusqu'au degré d'instruction dépendant de la Région où de l'État. Repas scolaires, fournitures gratuites, bataillons scolaires ouverts à tous. Création d'écoles d'apprentissage faisant suite à l'école-atelier et placées sous le contrôle de la délégation générale des corporations.

7° *Hygiène, salubrité, protection.* Organisation d'un grand service médical et pharmaceutique gratuit pour les indigents, à tarifs modérés pour les ressortissants. Inspection sévère des ateliers et des logements, mesures pour assurer la salubrité publique, établissements des laboratoires municipaux pour l'analyse des denrées alimentaires, sanction contre les falsificateurs. Ce service comprendrait en outre l'approvisionnement des eaux, le balayage des rues, les abattoirs, les lavoirs publics (gratuits), les bains publics (presque gratuits), les travaux d'assainissement et d'embellissement, le service des sépultures et crémation.

8° *Sécurité publique.* Police municipale et compagnies de secours contre l'incendie, les inondations, etc.

9° *État civil* et tout ce qui en dérive : notariat communal (conséquence de l'abolition de la vénalité des offices), cadastres, etc.

10° *Arbitrage communal.* Arbitres élus au suffrage universel pour connaître de tous les différends civils et commerciaux, ainsi que de tous les faits ressortissant actuellement du tribunal de simple police. Cette justice serait entièrement gratuite.

Dans ce même service rentrent les conseils de prud'hommes et tribunaux de commerce réorganisés.

11° *Statistique.* Bureau chargé de la statistique générale de la commune, production, consommation, échange, développement de la fortune publique, santé publique, naissances, mariages, décès, etc. *Bourse du travail* et *Bourse de commerce* avec affichage des renseignements généraux sur l'offre et la demande du travail ou des produits dans la commune et hors de la commune.

12° *Arts, métiers et divertissements.* Expositions industrielles et artistiques permanentes, théâtres et concerts communaux, les premiers presque gratuits, les seconds gratuits; musées scientifiques et artistiques, jardins botaniques et zoologiques, conférences publiques (sciences, arts, philosophie, morale, histoire, littérature, etc.).

Nous ne pourrions, sans risquer de tomber dans les enjolivements utopiques, pousser plus avant l'énoncé des réformes réclamées par l'opinion moyenne des socialistes modernes; nous terminerons donc ce paragraphe en rappelant simplement comme complément à ce qui vient d'être dit les principaux *desiderata* politiques des programmes socialistes courants :

Liberté de presse, de réunion, d'association;

Refonte des codes;

Abolition du budget des cultes, séparation des Églises et de l'État, organisation de fêtes publiques fréquentes et périodiques; (remplacement des fêtes religieuses par des fêtes civiques d'un haut caractère moral et social);

Gratuité de la justice, garanties plus amples accordées à l'accusé, développement de la justice arbitrale, consulaire et corporative;

Réforme du système pénitentiaire, substitution aux prisons de colonies pénitentiaires, notamment agricoles;

Universalisation de l'instruction générale et profes-

sionnelle, repas, vêtements, fournitures scola: .. aux frais de la collectivité;

Élection d'un conseil international d'arbitrage pour juger souverainement des conflits et des différends entre nations, aussi pour préparer la Fédération internationale;

Remplacement des armées permanentes par des milices nationales qui perdraient leur caractère militaire au fur et à mesure de la généralisation de l'arbitrage;

Abolition des ordres privilégiés et de la vénalité des offices.

Ce simple énoncé dit suffisamment combien, au point de vue politique, est riche déjà d'idées novatrices et de projets de réformes pratiques le socialisme tout calomnié.

VI. La Réforme économique

Sur le terrain limité de l'amélioration du présent, les *desiderata* du socialisme moderne peuvent se résumer dans l'énoncé programmatique suivant :

Reconnaissance du *droit au travail* pour les valides, du *droit à la suffisante vie*, dans la mesure des ressources sociales, pour les invalides ;

Législation nationale et internationale du travail, qui comprendrait en première ligne :

La réduction de la journée de travail à huit heures, l'interdiction du travail des enfants au-dessous de quatorze ans, et de quatorze à dix-huit ans réduction de la journée à six heures pour les deux sexes, la suppression du travail de nuit, sauf pour certaines branches d'industrie dont la nature exige un fonctionnement ininterrompu; l'interdiction du travail des femmes dans toutes les branches de l'industrie qui affectent plus particulièrement l'organisme féminin, le repos ininterrompu de trente-six heures au moins par semaine pour tous les travailleurs, la suppression du marchandage, la suppression du payement en nature ainsi que des coopératives patronales, la suppression des bureaux de placement, la surveillance de tous les ateliers et établissements industriels, y compris l'industrie domestique, par des inspecteurs rétribués par l'État et élus, au moins par moitié, par les ouvriers eux-mêmes.

Parmi les mesures destinées à préparer l'abolition du salariat et l'organisation collectiviste du travail, les socialistes préconisent notamment :

La suppression de tous les monopoles concédés à des particuliers, par suite la nationalisation du crédit, des chemins de fer, des canaux, messageries maritimes, mines et carrières, des assurances, etc. (1);

L'abolition graduelle des dettes nationales et communales (2);

L'organisation d'armées du travail, ayant pour objet les grands travaux de reboisement, d'assolement, de dessèchement, d'endiguement, d'irrigation, de canalisation, de constructions d'utilité générale, etc.;

Le crédit aux corporations agricoles et industrielles,

---

(1) L'idée d'assurance par l'Etat fut indiquée une première fois en 1802 par P.-B. Barrau, auteur du *Traité d'assurances réciproques*.

Ce publiciste demandait que les biens meubles et immeubles fussent assurés contre tous les risques moyennant une prime qui serait ajoutée aux contributions. Développée et complétée en 1840 par Raoul Boudon en son *Organisation unitaire des assurances*, la conception de Barrau finit par préoccuper l'opinion. Des corps élus émirent des vœux en faveur de la nationalisation du service des assurances, qui, dans la seule année 1846, fut demandée par dix-sept conseils généraux. Elle était devenue si populaire, qu'en 1848 le Gouvernement provisoire l'adopta en principe.

Emportée dans le rapide et tragique tourbillon des évènements qui suivirent, la réforme promise ne put être appliquée; elle fut alors reprise, au point de vue théorique, par E. de Girardin, qui a résumé son opinion dans cette phrase : *La politique universelle, telle que je la conçois, c'est l'assurance universelle.*

(2) Par exemple, par la transformation des titres perpétuels en titres temporaires, l'amortissement devant se faire en 20, 30 ou 50 années.

assez important pour conduire graduellement à l'abolition du salariat (1).

La constitution d'un croissant domaine national et établissement de colonies agricoles;

La facilitation de la culture en commun par l'encouragement de la commassation et par la mise à la disposition des intéressés, moyennant redevance, de machines construites dans les ateliers de l'État.

La réfection de la loi sur les sociétés financières entraînant la suppression de l'anonymat, la responsabilité des contractants et la sévère réglementation des marchés à terme ou jeux de Bourse;

La suppression de l'intérêt perpétuel, transformé en prime d'amortissement.

Reste maintenant le chapitre des ressources nécessaires pour subvenir aux dépenses courantes, par exemple, en France.

---

(1) Lassalle, trop optimiste, a tracé pour la Prusse le projet suivant: « Une banque centrale du travail ayant le monopole de l'émission des billets pourrait facilement maintenir en circulation pour 300 millions de thalers avec un encaisse de 100 millions. Elle aurait trouvé ainsi de quoi prêter aux sociétés coopératives 400 millions de thalers qui ne lui auraient rien coûté du tout. Les sociétés s'établiraient d'abord dans les districts qui s'y prêteraient le mieux par leur genre d'industrie, la densité de la population et les dispositions des ouvriers. Successivement il s'en fonderait d'autres dans toutes les branches du travail et même dans les campagnes.

» On pourrait avoir un budget spécial pour l'agriculture.

» En ce qui touche l'industrie, avec 100 millions de thalers on fournirait le capital industriel indispensable à 400,000 ouvriers, et avec les intérêts annuels à 5 %, soit 5 millions de thalers, on étendrait les bienfaits de l'association à 20.000 ouvriers avec leurs familles. Les sociétés établiraient entre elles des relations de solidarité et de crédit qui leur assureraient une grande solidarité. Ainsi, au bout de quelque temps, la nation, au lieu d'offrir le tableau de capitalistes et d'ouvriers hostiles, serait entièrement composée d'ouvriers capitalistes, groupés d'après le genre de leurs occupations. L'État n'aurait nullement à jouer le rôle de directeur ou d'entrepreneur d'industrie, bien moins qu'il ne le fait aujourd'hui dans les chemins de fer qu'il exploite. Tout ce qu'il aurait à faire, ce serait d'examiner et d'approuver les statuts des sociétés, et d'exercer un contrôle pour la sécurité de ses fonds avancés. Chaque semaine, les ouvriers recevraient le salaire habituel dans la localité, et au bout de l'année, le bénéfice serait distribué comme dividende. »

Il faudrait d'autres proportions de crédit, pour généraliser les associations ouvrières.

Les plus timides ont parlé de l'impôt direct et progressif sur le capital ou sur le revenu, ce qui est loin d'être une nouveauté (1).

D'autres ont proposé de frapper fortement le droit d'héritage. Au-dessus des projets divers, d'efficacité plus ou moins probable, plane la très sérieuse et très étudiée proposition d'André Godin.

Le célèbre fondateur du familistère de Guise demande, non pas un impôt quelconque sur les successions, mais la mise en pratique de ce qu'il appelle l'*hérédité de l'État.*

« Lorsque, dit-il, les hommes feront abstraction de leurs sentiments égoïstes, ils reconnaîtront que l'intervention de la nature et de l'Etat est pour plus de moitié dans la création de la richesse, particulièrement dans celle des grandes fortunes; ils admettront facilement qu'à ce titre l'État a droit au moins à 50 % dans le partage de ces fortunes, au

---

(1) A Milan, à Florence, à Venise, l'impôt sur le capital fut mis en vigueur sous des formes diverses du XIIIe au XVe siècle; le pourcentage s'éleva dans la démocratique Florence à 7 %.

La Hesse, le Wurtemberg, l'expérimentèrent au XVIIe siècle; dans ce dernier pays, il fut même rétabli en 1821. Le même impôt florissait en Hollande au XIVe siècle sous le nom de *schut.* Les Espagnols imaginèrent de prélever sur le même pays un impôt du 20)[e] prélevé sur toute fortune dépassant 3,000 florins. De nos jours, on trouve encore, à des taux homéopathiques, c'est vrai, des formes de cet impôt dans divers cantons suisses, comme ceux de Berne. Zurich. Schaffhouse, Schwytz, Appenzell, Glaris, Saint-Gall, Thurgovie, Enfin, divers essais de ce genre ont été tentés dans plusieurs Etats de l'Union américaine; bien plus, au Mississipi, l'impôt sur le capital est l'impôt unique.

Quant à l'impôt progressif sur le revenu, Brême et Hambourg en ont joui au XVIIIe siècle pour le plus grand bien social, dit Mme de Staël, citée par Menier *(Impôt sur le capital).*

L'impôt sur le revenu fut établi en Prusse et dans le grand-duché de Bade pour subvenir à la guerre contre Napoléon. Il disparut avec la cause qui l'avait fait naître; mais il avait laissé de si bons souvenirs qu'en 1851 on le ressuscita en Prusse, en lui laissant. il est vrai, une forme proportionnelle. L'*Einkommensteuer* frappe d'un 33e tous les revenus au-dessus de 1,000 thalers.

L'*income-tax* est célèbre en Angleterre. Etabli d'abord par Guillaume II, puis fixé par Pitt, puis encore supprimé, rétabli, resupprimé, il fut définitivement rétabli une troisième fois par Robert Peel. En vertu de l'*income-tax*, les revenus de plus de 2,500 francs sont frappés d'un 120e; pour les revenus plus forts, il y a légère augmentation de 250 francs en 250 francs.

moment où la mort vient en dessaisir leurs possesseurs, et que dans le cas où, de son vivant, le propriétaire sans héritier direct n'a pris aucune disposition testamentaire, il n'est pas de plus légitime héritier que l'État lui-même, puisque celui-ci hérite au nom et au bénéfice de la société tout entière.

» Ceux qui trouveront excessive cette évaluation de 50 % de la valeur des concours donnés par les utilités sociales dans la création des fortunes n'ont qu'à se rendre compte du faible degré d'aisance auquel peut arriver l'homme le plus fort, le mieux doué, le plus intelligent, lorsqu'il n'a d'autres moyens de production et d'échange que son action individuelle; assurément, il n'arrivera jamais à la fortune.

» Quel que soit le degré de parenté qui arrive à l'héritage, même le degré direct entre père, mère et enfants, les bénéficiaires sont toujours en présence de ce fait que la Nature et l'État ont été parties intervenantes pour aider leurs ancêtres dans toutes leurs entreprises et dans tous leurs travaux. A ce titre, il est donc légitime que l'État retrouve, au moment de la transmission de la propriété, l'équivalence de ses dépenses et de ce qu'il a concouru à produire, et cela en progression de l'étendue des fortunes. »

Ayant ainsi démontré le bien fondé du droit de l'État sur les successions, Godin passe à la mise en pratique de sa proposition avec toute la clarté désirable et avec un souci constant des sentiments familiaux :

En raison, dit-il, de la large place qu'occupent les affections de familles et de la communauté d'efforts entre pères, mères et enfants, il est naturel de maintenir dans une juste mesure l'hérédité en ligne directe, tout en faisant à l'État la restitution qui lui est due. Mais ce droit d'héritage ne doit pas atteindre le pécule des parents pauvres; il doit prendre peu sur les petites fortunes, davantage sur les fortunes moyennes, et la moitié au moins des grandes fortunes, de manière à établir une échelle graduée comme serait la suivante :

Au-dessus de deux mille francs.	1 %
De deux mille à cinq mille francs.	3 %
De cinq mille à dix mille francs.	5 %
De dix mille à vingt mille francs..	7 %
De vingt mille à cinquante mille francs.. .	10 %
De cinquante mille à cent mille francs.. . .	15 %
De cent mille à cinq cent mille francs.. . .	20 %
De cinq cent mille francs à un million. . .	30 %
D'un million à cinq millions de francs.. . .	40 %
Au-dessus de cinq millions de francs. . . .	50 %

On arriverait ainsi à deux milliards et demi de recette, comme il ressort du tableau suivant dressé également par André Godin, d'après les données statistiques officielles des années 1882-83-84 :

	Droits actuels d'enregistrement.	Droits d'hérédité à établir.
Mutations par décès, en ligne collatérale, au delà du quatrième degré jusqu'au douzième. . . .	9.149	
Totalité de l'héritage..		91.465.201
Entre grands-oncles, grand'tantes, petits-neveux, petites-nièces et cousins germains	20.731	
Totalité de l'héritage.		125.904.614
Entre frères et sœurs, oncles et tantes, neveux et nièces.	146.246	
Totalité de l'héritage..		724.875.492
Testaments entre époux.	160.934	
50 % sur 534,976,245 francs. . . .		267.488.122
Testament entre personnes diverses.	35.806	
50 % sur 215,812,860 francs.		107.946.430
Total de l'hérédité en ligne collatérale.		1.317.639.356
En ligne directe dont le droit actuel est de..	513.875	
On pourrait, d'après les considérations qui précèdent,. établir le droit d'hérédité de l'Etat d'une façon progressive, en ne prenant que 1 % sur les petits héritages et 50 % sur les plus forts, de manière que le droit fût de 33 % sur environ 3,300,000,000 de fr..		1.100.000.000
Total du droit d'hérédité. . . .		2.417.639.859 (1).

Ajoutez à ces chiffres les ressources provenant des

----

(1) *La République du travail et la réforme parlementaire*, par André Godin, fondateur du familistère de Guise.

services publics, qui pour la France peuvent être ainsi fixés :

Report..............		2.417.639.859
Tabacs.................	400.000.000	
Postes, télégraphes, téléphones. . . .	200.000.000	
Chemins de fer, canaux, messageries.	650.000.000	
Mines et carrières..	60.000.000	1.313.000.000
Domaines actuels (revenus).	53.000.000	
Salines, allumettes, et divers.	100.000.000	
Autres services publics à établir.. .	Mémoire.	
Total...................		3.780.639.859

Nous approchons de quatre milliards, et il ne faut pas oublier que la suppression de l'état de guerre, l'abolition du budget des cultes, l'abolition du parasitisme administratif, du cumul et des sinécures, etc., allégeraient le budget de près de deux milliards de dépenses improductives.

En outre, les communes procéderaient à la réduction graduelle en services publics communaux de monopoles chez elles existants. Tels seraient, par exemple : les services de l'éclairage, des eaux, des tramways, omnibus, petites voitures, auxquels s'adjoindraient bientôt : les greniers, minoteries, boulangeries, boucheries, bazars communaux, le service médical et pharmaceutique, les ateliers municipaux, bref, toutes les sphères d'exploitation dont les revenus étant considérables permettraient aux communes de contribuer puissamment à la socialisation des forces productives et à l'organisation socialiste du travail (1).

Rappelons que par le simple jeu de la socialisation progressive, dont les avantages seront supérieurs aux annuités temporaires qu'elle nécessitera, les ressources de l'État et de la Commune, celles de l'État surtout, s'accroîtront annuellement dans d'importantes proportions et permettront chaque année d'arracher au salariat des centaines de milliers de travailleurs.

Donnons une esquisse de la situation nouvelle qui résulterait de la reprise par l'État (sous forme de rachat si l'on veut) de la Banque de France, des Chemins de fer, Canaux,

---

(1) Toutes ces énumérations successives nous entraînent à bien des répétitions. Mais, en si arides matières, la répétition n'est pas toujours un défaut.

Messageries, Mines, etc., (cette reprise est demandée par le parti radical aussi bien que par le parti socialiste, tant elle est entrée dans les nécessités économiques contemporaines.)

Cette première socialisation affranchirait plus de sept cent mille travailleurs, soit trois millions de personnes en comprenant tous les membres de la famille.

Supposez maintenant que ces ouvriers et employés de l'Etat — que nous devrons porter à plus de quatre millions de personnes, si nous y ajoutons les employés des postes et télégraphes et les ouvriers des manufactures nationales — s'entendent pour demander leurs fournitures (en comestibles, vêtements, etc.), à des sociétés ouvrières, ils feront encore entrer à l'*Association générale* un million de personnes (tailleurs, cordonniers, employés de commerce, etc.).

Supposez encore que les divers groupements de cette masse ouvrière socialement organisée, s'entendent pour traiter directement avec des syndicats de fileurs, de tisseurs, de tanneurs, d'agriculteurs, d'éleveurs, etc., ce serait, en comptant les affranchis des services communaux, un total de neuf millions de personnes soustraites aux servitudes, à la misère et à l'insécurité du salariat.

Mais, dira-t-on, où prendre les fonds de première mise pour la commandite de tant d'associations pullulantes ?

« Où a-t-on pris les *dix milliards* qui, abstraction faite de la perte de deux provinces, ont dû être employés à payer la guerre de Mme Bonaparte ? Or, avec dix milliards, le gouvernement socialiste révolutionnaire inaugurerait l'affranchissement de millions de prolétaires. On peut donc admettre que la nation, maîtresse d'elle-même, saura bien en trouver autant et plus, s'il le faut, par la suppression des dépenses parasitaires : armée, clergé, magistrature, etc.; les nouveaux biens nationaux seront là enfin pour répondre des titres de crédit que le gouvernement socialiste jettera sur la place, après avoir procédé à une épuration considérable de la dette publique.

» Du reste, à côté de l'action socialisatrice de l'Etat se

manifestant, pour les envahir graduellement, dans l'industrie et le commerce, comme il a été dit plus haut, et dans l'agriculture par l'établissement de *colonies agricoles*, ayant à leur disposition tout l'outillage mécanique et tous les procédés de culture qu'a permis de créer la science moderne, viendra se placer l'action socialisatrice de la Commune, aussi importante peut-être et de réalisation immédiate.

» En effet, dans le ressort de la commune, la réduction en services publics communaux des services médicaux et pharmaceutiques, des compagnies du gaz et autres compagnies d'éclairage, des omnibus, des tramways, des petites voitures, de tous les travaux concernant la voirie, les égouts, la vidange, peut se faire de suite. A bref délai, peut-être rétablis en grandes quantité les bazars, les minoteries, les greniers d'abondance, les boucheries, les boulangeries de la commune. De plus, tous les grands travaux urbains peuvent être confiés à des associations créditées. Enfin, dans les grandes villes industrielles, la *communalisation* de la propriété urbaine peut être immédiatement effectuée, tant sont devenues intolérables les vexations et exactions du propriétariat urbain.

» Avec toutes ces mesures nous arriverions rapidement à l'affranchissement du tiers de la population totale. L'universalisation de l'instruction, y compris les frais d'entretien, mettrait tous les enfants sur le pied de l'égalité, tandis que la nationalisation des assurances contre la maladie, les chômages, les sinistres, les accidents de tous genres de la vieillesse, assureraient à tous, tous sans exception, valides ou infirmes, un large minimum d'existence et la sécurité du lendemain. Ce seul bienfait social vaudrait une révolution.

» Mais l'on ne s'en tiendrait pas là.

» En régime de concurrence, ce sont les gros capitaux qui mangent les petits; dans la société bourgeoise, cette loi a pour résultat l'absorption de la petite industrie et du petit commerce par les grandes entreprises capitaliste; en régime socialiste, les grandes entreprises capitalistes seront, à leur tour, par la simple force des choses, ruinées et absorbées par les plus grandes entreprises communales et sociales qui ,d'ailleurs, poursuivront directement ce but.

» Et cela se fera plus rapidement qu'on ne croit; car ainsi qu'on l'a dit bien des fois, chaque société reçoit l'empreinte des faits dominateurs qui entraînent tout dans leur orbite. Ainsi la constitution d'un grand nombre de branches du travail humain en service public entraînera rapidement la socialisation générale des moyens de la production et du transit, puisque si, encore une fois, les *capitaux associés* sont plus forts que les *capitaux individuels*, les *capitaux sociaux* seront plus forts que les *capitaux associés*, les *milliards collectifs*, plus forts que les *millions capitalistes* » (1).

Ici encore, nous risquerions en poussant en avant de verser dans les ornières de l'utopie ; tenons-nous en donc à cette très incomplète indication du *processus* socialiste qui pourra être modifié par d'imprévisibles circonstances de temps, de milieux, de réaction aveugle ou de réformisme éclairé. Par suite, la période de transformation pourra être plus ou moins longue, être caractérisée plus ou moins par la violence brutale ou l'observance indulgente de transitions. D'où l'inéluctable conclusion que si la tranformation sociale sera révolutionnaire ou pacifique, c'est des conservateurs, des bénéficiaires du passé que cela dépend. Qu'ils le sachent bien, ils n'éviteront l'incendie qu'en faisant la part du feu.

Il y aurait prudence à eux à sacrifier à la justice progressive pour prévenir quelque effroyable cataclysme social. En ce faisant, du reste, ils obéiraient aussi à un devoir moral et social, ainsi que l'a noblement enseigné un illustre savant, que nous avons déjà cité, dans les lignes suivantes :

« La civilisation moderne, en conquérant par la science la nature inorganique et la nature organique, se trouvera placée dans des conditions nouvelles entièrement inconnues aux civilisations antiques. C'est pourquoi il n'est peut-être pas toujours logique d'invoquer l'histoire des peuples an-

_____

(1) B. Malon : *Le Nouveau Parti*, tome II.

ciens pour supputer les destinées des peuples nouveaux. *L'humanité semble avoir compris aujourd'hui que son but est non plus la contemplation passive, mais le progrès et l'action.*

» Ces idées pénètrent de plus en plus profondément dans les sociétés, et le rôle actif des sciences expérimentales ne s'arrête pas aux sciences physiques chimiques : il s'étend jusqu'aux sciences historiques et morales. On a compris qu'il ne suffit pas de rester spectateur inerte du bien et du mal, en jouissant de l'un et en se préservant de l'autre ; la morale moderne aspire à un rôle plus grand : *elle recherche les causes, veut les expliquer et agir sur elles ;* elle veut, en un mot, dominer le bien et le mal, faire naître l'un et le développer; lutter avec l'autre pour l'extirper ou le détruire » (1).

VII. L'État socialiste

C'est Herbert Spencer, un philosophe savant et célèbre, mais nullement socialiste, qui a dit, en son *Introduction à la science sociale,* que l'avenir gardait en réserve des formes sociales supérieures aux conceptions des plus intrépides utopistes. Ce nous est un avertissement de ne pas quitter le terrain solide des faits observables et des probabilités tangibles.

Pour plus de prudence, nous nous abriterons souvent derrière les coreligionnaires que nous rencontrerons sur la route.

En attendant l'Union, européenne et américaine d'abord, planétaire ensuite, des peuples, tous les penseurs progressistes s'accordent pour voir dans les États socialistes du

(1) Claude Bernard : *La Science expérimentale.*

proche avenir des républiques fédérées, qui ne seront respectivement elles-mêmes qu'une étroite fédération des communes agrandies et transformées politiquement et socialement.

S'il n'est pas exact, quoi qu'ait prétendu le plus économiste des historiens modernes, que « les grandes réformes ont plutôt consisté à défaire quelque chose de vieux qu'à faire quelque chose de nouveau » (1), il n'en est pas moins vrai que le simple énoncé des principales *nuisances* auxquelles il mettra fin donnerait déjà de l'État socialiste une idée fort avantageuse. En tête de ces nuisances, que le socialisme condamne et détruira, il convient de noter :

La guerre, qui favorise toutes les servitudes, prolonge la servitude monarchique, ruine et ensauvagit les peuples ;

Les antagonismes économiques, générateurs de monopoles, d'inique exploitation de l'homme par l'homme, de tous les abaissements, de toutes les douleurs du paupérisme ;

L'ignorance, ce puissant agent d'asservissement, cette meurtrière étouffeuse des forces intellectuelles et des forces morales, comme l'a très bien vu Auguste Blanqui (2); en un mot, ce plus grand obstacle à l'harmonie des volontés, des âmes et des activités.

On ne détruit valablement et durablement que ce qu'on remplace, selon la forte parole du grand politique révolutionnaire Danton ; ces trois fléaux supprimés, cela signifie, au sens positif, leur remplacement par trois réalisations bienfaisantes, et, en l'espèce, on est amené à conclure à la substitution :

1º De *l'état de guerre* par *la paix internationale et la fédération des peuples ;*

2º Des *antagonismes économiques* par *l'organisation solidariste de la production et de la répartition des richesses ;*

---

(1) Buckle : *Histoire de la civilisation en Angleterre.*
(2) Auguste Blanqui : *Critique sociale.*

3° De *l'ignorance* par *l'universalisation du savoir et de la culture morale.*

En analysant cette donnée et en la suivant dans ses développements logiques, nous trouvons tout d'abord qu'au-dessus des Conseils des communes sociales, qu'au-dessus des Parlements économiques et politiques des États, planera le *Grand Conseil amphyctionnique* des Nations fédérées. De ce conseil les attributions seront fort étendues, car elles comprendront :

L'arbitrage entre les États ;

La législation internationale du travail ;

La colonisation scientifique, progressive et civilisatrice ;

Les grands voyages scientifiques ;

Les observations météorologiques, dans le but d'arriver à l'amélioration des climatures ;

La statistique du Globe ;

Les encouragements aux inventions et découvertes d'utilité internationale ;

L'unification des poids, mesures et monnaies ;

L'initiation pacifique, bienfaisante et graduelle des peuples moins avancés aux bienfaits de la civilisation socialiste ;

La direction des armées industrielles de volontaires, levées pour les grands travaux de fertilisation, d'amélioration, d'embellissement de la Planète (1)*;*

L'initiative des mesures générales de la préservation, de réparation, d'amélioration que les circonstances exigeront.

En d'autres termes, arrangement et développement des choses pour que l'homme soit heureux dans la paix, la justice et la bonté ; pour qu' « ayant pris possession de la Terre, il n'y soit nulle part un étranger » (2).

_____

(1) Complément des grandes voies de communication, canalisation des fleuves et rivières, percement des isthmes, tunnels, dessèchement des marais, irrigation, assainissement, assolement des terres, reboisement des montagnes, construction des ports, édification des villes, etc., etc.

(2) De Riedmatten : Préface de la *Théorie générale de l'Etat,* par Bluntschli.

N'allez pas crier utopie. Nous avons le *savoir* et l'*activité;* ce qui nous manque, c'est la *doctrine* et la bonne *volonté*. Dans les Fédérations européenne, américaine, planétaire de l'avenir, ces quatre forces seront unies, et elles seront à ce point puissantes pour le bien qu'elles adouciront, au profit de tous les êtres, la cruelle nature des choses et qu'elles doteront ainsi la terre embellie d'une parure humaine aux splendides intellectualités, aux actives bontés, aux vivifiantes justices, aux viriles félicités.

Mais détournons nos regards de ces attirantes perspectives terrestres; nous ne nous sommes pas encore colleté avec les difficultés économiques, grand cheval de bataille des champions de l'exploitation capitaliste.

Votre ordonnation collectiviste, nous disent-ils, c'est la fin de la liberté du travail, c'est la servitude généralisée.

Pharisiens du libéralisme bourgeois, avant de parler de liberté, passez-vous, comme le grand prophète hébreu, un charbon ardent sur les lèvres.

Vous osez vous recommander de la liberté, quand les huit dixièmes de l'Humanité sont astreints de l'aube à la nuit, en d'épuisantes journées qui durent parfois jusqu'à des quatorze, seize et dix-huit heures d'un travail, qui, durement commandé, leur donne à peine le pain du jour et ne les garantit jamais de la faim du lendemain et d'une vieillesse abandonnée !

Economistes sans conscience et sans cœur, vous aurez la flétrissure de l'histoire, pour avoir osé donner le beau nom de *liberté du travail* à la monstrueuse, à la torturante, à la dépressive, à la mortifère systématisation capitaliste de l'exploitation de l'homme par l'homme, exploitation qui n'a pas même épargné la femme et l'enfant.

Qu'oppose le socialisme à cette abomination?

Dans sa suggestive brochure sur les buts généraux du socialisme contemporain, Schæffle a esquissé comme suit l'entrée en ligne de l'*État socialiste* :

« Expropriation, par rachat, des grandes compagnies, puis des grandes entreprises capitalistes. L'État, propriétaire général, créditeur, statisticien, régulateur, contrôleur, mais non entrepreneur direct du travail.

» Crédit assuré à toutes les associations ouvrières pour la possession (non la propriété) de la matière et des instruments du travail. La socialisation des forces productives avec tout ce qu'elle comporte (travail agricole et industriel), l'organisation des services publics accomplie pacifiquement et graduellement par la transformation du droit de propriété monopolisé en une somme équivalente de titres de consommation, qui ne seraient que cela, les capitaux productifs n'étant plus à vendre, pas plus que ne le sont, en ce moment, les routes ou les ponts.

» Comme corollaire, la monnaie publique remplacée par des *bons de travail*, ayant *caractère* de titres de consommation. La dette publique également transformée en *titres* de consommation et progressivement abolie (1). »

Dans ce système — et c'est par là que le collectivisme moderne diffère de l'ancien communisme qui mettait tout en commun, travail et produits — l'outillage seul est commun, les produits sont répartis conformément à la justice, et la consommation est libre.

Expliquons :

L'*avoir humain* a deux sources, la *Nature* et le *Travail*.

Par *Nature*, nous entendons toute la matière première du Globe et ses forces naturelles.

Par *Travail*, nous entendons l'action de l'homme pour connaître et s'approprier cette matière et ses forces.

Nous croyons, avec d'éminents économistes et des socialistes autorisés, que l'*avoir humain* se divise :

1° En *Capital* ou somme des valeurs de production (2) ;

2° En *Richesses* ou somme des valeurs de provision, de consommation et d'agrément.

---

(1) Schaeffle : *Quintessence du Socialisme,* traduction française par B. Malon.

(2) Sous la dénomination de capital, nous comprenons aussi les *forces productives sociales,* ou ensemble des découvertes, des inventions et des applications dont les générations successives ont doté l'humanité.

Par l'étude des phénomènes de la production, nous n'avons pas de peine à trouver que, dans les conditions économiques présentes et surtout futures, le travail, pour être suffisamment productif, doit se servir des forces dites *économiques*, comme l'association et la division du travail, les machines, etc. Ceci nécessite et nécessitera de plus en plus de grandes améliorations de *capital* et de travailleurs ; le travail individuel est de plus remplacé par le travail collectif.

Le capital aussi doit devenir collectif. Quelques-uns proposent l'appropriation corporative ; ce ne serait que substituer au régime de la concurrence individualiste qui nous écrase, un régime de concurrence qui ferait aussi du travail une bataille, où les fortes corporations réduiraient les faibles aux privations et à la subordination.

Il est plus rationnel et plus simple de reconnaître que tout ce qui est *capital* est *propriété collective*, c'est-à-dire inaliénable entre les mains soit de la Commune, soit de l'État, et ne peut qu'être *confié* aux associations productives des travailleurs, moyennant certaines *redevances* et certaines *garanties* sauvegardant les intérêts et les droits de la communauté.

En ce qui touche les *richesses*, comme il n'y a aucun inconvénient pour la société à ce que chacun de ses membres jouisse à sa manière de la part de valeur qui lui est attribuée par son travail (attendu que, dans l'organisation collectiviste, chacun sera assuré d'une instruction intégrale et professionnelle, d'un travail attrayant et très productif et, s'il est impropre au travail, d'un entretien suffisant), nous croyons que les *richesses* peuvent et doivent être possédées individuellement, en sûre garantie de la liberté de la volonté et de l'action personnelle. Il ne faut pas oublier que les richesses telles que nous les entendons, n'étant pas productives, leur accumulation ne saurait nuire à la communauté. Tel collectionnerait des livres, tel des tableaux, tel des objets rares ; en cela, il suivrait ses inclinations et ne nuirait à personne.

Dans ce système :

Par la *collectivité du capital* et l'association dans le travail, la solidarité humaine est assurée.

Par la *possession individuelle des valeurs (par ceux qui les ont produites* et les charges sociales étant remplies), l'indépendance est garantie.

Mais comment se répartiront les travailleurs ? Comment ? mais d'après leurs affinités vocationnelles développées par l'instruction intégrale et professionnelle qui sera assurée à tous. et d'après le libre choix entre les avantages respectifs et différents des travaux divers.

En sa belle synthèse des systèmes socialistes actuels, Georges Renard a lumineusement élucidé ce point si controversé :

Après avoir passé par les différents ateliers qui lui seront ouverts, chacun choisira en connaissance de cause le métier qui lui conviendra le mieux, et ce sera d'ordinaire celui où il réussira le mieux. Les aptitudes détermineront le goût dominant. Craint-on que les professions dites libérales ne soient l'objet d'une compétition violente ? Rien de plus facile à éviter. Chaque année, des examens sévères arrêteront au passage d'une classe dans l'autre les élèves qui, faute d'intelligence ou d'application, seront reconnus incapables de suivre utilement un cours plus élevé. Une sélection se fera ainsi à chaque degré qu'il faudra franchir, et l'instruction supérieure deviendra le lot, non plus de ceux qui peuvent la payer, comme c'est trop souvent le cas aujourd'hui, mais de ceux qui seront les plus capables d'en profiter. Plus d'hommes de génie étouffés en germe par la misère! Plus de parents riches s'obstinant à transformer en avocats ou en savants des lourdauds qui eussent fait d'excellents laboureurs ! Plus de maîtres condamnés au triste labeur de faire germer sur un sol ingrat la semence sacrée de la science! Mais, entre tous les hommes un partage équitable de fonctions, qui sera conforme aux indications même de la nature.

» Chacun choisira ainsi la corporation à laquelle il vou-

dra appartenir ; mais les corporations elle-mêmes, quoique
nécessaires au début, sont des formes transitoires destinées
à disparaître. Quand le régime collectiviste sera en pleine
vigueur, qu'on ne se figure plus chacun parqué dans une
spécialité. Le vieux préjugé qui avilit le travail manuel aura
disparu ; car dès l'enfance, chacun sera accoutumé à exercer ses bras tout aussi bien que son cerveau, et ce sera
chose ordinaire que de voir un forgeron lettré ou un cor-
donnier savant. »

Hâtons-nous d'ajouter qu'on ne sera pas rivé à un seul
métier ; en socialisme, la liberté de vocation est complète.
Renard l'établit comme suit, d'après les données des collectivistes contemporains.

« Quiconque voudra, pourra sans peine passer d'un
métier à un autre. Comme tout le monde aura pratiquement étudié la mécanique, un homme intelligent saura tout
aussi bien conduire une charrue à vapeur que diriger une
scierie ; il pourra indifféremment tisser, coudre, filer. On
organisera donc le travail de façon à varier l'effort au plus
grand profit de l'individu et de la société tout entière. Aujour-
d'hui ouvriers de la campagne et ouvriers de la ville forment
deux catégories séparées ; en ce temps-là elles se confon-
dront en une seule. Tel qui aura travaillé trois mois d'hiver
dans une usine s'en ira, l'été venu, faire les foins ou les
moissons pour se retremper dans l'air pur des champs,
sous les chauds rayons du soleil. Il sera remplacé pendant
ce temps par le campagnard lassé du calme des bois et des
prés et désireux de raviver son esprit engourdi dans la vie
étincelante des grands centres. Ce sera ainsi entre villes et
villages une circulation perpétuelle d'hommes et d'idées,
un échange fécond de services volontaires. Le sang de la
nature circulera plus vite dans ses artères et ne s'accumu-
lera plus, au détriment de l'organisme tout entier, dans
une tête trop grosse pour le corps qui la porte » (1).

A ceux qui objectent si faussement que le socialisme

_____

(1) Georges Renard : *Études sur la France contemporaine.*

abaissera le niveau intellectuel, littéraire, artistique, esthétique de l'Humanité, Georges Renard, sans se départir de son impartialité objective, résumant simplement les données socialistes contemporaines, a victorieusement répondu.

Nous ne pouvons résister au plaisir de le citer encore :

« Cette faculté donnée à chacun de changer d'occupation à son gré ne sera pas seulement pour les particuliers une source de délassements et une garantie de longévité; elle permettra aussi aux arts, aux lettres, aux sciences de s'épanouir en pleine liberté. Les socialistes se flattent de ne pas être ennemis de l'aristocratie intellectuelle, d'abord parce qu'une belle œuvre ou une grande découverte apportent au monde des jouissances nouvelles, mais aussi parce que cette aristocratie-là, viagère de sa nature, travaille incessament à se détruire en élevant le niveau général. Ils estiment que poètes, artistes, savants, font du socialisme et même du communisme, sans le savoir, en accroissant le patrimoine commun de l'humanité. Ils se préoccupent donc du sort destiné à cette élite dans la société future qui, sans eux, serait comme un arbre sans fleurs.

» Ils ont imaginé différents procédés pour leur permettre de se développer à l'aise. Les uns pensent que la société pourra fort bien prendre sur le produit national de quoi subvenir aux besoins des hommes d'un mérite reconnu. D'autres calculent que dans cette société, où il n'y aura plus d'oisifs, une journée très courte suffira pour acquitter la dette de tout citoyen envers la Nation et pour assurer à tout travailleur ses moyens d'existence. Quelques-uns même ont cru pouvoir réduire à quatre heures par jour le temps de travail obligatoire. Sa tâche achevée, et elle pourra être manuelle, pour ne pas fatiguer l'esprit, rien n'empêchera le peintre de se mettre à ses tableaux, le poète de rythmer sa pensée, le mathématicien de se plonger dans ses problèmes. (1) »

_____

(1) Les exemples ne manquent pas et Georges Renard cite les suivants : Robert Burns n'a-t-il pas composé des poésies admirables en cultivant la terre? Michel-Ange ne se fit-il pas ingénieur pour

Non seulement le socialisme ne serait pas la fin de la littérature et de l'art, il en serait en quelque sorte la consécration et l'humanisation.

Au lieu d'être le privilège de quelques-uns, les jouissances esthétiques seraient le lot de tous, voilà la différence.

Et comme le triomphe du socialisme marquerait l'avènement d'une foi scientifique et sociale nouvelle, on verrait surgir des œuvres animées d'un souffle puissant et généreux en harmonie avec les nobles destinées humaines.

Descendons maintenant plus avant encore dans les difficultés économiques.

Malgré les inventions nouvelles, malgré les perfectionnements mécaniques qui égaliseront et allégeront si considérablement le travail, il restera toujours des métiers plus pénibles ou plus désagréables. On pourvoira à cette inégalité en *qualifiant* diversement le travail.

Par exemple, si l'heure du menuisier vaut 1, celle du tourneur vaudra 1 1/2, celle du terrassier 2, celle du mineur 2 1/2, celle du vidangeur 3. De la sorte, en supposant la journée normale de 5 heures, ce qui n'a rien d'utopique, le mineur pourra ne travailler que deux jours sur cinq, en recevant autant que le menuisier astreint à un travail journalier.

Il y aurait donc compensation.

Mais comment s'opèrera la *qualification du travail?*

Dans la *Revue socialiste* du 15 septembre 1886, le socialiste autrichien Karl Kautsky a donné sur cette question un substantiel travail que Georges Renard a aussi résumé avec sa clarté ordinaire.

Chaque année l'État socialiste dresse ce qu'on peut appeler son budget; il met en regard la consommation prévue et la *production* nécessaire.

---

défendre sa patrie? Est-ce que Léonard de Vinci, qui peignit la Joconde, n'a pas construit un canal? On peut être à la fois cuisinier émérite et romancier remarquable, témoin Alexandre Dumas père. Tel qui est le matin orateur, écrivain, homme d'État, peut être bûcheron le soir, témoin M. Gladstone.

Les commissions de statistique calculent pour un an la somme des besoins de la nation entière.

Elles la calculent même largement, de façon à n'être pas prises au dépourvu si la récolte est mauvaise, de façon à préparer un fonds de réserve pour les années stériles s'il y a surcroît. Elles savent le nombre d'heures de travail qu'exige la création de toute cette richèsse; elles savent aussi le nombre des travailleurs. Elles peuvent en conséquence déterminer la journée *minima* que chacun doit à la société et en même temps la part qui revient à chacun dans la somme des produits et qui est égale à la somme de ses heures de travail.

Nous pourrons appeler cela *sa part normale*.

Elle sera toujours supérieure à ce qui est nécessaire pour vivre, et, comme quantité de choses sont gratuitement assurées, il n'y a pas à craindre le retour de la misère.

Prenons des chiffres pour éclaircir ces calculs. Supposons que 30 milliards d'heures de travail soient reconnues indispensables pour suffire à tous les besoins du pays; supposons que les travailleurs se montent à 20 millions : chacun devra 1,500 heures de travail par an, c'est-à-dire, si l'on compte 300 jours de travail à l'année, 5 heures de travail par jour. Il aura par suite droit à prendre, dans les entrepôts publics, l'équivalent de 1.500 heures de travail.

Une fois que les commissions de statistique ont fixé la besogne et la rétribution qui reviennent à chacun, elles répartissent l'ouvrage entre les différents *corps de métiers*, et c'est sur eux que l'on compte pour fonctionner comme régulateurs du prix de l'heure de travail. Les corporations répartissent à leur tour l'ouvrage entre les membres qui les composent.

Mais que faire, si l'une d'elles n'a pas le nombre des travailleurs nécessaire? Attribuer dans celle-ci une rémunération plus forte à l'heure du travail.

Reprenons les chiffres que nous avons pris tout à l'heure. La somme de travail qui incombe à une corporation s'élève, je suppose, à 15 millions d'heures. L'État met à sa dispo-

sition une rémunération équivalente, soit 15 millions en *bons*
de travail. Si 10,000 ouvriers se présentent, chacun fait 1,500
heures et reçoit en *bons* la même valeur. Il a ainsi sa part
normale dans les produits de la nation. Mais s'il vient seulement 500 ouvriers au lieu de 5,000, cela démontre que la
rémunération offerte est insuffisante pour assurer le travail ;
l'État doit donner le double de *bons*, soit 30 millions, au lieu
de 15 millions. Si, au contraire, 2,000 ouvriers offrent leurs
services, ce fait prouvera que le travail est plus facile et
vaut moitié moins.

On pourra donc ainsi dresser une échelle de valeurs et
dire : Dans le premier cas, l'heure de travail vaut 1 ; dans le
second, elle vaut 2 ; dans le troisième, 1/2.

« Il va sans dire que le tarif ainsi établi pourra changer,
si les ouvriers refluent vers les métiers mieux rétribués,
comme il est naturel. Quoi qu'il arrive, il sera toujours déterminé par le libre choix des travailleurs » (1).

Ajoutons que la difficulté ainsi résolue ira s'amoindris-
sant, les progrès de la science et de la mécanique devant
constamment diminuer les inconvénients et les dangers des
travaux, maintenant si pénibles et dont la faim est la seule
recruteuse.

En résumé, travail attrayant et court, libre essor des
vocations, développement intellectuel, moral, esthétique de
tous les êtres humains ; liberté garantie, déploiement de
toutes les facultés élevantes, abondance et sécurité pour
tous, tels seront les bienfaits généraux du socialisme, qui
pénètre si puissamment la société contemporaine et qui
s'annonce déjà comme la religion humaine des temps nouveaux.

Trouverait-on que le tableau est trop flatté ?

Un de nos anthropologistes les plus compétents, les plus
consciencieux, les plus prudents, le confirme cependant, en
une consolante page que je demande la permission de re-

(1) Comparez Georges Renard, *loco citato*, Karl Kaustky : *La
répartition du travail dans l'État socialiste*, *Revue socialiste* du
15 septembre 1886, et Schramm, dans *Die Zukunft*.

produire encore en ce chapitre, où systématiquement j'ai beaucoup cité, pour éviter l'accusation d'utopie :

« Dans les cités futures, dit Letourneau, les inégalités pécuniaires de notre temps seront inconnues ; sans doute la propriété individuelle sera maintenue, mais elle sera seulement usufruitière et strictement proportionnelle à la valeur sociale des individus. A tous ses membres, le petit État, la cité, offrira un minimum de protection ; il ne se désintéressera pas de leur sort, mais ne leur accordera aucun privilège immérité. Tout en respectant la liberté individuelle, la cité future imposera à chacun l'acquisition d'une certaine somme de savoir, sans laquelle l'homme est ravalé au niveau de la bête, et tous les degrés de l'instruction supérieure seront accessibles à quiconque les pourra franchir. Il sera donc relativement aisé de classer les citoyens d'après leur degré de valeur intellectuelle. Restera la valeur morale plus imposante encore au point de vue politique, mais d'une constatation beaucoup plus difficile. Dans la vie civile ou civique, les hautes qualités du caractère, le désintéressement, la droiture, le courage, la persévérance, sont des connaissances beaucoup plus précieuses que la connaissance du calcul différentiel ou de l'anatomie comparée » (2).

L'auteur de l'*Évolution politique* énumère ensuite les défectuosités des mandarinats purement intellectuels, et après avoir largement fait ressortir l'importance des qualités du cœur, il nous avertit que dans les cités socialistes, on pèsera dès l'enfance la valeur morale des individus, en leur demandant des services sociaux, qui exigeront dans une certaine mesure l'oubli de soi-même. Il ajoute que, dans ces unités sociales de médiocre étendue, où chacun sera connu, où l'éducation et l'instruction auront autant que possible atténué les imperfections natives, il sera relativement facile d'apprécier la valeur politique des individus, par suite, de leur demander seulement des services en rapport avec leur mérite moral et intellectuel.

_____

(2) Letourneau : *L'Évolution politique.*

Cet état ira toujours en s'améliorant; Letourneau le démontre excellemment dans les lignes suivantes, aussi empruntées à son *Évolution politique* :

« Une éducation vraiment humaine aura, en modelant une série de générations, éteint dans tous les cœurs les sauvages penchants que nous ont légués les cannibales, nos aucêtres, et qui, durant la période préhistorique et historique, se sont transformés en instincts guerriers. Bien loin de se jalouser, de songer à s'entre-détruire, les cités se seront fédérées en grandes chaînes d'États ayant des intérêts communs. »

Voici maintenant qui plaira aux libertaires :

« Pour délibérer sur ces intérêts généraux, il faudra bien encore un parlement, un gouvernement représentatif; mais les affaires soumises au grand conseil des cités seront assez peu nombreuses, puisque chaque petit État réglera sa législation intérieure, fera dans son sein et à sa manière des expériences de sociologie. Le parlement fédéral s'occupera des grandes voies de communication, de certaines fondations ou entreprises d'intérêt scientifique ou économique, de l'aide à donner à telle ou telle cité éprouvée par des fléaux accidentels, etc.

» Ce grand Conseil aura aussi dans ses attributions l'armée fédérale. Il en faudra bien une pour tenir en respect les peuples encore arriérés; car les races civilisées amélioreront leurs institutions politiques bien avant que l'unification du genre soit réalisée.

» Mais cependant les armées de l'île d'Utopie seront plutôt des armées industrielles, comme celles que Fourier a rêvées. Ce seront elles qui exécuteront les grands travaux d'utilité universelle, par exemple, les percements d'isthmes ou de tunnels alpestres; elles encore qui seront chargées de certaines exportations industrielles pénibles, dangereuses même, mais nécessaires.

» Combien de fois notre pauvre planète roulera-t-elle dans son orbite avant que ces centaines de millions d'hommes aient réussi à uniformiser leur état social, politique et mental assez pour que la majorité d'entre eux, à tout le moins, soit en état d'adopter le régime utopique dont je viens de tracer une esquisse?

Socialistes, l'avenir est à nous; ne nous endormons pas au dernier moment. Et après nous être entendus sur une large doctrine commune, enveloppant dans son tissu élastique les aspirations morales de l'élite humaine, en même temps que les revendications politiques et économiques des opprimés et des exploités, regardons bien en face pour gravir degré par degré l'étroit et âpre sentier des moyens. Gardons-nous surtout des folies sectaires qui nous ont fait tant de mal. Les sociétés se transforment lentement, rationnellement, avec du temps, de l'intelligence et de la bonne volonté; elles ne peuvent se retourner comme un gant, ainsi que le croient quelques naïfs et que le disent, en se faisant illusion à eux-mêmes, quelques violents.

Mais, d'autre part, il est bien certain que l'ancien système est à bout et que nul n'a le droit de se désintéresser, quand tant de blessés saignent, quand tant de souffrants gémissent.

Par amour ou par force : par une série de réformes, si la bourgeoisie éclairée comprend son devoir; par la révolution violente, si le peuple, encore une fois trahi, doit se lever seul et exaspéré contre le vieil ordre; pacifiquement ou violemment, en un mot, ceci doit être changé et le sera, au nom de la justice et de l'humanité.

Pacifiquement ou violemment, avons-nous dit. Mais combien nous préférerions la solution pacifique. Nous croyons que grâce au déblaiement révolutionnaire déjà effectué depuis 1789, l'issue pourrait être pacifique; mais cela entre peu dans les précédents de l'histoire. Tout a été conquis de haute lutte, le plus souvent par une suite d'insurrections vaincues, quelquefois par une révolution triomphante. Les écrivains du socialisme révolutionnaire ne sont pas seuls à le rappeler. Voici un philosophe socialiste, homme de paix et de modération, Charles Fauvety, un des plus éloquents théoriciens de la solidarité universelle, qui a dit, lui aussi :

« Lisez l'histoire et dites-moi s'il est une seule idée
» vraie, féconde, organique, qui, introduite dans un milieu
» social quelconque, n'ait laissé à sa suite un sillon san-
» glant? Ne voyez-vous pas qu'elle a dû coûter d'autant
» plus de sang et de larmes qu'elle était plus sociale, plus
» humaine, plus compréhensive, c'est-à-dire qu'elle em-
» brassait des rapports plus nombreux, plus complexes
» et qu'elle devait atteindre une plus grande somme d'in-
» térêts! » (*Socialisme et Positivisme*, par Ch. Fauvety,
Paris, 1872).

En l'état de choses, les insurrections socialistes vaincues
auront-elles pour couronnement une révolution sociale
violente ou une graduelle et pacifique transformation
sociale?

Aux classes dirigeantes d'Europe et d'Amérique l'*ardua
sentenza*...

Elles seules auront la responsabilité des révolutions. Les
socialistes sont d'abord venus le chapeau à la main, dans
la première moitié du siècle, demander aux privilégiés du
jour un peu plus de bien-être et d'instruction pour les
pauvres gens. On s'est moqué d'eux, et quand ils insis-
taient trop on a ajouté la prison à la dérision et à l'insulte.

Puis lorsque c'est le prolétariat industriel, ce premier né
des revendications contemporaines, qui a demandé justice,
on a réprimé et massacré.

Mais voilà que calomnié par les savants officiels et foudroyé par les canons de l'ordre, le socialisme est ressuscité,
lui aussi, d'entre les morts. Plus vivant, plus puissant que
jamais, il est revenu. Comme le sphinx antique, il est là,
debout, inévitable, invincible, avec son état-major d'écrivains et d'orateurs, d'hommes d'État, d'organisateurs, de
propagandistes, avec son immense armée de prolétaires. Il
dit à la société actuelle : « Dans ta forme présente, tu es
incapable de régir dignement les grands intérêts de l'humanité. Tu es dévorée par le ver rongeur de l'individualisme;
tu n'as ni philosophie commune, ni pactes politiques équi-
tables, ni justice économique. Tu ne sais employer la

science que t'ont légué les générations qu'à des œuvres de mort et tu vis sauvagement, honteusement sous le droit brigand du plus fort. C'est le fer homicide et non la volonté des peuples qui délimite les frontières.

» Tu es riche de toutes les accumulations passées et de la productivité d'un outillage inappréciable. Que fais-tu de tant de richesses? Tu les donnes à quelques parasites qui gaspillent les ressources communes et crèvent de pléthore sous le poids d'un luxe scandaleux. Que dis-je? Tu tolères des milliardaires, pendant que des millions et des millions de tes enfants, tremblant de froid, tombant de faim et gémissant de douleur, crient vers toi du fond de leur misère et te demandent vainement de pouvoir vivre en travaillant.

» N'ayant pas le respect de l'Humanité, tu n'as pas le respect de la Nature; tu livres le Globe à la stupide et malfaisante rapacité de propriétaires qui le détériorent, le stérilisent et bouleversent ses climatures pour agriper un peu plus de profit personnel, un peu plus de cette jouissance exclusive, dont, sans souci du devoir social, ils vident toutes les coupes.

» C'est, du reste, en toute chose le gaspillage effréné; ainsi, tu épuises tous les trésors du sol et du sous-sol et même la vivante productivité des mers, sans souci de l'humanité qui viendra.

» Que t'importe, en effet?

» L'humanité qui viendra, comment t'en soucierais-tu, toi qui sacrifies follement, coupablement, l'être social tout entier à quelques individus sans conscience? Aussi, la haine et le mécontement, la souffrance et l'iniquité sont-ils partout.

» Au lieu d'une grande et heureuse famille, tu n'abrites guère que des hordes d'oppresseurs et d'opprimés, de spoliateurs et de spoliés se heurtant dans les ténèbres, sur un champ de bataille couvert de sang, couvert de ruines, et d'où s'élève, pour accuser ton imprévoyance et ton injustice, un concert funèbre de malédictions et de sanglots, semblable

à ce cri d'une sombre poétesse (1), contre l'implacable
Nature :

> Sois maudite, ô marâtre ! en tes œuvres immenses
> Pour tous tes abandons, tes oublis, tes démences !

» Combien est méritée la foudroyante apostrophe ! Pourtant les socialistes ne te maudissent point ; ils aiment
mieux améliorer ou transformer que maudire, et ils te
disent : *Il faut que la justice soit et elle sera !* Elle sera
du consentement de tes puissants ou par le soulèvement violent de tes sacrifiés ; mais elle sera. Et ainsi
seront inaugurées les splendides réalisations de l'Humanité
enfin majeure, enfin éclairée et heureuse, enfin entrée dans
la voie glorieuse des novations toujours plus fécondes,
toujours plus hautes. »

_____

(1) Mme Ackermann.

NOTE FINALE

En revoyant le long et difficile travail que ces lignes clôturent, ce n'est pas le fier *exegi monumentum* d'Horace qui hante la pensée de l'auteur; mais, au contraire, un sentiment de tristesse profonde, inspiré par l'affligeante comparaison entre l'œuvre conçue et l'œuvre réalisée.

On est sorti de la fournaise de l'action; l'entendement mûri par l'expérience, par l'étude et par l'âge, on a l'ambition de faire oublier des compilations hâtives par des œuvres de sérieuse élaboration, et l'on se met à l'œuvre.

Tout d'abord, on lutte victorieusement contre l'ancienne facilité de travail; la production intellectuelle devient une lente et douloureuse parturition, elle ne prend forme qu'après avoir passé par le crible de l'analyse, qu'après s'être pliée aux *sériations* coordonnées de la réflexion.

Et ce n'est pas là un petit effort !

Tous ceux qui ont haleté et grisonné sous le harnais de la pensée connaissent les douleurs de la transition, au moment où l'écrivain, plus développé, arrive à la production difficile.

Rares sont les jours *fastes* où la pensée jaillit, affinée par la lutte, et vient victorieuse se cristalliser, dans son expression définitive. Le plus souvent, le combat se prolonge, en prolongeant les affres de la cogitation et les tristesses de l'imparfaite élaboration.

Pourtant, même en ces moments d'affliction mentale,

quel écrivain digne de ce nom voudrait revenir aux inta-
rissables fécondités de la jeunesse qui ont pu avoir leur
quart d'heure d'utilité, mais ne seront jamais un aliment
solide de l'âme.

Pour œuvrer bienfaisamment et durablement, il faut
œuvrer d'une volonté résignée et tenace, dans la peine et à
la sueur de son front, en se pénétrant bien de ceci, qu'il
s'agit non de dire beaucoup, mais de dire juste; non d'épar-
piller, mais de condenser.

De cette vérité, de ce devoir, j'étais pénétré, quand les
instances de mon ami le plus cher m'ont donné l'audace
d'entreprendre le présent travail.

Mais le passé ne vous lâche pas ainsi et la muse des
productions hâtives, suivie d'une légion de circonstances
impérieuses, m'a ordonné d'achever en six mois ce qui
devrait être l'œuvre de trois ans de patientes recherches et
de recommençantes élaborations.

Faut-il ajouter les mille et une misères de la vie journa-
lière, de la vie affective, de la vie morale, de la vie sociale
qui, par leur déprimante et absorbante action, gênent
quelquefois ou affaiblissent la projection de la pensée,
juste au moment où toutes les forces de la mentalité
devraient être concentrées sur l'œuvre entreprise ?

Que ce soit là, pour le lecteur, une excuse pour les
imperfections d'une étude d'ailleurs pleine de difficultés, et
puissent ne rien perdre de leur force les pensées que j'ai
tâché d'y exprimer !

C'est ma conviction profonde, et je ne cesserai de le crier
à mes frères en socialisme, que la revendication économique
des prolétaires n'aboutira qu'en s'appuyant sur les forces
morales, ces rayonnements intérieurs de la nature humaine.

Si vous voulez qu'elle éclaire, il faut verser de l'huile
dans la lampe à la mèche desséchée; si vous voulez tirer
des entrailles de la situation actuelle et jeter vivante, dans
les larges réalités de l'histoire, une civilisation supérieure,
il faut répandre à flots les sentiments de bonté et de justice
dans l'arène obscurcie et brûlante des conflits individuels.

Seulement, de cette combinaison des justes intérêts en souffrance et des idéalisations altruistes se dégagera une force dynamique suffisante pour briser les cercles de fer de l'égoïsme pratique qui barre la route aux justices nouvelles invoquées, attendues par tous les opprimés, par tous les exploités et par tous les souffrants.

Or, ce qui est vrai des moyens l'est de même du but; le socialisme n'est pas seulement la justice économique et la transformation sociale, il est aussi la régénération mentale, c'est-à-dire, en son ensemble, la rénovation intégrale de l'humanité progressive, entrant dans un cycle nouveau de civilisation supérieure.

Voilà ce que nous nous sommes efforcé de démontrer en cette longue excursion à travers les doctrines du passé et du présent. Mais il faut compléter en disant qu'arrivé à sa maturité, le socialisme doit être aussi *action*, et cela nous amène à nous heurter à la formidable difficulté des moyens. De là, un autre devoir pour les socialistes qui tiennent une plume : se prendre résolument aux questions pratiques.

En cet ordre aussi, nous apporterons notre modeste contribution. Dans une série d'études, de prochaine publication, nous envisagerons le socialisme par ses côtés réformistes ; nous dirons en détail comment et par quel moyen nous concevons le passage graduel du monde actuel d'iniquités au monde de justice qui, de la projection de nos plus hautes pensées et de nos meilleurs sentiments, appliqués aux maturations historiques, se forme dans les brumes du fécond avenir.

Paris, ce 29 août 1890.

TABLE DES MATIÈRES

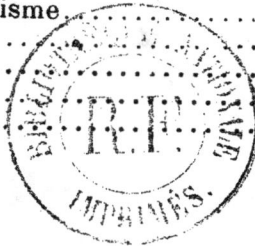

Paris. Imprimerie EUGÈNE BOVAY, 5, rue de Provence.

www.ingramcontent.com/pod-product-compliance
Lightning Source LLC
Chambersburg PA
CBHW060956280326
41935CB00009B/737

* 9 7 8 2 0 1 2 5 7 1 4 9 5 *